DUMONT

WANDERZEIT IN DER FRÄNKISCHEN SCHWEIZ

Herrlich entspannte Touren zum Abschalten & Genießen

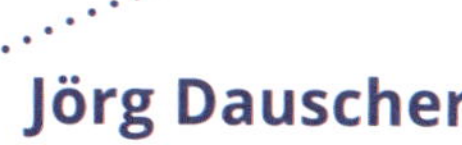

Jörg Dauscher

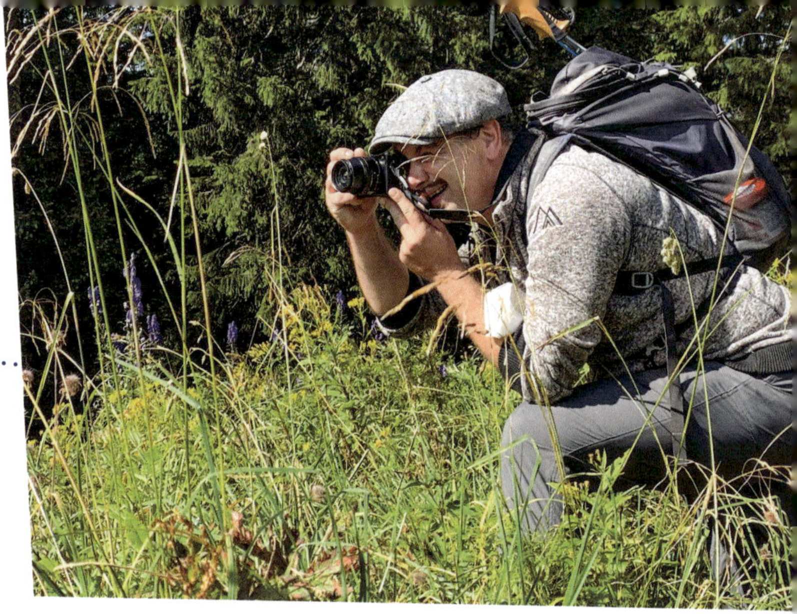

JÖRG DAUSCHER

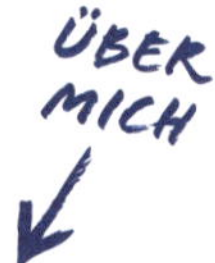

Ich bin gebürtiger Franke, stamme aber aus dem südlichsten Zipfel der Region und war während Kindheit und Jugend kein einziges Mal in der Fränkischen Schweiz – was mir heute unbegreiflich ist. Die Franken sind so gut im Bewahren, weil sie so zögerlich im Verändern sind – das beweist allein der Landstrich zwischen Bamberg und Bayreuth: Schönheit bedeutet auch die Abwesenheit von Störgeräuschen! Zum Wandern kam ich an den Rändern Europas, in Georgien, Albanien und Marokko, schlicht weil zwei Beine oftmals das verlässlichste Verkehrsmittel sind und mir Täler zugänglich machten, in die kein Bus fuhr.

Meine persönliche Wanderweisheit:

» **Wandern beginnt da, wo Spazierengehen aufhört.**

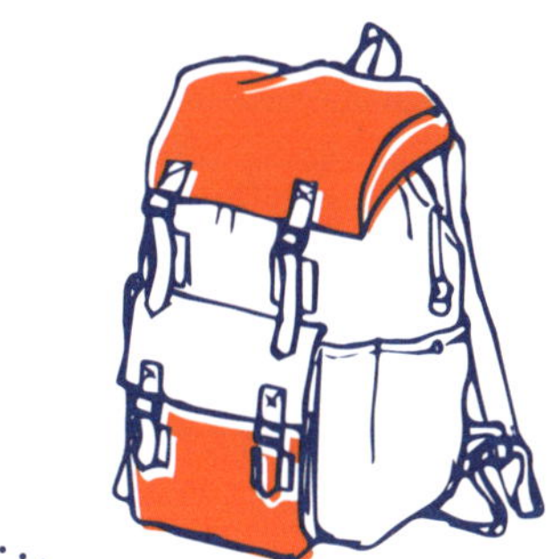

LIEBE LESERIN, LIEBER LESER,

enge Täler, mäandernde Flüsschen, Burgen und Felsformationen – das macht die Fränkische Schweiz aus. Als Inbegriff von Romantik wurde das Wandern in der ›Fränkischen‹ quasi erfunden, als Ruinen, Grotten und Höhlen in Mode kamen. Heute noch erschließt sich der Landstrich in all seiner Ursprünglichkeit, Fachwerkliebe und Rustikalität nur denen, die Fußwege auf sich nehmen. Schon aufgrund der Topografie fallen diese immer kurzweilig aus, bisweilen abenteuerlich, wenn sich ein breiter Pfad auf einmal zum Felssteig verengt. Aber nie wird es wirklich schwierig, dafür ist das ›Muggendorfer Gebirge‹ doch zu milde gestimmt. Abwechslungsreichtum, puppenstubenhafte Verspieltheit von Natur und Menschenwerk sowie Postkartenmotive machen den Genuss aus. Nicht zu vergessen: das fränkische Bier und die deftige Küche!

Eine herrlich entspannte Wanderzeit wünscht Ihr

Jörg Pauscher

INHALT

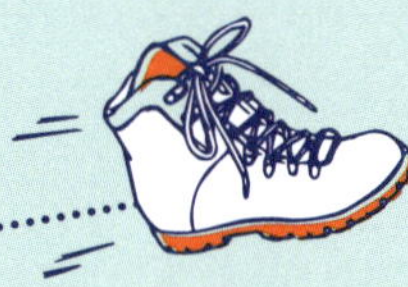

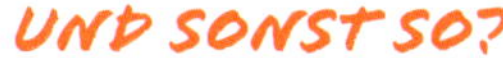

UND SONST SO?

UNTERWEGS AUF DEN SCHÖNSTEN STRECKEN ...

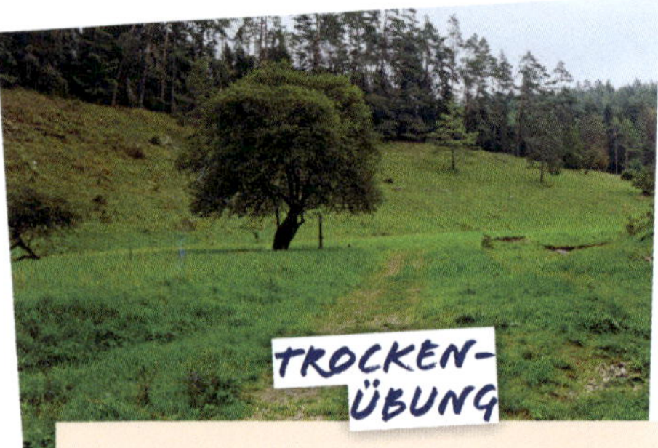

TROCKEN-ÜBUNG

» Ein riesiges Mühlrad aus Eisen klappert nicht mehr und hinter der Leinleiterquelle zeigt sich das Tal wie aus der Welt gefallen. Tour 18, zwischen Heroldsmühle und Großer Tummler, Seite 188

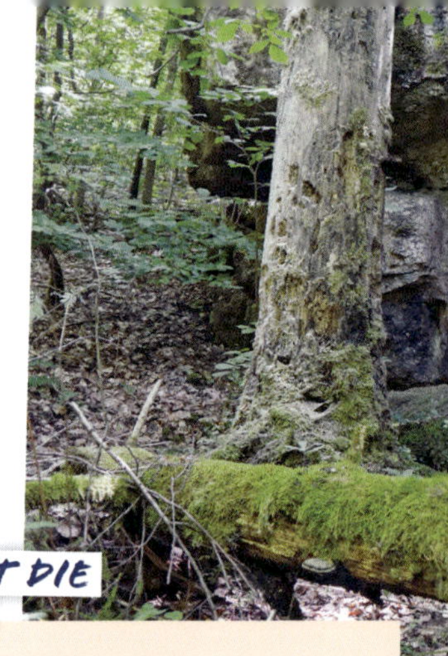

DAS IST DIE HÖHE!

» Hinter Burg Rabeneck geht es weiter – immer an der Hangkante entlang. Der König-Ludwig-Steig ist leicht verfallen und genau deswegen so urig und beeindruckend. Tour 16, zwischen König-Ludwig-Steig und Pulvermühle, Seite 170

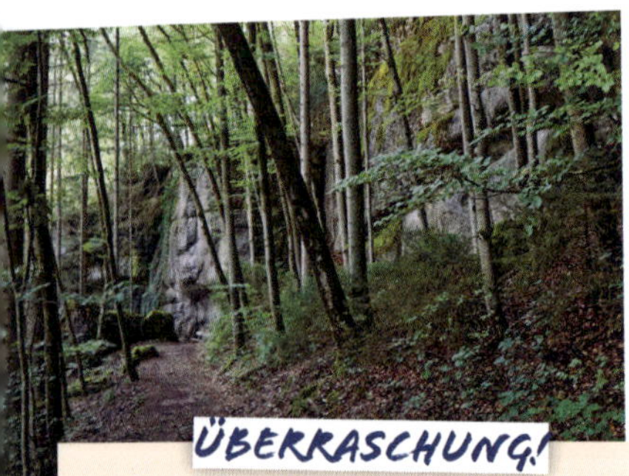

ÜBERRASCHUNG!

» Gerade, wenn man glaubt, außer Auslaufen passiert nichts mehr, geht es an einer massiven Felswand vorbei und der Beiname Felsengarten gereicht dem sonst eher lauschigen Klumpertal doch noch zur Ehre. Tour 11, zwischen Felsengarten und Klumperkiosk am Ziel, Seite 121

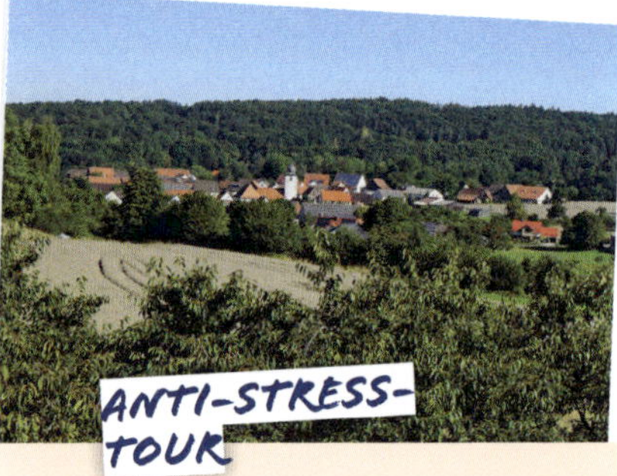

ANTI-STRESS-TOUR

» Herrlich weltabgewandt führt der Weg zunächst breit in Richtung Hochplateau. So richtig gut zum Runterkommen, wenn man da hochsteigt! Tour 10, zwischen dem Pfarrhaus Affalterthal und Blaubeeren im Wald bei Geschwand, Seite 109

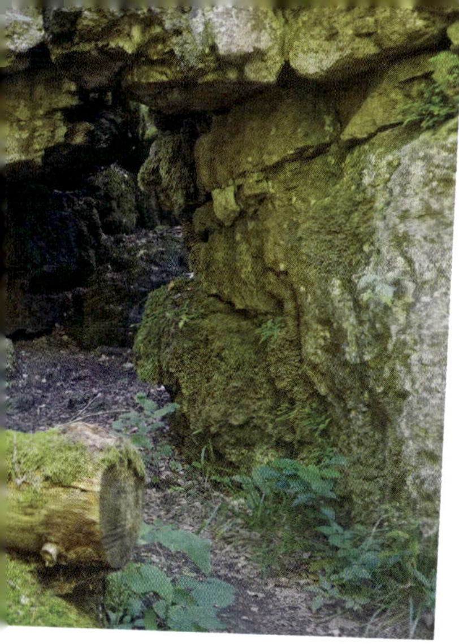

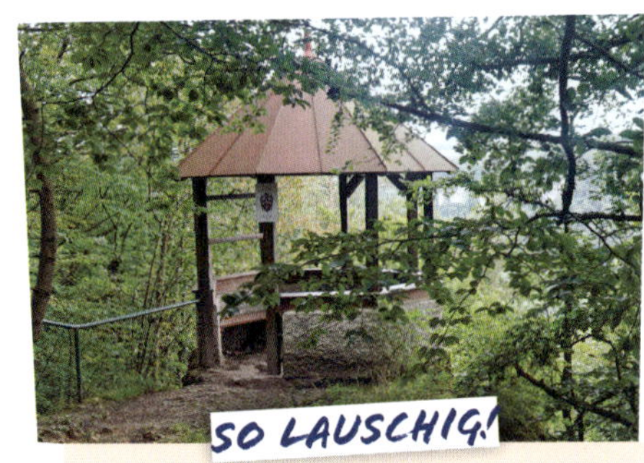

SO LAUSCHIG!

» Urtümlich, grün und satt, felsig und garniert mit einem Pavillon: Die kurze Runde durch das Leidingshofer Tal ist für sich allein schon die Anreise wert! Tour 17, zwischen Naturlehrpfad und Veilbronner Aussichtspavillon, Seite 179

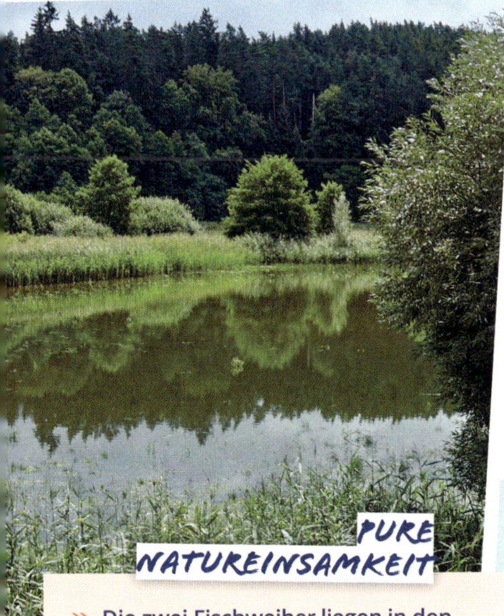

PURE NATUREINSAMKEIT

» Die zwei Fischweiher liegen in den Pegnitzauen weitab jeder Siedlung und Straße: eine Art Vogelreservat, vom BUND renaturiert und gepflegt. Tour 3, zwischen dem Aussichtsturm an den Kammerweihern bis Wolfsrevier, Seite 38

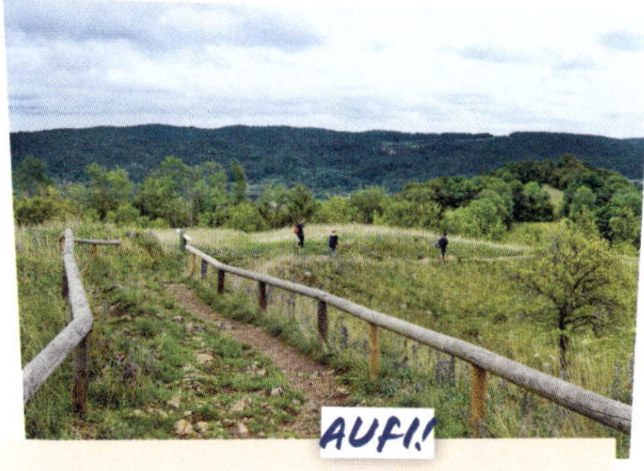

AUFI!

» Der Rodenstein ist des Walberlas Zweitgipfel: wunderschön der Aufstieg über den Sattel zwischen den beiden höchsten Punkten und für einen Gipfelgang überhaupt nicht schwer! Tour 8, zwischen Ehrenbürg und Rodenstein, Seite 89

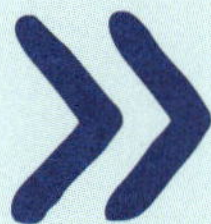

ALLE TOUREN IM ÜBERBLICK

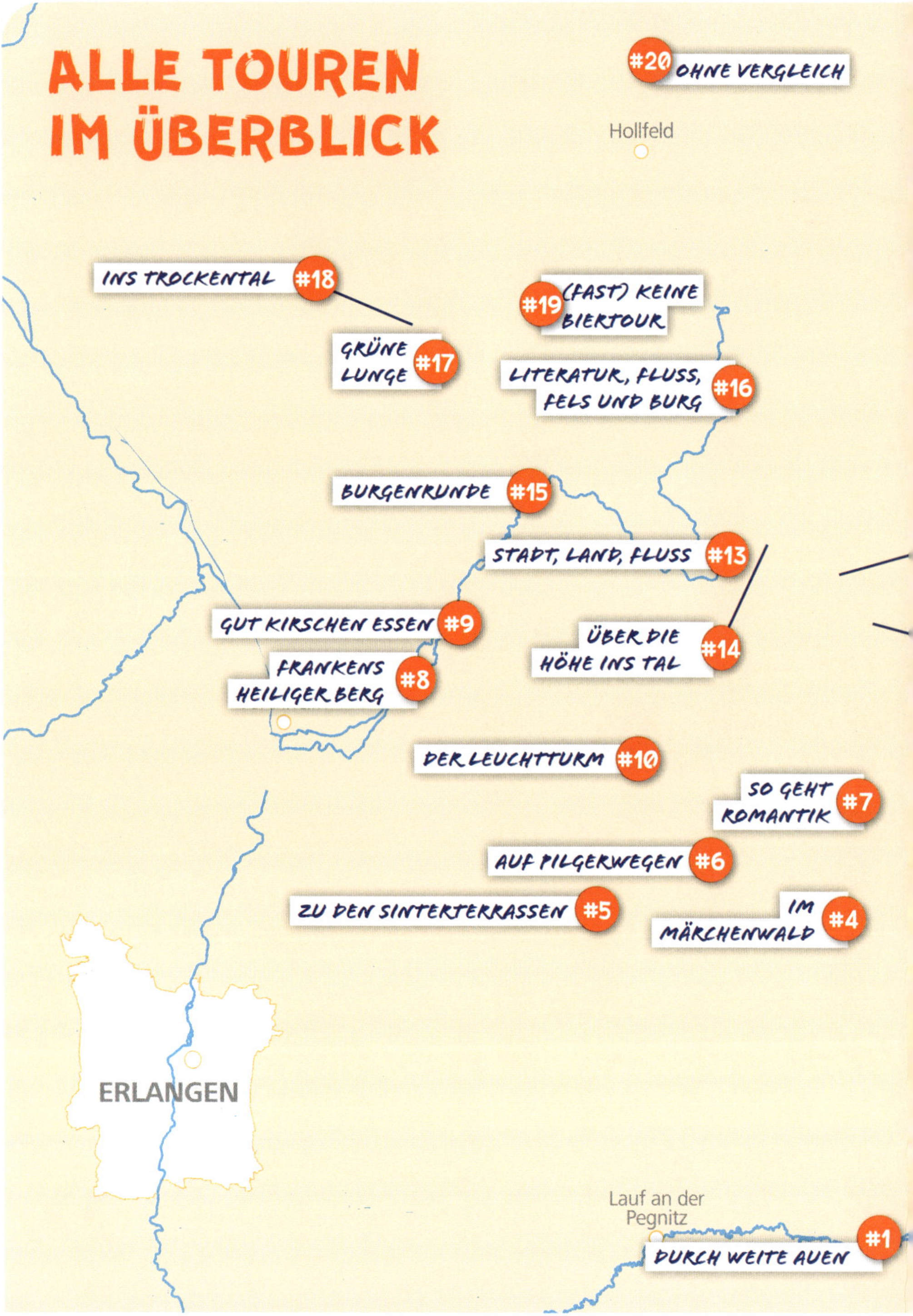

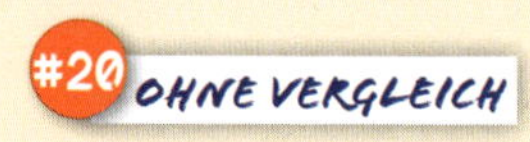

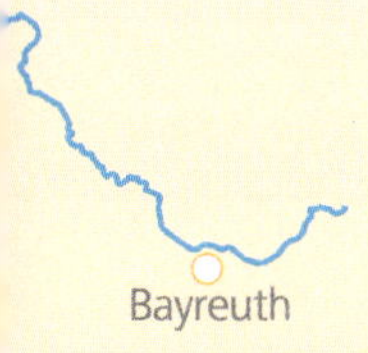
Bayreuth

#12 HALLO HIMMELSLEITER!
Pegnitz
Grafenwöhr
#11 GROSSES GLÜCK IM KLEINEN
#3 INS WOLFSLAND
Vilseck
#2 DURCH DAS FELSLABYRINTH

... UND AUCH PAUSE MACHEN NICHT VERGESSEN

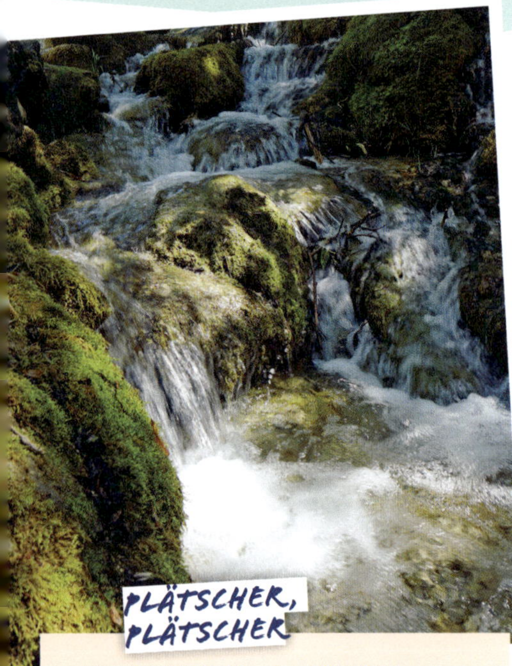

PLÄTSCHER, PLÄTSCHER

» An den Kaskaden der Lillach könnte man Stunden sitzen. Echt jetzt! Schon wegen der Picknickbänke, aber vor allem wegen des plätschernden Naturschauspiels. Tour 5, Stopp 3, Sinterterrassen, Seite 59

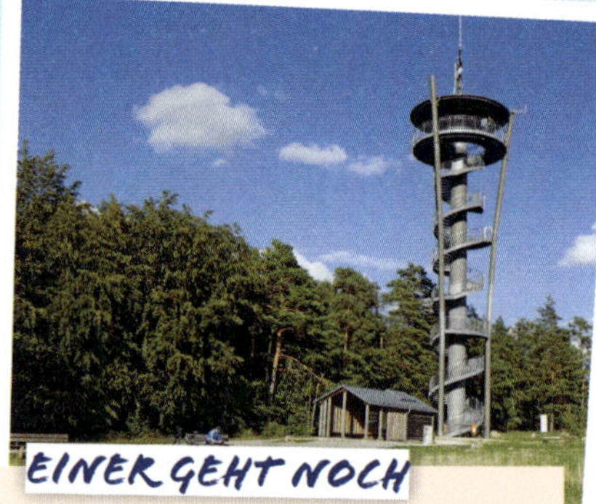

EINER GEHT NOCH

» Immer noch mal einen draufsetzen: Der Aussichtsturm Himmelsleiter steht auf einer Anhöhe, sodass man von der Plattform aus über die Höhenzüge hinwegsieht. Tour 12, Stopp 3, Himmelsleiter Pottenstein, Seite 129

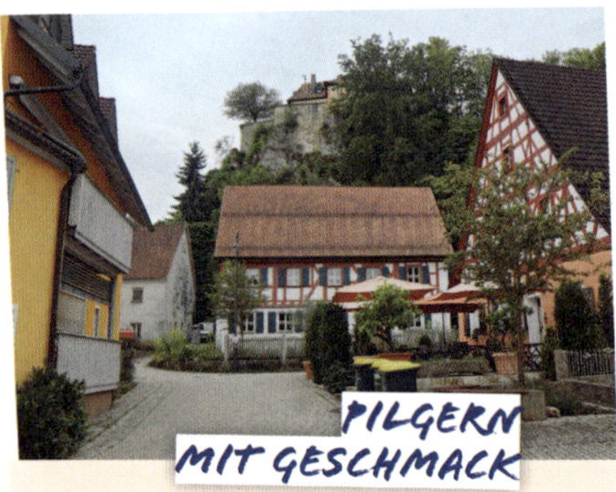

PILGERN MIT GESCHMACK

» Schöner kann eine Einkehr nicht liegen: in der malerischen Altstadt von Betzenstein und direkt hinter Tor und Scheunenviertel. Großartiger Abschluss einer Pilgeretappe. Tour 6, Stopp 5, Betzenstube, Seite 71

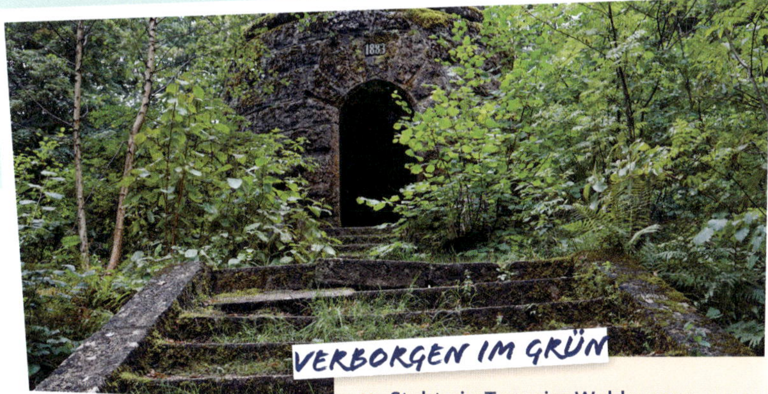

VERBORGEN IM GRÜN

» Steht ein Turm im Walde, ganz stumm und still. Sag mir was der Turm hier will! Der alte Aussichtsbau liegt verlassen und wirkt dadurch hochromantisch. Tour 19, Stopp 4, Hugoturm, Seite 200

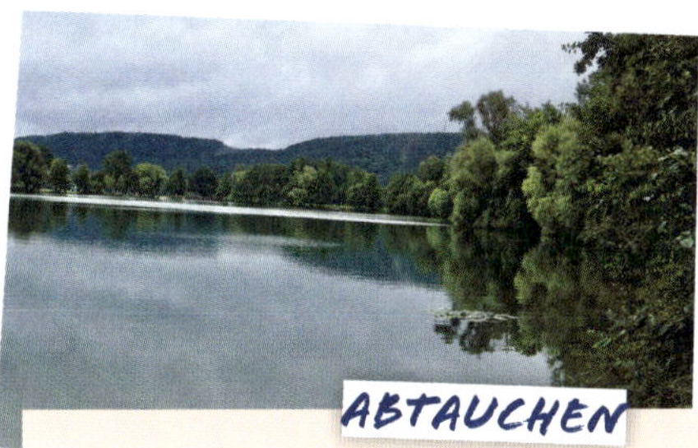

ABTAUCHEN

» Gibt es etwas Erfrischenderes, als an einem heißen Sommertag zwischendrin ins Wasser zu springen? Genau das kann man auf dem Weg von Hersbruck nach Pommelsbrunn. Tour 1, Stopp 4, Happurger Baggersee, Seite 20

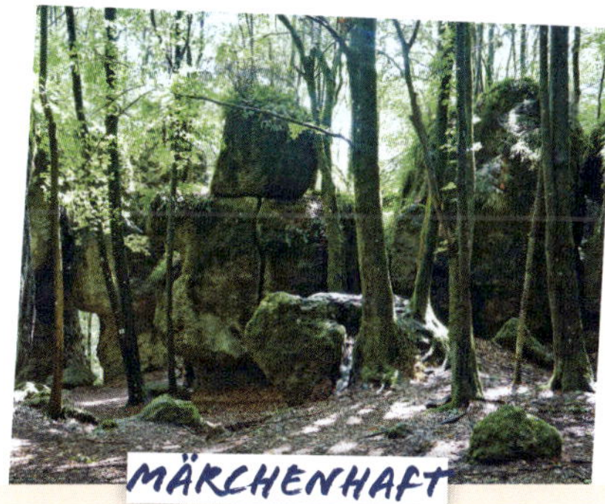

MÄRCHENHAFT

» Was für ein monumentaler Felsgarten! Der Vergleich mit einer verwunschenen – oder verfluchten? – Stadt scheint da gar nicht so weit hergeholt! Tour 2, Stopp 3, Steinerne Stadt, Seite 29

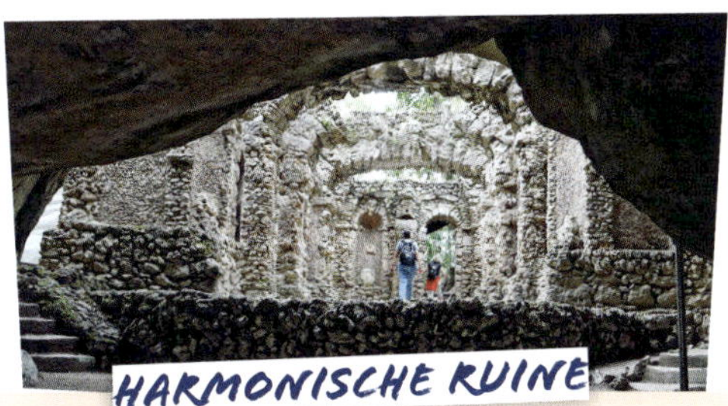

HARMONISCHE RUINE

» Am schönsten wirkt Architektur, wenn sie im Zusammenspiel mit der Natur erbaut wurde. Das Ruinentheater von Sanspareil ist diesbezüglich, nun, ohne Vergleich! Tour 20, Stopp 5, Naturtheater, Seite 211

EINFACH LOSWANDERN

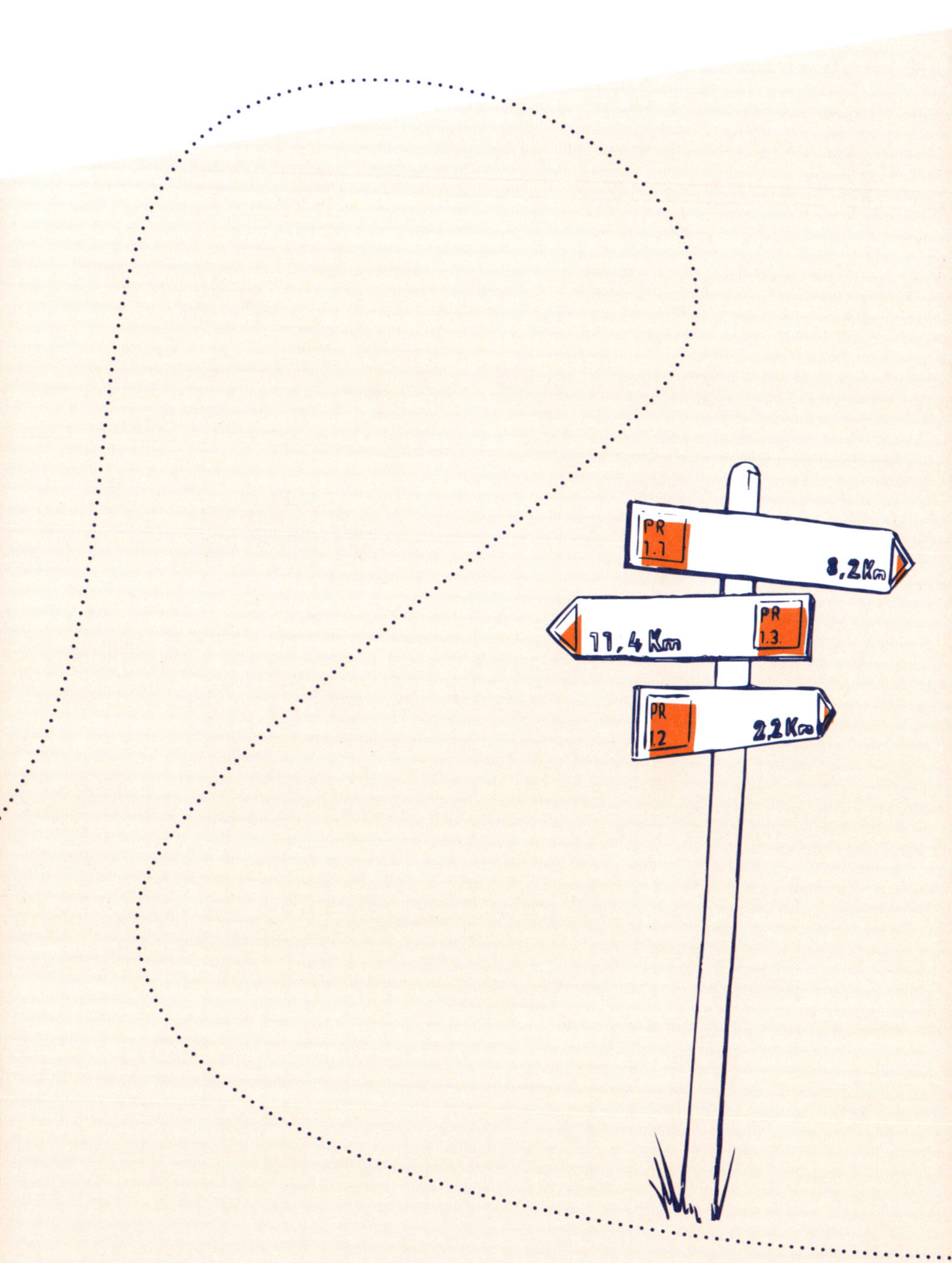
PR
1.1
8,2Km
PR
1.3.
11,4 Km
PR
1.2
2,2Km

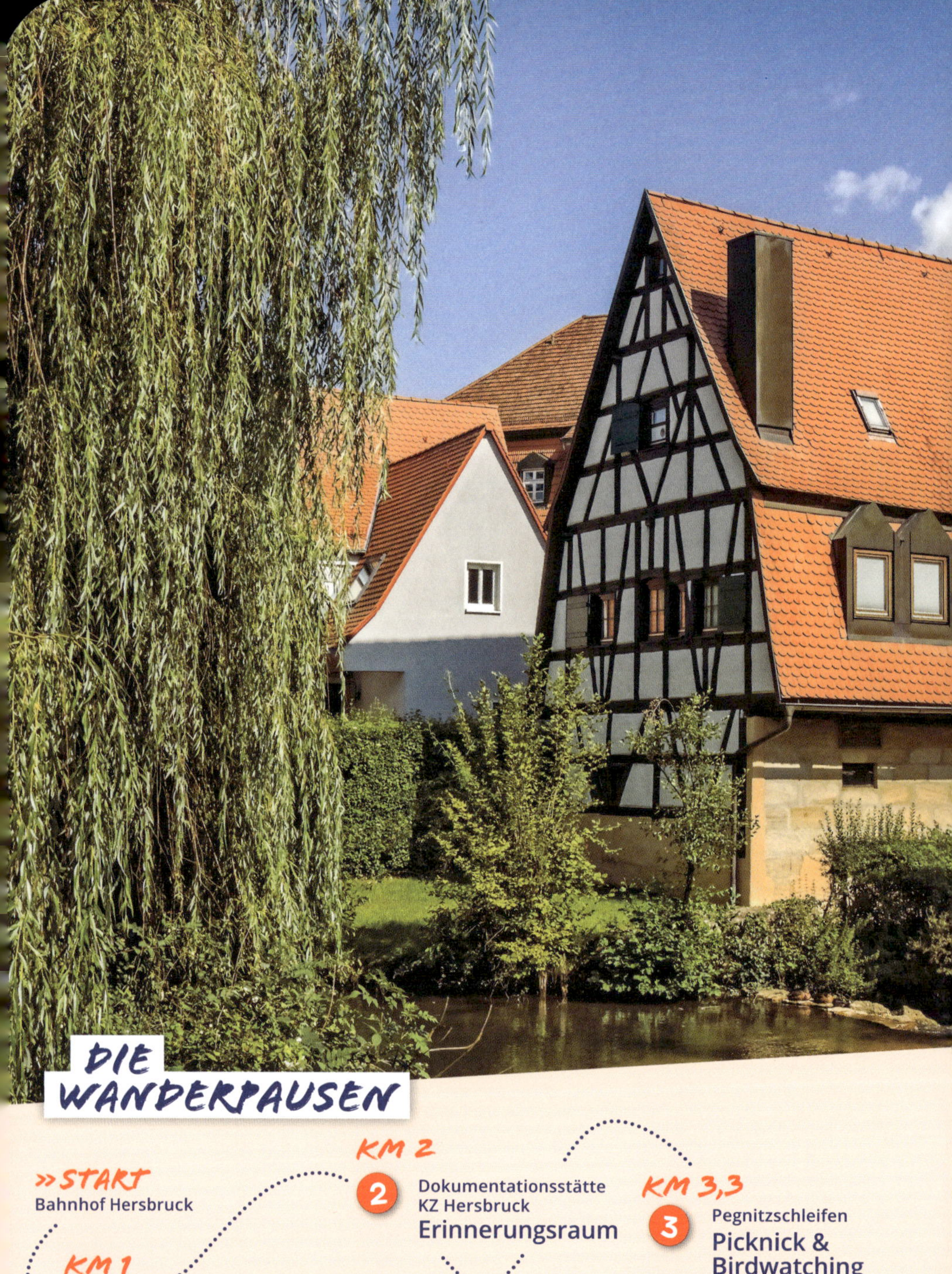

DIE WANDERPAUSEN

» START
Bahnhof Hersbruck

KM 1
1 Wassertor
Kunstort und Lebensader

KM 2
2 Dokumentationsstätte KZ Hersbruck
Erinnerungsraum

KM 3,3
3 Pegnitzschleifen
Picknick & Birdwatching

1

DURCH WEITE AUEN

Von Hersbruck nach Pommelsbrunn

Bei Hersbruck weitet sich das Pegnitztal zu einer herrlichen Auenlandschaft, umrahmt von den Anhöhen der Alb. Eine entspannte Wiesenwanderung mit mehreren Bademöglichkeiten verbindet die Altstadt Hersbrucks mit dem beschaulichen Pommelsbrunn im Högenbachtal.

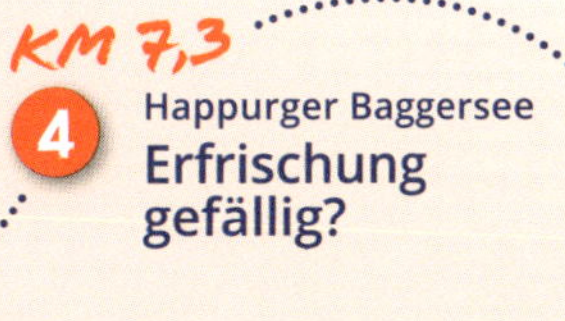

KM 7,3

4 Happurger Baggersee

Erfrischung gefällig?

KM 12,7

5 Kneippanlage Pommelsbrunn

Rasten, nicht rosten!

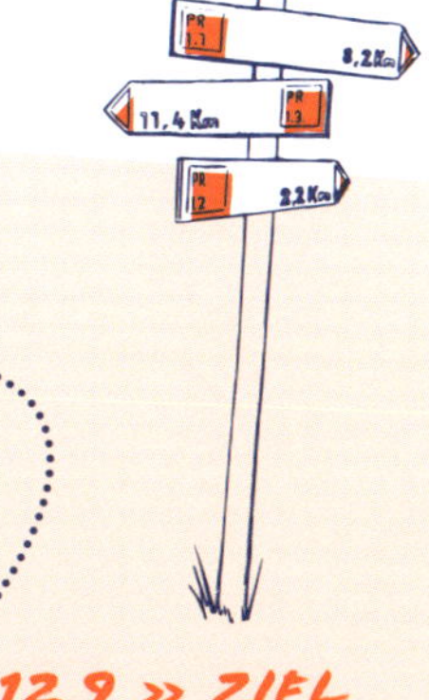

12,9 » ZIEL

S-Bahnhof Pommelsbrunn

SO NAH AN NÜRNBERG ...

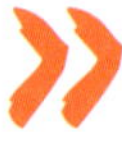

... liegt Hersbruck, dass man mit der S-Bahn hinkommt. Die Trasse folgt in großen Teilen dem Lauf der Pegnitz, also kann man in Hersbruck aussteigen und von Pommelsbrunn zurückfahren. Erst einmal aber gilt es Altstadtluft zu schnuppern, denn Hersbruck bezaubert mit einem weitgehend mittelalterlichen Stadtbild und verträumten Gässchen.

In Richtung Pegnitz durchschreitet man mit dem **Wassertor** ein erstes Highlight, bevor es durch kleine Straßen längs des Flusses zum parkähnlichen Rosengarten geht. Unweit davon befand sich einst das **KZ-Außenlager Hersbruck,** der Opfer wird mit einem Mahnmal und einer **Dokumentationsstätte** gedacht.

BEI SOMMERLICHEN TEMPERATUREN DEN RUCKSACK UND DIE KLEIDUNG ABZUSTREIFEN UND IN DEN BAGGERSEE ZU SPRINGEN – HERRLICH!

Hat man kurz danach das Freibad passiert, weicht auf einmal die Bebauung und man findet sich in den Pegnitzauen wieder: Rechts schlängelt sich das Flüsschen, vor einem liegen nur noch Horizont und die Höhenzüge der Alb – nichts verstellt den Blick.

In die natürlichen Mäander der **Pegnitzschleifen** verirren sich die wenigsten, sodass sich dort tief durchatmen und die Natur genießen lässt – Libellen und Wildblumenpracht inklusive. Bei Hohenstadt lässt man die Auen hinter sich und darf nun endlich nicht nur gucken, sondern auch ins kühle Nass springen: Am **Happurger Baggersee** wartet eine Badepause oder Einkehr.

Der Weiher ist klein genug, um ihn schnell noch zu umrunden, dann übernimmt ein anderer Wasserlauf: Der Högenbach leitet nun bis nach Pommelsbrunn. Das Högenbachtal weist zwar eine ganze Reihe markierter Wanderwege auf, ist aber verwunschen und ursprünglich geblieben – der Bach darf's der Pegnitz gleichtun und mäandern, wie es ihm beliebt. Entlang seiner Auen geht es zur **Kneippanlage Pommelsbrunn** gegenüber der Alten Mühle – in unmittelbarer Nachbarschaft zur S-Bahnstation. «

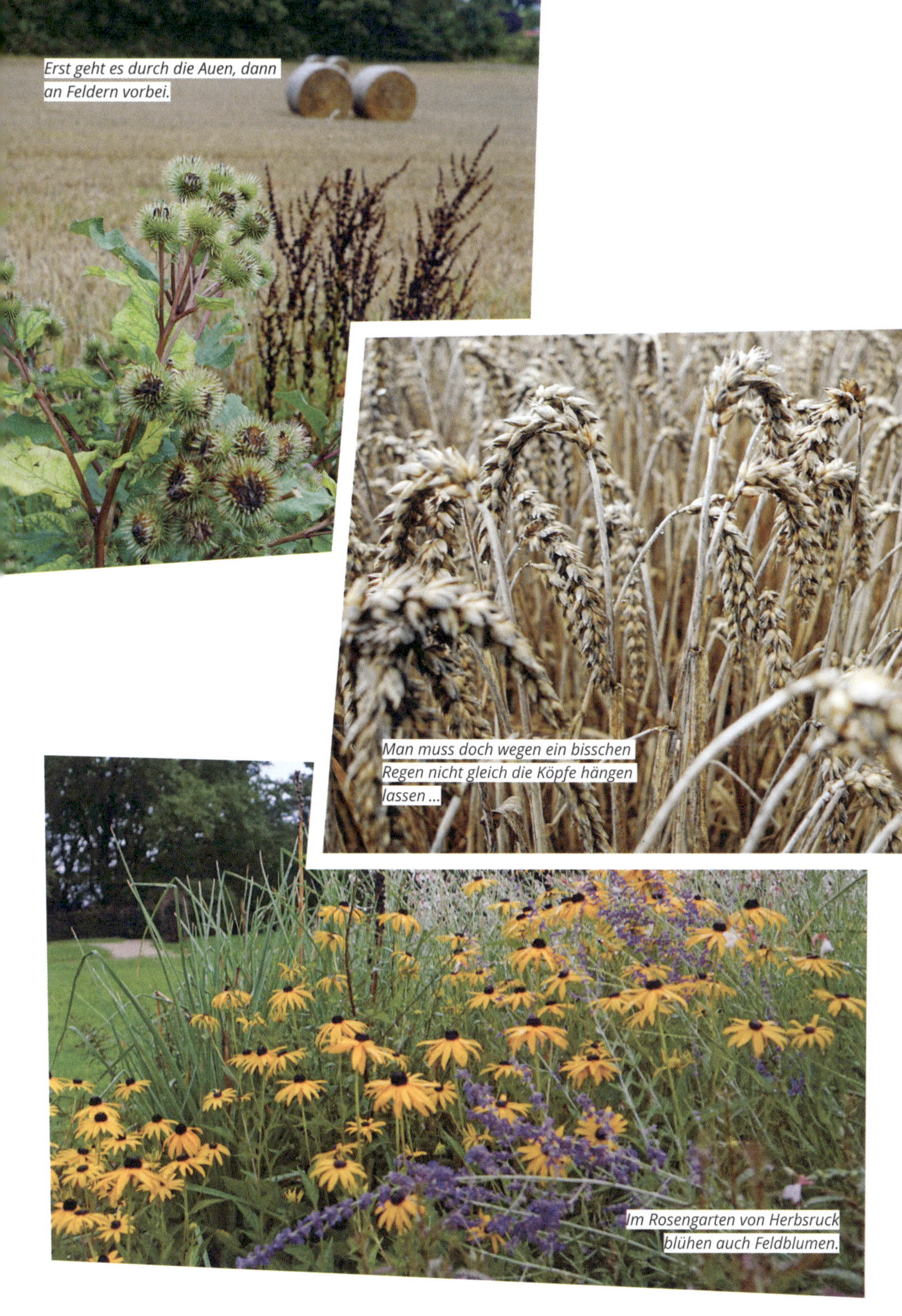

Erst geht es durch die Auen, dann an Feldern vorbei.

Man muss doch wegen ein bisschen Regen nicht gleich die Köpfe hängen lassen ...

Im Rosengarten von Herbsruck blühen auch Feldblumen.

WANDERN & GENIESSEN

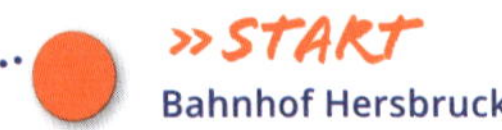

»START

Bahnhof Hersbruck

Über die Nürnberger Straße und durchs Nürnberger Tor geht es über Oberen und Unteren Markt sowie über die Martin-Luther-Straße hinunter bis zum Wassertor.

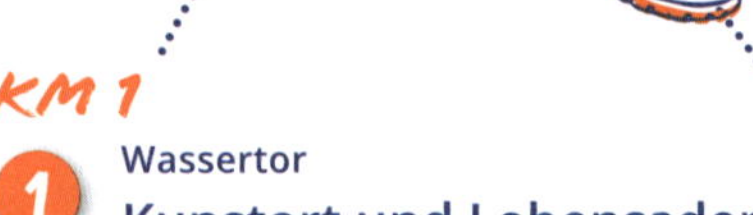

KM 1

1 **Wassertor**

Kunstort und Lebensader

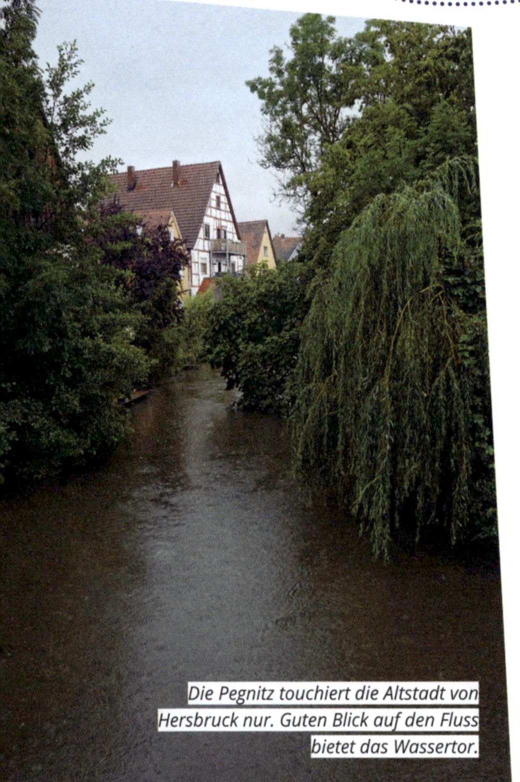

Die Pegnitz touchiert die Altstadt von Hersbruck nur. Guten Blick auf den Fluss bietet das Wassertor.

Das wuchtige Wassertor wurde einst von einer Zugbrücke beschützt, über der Durchfahrt war neben einer Wachstube auch der sogenannte Flurwächter untergebracht, der von erhöhtem Standort aus das Stadtgebiet links der Pegnitz überblickte. Heute nistet dort oben Jahr für Jahr ein Storchenpärchen. Tor und Brücke waren bis 1967 als einzige Verbindung beider Stadtteile von eminenter Bedeutung. Die beiden Schnitzfiguren links und rechts der Brücke (und mitten im Fluss) sind ein Überbleibsel der Aktion »Kunst im Fluss« von 2018, als ein gutes Dutzend Kunstschaffende in und an der Pegnitz Kunstobjekte ausgestellt hat. »Sie und Er« stammen vom Oberpfälzer Franz Weidinger und durften bleiben – ebenso wie das sinkende Kajak schräg gegenüber, an dem man gleich vorbeikommt …

Links weiter und hinter der neuen Brücke gleich wieder rechts und erneut über die Pegnitz, links durch den Park und über die Fußgängerbrücke nach rechts in den Obermühlweg. Diesem folgen, bis er in einen Fußweg mündet, und dann rechts der Straße Am Rosengarten folgen.

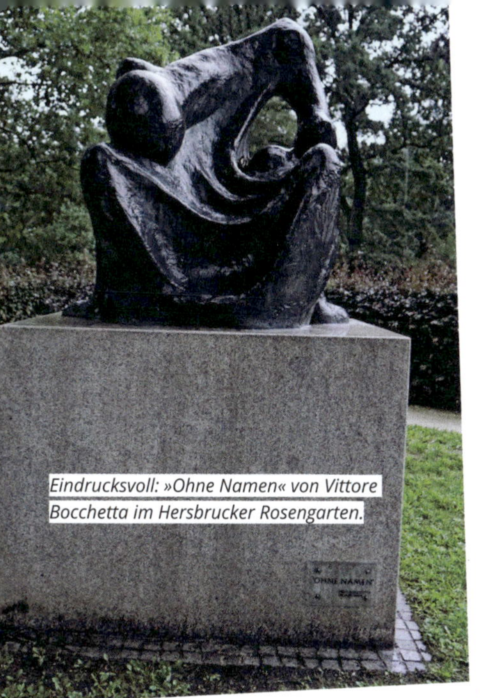
Eindrucksvoll: »Ohne Namen« von Vittore Bocchetta im Hersbrucker Rosengarten.

KM 2

2 Dokumentationsstätte KZ Hersbruck
Erinnerungsraum

Gleich hinter dem parkähnlichen Rosengarten beginnt das Gelände des einstigen KZ-Außenlagers Hersbruck. Mehrere Statuen und Mahnmale erinnern im Park an die Zwangsarbeiter:innen, die noch 1944/45 eine unterirdische, stollenartige Rüstungsanlage in die Houbirg treiben sollten. Die Skulptur »Ohne Namen« von Vittore Bocchetta – der italienische Widerstandskämpfer war selbst hier inhaftiert – wurde erst 2007 aufgestellt. Ein Dokumentationszentrum am Wegrand informiert über das Außenlager und das Schicksals der etwa 9500 Häftlinge (kz-hersbruck-info.de).

Geradeaus am Freibad vorbei, bis es auf die Wiese weitergeht. Dort nicht dem Kiespfad folgen, sondern rechts auf dem Trampelpfad bis zum Pegnitzufer.

KM 3,3

3 Pegnitzschleifen
Picknick & Birdwatching

»Fluss ohne Anfang und Ende« nannte Filmemacher Georg Bock seine zweite Pegnitz-Doku: weil es keine eindeutige Quelle gibt, sondern 15 Quellbäche, die sich ihrerseits aus namenlosen Rinnsalen speisen. Kein richtiges Ende deswegen, weil die Pegnitz in Nürnberg mit der Rednitz zusammenfließt und beide hinfort als Regnitz gemeinsam gen Main. Eine Vorstellung von der Verworrenheit und des Eigensinns dieses ganz und gar fränkischen Flusses vermitteln die zahllosen Schleifen außerhalb Hersbrucks. Dazwischen bieten idyllische Halbinselchen, malerisch von Fluss und Ufergrün umschlossen, ideale Picknickplätze, so man eine Decke dabei hat. Augen und Ohren auf: In den Auwäldern leben seltene Eisvögel, Grünspechte und Kleiber!

Entweder dem Trampelpfad weiter folgen oder auf den nahen Wiesenweg ausweichen. Dieser führt zur Happurger Straße, auf der man zwei mal nach rechts die Pegnitz über- und ein Gewerbegebiet (Verpflegungsmöglichkeit!) durchquert, bis rechter Hand ein Wegweiser den Fußweg zum Baggersee ausweist.

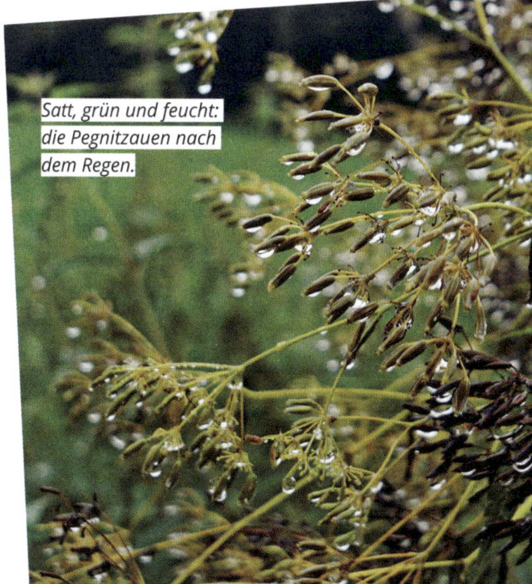
Satt, grün und feucht: die Pegnitzauen nach dem Regen.

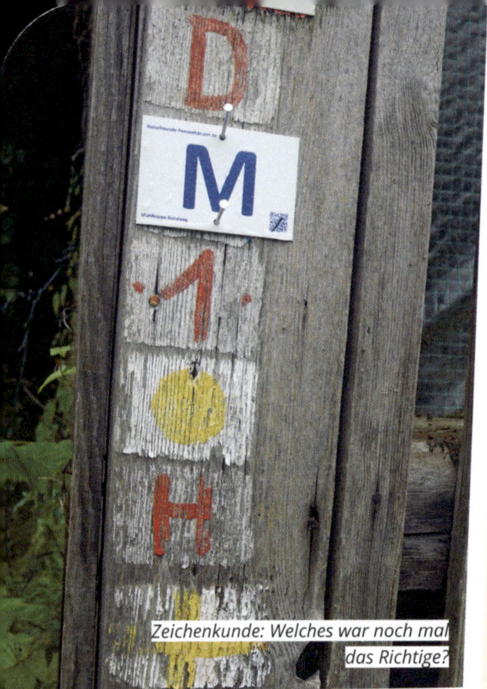

Zeichenkunde: Welches war noch mal das Richtige?

KM 7,3

4

Happurger Baggersee

Erfrischung gefällig?

Der kurze Umweg zum Baggersee ist natürlich nur etwas für laue Sommertage – wenn es kühl sein sollte, kann man die Etappe auch überspringen. Obwohl der Happurger Baggersee ein kleines Paradies ist: die Ufer von zwei Seiten zugewachsen, gegenüber der Badestrand und das Restaurant (restaurant-am-baggersee.com). Der Baggersee ist eigentlich gar keiner, sondern ein sogenanntes Geschwelle, ein schon im 19. Jahrhundert rückgestauter Bach. Mit dem Wasser wurden in heißen Sommern oder vor dem ersten Grasschnitt die tieferliegenden Wiesen gespeist, um die Heuernte zu sichern. Diese Tage sind jedoch vorbei, das Grabensystem ist zugeschüttet. Und der Weiher dient heute nur noch der Erfrischung – sei es zum Baden oder bei einem Kaltgetränk im Biergarten.

Auf demselben Weg zurück ins Gewerbegebiet, an der Straße Am Markgrafenpark auf den Rad- und Gehweg wechseln, der kurz parallel zur Straße, dann am Högenbach entlangführt.

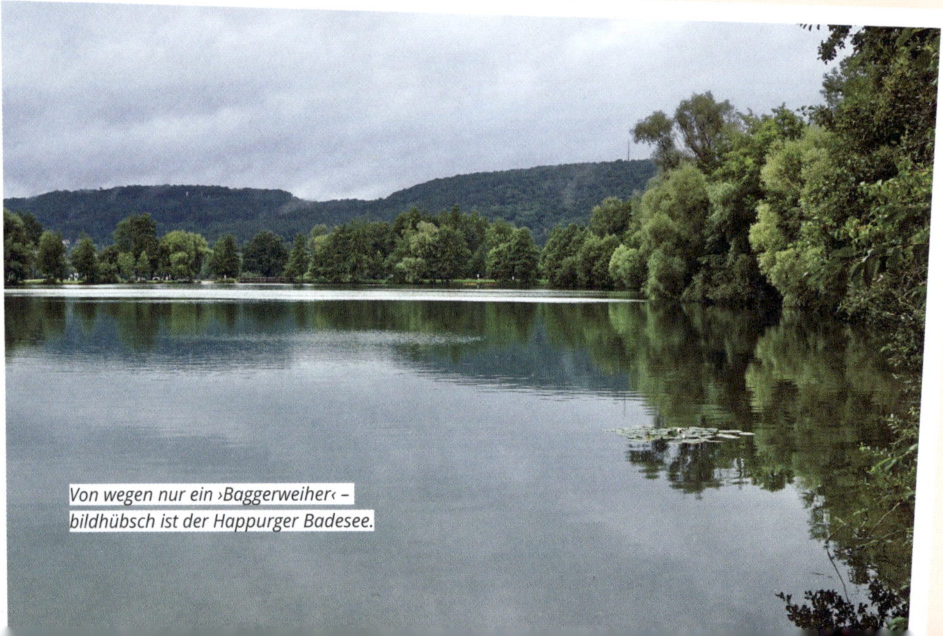

Von wegen nur ein ›Baggerweiher‹ – bildhübsch ist der Happurger Badesee.

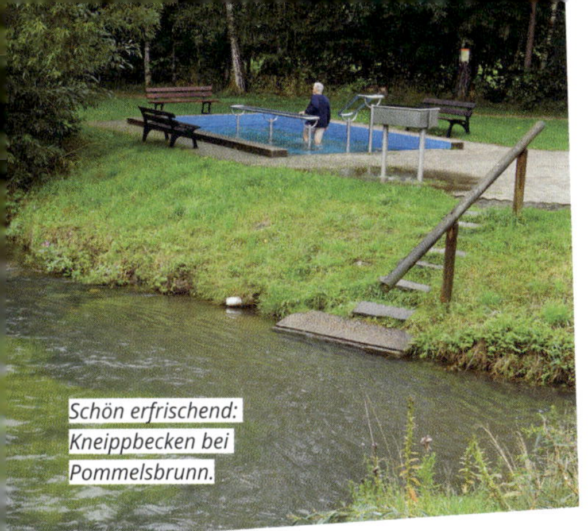

Schön erfrischend: Kneippbecken bei Pommelsbrunn.

EXTRA INFOS:

Direkt an der Pegnitz bietet sich auch die ● **Fackelmann Therme** (fackelmann therme.de) am Ortsausgang von Hersbruck für eine längere Pause an. In Pommelsbrunn gibt das ● **Badhaus** Einblick in mittelalterliche Reinlichkeitsriten – als Einziges im deutschsprachigen ländlichen Raum überhaupt! Wer noch Zeit hat, kann einen Blick in die barocke ● **Laurentiuskirche** werfen.

Bis auf ein ● **Naturfreundehaus** sieht es im kleinen Pommelsbrunn schlecht aus mit Übernachten. Ein paar Kilometer oberhalb und schon auf dem Plateau des Fränkischen Juras hat jedoch das ● **Hotel Lindenhof** thematisch eingerichtete Zimmer in petto: Man hat die Wahl zwischen »Kuba«, »Albanien« oder »Israel« (hubmers berg.de).

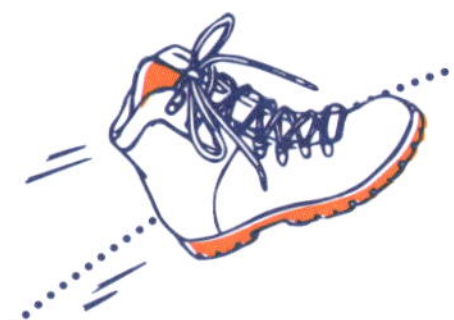

KM 12,7

5 Kneippanlage Pommelsbrunn

Rasten, nicht rosten!

Ein Kneippbecken ist auch im Fränkischen nichts Besonderes, dieses aber liegt samt überdachtem Picknickplatz direkt am Zufluss des Mühlgrabens in den plätschenden Bach. Es gibt ein Planschbecken für die ganz Kleinen und einen Zustieg zum Bach für die Größeren. Der Mühlgraben kommt von der imposanten Weidenmühle schräg gegenüber, einem (leicht vernachlässigten) Walmdachbau aus dem 18. Jahrhundert. Gewaltige Wassermühlen bestimmten entlang der Pegnitz lange das Landschaftsbild, allein in Lauf drehten sich einst 50 Mühlräder! Die Weidenmühle wurde früh aktenkundig, denn ihr Besitzer, ein gewisser Hofmann, wurde 1383 als allererster Pommelsbrunner überhaupt erwähnt.

Durch den S-Bahn-Bogen und dann rechts, bis zur Station sind es keine 200 Meter.

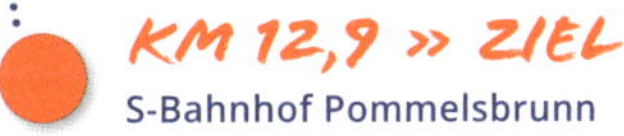

KM 12,9 » ZIEL

S-Bahnhof Pommelsbrunn

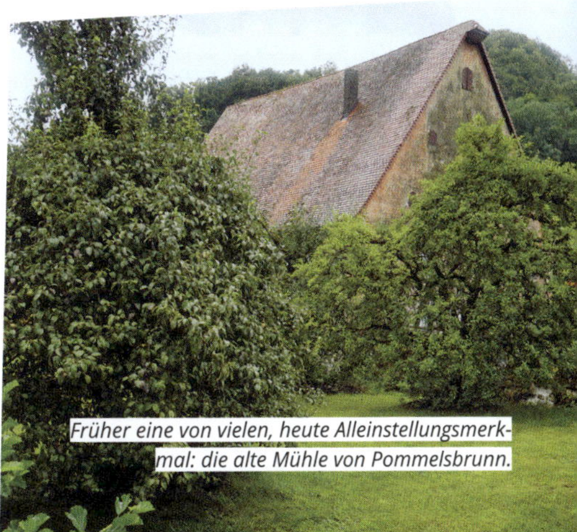

Früher eine von vielen, heute Alleinstellungsmerkmal: die alte Mühle von Pommelsbrunn.

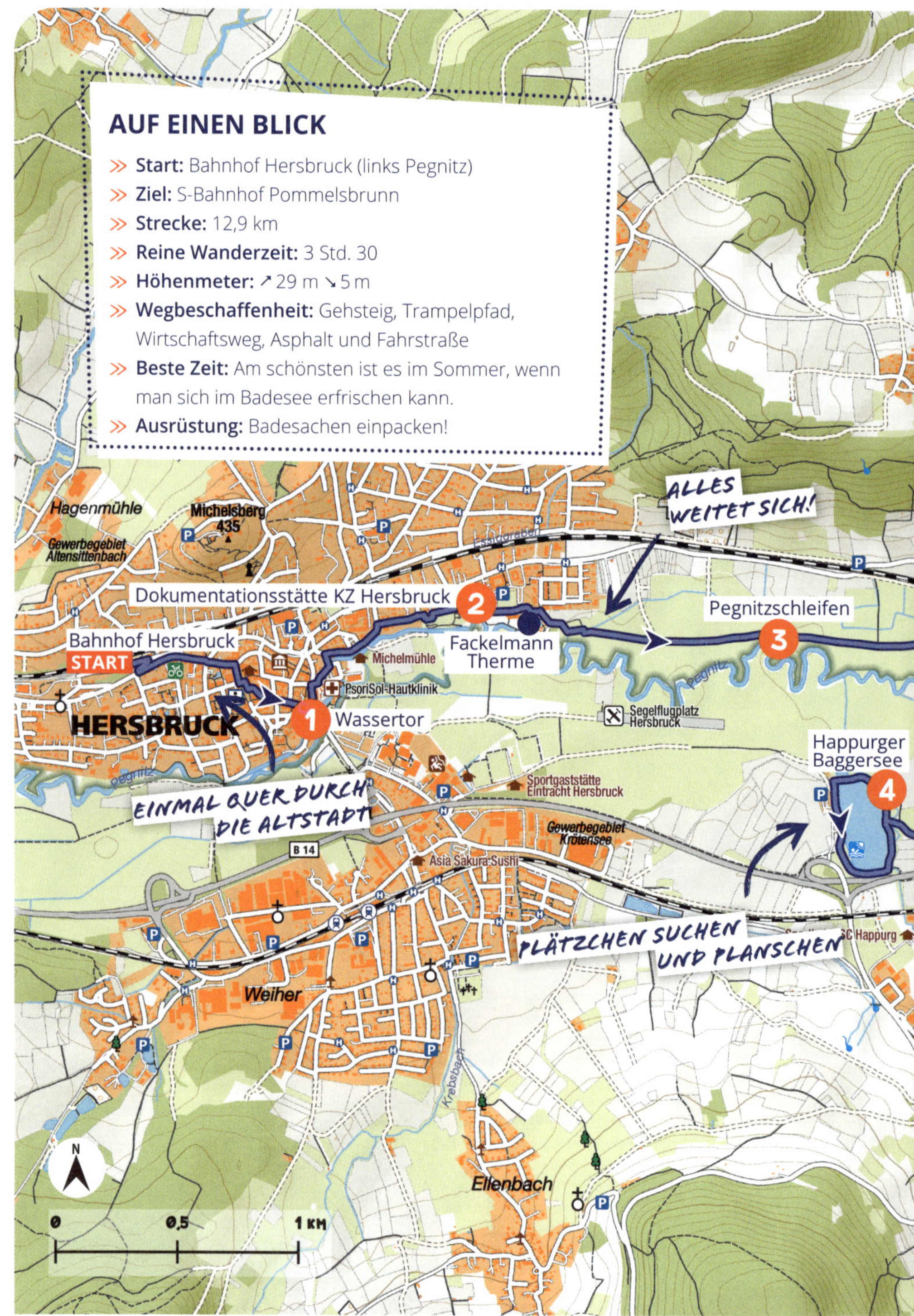
AUF EINEN BLICK
» Start: Bahnhof Hersbruck (links Pegnitz)
» Ziel: S-Bahnhof Pommelsbrunn
» Strecke: 12,9 km
» Reine Wanderzeit: 3 Std. 30
» Höhenmeter: ↗ 29 m ↘ 5 m
» Wegbeschaffenheit: Gehsteig, Trampelpfad, Wirtschaftsweg, Asphalt und Fahrstraße
» Beste Zeit: Am schönsten ist es im Sommer, wenn man sich im Badesee erfrischen kann.
» Ausrüstung: Badesachen einpacken!
Hagenmühle
Michelsberg 435
Gewerbegebiet Altensittenbach
ALLES WEITET SICH!
Dokumentationsstätte KZ Hersbruck
2
Pegnitzschleifen
3
Bahnhof Hersbruck
START
Fackelmann Therme
Michelmühle
PsoriSol-Hautklinik
Pegnitz
HERSBRUCK
1
Wassertor
Segelflugplatz Hersbruck
Happurger Baggersee
4
Sportgaststätte Eintracht Hersbruck
EINMAL QUER DURCH DIE ALTSTADT
Gewerbegebiet Krötensee
B 14
Asia Sakura Sushi
PLÄTZCHEN SUCHEN UND PLANSCHEN
Weiher
Krebsbach
Ellenbach
N
0
0,5
1 KM

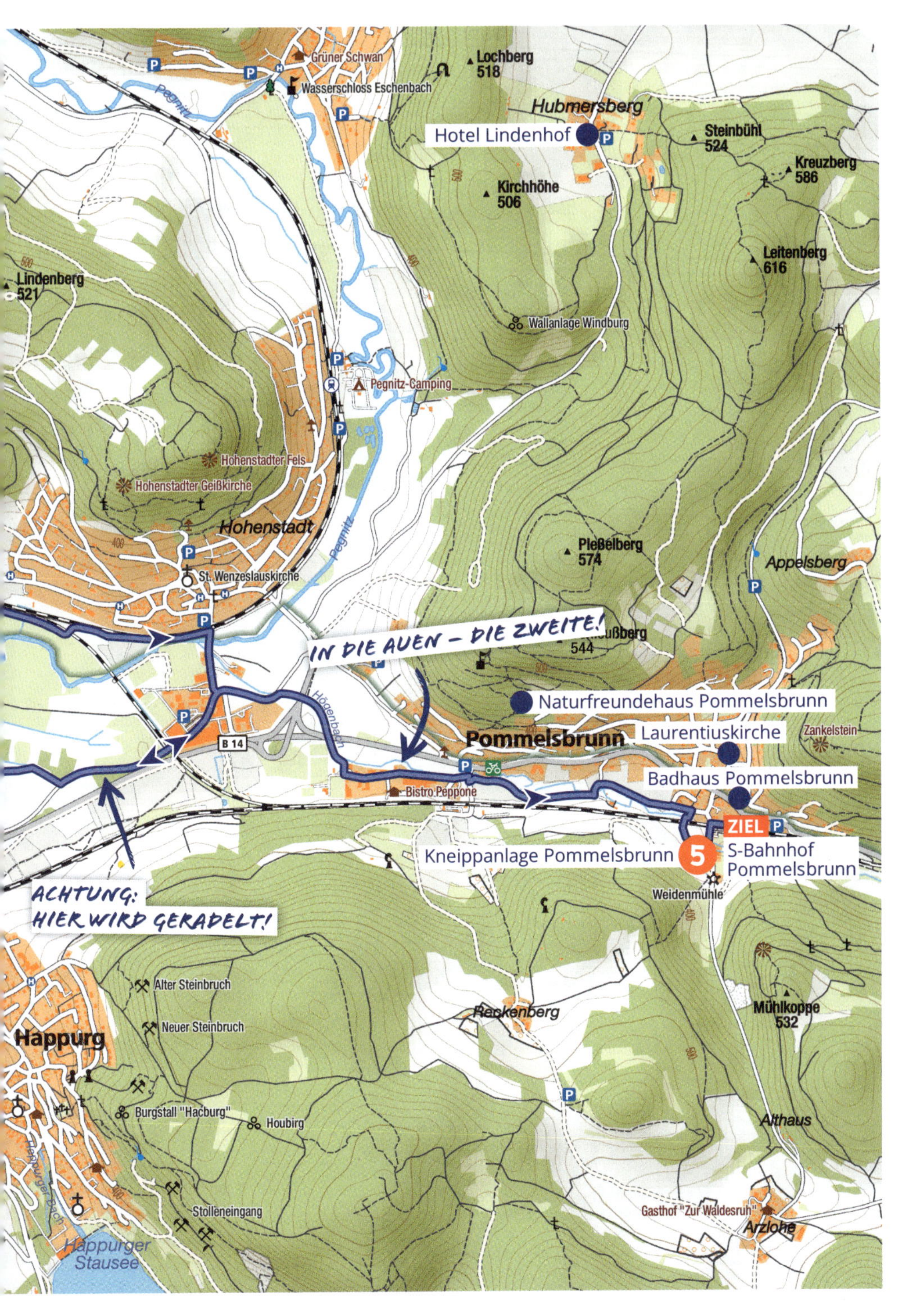

Grüner Schwan
Wasserschloss Eschenbach
Lochberg 518
Hubmersberg
Hotel Lindenhof
Steinbühl 524
Kreuzberg 586
Kirchhöhe 506
Leitenberg 616
Lindenberg 521
Wallanlage Windburg
Pegnitz-Camping
Pegnitz
Hohenstadter Fels
Hohenstadter Geißkirche
Hohenstadt
St. Wenzeslauskirche
Pleßelberg 574
Appelsberg
IN DIE AUEN – DIE ZWEITE!
544
Naturfreundehaus Pommelsbrunn
Högenbach
B 14
Pommelsbrunn
Laurentiuskirche
Zankelstein
Badhaus Pommelsbrunn
Bistro Peppone
ZIEL
5
Kneippanlage Pommelsbrunn
S-Bahnhof Pommelsbrunn
Weidenmühle
ACHTUNG:
HIER WIRD GERADELT!
Alter Steinbruch
Neuer Steinbruch
Happurg
Reckenberg
Mühlkoppe 532
Burgstall "Hacburg"
Houbirg
Althaus
Stolleneingang
Gasthof "Zur Waldesruh"
Arzlohe
Happurger Bach
Happurger Stausee

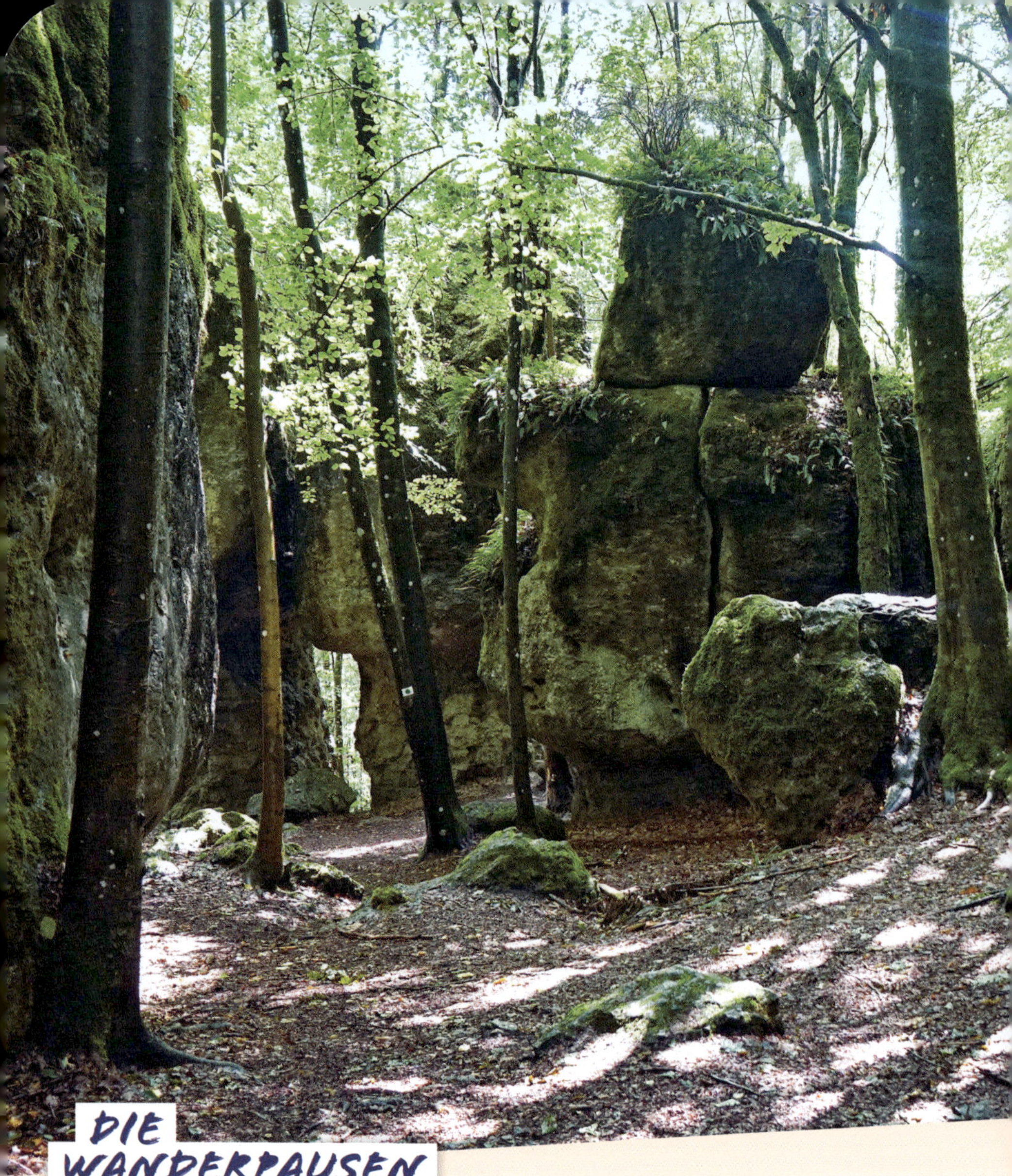

DIE WANDERPAUSEN

» START
Bushaltestelle Marktplatz, Königstein

KM 0,1
1 Schlossgasse
Mystische Passage

KM 4,7
2 Maximilianswand
Einen Kraftort erspüren

KM 5,6
3 Steinerne Stadt
Wie im Märchen

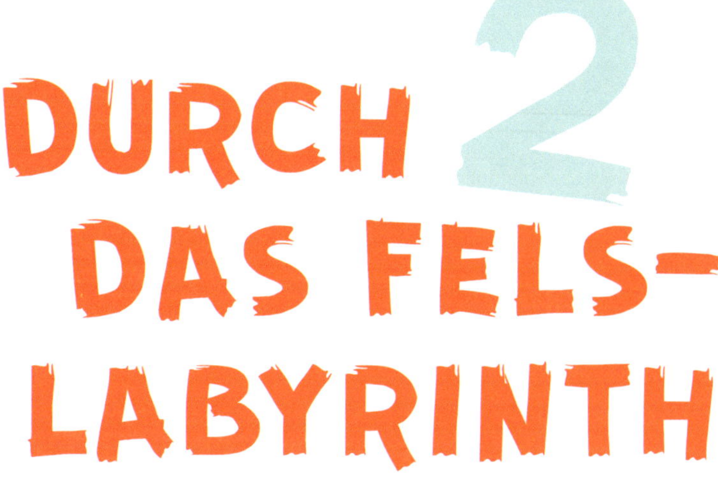

DURCH DAS FELS-LABYRINTH

Von Königstein zur Maximiliansgrotte

So lieblich die Fränkische Schweiz im Tal meist anmutet, so abgründig geht es auf den Höhenzügen zu – wobei man die wilden Felsformationen immer erst dann sieht, wenn man kurz davor steht. Der Wald deckt das alles zu. Also: auf zum Entdecken!

KM 7,3

4 Maximiliansgrotte
Dem Abgrund ins Auge blicken

KM 12,6

5 Naturbad Königstein
Nicht vom Beckenrand springen!

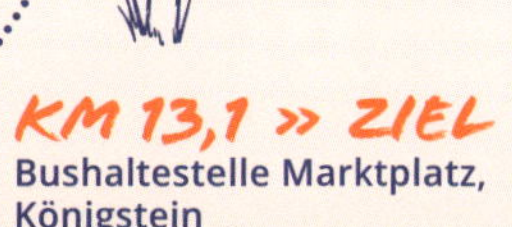

KM 13,1 » ZIEL
Bushaltestelle Marktplatz, Königstein

EIN SICHERES ZEICHEN …

… dafür, dass sich oben im Wald Sehenswertes verbirgt, ist ein Dixi-Klo am Straßenrand. Ernsthaft! Schilder aufzustellen, hat man irgendwie vergessen, man ist voll auf die Maximiliansgrotte konzentriert und darauf, dass die Leute dort entweder hinauffahren oder von Neuhaus aus aufsteigen. Ach, nicht von Markt Königstein? Dass diese Tour dennoch dort startet, hat nichts damit zu tun, einen längeren Anlauf zu nehmen, sondern weil der staatlich anerkannte Erholungsort mit der **Schlossgasse** selbst sehenswert ist.

Außerdem befinden sich so auch noch die **Maximilianswand** und die **Steinerne Stadt** auf der Route. Beides sind absolut beindruckende Kalksteinformationen mitten im Wald, die allerdings ab vom Schuss liegen und ganz im Gegensatz zum Hotspot Maximiliansgrotte weder mit Parkplätzen noch mit Gastronomie aufwarten. Aber immerhin mit einem Dixi-Klo als Wegmarke!

MAN STAPFT BERGAN UND LANGSAM SCHÄLEN SICH DIE FELSEN DER STEINERNEN STADT AUS DEM WALD: MAGISCH!

Von Königstein aus geht es durch Wiesen und Weiden sanft in Richtung Berg und damit in die Wälder – meist auf Wirtschaftswegen, zuweilen auf Pfaden. Also alles nicht weiter schwierig. Etwas steiler wird es nur auf dem kurzen Anstieg zu den Felsen sowie rund um die Maximiliansgrotte.

Die **Maximiliansgrotte** einen Hotspot zu nennen, war vielleicht etwas überschwänglich – die Besucherzahlen in Pottensteins berühmter Teufelshöhle sind immerhin fünfzehnmal höher. Untertrieben ist hingegen die Bezeichnung ›Grotte‹: Es handelt sich vielmehr um eine veritable Höhle mit mehreren Hallen – von insgesamt über einem Kilometer Länge. Sprich: Es lohnt sich dort eine längere Pause einzulegen und sie zu besichtigen. Insbesondere in der Sommerhitze eine großartige Erfrischung!

Erfrischung nicht nur für qualmenden Füße liefert spätestens das **Naturbad** am Ende der Tour, wenn man Königstein wieder erreicht hat. Unter freiem Himmel planscht man hier nicht nur chlorfrei, sondern kann sich mit Pommes rot-weiß auch noch das ultimative Freibad-Feeling zum Abschluss gönnen. «

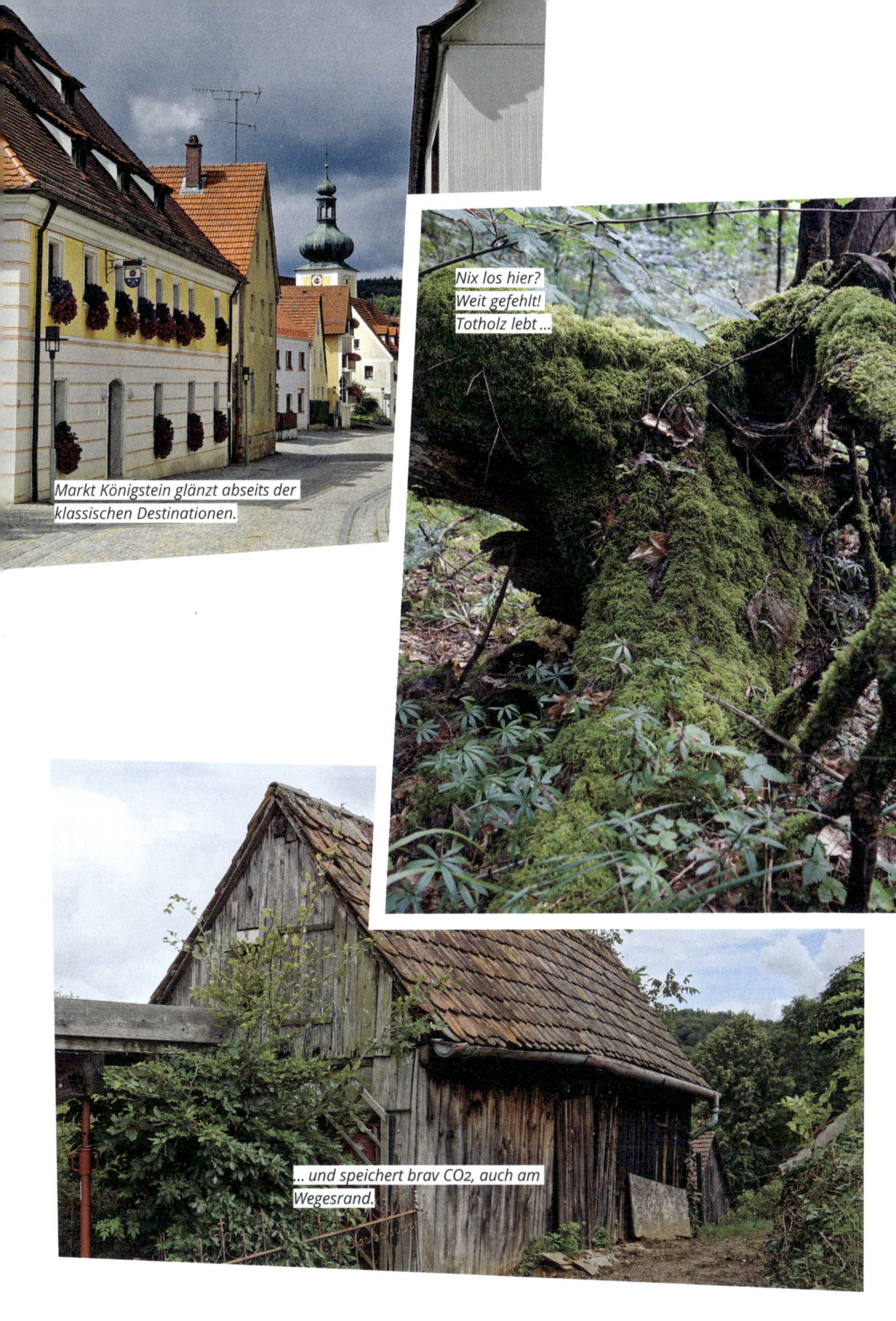

Markt Königstein glänzt abseits der klassischen Destinationen.

Nix los hier? Weit gefehlt! Totholz lebt …

… und speichert brav CO_2, auch am Wegesrand.

WANDERN & GENIESSEN

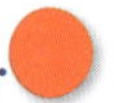

»START

Bushaltestelle Marktplatz, Königstein

Über den Hinteren Markt direkt in die Schlossgasse einbiegen, zuvor vielleicht in der Bäckerei Roth noch Proviant einpacken.

KM 0,1

Schlossgasse

Mystische Passage

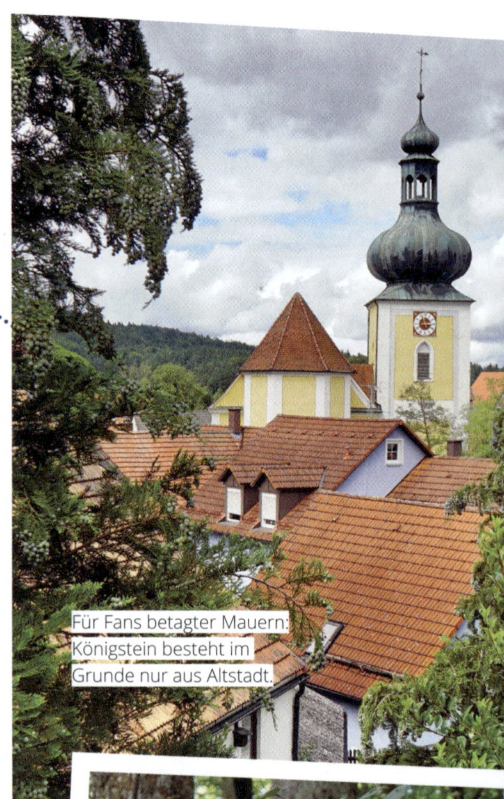

Für Fans betagter Mauern: Königstein besteht im Grunde nur aus Altstadt.

Markt Königstein wirkt dörflich, aber das täuscht. ›Stein‹ steht für Burg, der König höchstselbst war zwar nicht zugegen, wohl aber einer von seinen Reichsministerialien. Der hatte seinen Sitz in Königstein, bis die Familie um 1250 ausstarb. Herzöge und Fürsten kamen ihm nach und gingen auch wieder, bauten die Burganlage mehrmals um, bis die Verteidigungsmauer sinnlos und die Burg als Schloss wiederverwertet wurde. Von diesem ist heute kaum etwas übrig, außer der Schlossgasse und ihrer verwunschenen Atmosphäre: Bevor es durch einen Torbogen geht, passiert man das leicht verwitterte Haus des fürstlichen Amtsschreibers, der bis Mitte des 18. Jahrhunderts hier noch zu tun hatte. Die schmale Fußgängerpassage läuft entlang einer verbliebenen Mauer, zumindest erahnt man hier noch das Schloss …

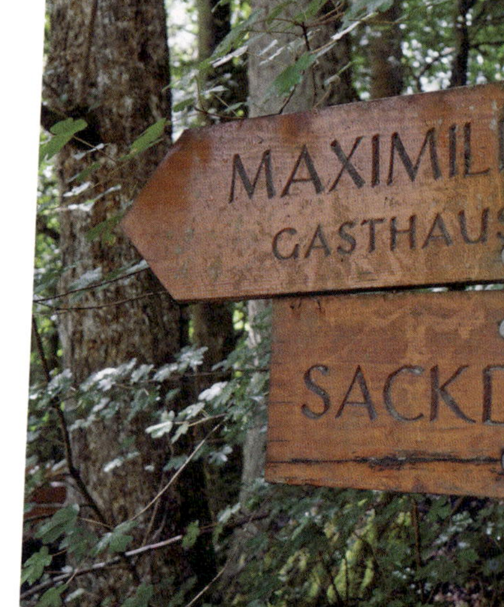

Rechts in die Hofgartenstraße, rechts in den Ossingerweg und links in die Neuhauserstraße, sofort wieder rechts in die Funkenreuther Straße. Am ersten Gehöft von Funkenreuth links rum und dem Wirtschaftsweg in den Wald folgen. Auch dann noch weiter geradeaus, wenn die Markierung nach links führt – erst dem breiten Kiesweg nach links folgen.

KM 4,7

2 Maximilianswand
Einen Kraftort erspüren

Den forstwirtschaftlich genutzten Kiesweg donnern zuweilen Traktoren entlang – die Verbindung zur B85 ist offiziell für den Verkehr freigegeben, es ist aber kaum was los. Wenn Autos kommen, dann aus der Gegenrichtung: Sie suchen den kleinen Parkplatz und den Picknicktisch am rechten Straßenrand, die einzigen Hinweise auf den Maximiliansfelsen weiter oben im Wald. Abgesehen vom Dixi-Klo natürlich. Durch eine Kluft geht es steil hinauf, nach wenigen Minuten steht man vor der Wand, die nur ein Teil einer weit gewaltigeren Felsformation ist – mit Wänden und Felstürmen, an denen oft Kletternde kleben. Aufgrund zahlreicher Kleinfunde (aus der Jungsteinzeit, der Bronze- und Eisenzeit) wird gemutmaßt, der einsame Fels sei ein Kultplatz, ja vielleicht eine Opferstätte gewesen. Ein Kraftort ist er allemal, so viel lässt sich sagen.

Am besten geht man rechts weiter um die Felsen herum und erst dann wieder hinunter. Es geht auf der Forststraße weiter – bis zum nächsten Dixi-Klo.

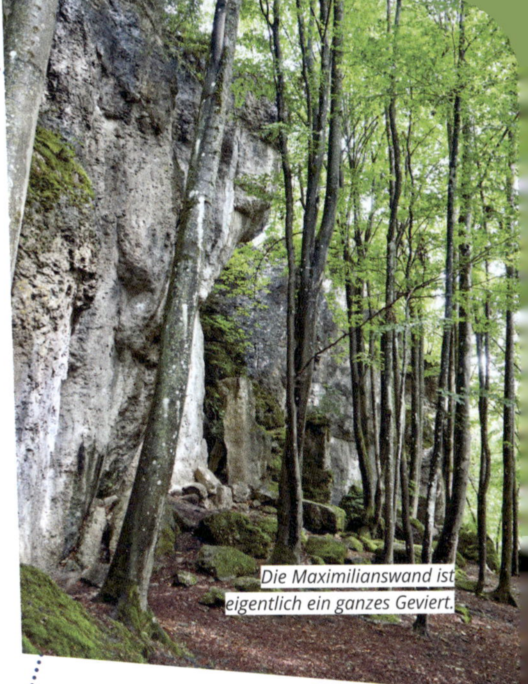
Die Maximilianswand ist eigentlich ein ganzes Geviert.

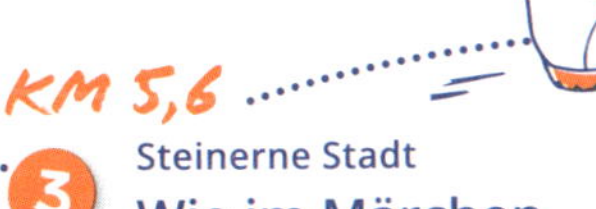

KM 5,6

3 Steinerne Stadt
Wie im Märchen

Einige Minuten folgt man einem Schild steil den Hang hoch: Darauf steht jedoch nichts von der Steinernen Stadt oder den ›zwei Brüdern‹, sondern mit Sackdilling lediglich der nächste Ort. Auf der bewaldeten Kuppe angekommen, scheinen sich die Felsen wirklich zu Gassen und Häusern aufzutun, die man durchstreifen kann wie eine kleine Stadt. War der Maximilianfelsen aufgrund seiner Macht beeindruckend, so wirkt die Steinerne Stadt mit ihren Ecken und Winkeln und vor allem den Bäumen und dem Licht schlicht atemberaubend.

Zurück zum Forstweg und diesem bis zum Parkplatz der Maximiliangrotte folgen.

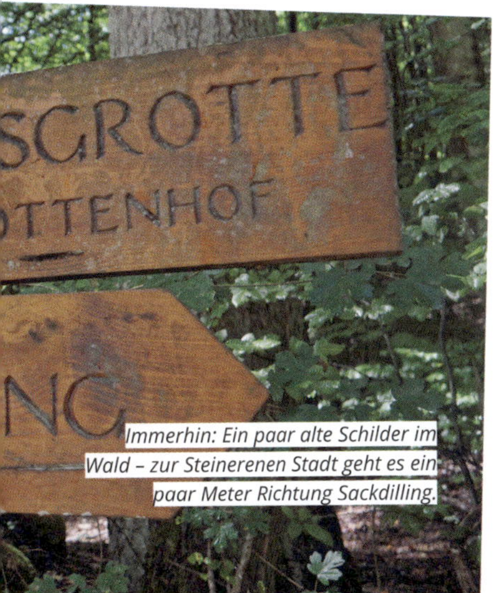

Immerhin: Ein paar alte Schilder im Wald – zur Steinerenen Stadt geht es ein paar Meter Richtung Sackdilling.

ABKÜHLUNG MITTEN IM GRÜNEN →

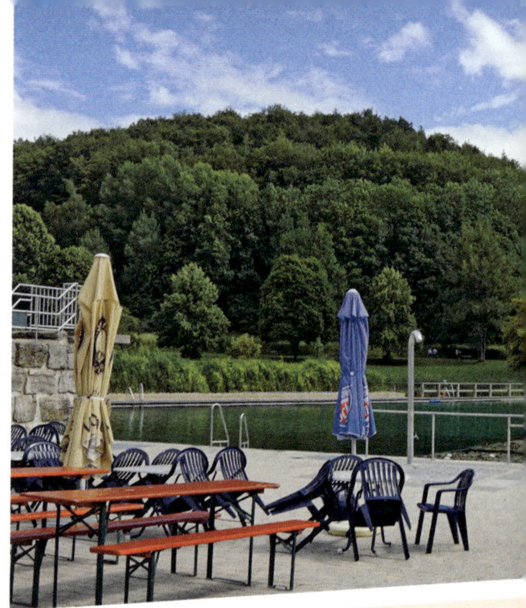

KM 7,3

4 Maxiliansgrotte

Dem Abgrund ins Auge blicken

Mit Maximilian ist übrigens Max II. gemeint, der amtierender bayerischer König war, als die Karsthöhle systematisch erschlossen wurde. Seit 1878 steht sie als Schauhöhle auch der Öffentlichkeit offen. Das weitverzweigte System aus Gängen und Hallen erstreckt sich über mehreren Ebenen, der heutige Eingang ist künstlich geschaffen worden – zuvor bot nur das sogenannte Windloch einen Zugang. Das über einen Kilometer tiefe und bis zu 70 Meter hohe Höhlensystem kann nur im Rahmen einer Führung besichtigt werden, was wiederum ausschließlich zu Kernzeiten am Wochenende möglich ist. Was aber immer geht, ist, einen kurzen Schlenker zum Windloch, zum Zinnbergschacht und zu den Felsen oberhalb der Höhle zu unternehmen. Auch dort tun sich Abgründe auf! (maxi.grottenhof.de)

Falls nicht noch eine Einkehr in die Gaststätte Grottenhof unterhalb des Parkplatzes lockt (grottenhof.de, Fr–So, Fei), geht es hinter dem Zinnbergschacht auf einem Wirtschaftsweg quer durch den Wald zurück: Immer schön dem Weg folgen, nicht abbiegen und bald ist Königstein wieder in Sicht. Links in Am Rainweg und gleich rechts in Am Galgen, die in den Ossingerweg übergeht. Über Hofgartenstraße und Hüftgasse in Am Bergl, dort die Abkürzung über den Pavillon nehmen, links dem Schulweg und rechts der Sulzbacher Straße folgen.

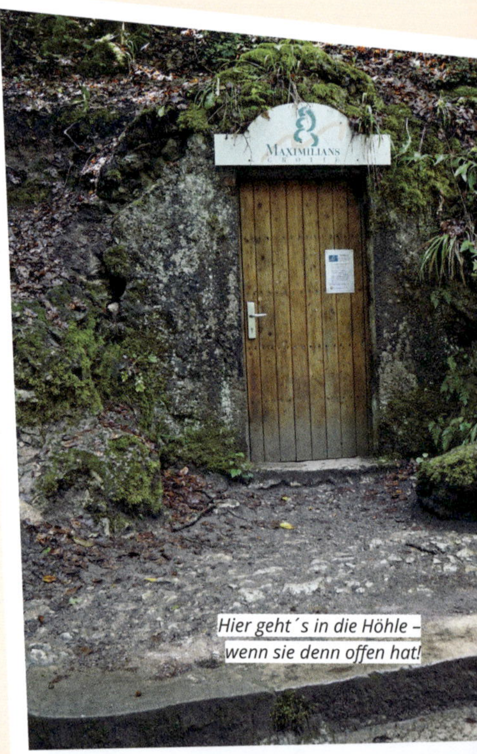

Hier geht´s in die Höhle – wenn sie denn offen hat!

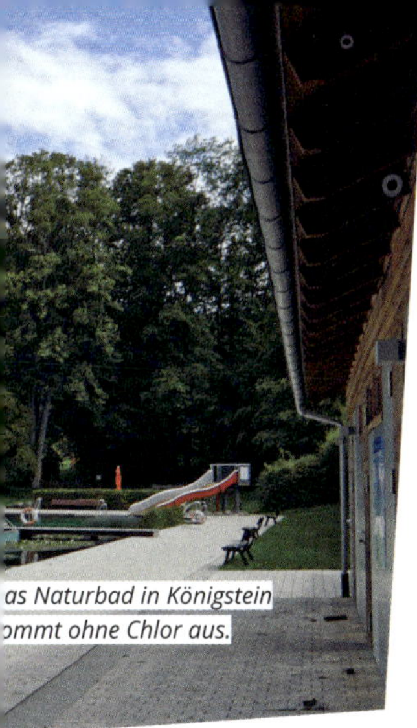
as Naturbad in Königstein
ommt ohne Chlor aus.

EXTRA INFOS:

Der weiße ● **Pavillon** hinter dem Rathaus von Königstein bietet eine Verschnaufpause mit freiem WLAN! Wer nicht ins Freibad will, nutzt einfach den weitläufigen Bereich der ● **Kneippanlage** im Talgrund davor.

Dem Freibad angeschlossen ist ein Campingplatz und direkt am Marktplatz kann man in gleich drei Hotels übernachten, wobei der ● **Wilde Mann** die längste Geschichte hat und von den 27 Zimmern gewiss noch eines frei ist! (wilder-mann.de)

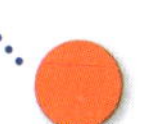

KM 12,6

5 Naturbad Königstein

Nicht vom Beckenrand springen!

KM 13,1 » ZIEL

Bushaltestelle Marktplatz, Königstein

Chloreinsatz ist seit 2011 kein Thema mehr in Königstein: Das Wasser des Freibads wird natürlich gereinigt, Wasserpflanzen wie Schilfgras übernehmen das – sie filtern das Wasserso effizient, dass es glasklar bleibt! Das liebevoll und mit viel Holz renovierte Bad ähnelt samt Seerosen mehr einem großzügigen Spa-Bereich als einem Badeteich. Sprungturm, Rutsche und Planschbecken hingegen sind geblieben, Springen vom Beckenrand – auch wenn dieser oval ausfällt und mit Holz verkleidet ist – bleibt nach wie vor verboten. Manches ändert sich eben nicht. Genauso wenig wie Pommes rot-weiß in der Kantine des Bads oder das Cola-Weizen (marktwerke-koenigstein.de).

Zurück über die Sulzbacher Straße und quer durch Königstein bis zum Marktplatz.

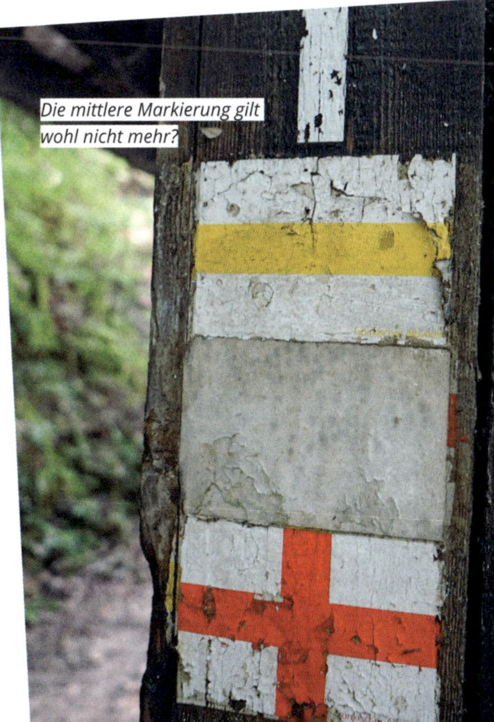
Die mittlere Markierung gilt wohl nicht mehr?

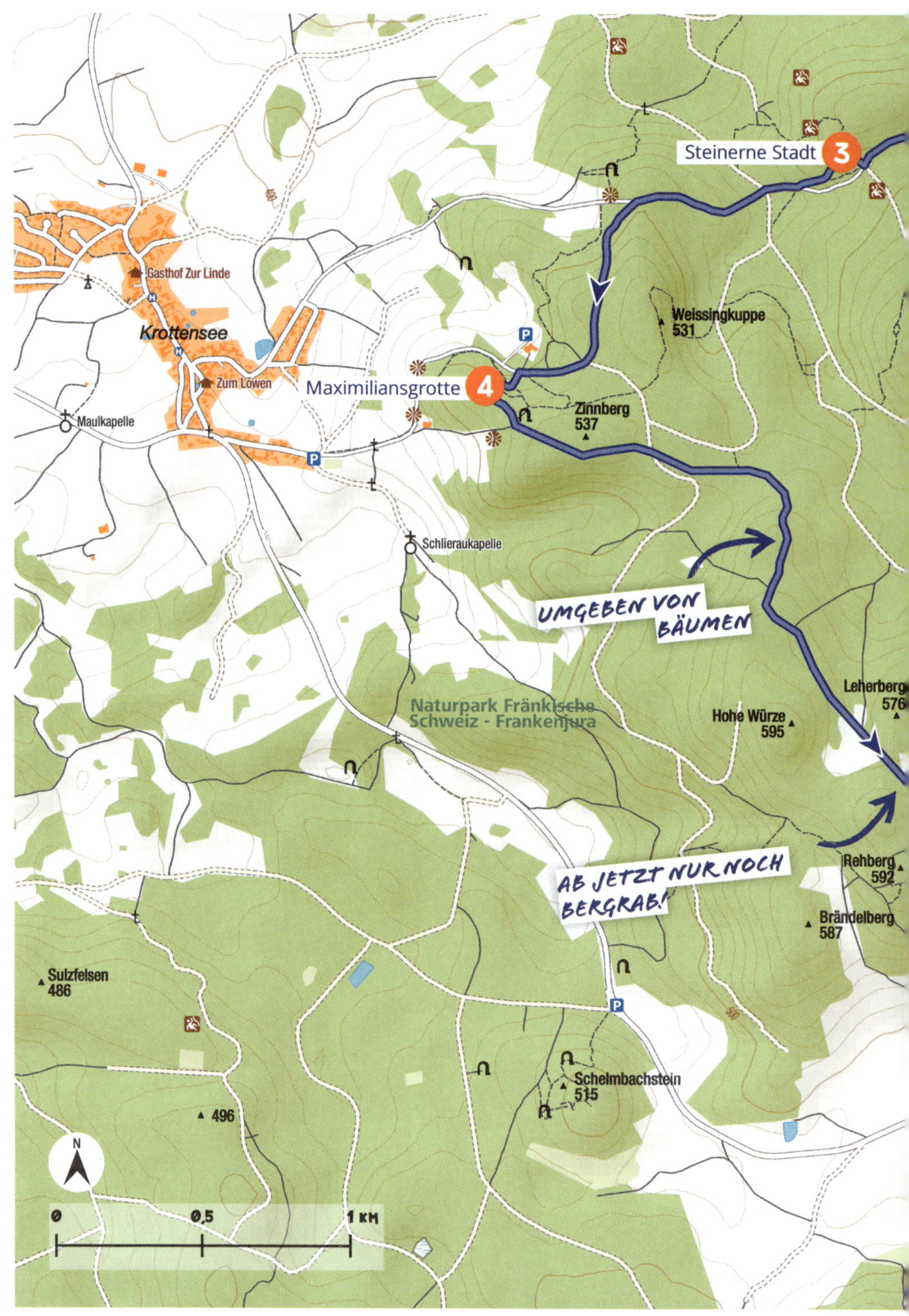

Steinerne Stadt 3
Weissingkuppe 531
Gasthof Zur Linde
Krottensee
Zum Löwen
Maximiliansgrotte 4
Zinnberg 537
Maulkapelle
Schlieraukapelle
UMGEBEN VON BÄUMEN
Naturpark Fränkische Schweiz - Frankenjura
Leherberg 576
Hohe Würze 595
AB JETZT NUR NOCH BERGRAB!
Rehberg 592
Brändelberg 587
Sulzfelsen 486
Schelmbachstein 515
496
0
0,5
1 KM

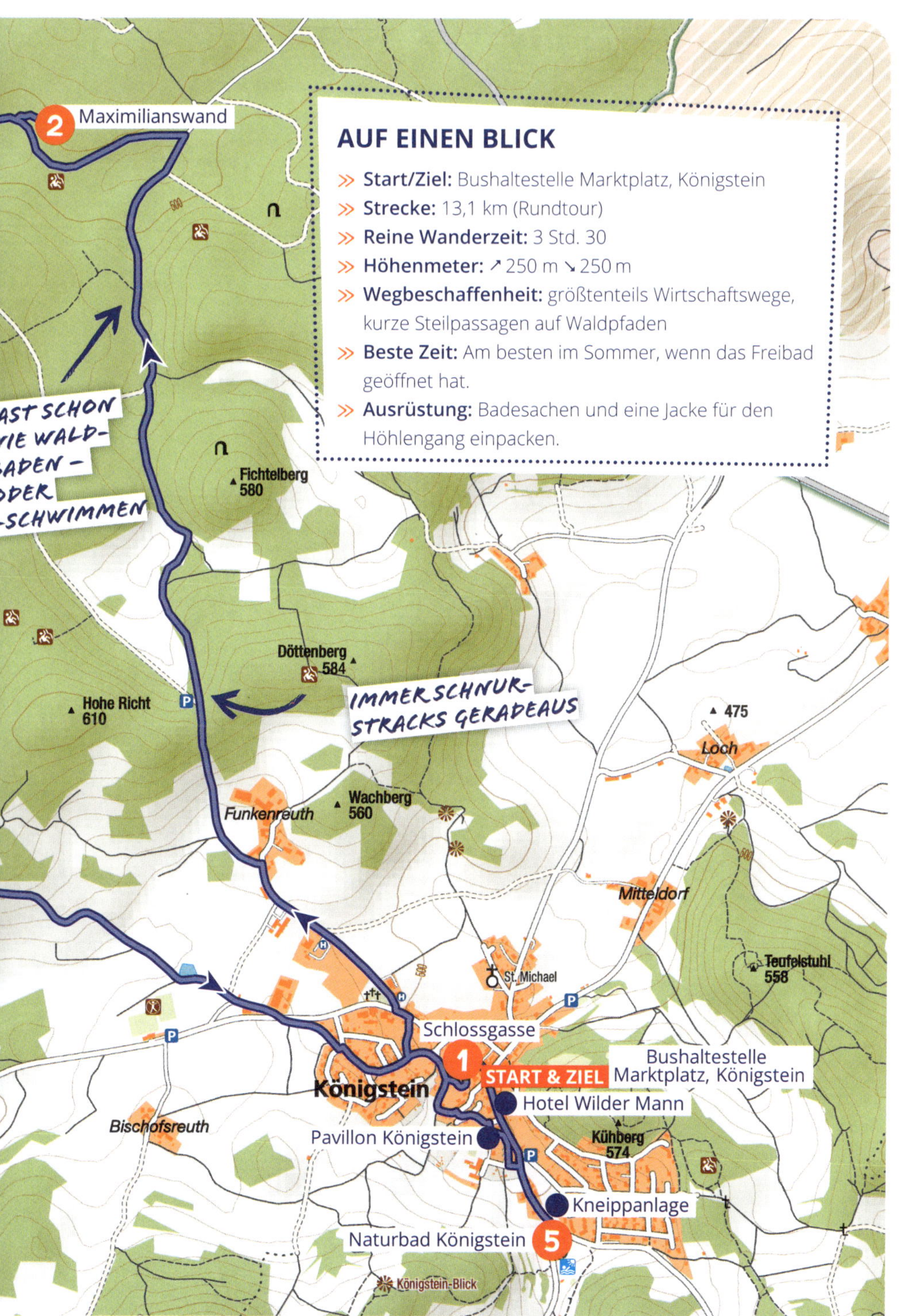

AUF EINEN BLICK

- » **Start/Ziel:** Bushaltestelle Marktplatz, Königstein
- » **Strecke:** 13,1 km (Rundtour)
- » **Reine Wanderzeit:** 3 Std. 30
- » **Höhenmeter:** ↗ 250 m ↘ 250 m
- » **Wegbeschaffenheit:** größtenteils Wirtschaftswege, kurze Steilpassagen auf Waldpfaden
- » **Beste Zeit:** Am besten im Sommer, wenn das Freibad geöffnet hat.
- » **Ausrüstung:** Badesachen und eine Jacke für den Höhlengang einpacken.

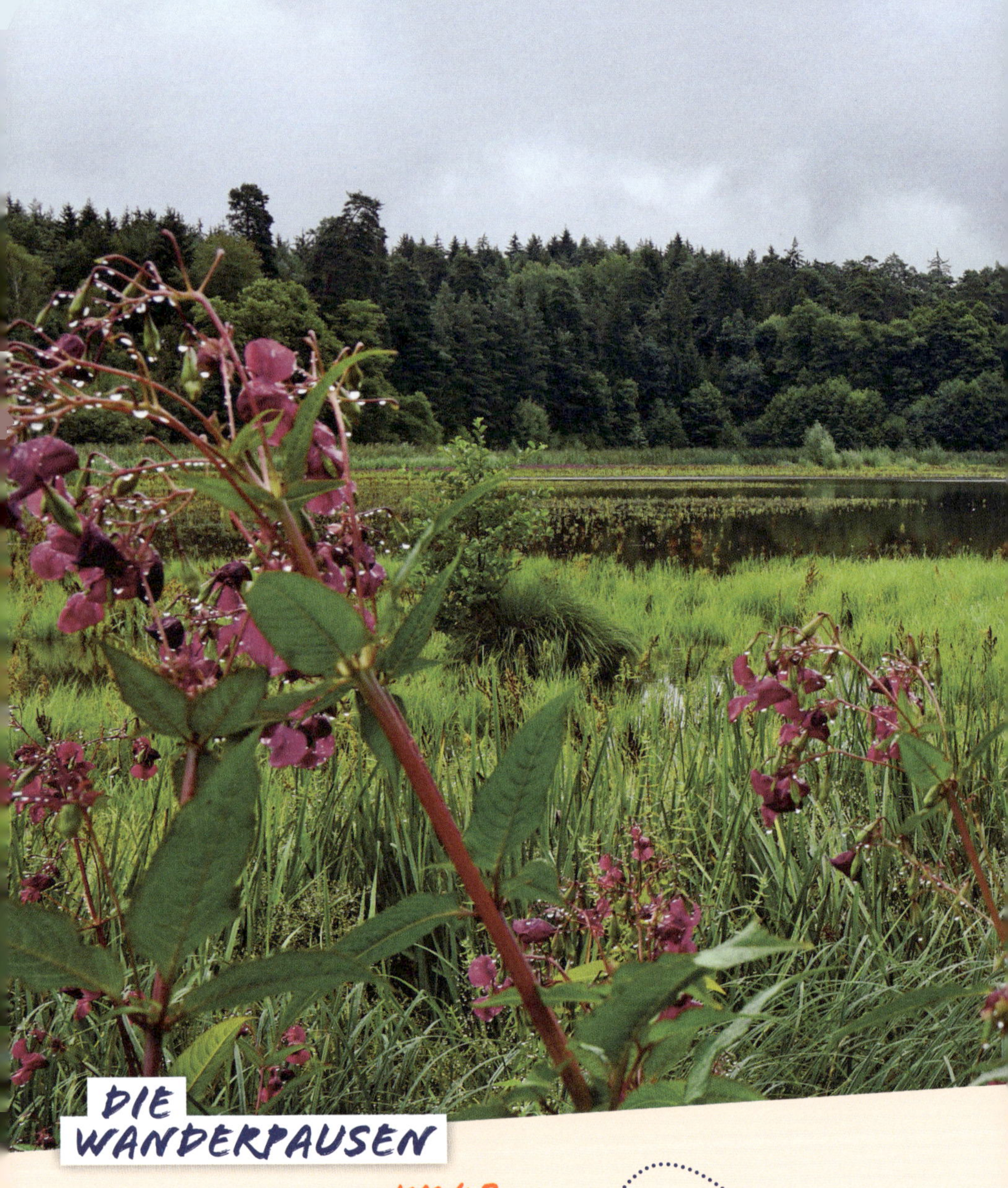

DIE WANDERPAUSEN

» START
Bushaltestelle Sparkasse, Ranna

KM 1,4
1 Marterl
Naturbelassene Auenlandschaft genießen

KM 4,9
2 Aussichtsturm
Überblick gewinnen

KM 5,5
3 Im Wolfsrevier
Bloß nicht füttern!

3

INS WOLFSLAND

Von Ranna zu den Kammerweihern

Dort, wo die beiden Kammerweiher liegen, ist außer Natur nichts mehr. Das Naturschutzgebiet wird vom Veldensteiner Forst eingefasst und ist von den nächsten Siedlungen abgeschieden, liegt isoliert inmitten den Pegnitzauen und grenzt außerdem an ein Wolfsrevier!

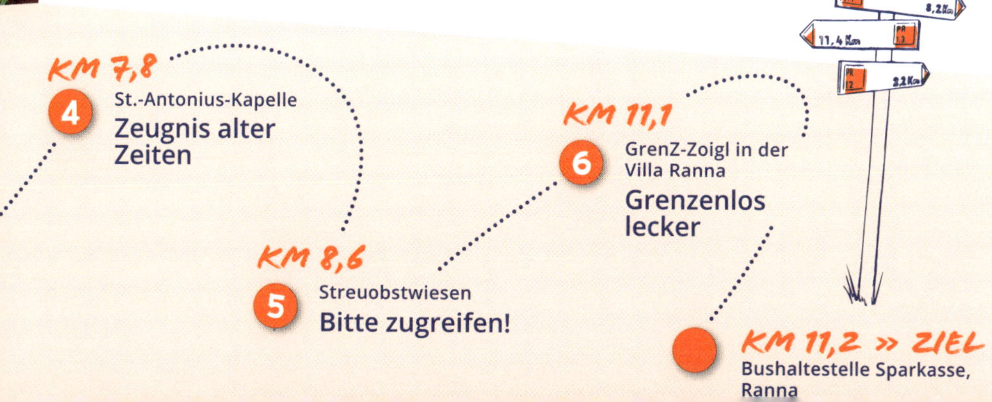

VON WILDNIS...

... kann nicht wirklich die Rede sein: Um Fischteiche handelt es sich bei beiden Kammerweihern – einmal jährlich werden Hechte abgefischt. Seit 1980 stehen die nebeneinanderliegenden Gewässer unter der Obhut des BUND, der sie gepachtet und renaturiert hat. Weniger um der Fische willen, sondern aufgrund der zahlreichen Vogelarten. Die Weiher sind Brutplatz, Habitat und Zwischenstation für sie.

Die Pegnitzauen zwischen Ranna und Michelfeld liegen mitten im Veldensteiner Forst, will heißen, dass links und rechts der Flußlandschaft kilometerweit Wald steht – so einsam und so dicht, dass dort schon seit Jahren ein Wolfsrudel heimisch ist. Vom Wanderparkplatz folgt man der Pegnitz und legt bei einem **Marterl** einen ersten Stopp ein, um die Auenlandschaft zu genießen. Der Weg folgt weiter dem Lauf der Pegnitz, verschwindet alsbald aber im Wald, passiert ein abgezäuntes Wasserschutzgebiet, um dann schon auf den Unteren Kammerweiher zu stoßen. Der hölzerne **Aussichtsturm** zwischen den beiden Teichen hat eine verblendete und mit Aussparungen versehene Plattform, die Blicke auf die Tierwelt ermöglicht, ohne dass man selbst wahrgenommen wird.

BESONDERS SCHÖN: WENN SICH DER WEG VOR EINEM DURCH DIE LANDSCHAFT SCHLÄNGELT, DIE WOLKEN SICH TÜRMEN UND DER BLICK AUF DIE WEITE UND EINSAMKEIT DER PEGNITZAUEN FÄLLT.

Apropos Tierwelt: Die Geschichte mit den Wölfen lässt einen nicht los und so wagt man sich ein paar Schritte in deren **Revier,** indem man am Oberen Kammerweiher vorbei in den Wald läuft. Dort informiert eine Tafel über die aktuell gültigen Verhaltensregeln bei Wolfskontakt.

Ein kurzes Stück geht es anschließend auf dem gleichen Weg zurück, ehe man nach rechts schwingt, ein wenig an Höhe gewinnt und während man auf der anderen Talseite so am Hang entlang weiterflaniert, sind schönste Blicke über die Pegnitzauen inklusive. Die **Antoniuskapelle,** auf die man alsbald stößt, erzählt von den aufgelösten Dörfern des Tals. **Streuobstwiesen** sind wenig später ein erstes Anzeichen der wieder nahenden Zivilisation – die mit einem frischen Bier im **GrenZ-Zoigl** endgültig wieder erreicht ist. «

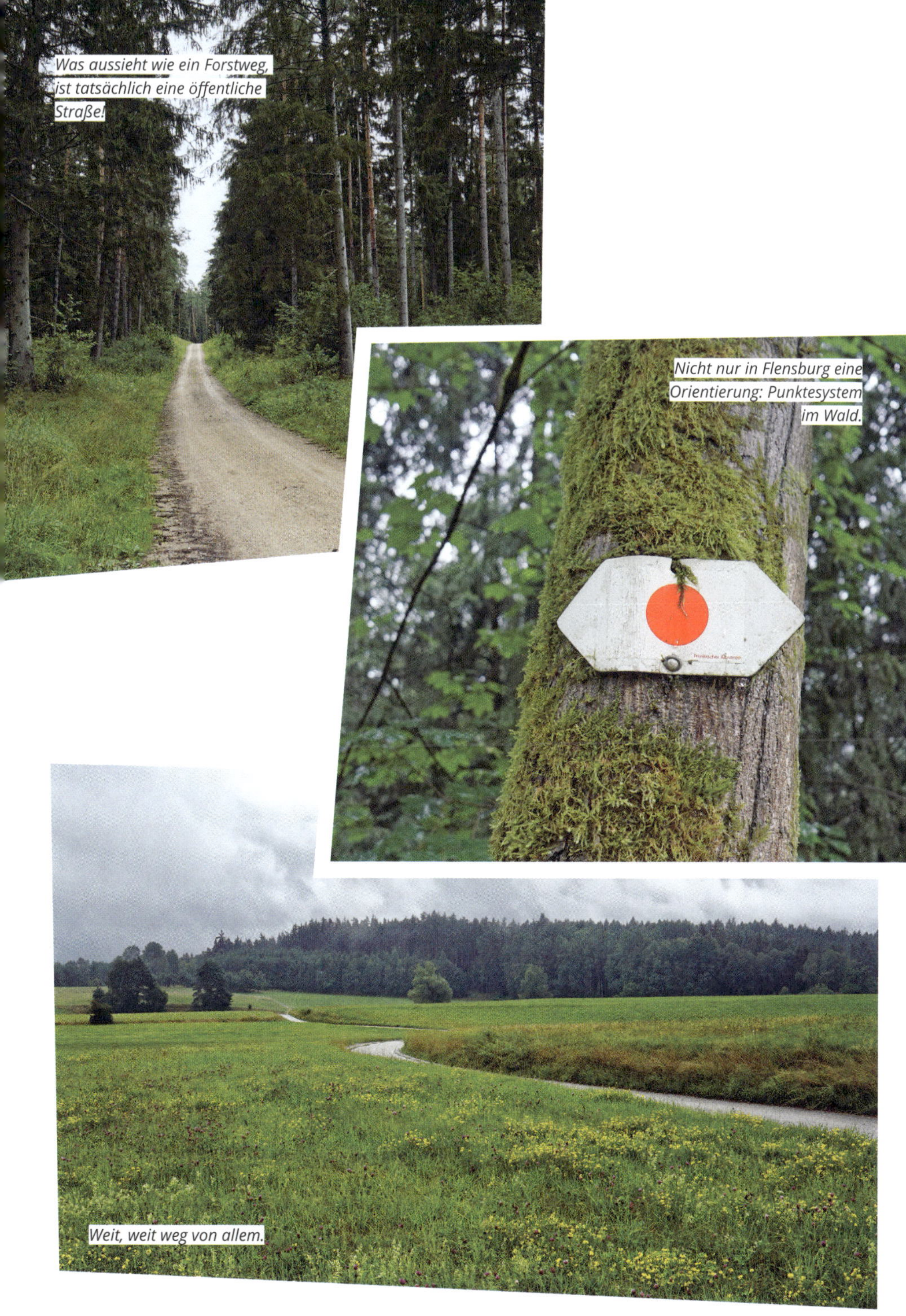

Was aussieht wie ein Forstweg, ist tatsächlich eine öffentliche Straße!

Nicht nur in Flensburg eine Orientierung: Punktesystem im Wald.

Weit, weit weg von allem.

WANDERN & GENIESSEN

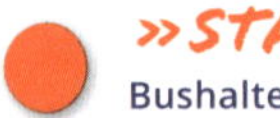

» START

Bushaltestelle Sparkasse, Ranna

Geradeaus die Rauhensteinerstraße hinunter, aus dem Dorf hinaus, bis linker Hand ein Wanderparkplatz ausgewiesen ist. Hier rechts in den Wanderweg abbiegen.

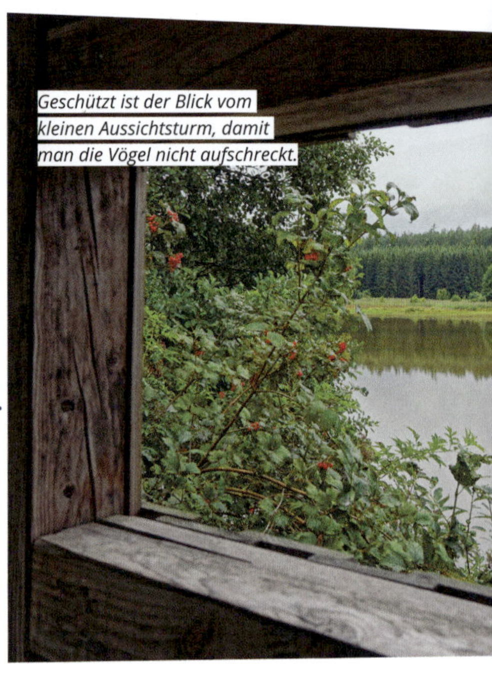

Geschützt ist der Blick vom kleinen Aussichtsturm, damit man die Vögel nicht aufschreckt.

KM 1,4

1 Marterl

Naturbelassene Auenlandschaft genießen

Ab Ranna sind die Pegnitz und die Auenlandschaft naturgeschützt. Der Fluss samt seinen Armen und Altwassern hat Platz und kann machen, was er will. Das bedeutet auch, dass Totholz nicht entfernt wird, sondern im Fluss liegen bleibt. Dadurch verändert sich die Strömung und es entstehen ruhige Ecken, Sandaufschüttungen oder Ausspülungen, die Fischen als Versteck und Habitat dienen. Schön beobachten kann man das nahe des kleinen Marterls am Wegrand – von der Sitzbank aus oder man wagt sich schon ein paar Meter früher einige Schritte in die Uferböschung. Die Pegnitz ist bei Ranna noch jung, sie hat erst etwa zehn Kilometer von der Karstquelle am Schlosshang der Stadt Pegnitz hinter sich, gut 100 sind es noch bis Nürnberg, wo sie mit der Rednitz zusammenfließt.

Dem Weg auf der Talseite immer am Fluss entlang folgen, nicht nach rechts in den Wald abbiegen – auf der linken Uferseite des Kammerweihers landet man dann automatisch.

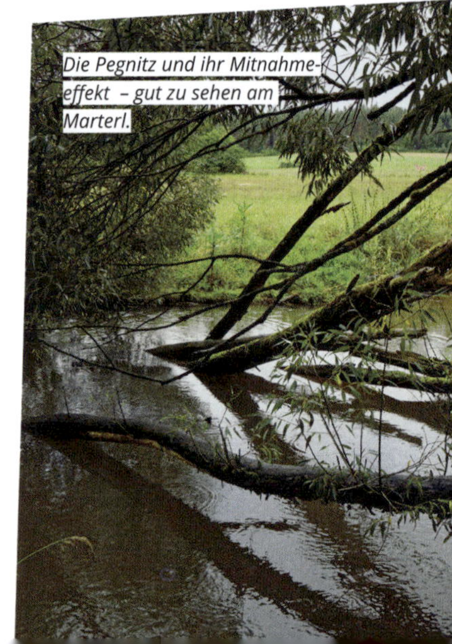

Die Pegnitz und ihr Mitnahmeeffekt – gut zu sehen am Marterl.

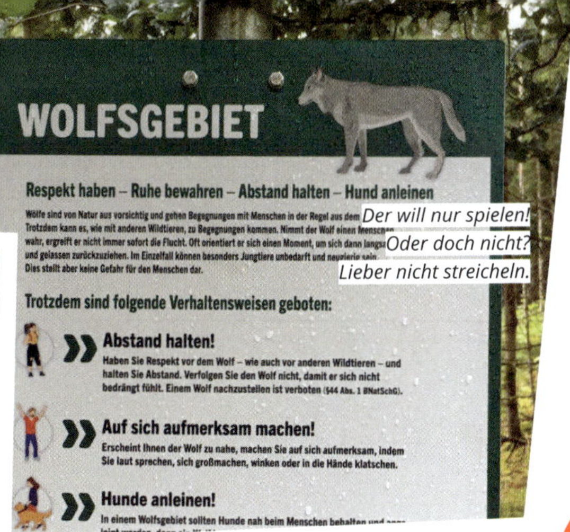

UND WENN ER ABER KOMMT?!

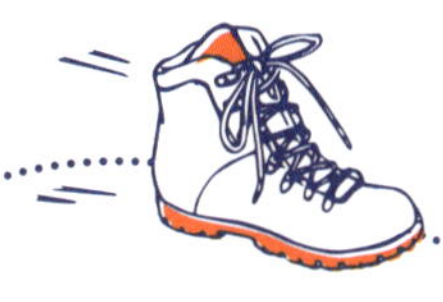

KM 5,5

3 Im Wolfsrevier
Bloß nicht füttern!

KM 4,9

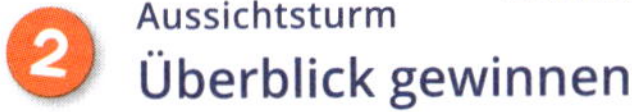

2 Aussichtsturm
Überblick gewinnen

Es ist dem dichten Gürtel aus Schilfröhricht geschuldet, der stellenweisen Verlandung und der üppigen Ufervegetation, dass man die Kammerweiher erst spät sieht und nie so recht überblickt. Die Weiher hatten aufgrund der hohen Verdunstung in den letzten Jahren immer weniger Wasser, ein Problem, auf das auch der BUND keine rechte Antwort hat. Der mangelnden Übersicht hingegen schafft ein eigens errichteter Aussichtsturm Abhilfe – oder sollte man die hölzerne Konstruktion nicht eher Beobachtungsposten nennen? Auf beide Wasserflächen blickt man von einem Stockwerk höher aus durch Sichtblenden, sodass einen die eigenen Bewegungen nicht an die Wasservögel verraten. Über 60 Vogelarten gibt es potenziell zu erspähen, 2021 brüteten erstmals Fischadler an den Kammerweihern.

Dem Weg weiter folgen, er passiert den Röhrichtgürtel des Oberen Kammerweihers und zieht dann gen Wald, wo man nach wenigen Metern auf einen Wanderparkplatz stößt, der von Michelfeld aus erreichbar ist.

Schon 2018 kehrte ein Wolfsrudel in den Veldensteiner Forst zurück und blieb – als eines von knapp 70 Rudeln in Deutschland insgesamt. Ein Wolfsrevier besteht aus bis zu 200 Quadratkilometern, der Veldensteiner Forst bietet als eines der größten zusammenhängenden Waldgebiete Bayerns nicht nur ausreichend Rückzugsraum, sondern auch Beutetiere. Die Chance, überhaupt Wölfe zu Gesicht zu bekommen, ist daher außerordentlich gering, zumal der Wolf wohl schneller verschwunden wäre, als wir hinschauen könnten. Dennoch gibt ein Schild Verhaltensregeln an die Hand: »Abstand halten« und »Hunde anleinen« versteht sich von selbst. Die Bitte, Wölfe nicht zu füttern, überrascht dann aber doch!

Auf demselben Weg zurück, erneut an den Kammerweihern vorbei, beim eingezäunten Wasserwerk nach rechts abbiegen und die Pegnitz überqueren. Hinter den Gleisen immer eher links halten.

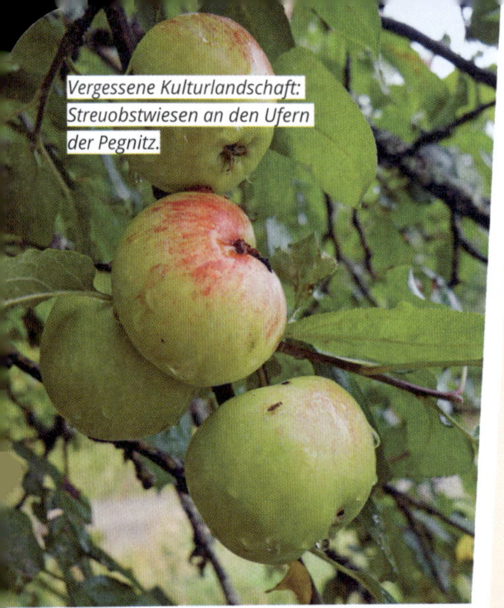

Vergessene Kulturlandschaft: Streuobstwiesen an den Ufern der Pegnitz.

KM 7,8

4

St.-Antonius-Kapelle

Zeugnis alter Zeiten

Dass es im Pegnitztal nicht immer so einsam war wie heute, bezeugt die St.-Antonius-Kapelle. Sie war einst der Mittelpunkt des kleinen Ortes Fischstein, zu dem ein Hammerwerk gehörte. Schon dem Bau der Bahnstrecke fielen einzelne Gehöfte zum Opfer, ab den 1960er-Jahren wurden die verbliebenen Häuser sukzessive abgerissen, die Menschen umgesiedelt: Die Ortschaft musste weichen, weil die Stadt Nürnberg fortan ihr Trinkwasser aus dem Tal bezog und der Grund zum Trinkwasserschutzgebiet wurde. Das gleiche Schicksal teilten die Weiler Unter- und Oberbrand sowie Rauhenstein. Die Kapelle jedoch wird von ehemaligen Einwohner:innen als einzige Erinnerung an Fischstein gehegt und gepflegt, sogar eine Picknickbank und ein Gedenkstein wurden aufgestellt.

Kurz geht es bergan und dann auf dem Wirtschaftsweg immer gerade aus am Hang weiter.

KM 8,6

5

Streuobstwiesen

Bitte zugreifen!

Wer im Frühjahr vorbeikommt, den freut die Blüte, ab Ende August werden die Äpfel bereits süß und reif, im Herbst flammt rostrot das Laub der Bäume auf: Die kleine Obstwiese oben an der Hangkante zeugt von der Kulturlandschaft, die sich hier entlang der Pegnitz erstreckte, bis das Wasserschutzgebiet geschaffen wurde. Sie wird nicht mehr gepflegt oder abgeerntet, wie die vermoosten Zweige und der Wildwuchs zeigen. Streuobstwiesen sind eine traditionelle Anbauart mit hochstämmigen Obstbäumen, die verstreut stehen – daher der Name – und unterschiedlich alt sind, sowie verschiedenen Sorten tragen. Sie stammen aus einer Zeit, als Pestizide nicht oder kaum verfügbar waren, die gepflanzten Sorten sind daher weitgehend krankheits- und schädlingsresistent, auch ohne gespritzt zu werden. Für ein kleines Obstpicknick kann man sich also ruhig bedienen.

Der Weg führt nach der Anhöhe leicht bergab und dann in einer lang gestreckten Kurve zurück zum Wanderparkplatz – dort rechts abbiegen und nach Ranna zurück.

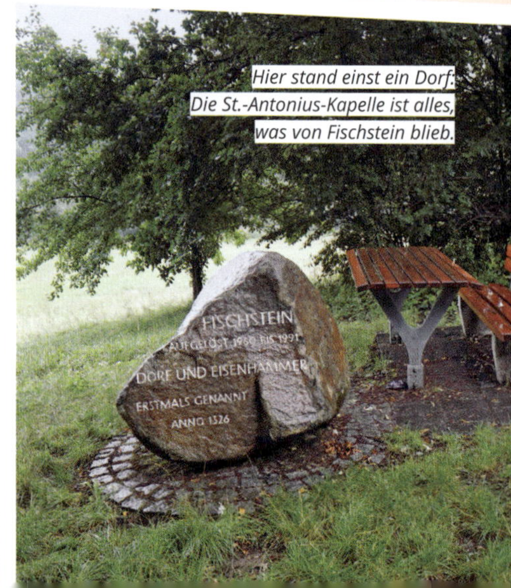

Hier stand einst ein Dorf: Die St.-Antonius-Kapelle ist alles, was von Fischstein blieb.

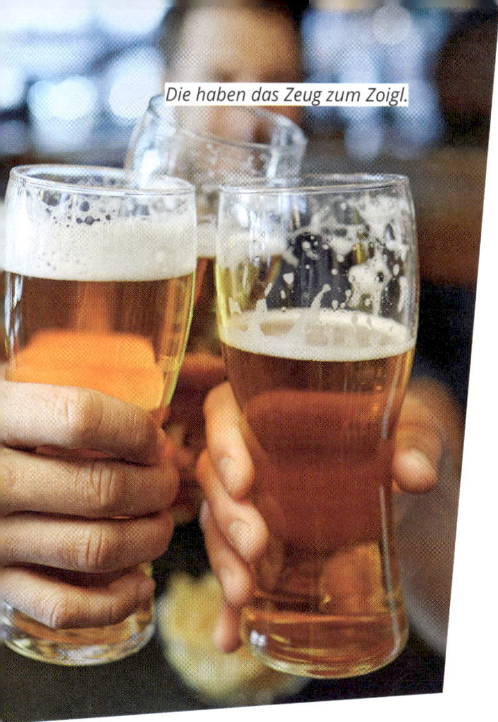
Die haben das Zeug zum Zoigl.

EXTRA INFOS:

Lust auf eine Variante? Der Weg lässt sich bis nach ● **Michelfeld** verlängern oder nur in eine Richtung laufen, indem man ab dem Wanderparkplatz am Wolfsrevier die Trasse durch den Wald wählt: Auf breitem Kiesweg geht es über Niedernhof und Sägmühle bis ins Ortszentrum von Michelfeld und zur dortigen Bushaltestelle (3 km ab Parkplatz).

Absolut erholsam, weil unmittelbar am Waldrand gelegen, ist das ● **Gasthaus Hohe Tanne** bei Auerbach. Frühstück ist für Übernachtungsgäste inklusive (hohetanne-auerbach.de).

KM 11,1

6 GrenZ-Zoigl in der Villa Ranna

Grenzenlos lecker

In der frisch renovierten Villa Ranna wird schon seit Jahrhunderten ›Zoigl‹ ausgeschenkt – kommunales Bier, das erst bei den Wirt:innen vergoren wird. Ein sechszackiger Stern, der Zoiglstern, zeigt ähnlich einer Besenwirtschaft an, wenn es frisches Bier gibt. Und weil die Villa Ranna direkt an der Pegnitz und damit der Bezirksgrenze zwischen Oberpfalz und Mittelfranken steht, handelt es sich um Grenz-Zoigl (grenzzoigl.de)

Auf der Karl-Winter-Straße geht es nach Speis und Trank zurück zur Bushaltestelle.

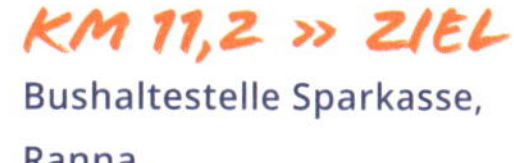

KM 11,2 » ZIEL

Bushaltestelle Sparkasse, Ranna

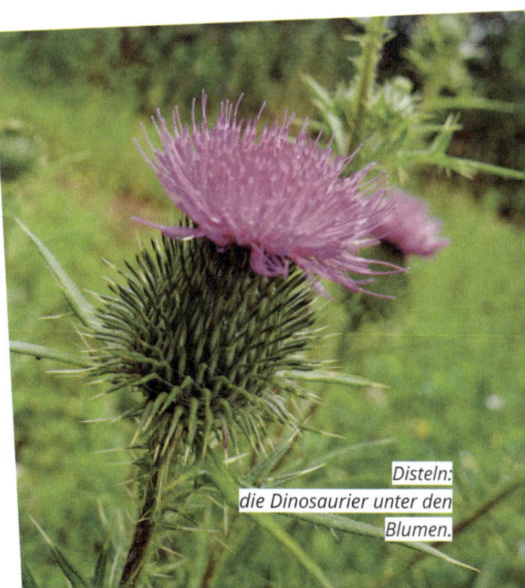
Disteln: die Dinosaurier unter den Blumen.

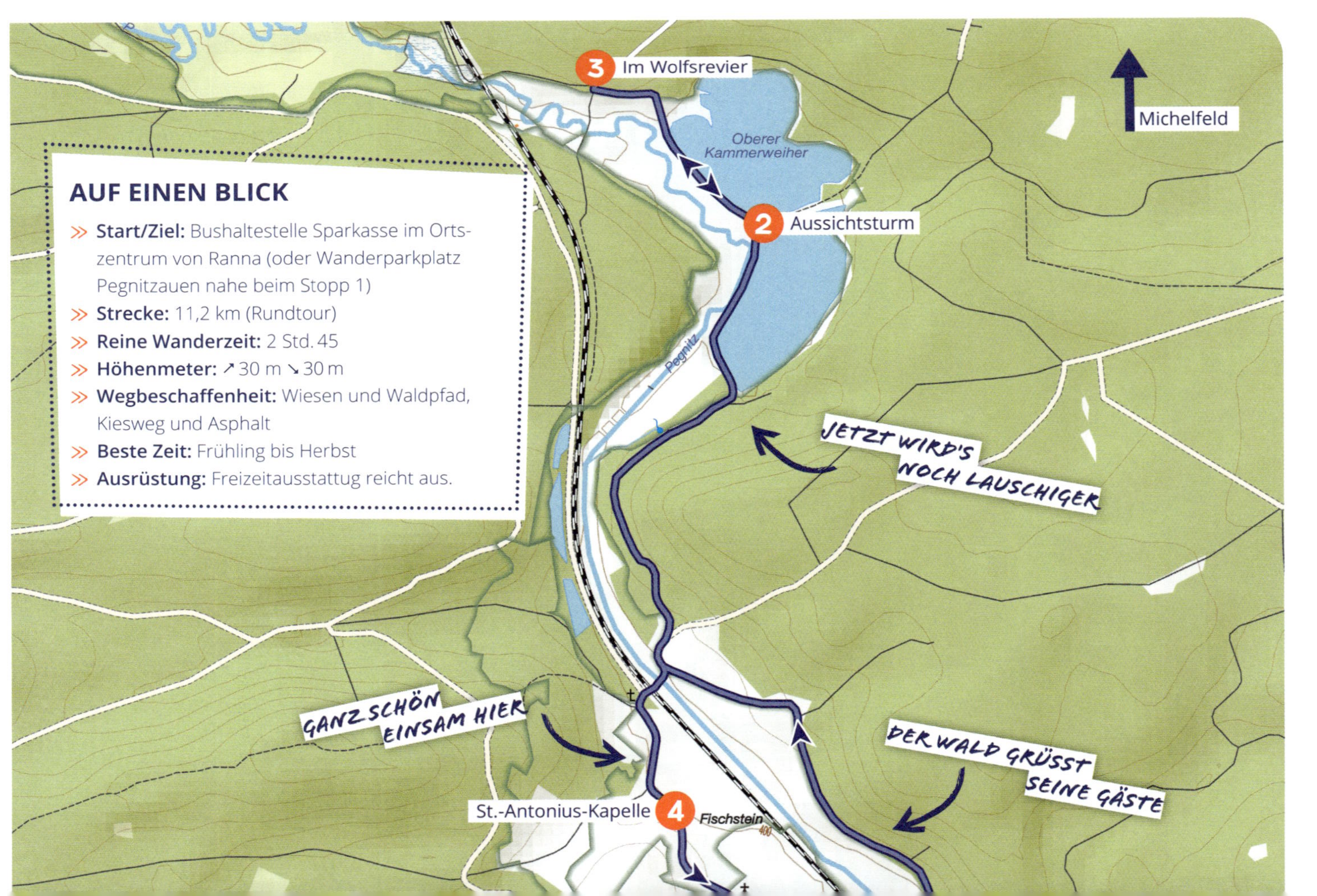

AUF EINEN BLICK

- » **Start/Ziel:** Bushaltestelle Sparkasse im Ortszentrum von Ranna (oder Wanderparkplatz Pegnitzauen nahe beim Stopp 1)
- » **Strecke:** 11,2 km (Rundtour)
- » **Reine Wanderzeit:** 2 Std. 45
- » **Höhenmeter:** ↗ 30 m ↘ 30 m
- » **Wegbeschaffenheit:** Wiesen und Waldpfad, Kiesweg und Asphalt
- » **Beste Zeit:** Frühling bis Herbst
- » **Ausrüstung:** Freizeitausstattug reicht aus.

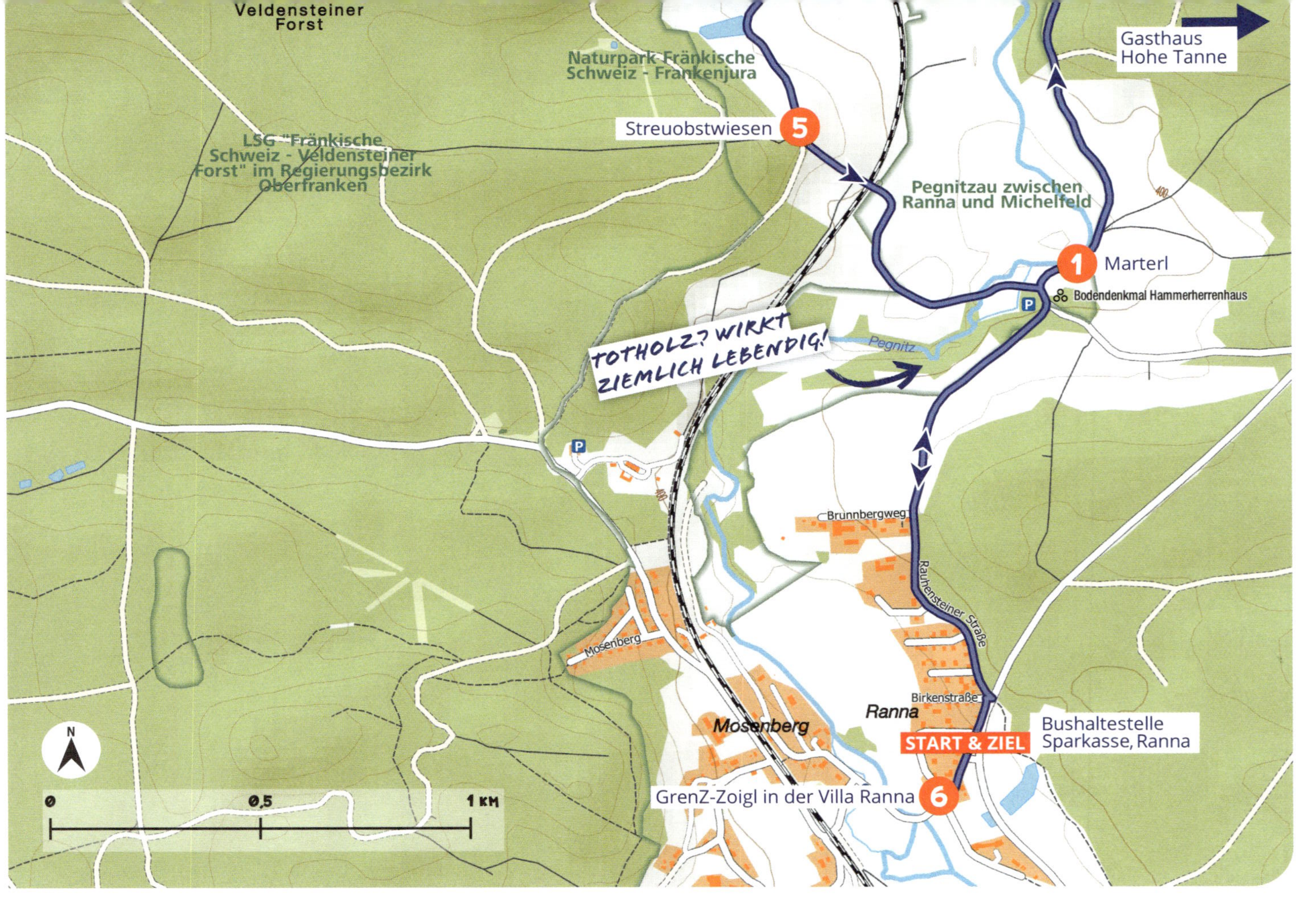
Veldensteiner Forst
Naturpark Fränkische Schweiz - Frankenjura
Gasthaus Hohe Tanne
5
Streuobstwiesen
LSG "Fränkische Schweiz - Veldensteiner Forst" im Regierungsbezirk Oberfranken
Pegnitzau zwischen Ranna und Michelfeld
1
Marterl
Bodendenkmal Hammerherrenhaus
400
P
Pegnitz
TOTHOLZ? WIRKT ZIEMLICH LEBENDIG!
Brunnbergweg
Rauhensteiner Straße
Mosenberg
Mosenberg
Birkenstraße
Ranna
START & ZIEL
Bushaltestelle Sparkasse, Ranna
6
GrenZ-Zoigl in der Villa Ranna
N
0
0,5
1 KM

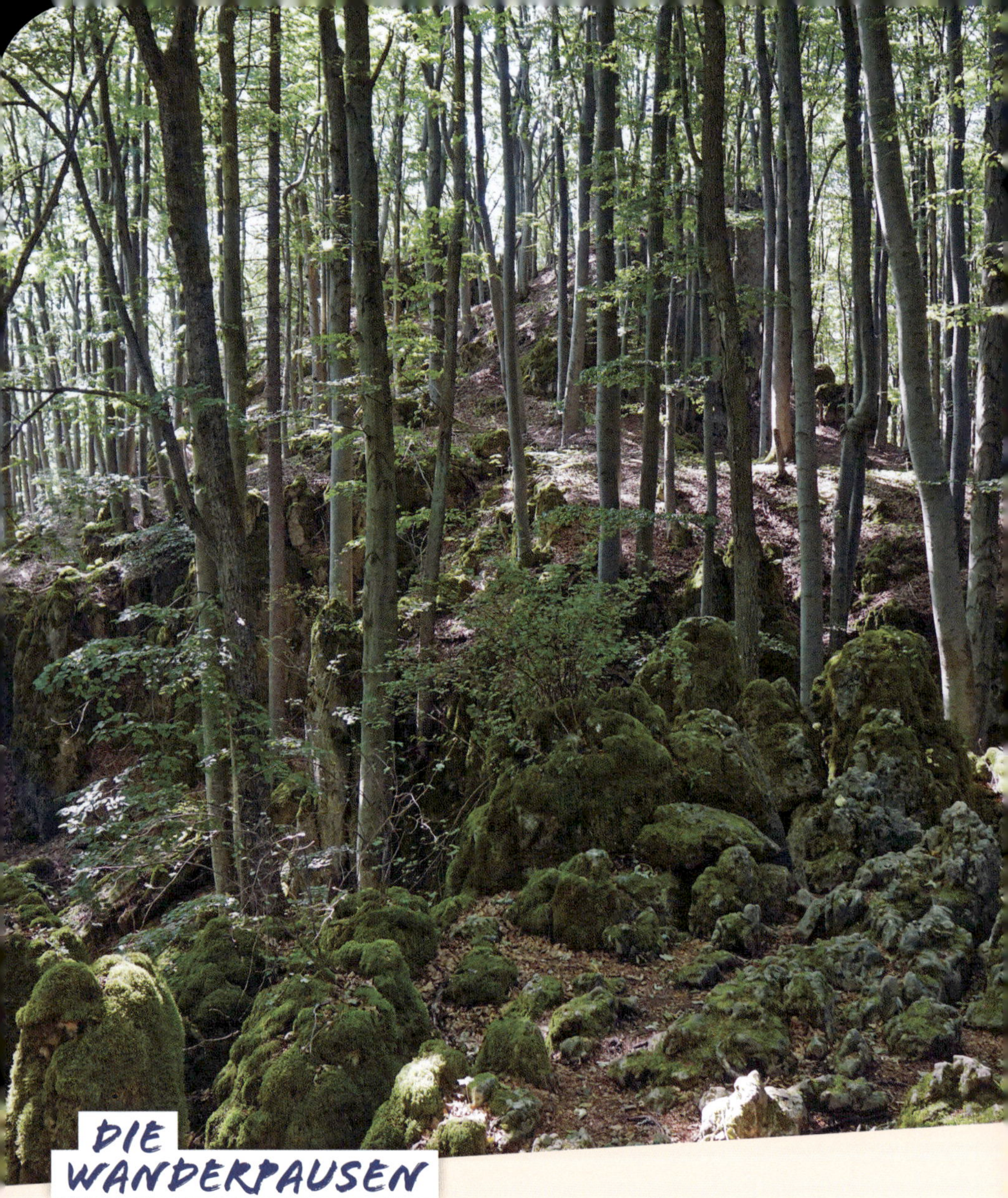

DIE WANDERPAUSEN

» START
Bushaltestelle Spies

KM 0,2
1 Streichelzoo Eibtaler Hof
Tierischer Spaß

KM 0,4
2 Alte Tanzlinde
Große Baumliebe

KM 1,7

Eibgrat
Tanz auf dem Fels

4 IM MÄRCHEN-WALD

Von Spies auf den Eibgrat

Alpines Klettererlebnis in der Fränkischen Schweiz? Nichts anderes erlebt man auf dem Eibgrat, wenngleich im Miniaturformat: Der Felskamm steht mitten im Wald, ist über rund über mit Moos bedeckt und gibt ein märchenhaftes Bild ab.

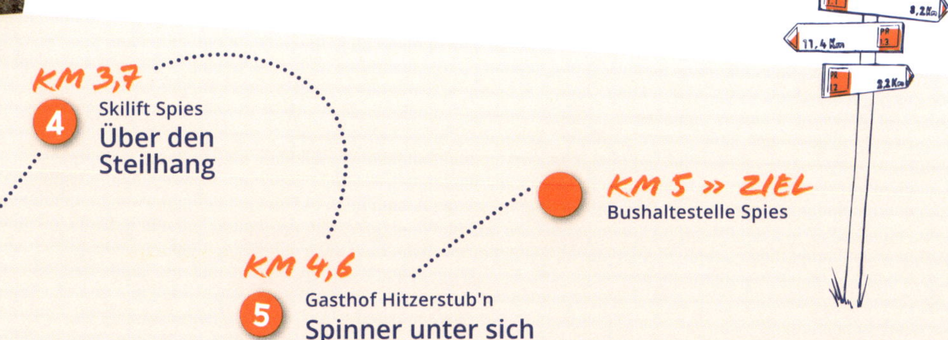

DER EIBGRAT …

… ist ein zerklüfteter, anderthalb Kilometer langer Felskamm im Wald, nicht aber ein Klettersteig, wie man immer wieder liest. Warum? Nun, Klettersteige sind seilgesichert und man benötigt eine zusätzliche Ausstattung bestehend aus Klettergurt, Seil und Karabinern oder direkt ein Klettersteigset. Der Deutsche Alpenverein empfiehlt dazu auch einen Helm. Bei dem Weg über den Eibgrat handelt es sich vielmehr um einen ungesicherten Felsenweg, auf dem man immer wieder die Hände zu Hilfe nehmen muss, um die eine oder andere Schwelle zu überwinden. Der Grat ist in verschiedene Sektionen eingeteilt, von denen hier nur die erste und damit einfachste zu meistern ist. Aufgrund der Kletterpartie fällt diese Tour etwas kürzer aus.

WENN DER ERSTE ANSTIEG ZUM GRAT HINTER EINEM LIEGT UND DER BLICK ÜBER DIE BEMOOSTEN FELSSTEINE SCHWEIFT – EINFACH MÄRCHENHAFT!

Ausgangspunkt ist das weit von den Durchfahrtsstraßen gelegene Dörfchen Spies, wo es einen gleich zu Beginn in einen wahren **Streichelzoo** verschlägt: Es gackert und meckert nur so. Zwölf verschiedene Tierarten, darunter Hühner, Ziegen und Esel, tummeln sich auf dem **Eibtaler Hof** am Ortsende von Spies. Dahinter geht der kurze Anstieg den Berg hoch gut in die Beine und schon erscheint eine mächtige Linde am Waldrand: die **Alte Tanzlinde** von Spies.

Bis der Fuß des **Eibgrats** erreicht ist, läuft man auf idyllischen Waldwegen, dann auf einmal liegt der Felskamm wie eine versteinerte Echse vor einem: Die erste Sektion des Felsengrats ist (auch mit Kindern) einfach zu erklimmen, das spaßige Klettererlebnis sollte man sich nicht nehmen lassen. Bevor es zu schwierig oder ungemütlich wird, heißt es: umkehren.

Über Wiesen und am Waldrand geht es anschließend lauschig dahin, bis im Talboden der **Skilift Spies** von Winterfreuden kündet. Noch einmal anstrengen und den Hang hinauf, um über die Anhöhe am Burgstall vorbei nach Spies zurückzukehren. Die wohlverdiente Brotzeit wartet in der traditionsreichen **Hutzerstub'n** im Ortskern. «

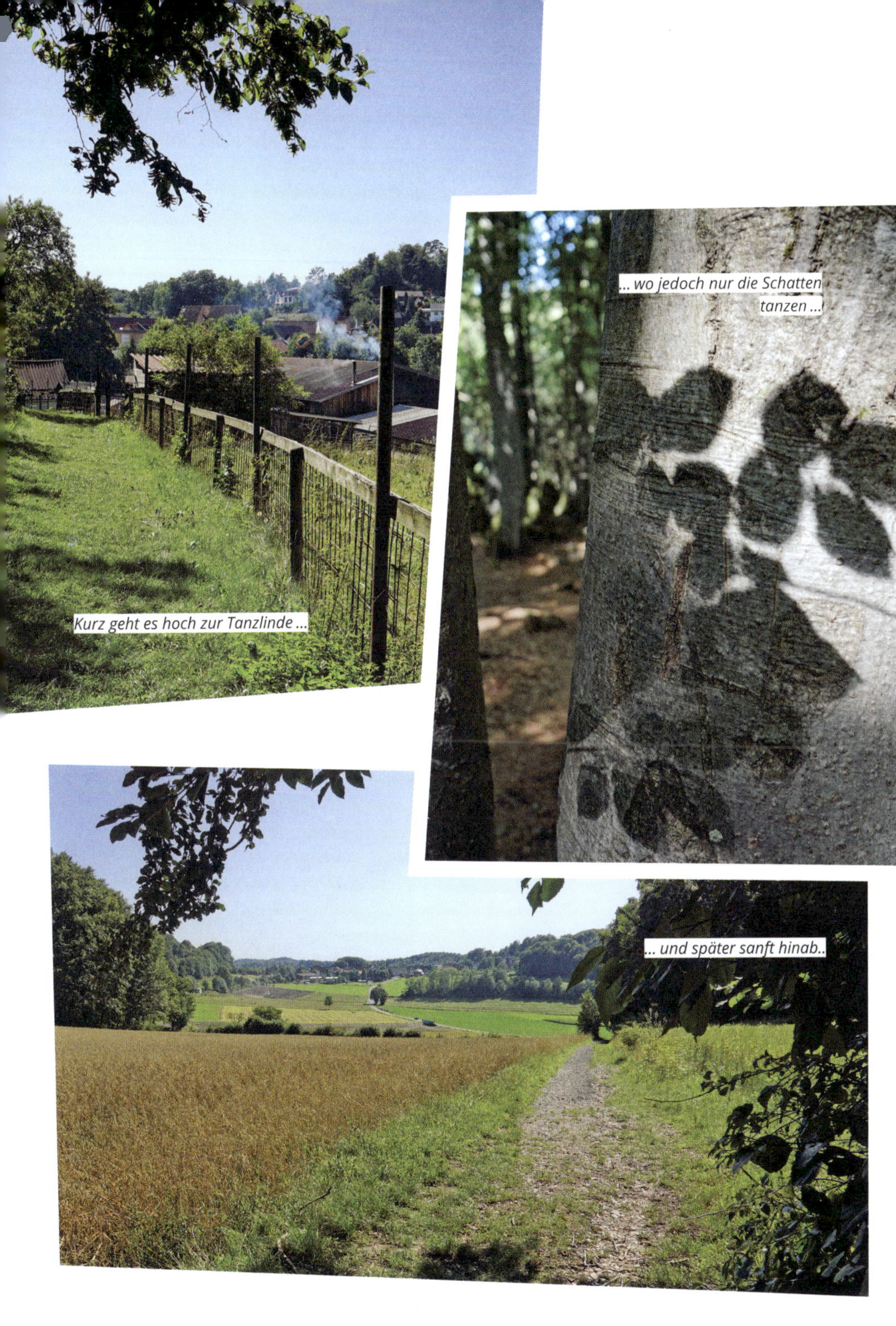
Kurz geht es hoch zur Tanzlinde ...
... wo jedoch nur die Schatten tanzen ...
... und später sanft hinab..

WANDERN & GENIESSEN

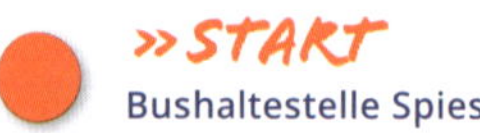

Bushaltestelle Spies

Ab der Haltestelle geht es nur zwei mal rechts herum zum Streichelzoo.

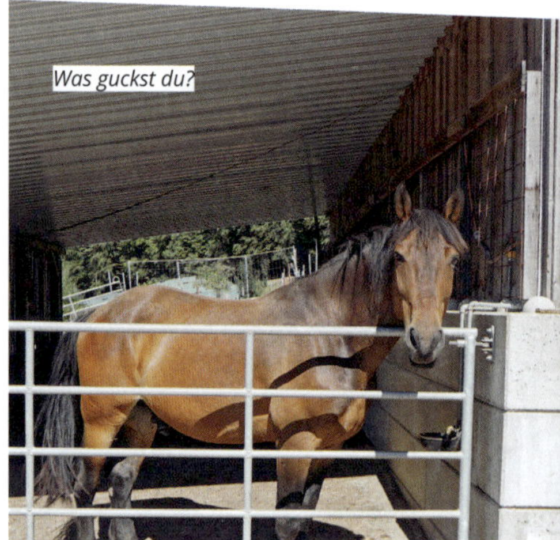

Was guckst du?

KM 0,2

1 **Streichelzoo Eibtaler Hof**

Tierischer Spaß

Der Eibtaler Hof hat früh und konsequent auf Gästebetrieb umgestellt, der Bauernhof verfügt längst über einen schicken Hotelanbau, moderne Zimmer und ein großes Restaurant. Allerhand Spielgerät ist auf dem Hof geparkt, Hängematten sind zwischen den Bäumen aufgespannt. Sonst aber ist vieles beim Alten, der bäuerliche Betrieb läuft derweil weiter und auch die Stallungen stehen noch. Der Weg führt mitten hindurch und damit vorbei an einem ganzen Streichelzoo: Katzen, Kaninchen, Kühe, Pferde, zahllose Ziegen und zwei Esel sind an menschliche Nähe und Streicheleinheiten gewöhnt und beäugen neugierig die Gäste. Wer mag, setzt sich eine Weile auf die Wiese oder den Terrassenbereich, lässt den Nachwuchs machen und genießt die lebendige Szenerie (eibtalerhof.de).

Der Weg biegt vom Hof aus erst nach links ab, führt dann am Ziegengehege vorbei und hoch in Richtung Wald. Am Waldrand den rechten Weg einschlagen und den Anhang hochsteigen.

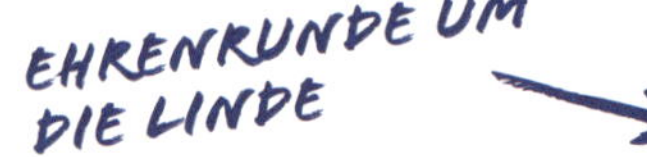

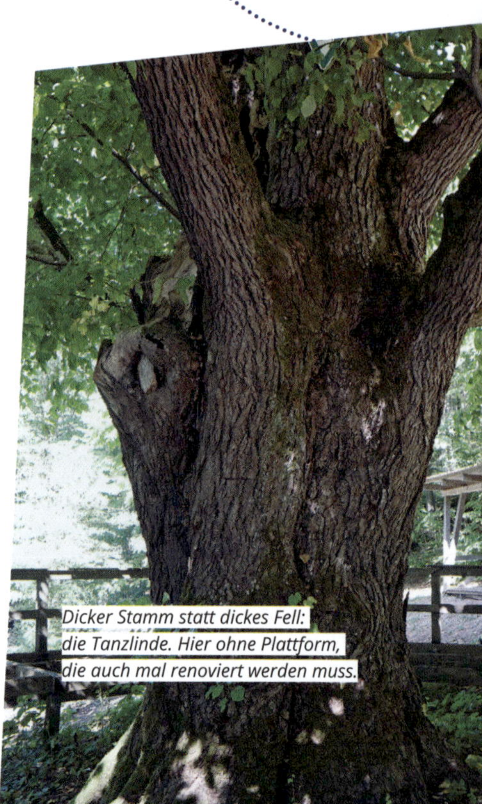

Dicker Stamm statt dickes Fell: die Tanzlinde. Hier ohne Plattform, die auch mal renoviert werden muss.

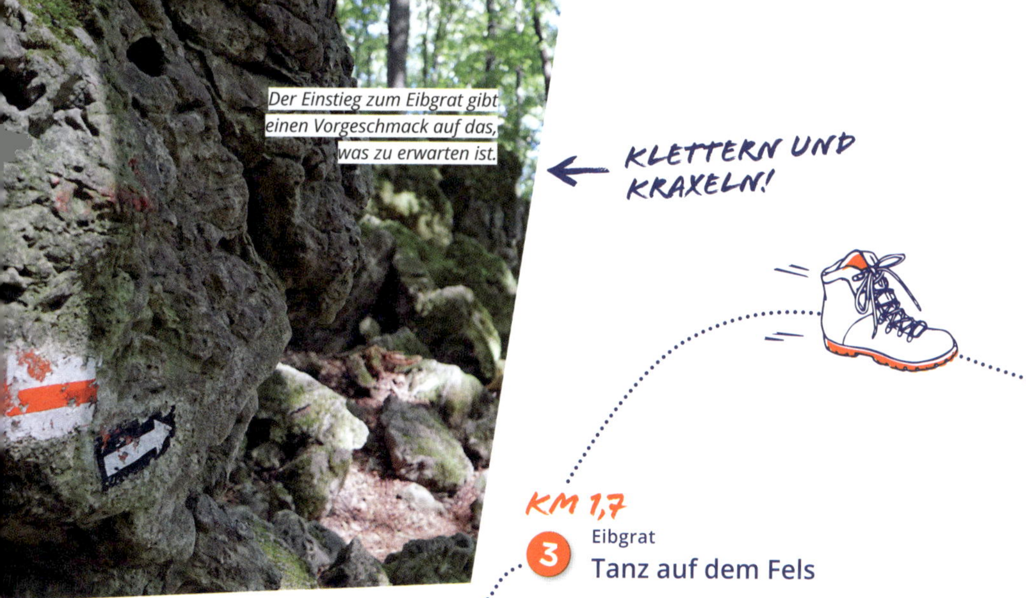

Der Einstieg zum Eibgrat gibt einen Vorgeschmack auf das, was zu erwarten ist.

KLETTERN UND KRAXELN!

KM 0,4

2 Alte Tanzlinde

Große Baumliebe

Am ersten Juliwochenende wird in Spies um den Baum getanzt. Nach alter Tradition findet die ›Kerwa‹ (Kirchweih oder jährliches Volksfest) am Lindenbaum oberhalb des Eibtaler Hofes statt. Der Stamm der rund 500 Jahre alten Sommerlinde hat einen beeindruckenden Umfang von mehr als sechs Metern. Die umzäunte Plattform um den Stamm herum stiftet jedoch nicht die Tanzfläche, sondern wird zu einer Art Biergarten umfunktioniert. Linden markieren in der Fränkischen Schweiz häufig den zentralen Platz eines Ortes oder eine alte Weihestätte, oft ist von einem tausendjährigen Baum die Rede. Das wahre Alter der Baumriesen lässt sich meist nicht akkurat messen, sondern muss wie auch im Fall der Spieser Sommerlinde grob geschätzt werden. Aber der Baumliebe kommt es ja auch nicht auf ein paar Jahrhunderte hin oder her an!

Links von der Linde dem Weg immer grob geradeaus durch den Wald folgen, bis ein Schild nach rechts zum Eibgrat weist.

KM 1,7

3 Eibgrat

Tanz auf dem Fels

Teil der Faszination des Eibgrats ist, dass man ihn nicht kommen sieht, bevor man unmittelbar vor der Felswand steht: Der Wald hält alles verborgen. Vom steilen Einstieg sollte man sich nicht abschrecken lassen, es ist wirklich nur diese eine Stufe, während der man die Hände benötigt. Schon wenige Meter weiter weitet sich der Grat zu einer Art Plateau, das mit bemoosten Steinen nur so gespickt ist. Überhaupt kein Problem, sich da durchzuarbeiten, nur ein bisschen Aufmerksamkeit braucht es. Bevor es zum zweiten Abschnitt hinübergeht, weiten sich die Felsen erneut und geben einen idealen Rastplatz ab, von dem aus man zuschauen kann, wie sich die anderen machen. Der zweite Abschnitt des Eibgrats ist wesentlich enger und es geht in der Tat direkt über die Felsen weiter – absolut keine Schande, es damit gut sein zu lassen.

Zurück zum Einstieg auf den Grat, von dort zum Waldrand und geradeaus in Richtung Parkplatz, über die Straße und dem Wiesenweg folgend am Waldrand weiter.

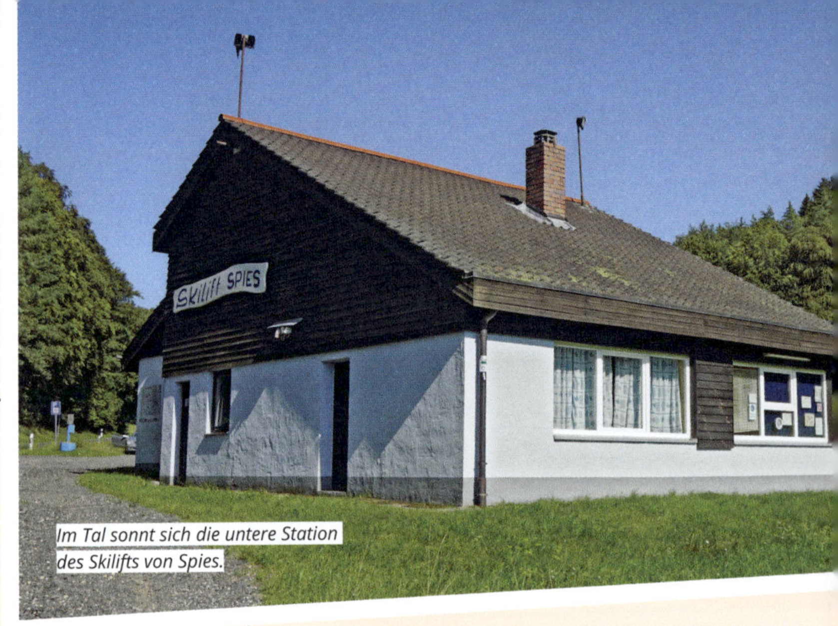

Im Tal sonnt sich die untere Station des Skilifts von Spies.

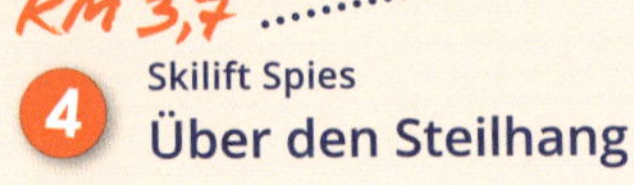

4 Skilift Spies

Über den Steilhang

Die Gemeinde Spies nennt eine kleine Skiabfahrt ihr Eigen, die vom örtlichen Club betrieben und bewirtschaftet wird. Auf die Talstation des Schlepplifts steuert man unmittelbar zu und überblickt von dort den Skihang am Schlossberg – immerhin fast 100 Höhenmeter! Der Lift wurde zwischen 1970 und 1972 von Gemeindemitgliedern gebaut, der Skiclub veranstaltete dort Rennen und Vereinsmeisterschaften vor hunderten Zuschauern. Heute ist die Abfahrt bei Familien und insbesondere bei Rodlern beliebt. Wann sie öffnet? Ganz einfach – sobald es schneit! Die Hütte im Tal sollte übrigens das Vereinsheim werden – doch die Bürokratie machte dem Plan einen Strich durch die Rechnung und so blieb es bei einem Geräteschuppen (sc-spies.de).

Der Weg folgt gut sichtbar erst der Piste und dann dem Waldrand links am Hang entlang bis auf den Kamm. Anschließend geradeaus ins Dorf hinuntersteigen.

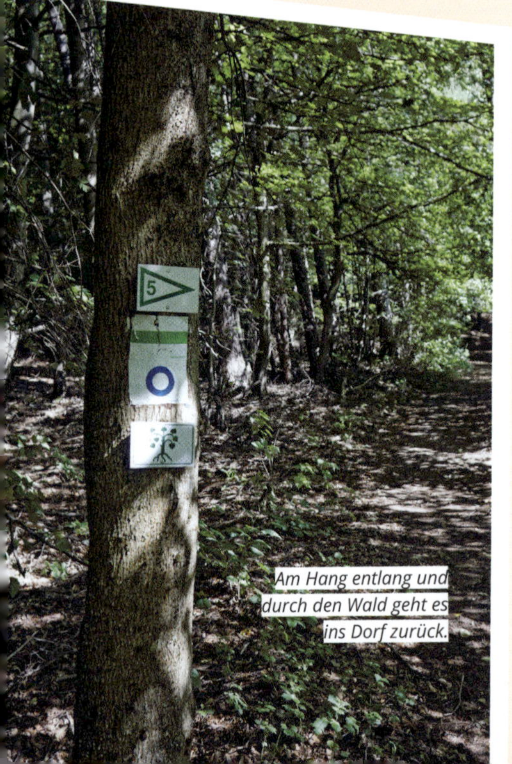

Am Hang entlang und durch den Wald geht es ins Dorf zurück.

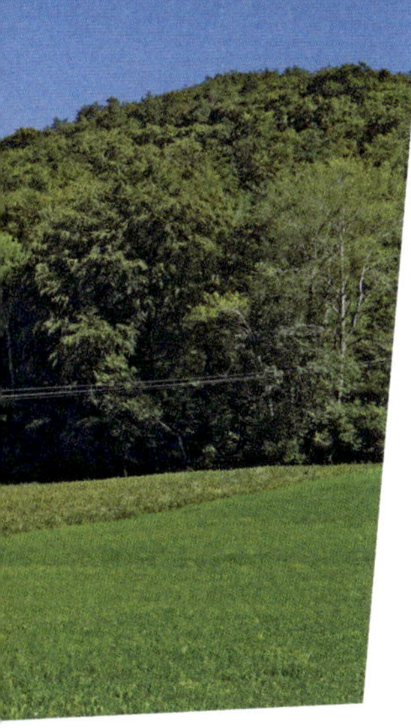

EXTRA INFOS:

Schlossberg heißt die Skiabfahrt, weil oberhalb von Spies eine Raubritterburg stand. Von der ist nicht mehr viel übrig, aber ein Schlenker zum sogenannten ● **Burgstall** bietet sich dennoch an – von dieser Route sind es nur wenige Meter über den Spielplatz bis hinauf.

Neben dem mondänen **Eibtaler Hof** bietet auch die **Hutzerstub'n** Gästezimmer im alten Bauernhof an (eibtalerhof.de, hutzerstubn.de).

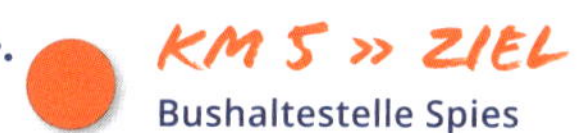

KM 4,6

5 Gasthof Hutzerstub'n

Spinner unter sich

KM 5 » ZIEL

Bushaltestelle Spies

Der Name der Hutzerstub'n geht auf den alten Brauch zurück, sich zum Spinnen zusammenzusetzen. Zum Spinnen von Flachs wohlgemerkt, »Hutzer« ist ein anderer Begriff für Spindel. Noch vor einem halben Jahrhundert waren diese Versammlungen üblich, daraus ging schließlich die heutige Gastwirtschaft hervor. Die Stube ist allerdings im ehemaligen Kuhstall untergebracht, der inzwischen selbst etwas Museales hat. Im Hof und an der Scheunenwand gegenüber ist altes Gerät drapiert, hölzerne Karren und Ochsengeschirr – aus der Zeit vor der Technisierung der Landwirtschaft, als man die Winterabende noch gemeinsam am Spinnrad verbrachte – sowohl Frauen als auch Männer übrigens (hutzerstubn.de, nur Sa geöffnet).

Der Straße wenige hundert Meter bis zur Dorfmitte und der Bushaltestelle folgen.

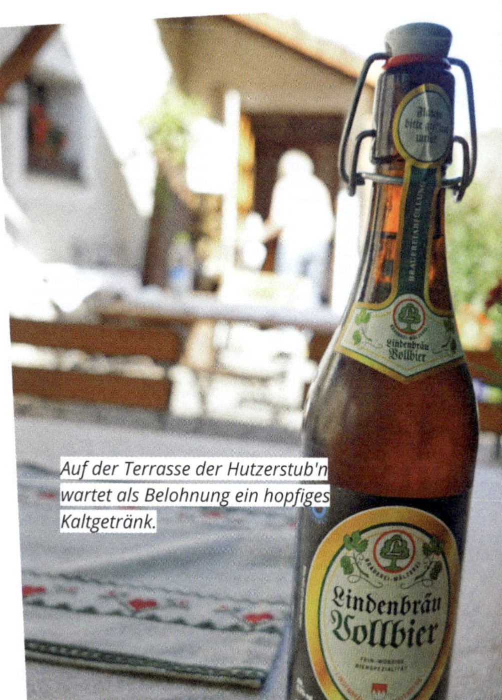

Auf der Terrasse der Hutzerstub'n wartet als Belohnung ein hopfiges Kaltgetränk.

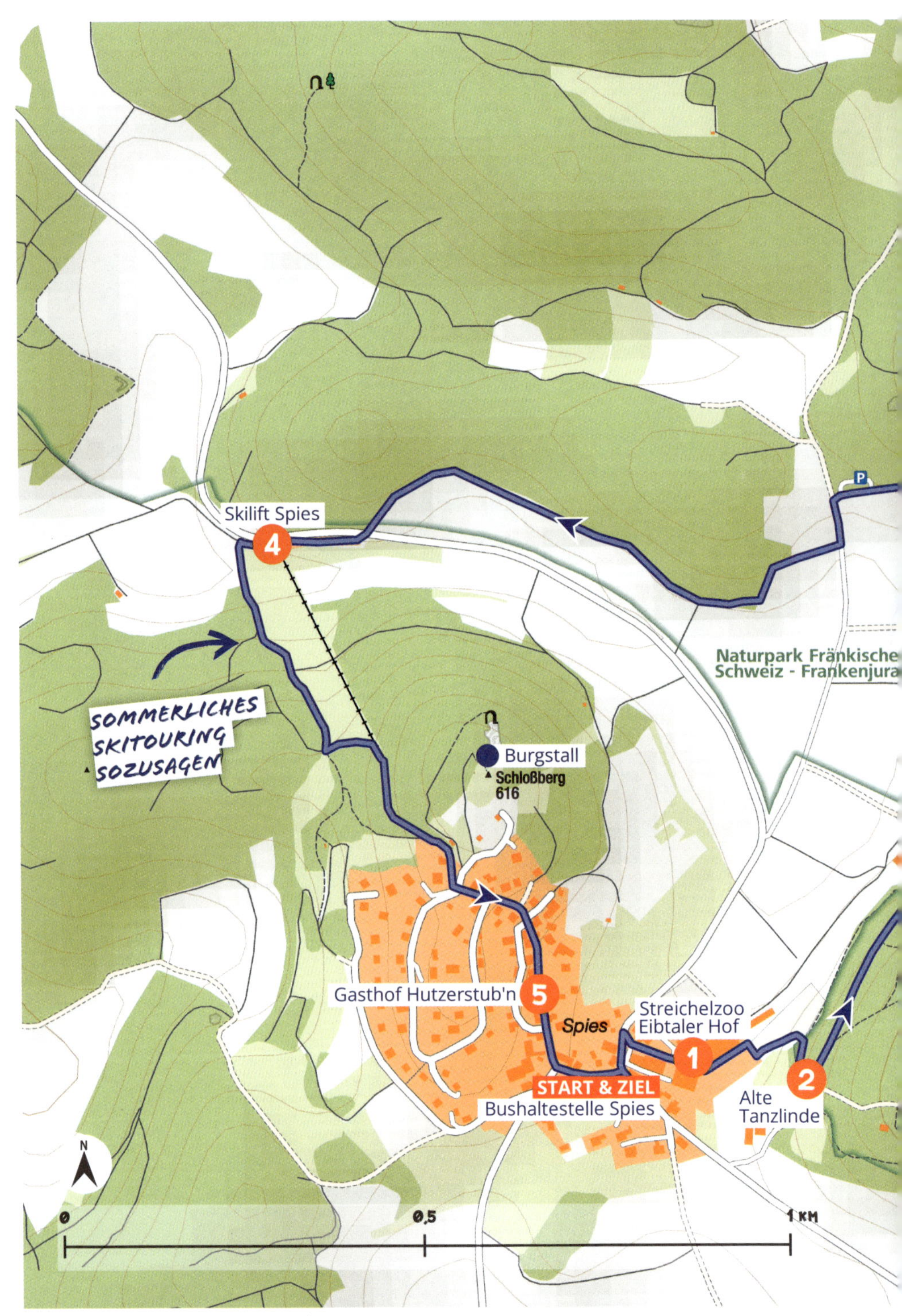

Skilift Spies
4
Sommerliches Skitouring sozusagen
Burgstall
Schloßberg
616
Naturpark Fränkische Schweiz - Frankenjura
P
Gasthof Hutzerstub'n
5
Spies
Streichelzoo Eibtaler Hof
1
2
START & ZIEL
Bushaltestelle Spies
Alte Tanzlinde
N
0
0,5
1 KM

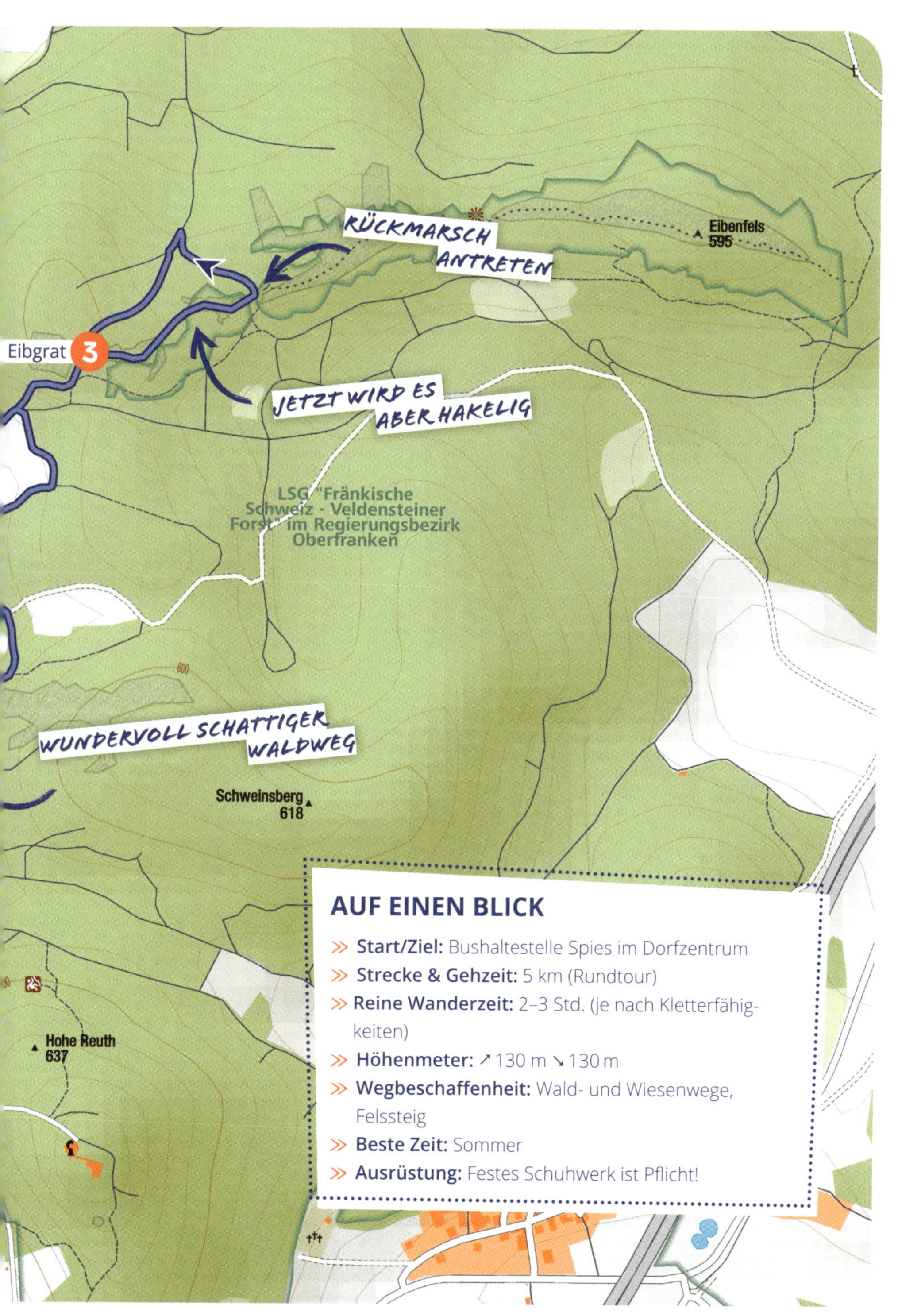

AUF EINEN BLICK

- » **Start/Ziel:** Bushaltestelle Spies im Dorfzentrum
- » **Strecke & Gehzeit:** 5 km (Rundtour)
- » **Reine Wanderzeit:** 2–3 Std. (je nach Kletterfähigkeiten)
- » **Höhenmeter:** ↗ 130 m ↘ 130 m
- » **Wegbeschaffenheit:** Wald- und Wiesenwege, Felssteig
- » **Beste Zeit:** Sommer
- » **Ausrüstung:** Festes Schuhwerk ist Pflicht!

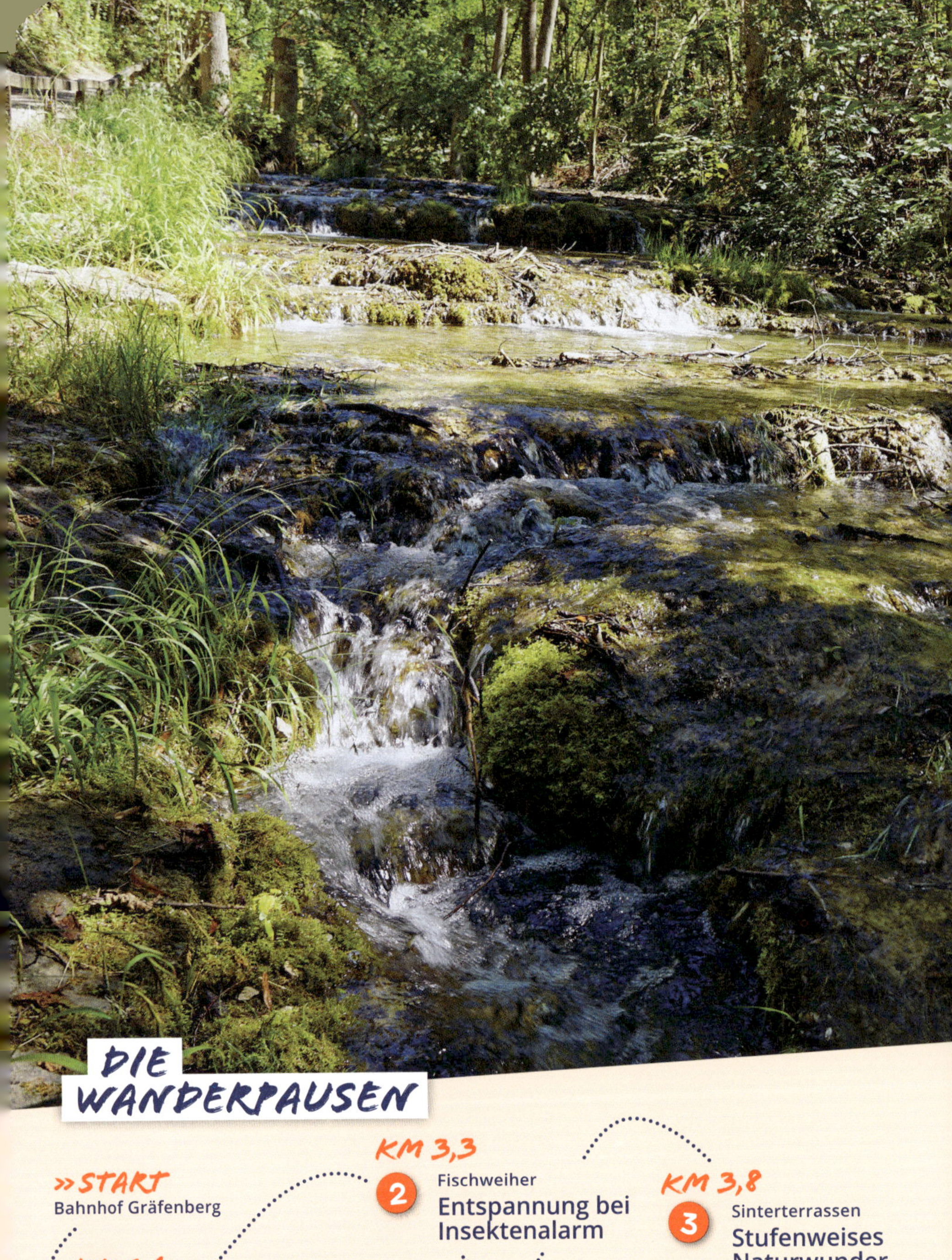

DIE WANDERPAUSEN

» START
Bahnhof Gräfenberg

KM 1,6
1 Klosterbrauerei Weißenohe
Volltanken mit Atmosphäre

KM 3,3
2 Fischweiher
Entspannung bei Insektenalarm

KM 3,8
3 Sinterterrassen
Stufenweises Naturwunder

5 ZU DEN SINTER-TERRASSEN

Von Gräfenberg zur Lillachquelle

Sie sind ein Naturphänomen: die Kalkablagerungen der Lillach im idyllischen Talschluss. Der Weg zu den Sinterterrassen spart dabei nicht mit fränkischer Kloster-, Wald- und Wiesenromantik.

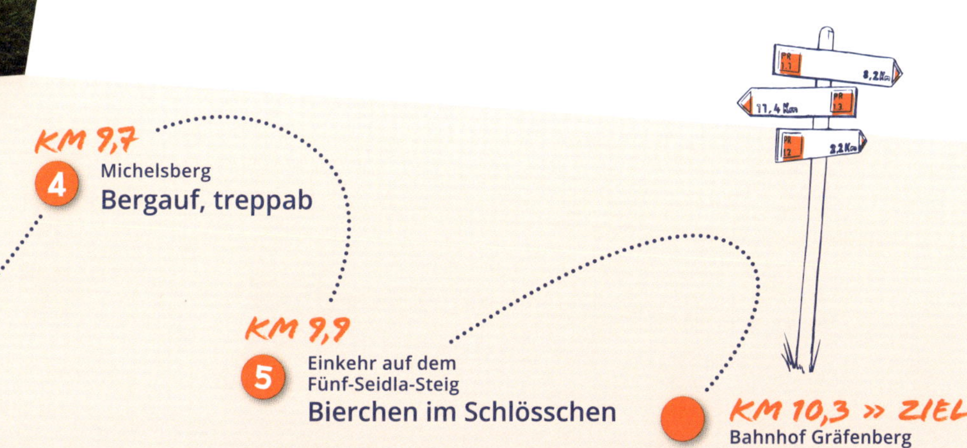

SO GEMEIN AN DER ALBHOCHFLÄCHE ...

... liegt Gräfenbergs Altstadt, dass eine Flut im Jahre 1778 ganze Gebäude wegriss und sogar Todesopfer forderte. Grund ist das Bächlein der Kalkach, deren großes Gefälle durch einen Taleinschnitt bei Starkregen Katastrophenpotenzial birgt. Heute beschäftigt dieses Thema wieder den Stadtrat, man plant Schutzmaßnahmen. Das sollte man sich vorAugen halten, wenn man vom Talgrund, wo der Bahnhof liegt, Richtung Idylle der Lillach aufbricht: Sie ist wetterabhängig, die Idylle.

Sanft geht es los, der einzige Störfaktor ist die vielbefahrene B2, aber die ist schnell überwunden und Weißenohe schon der Eingang ins Lillachtal. Die dortige **Klosterbrauerei Weißenohe** ist nicht nur ein perfekter erster Stopp, sondern der Weg führt sogar mitten durch den barocken Gebäudekomplex. Der Gasthof ist im ehemaligen Flügel des Klosters untergebracht, die Brauerei hat den Rest von den Benediktiner-Mönchen übernommen – nicht jedoch die barocke Klosterkirche St. Bonifatius.

Anschließend dominiert die Wiesenlandschaft, man passiert vereinzelte Häuser und den langgestreckten Weiler Dorfhaus. Dahinter ist schnell Schluss mit Straßen und Bebauung, einzig ein komfortabler Wanderweg führt an den **Fischweihern** vorbei und weiter ins Tal hinein. An strategischen Punkten wurden Picknickgarnituren aufgestellt – immer in Sicht- und Hörweite der **Sinterterrassen,** der Kalkbecken- und -stufen, welche die Lillach in Jahrtausenden selbst gebildet hat, um sie anschließend überwinden zu müssen. Ein Schauspiel und Augenschmaus, das sich über mehrere hundert Meter in allen Varianten zeigt.

DER SCHÖNSTE MOMENT? SICH AN DER LILLACH NIEDERLASSEN UND SICH DEN SPIELEREIEN DES WASSERS MIT AUGEN UND OHREN HINGEBEN.

Der Rückweg führt über den Albrand und sorgt vor Gräfenberg noch für einen Höhepunkt im Wortsinne: den **Michelsberg.** Wenige Meter sind es hinauf und doch begreift man von dort die dramatische Position Gräfenbergs inmitten der ansonsten sanften Landschaft: Steil fallen Treppenkaskaden zur Bayreuther Straße ab. Wer bislang auf Einkehr verzichtet und durchgezogen hat, wird dort mit einer ganzen Reihe an Gasthäusern belohnt, die alle Teil des **Fünf-Seidla-Steigs** sind. «

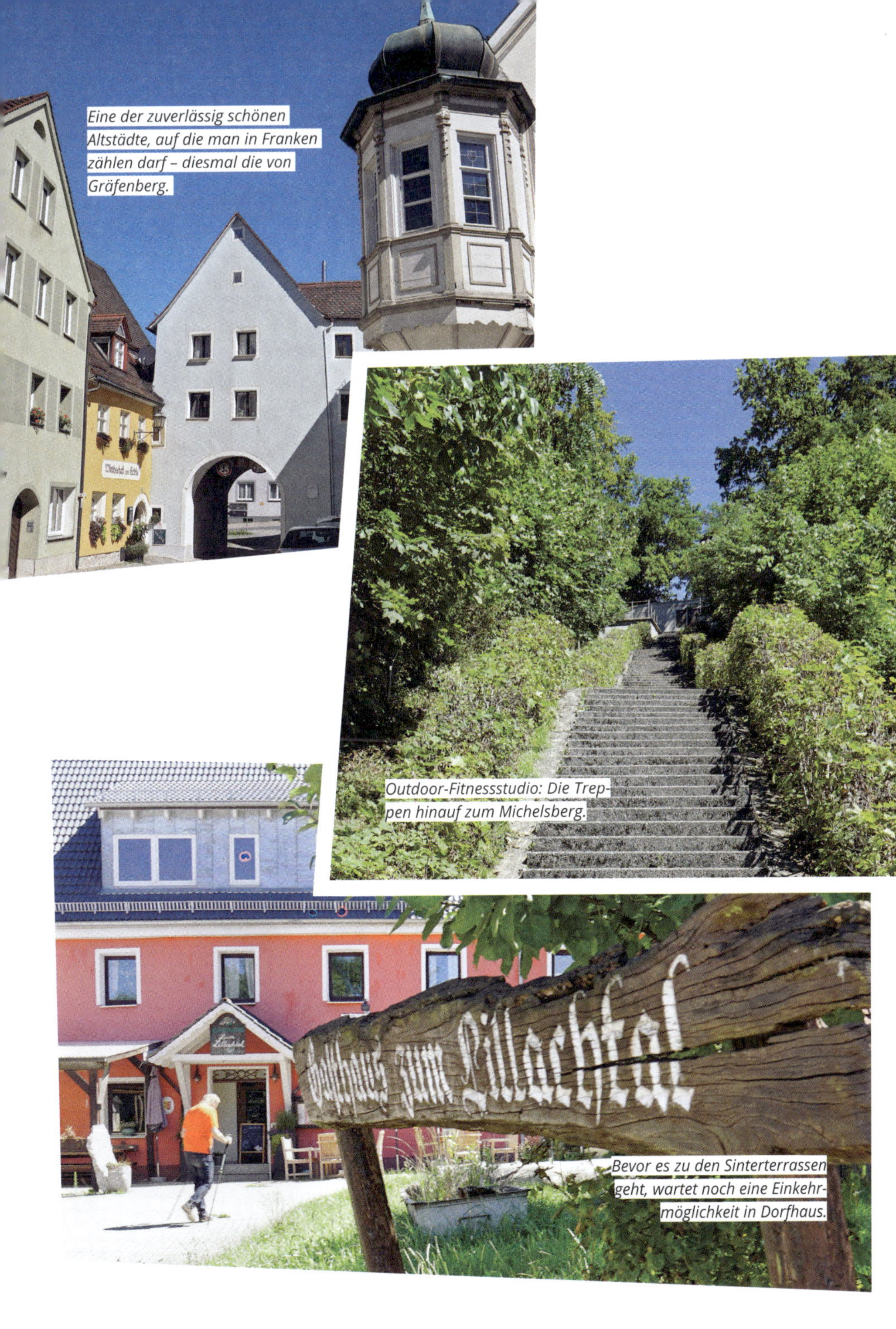

Eine der zuverlässig schönen Altstädte, auf die man in Franken zählen darf – diesmal die von Gräfenberg.

Outdoor-Fitnessstudio: Die Treppen hinauf zum Michelsberg.

Bevor es zu den Sinterterrassen geht, wartet noch eine Einkehrmöglichkeit in Dorfhaus.

WANDERN & GENIESSEN

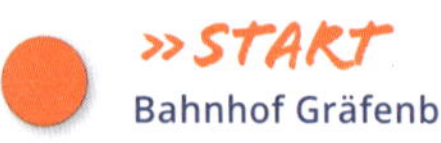

Bahnhof Gräfenberg

Vom Bahnhof südwärts wenden, links der Bahnhofsstraße verläuft ein Pfad zwischen Hecken, Bäumen und Gärten. Wo die Straße zur B2 abbiegt auf dem Wirtschaftsweg weiter geradeaus, ca. 300 Meter später B2 überqueren, durch Rotweg, Gräfenberger Straße, Sollenberger Straße und Hauptstraße geradeaus bis zum Klostertor.

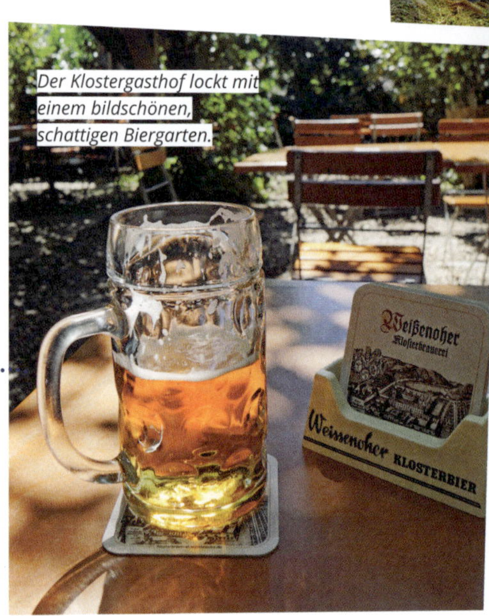

Der Klostergasthof lockt mit einem bildschönen, schattigen Biergarten.

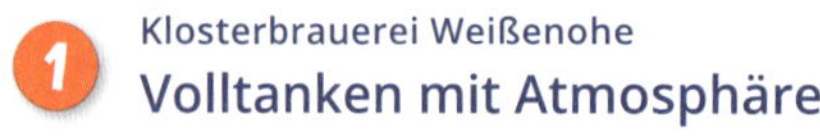

Klosterbrauerei Weißenohe

Volltanken mit Atmosphäre

Es sind mehrere Dinge, derentwegen die Klosterbrauerei einen Stopp lohnt. Zum einen der historische Klosterkomplex selbst, zum zweiten die Brauerei, zum dritten der angeschlossene Gasthof unter alten Kreuzgewölbedecken, der zudem einen Biergarten im Klosterareal bewirtschaftet. Wahrlich: eine schattige Zuflucht vor dem Herrn! Die Brauerei kann nach Voranmeldung besichtigt werden – Brotzeit inklusive Spezialitätenbieren wie das Altfränkische oder das frisch gemischte Radler lassen sich aber auch im Biergarten verkosten. Auf jeden Fall sollte man einen Blick in den urtümlichen Gastraum werfen und bewundern, wie das Kreuzgewölbe Raum schafft, indem die Auflagekraft auf einen einzelnen Pfeiler mitten im Raum übertragen wird (klosterbrauerei-weissenohe.de).

Vom Gasthof weiter durchs Klosterareal gehen, am Ende der Klosterstraße links in die Weiherstraße. Hinter der Lillach auf dem Wiesenweg weiter, den Fluss erneut überqueren und nach rechts geradeaus auf der Dorfhauserstraße weiter. Nach dem Gasthaus zum Lillachtal links in den Lillinger Weg abbiegen und sofort rechts auf den Wanderweg.

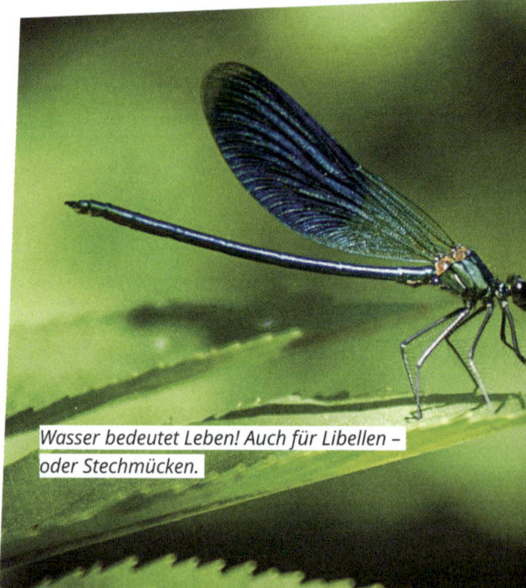

Wasser bedeutet Leben! Auch für Libellen – oder Stechmücken.

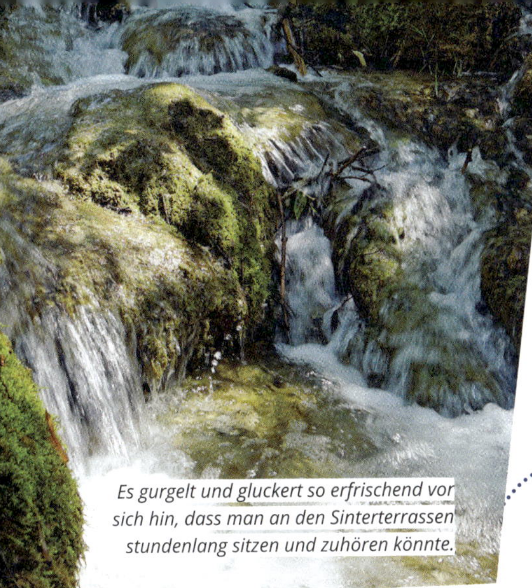

Es gurgelt und gluckert so erfrischend vor sich hin, dass man an den Sinterterrassen stundenlang sitzen und zuhören könnte.

EIN RICHTIGES NATURORCHESTER

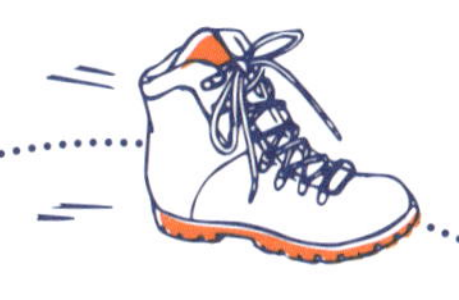

KM 3,3

Fischweiher

Entspannung bei Insektenalarm

Kaum liegen Dorfhaus und die Milchtankstelle – ein kleiner Selbstbedienungsladen mit Käse und Eiern aus dem Automaten sowie Milch aus dem Zapfhahn – hinter einem, taucht eine Reihe kleiner Fischweiher rechter Hand auf. Franken hat außer Karpfen und Forelle aus der Zucht nicht viel zu bieten und Fließgewässer zu Zuchtzwecken zurückzustauen, ist daher das probate Mittel. Hier soll es aber um die Libellen und die zwölf Schmetterlingsarten gehen, die im Biotop des Lillachtals heimisch sind – die zieht es auch zum friedlich stehenden Wasser, zumal das Gras selten gemäht wird. Zwischen den Teichen verlaufen breite Dämme, auf denen man sich niederlassen und beobachten kann, was alles so kreucht und fleucht. Ganz davon abgesehen, dass die Weiher in friedliche, autoferne Atmosphäre gehüllt sind und so ein bisschen Wasserfläche immer etwas Entspannendes hat!

Es geht geradeaus an der Lillach das Tal hinauf.

KM 3,8

Sinterterrassen

Stufenweises Naturwunder

Der Begriff ›Sinter‹ kommt aus dem Althochdeutschen und bezeichnet eine Art Schlacke oder Ablagerung: Die Sinterterrassen der Lillach sind Kalkablagerungen, die sich zu kleineren Becken ausgebildet haben, weshalb der Bach in hunderten treppenartigen Kaskaden zu Tal fließt. Das Wasser rund um Gräfenstein ist extrem kalkhaltig und so passiert dort das, was man sonst im Inneren von Wasserkochern beobachten kann – oder, eine romantischere Vorstellung, in größerer Form an den Plitvicer Seen oder im türkischen Pamukkale. Schon ein kleines Naturwunder und eines, an dem man sich nicht sattsehen kann. Über mehrere hundert Meter gibt es verschiedene Stellen, an denen die Ablagerungen ausgeprägt sind, manchmal fächerartig, dann wieder wie kleine Wasserfälle. Alle aber mit sanftem Plätschern. Verschiedene Sitzgelegenheiten und Picknickbänke stehen in Bachnähe: Sollten die ersten besetzt sein, einfach weitergehen, da kommt noch mehr!

Weiter das Tal hinauf, der Weg zur Lillachquelle ist beschildert und führt links der Lillach am Hang weiter. Auf dem Rückweg kurz vor den Picknickbänken rechts dem Fußpfad bergan folgen. Auf der Höhe immer am Waldrand bis Sollenberg weiter, dort in die Mönchsbergstraße abbiegen und ab Mönchsberg auf dem (ausgeschilderten) Frankenweg bis Gräfenberg und zum Michelsberg.

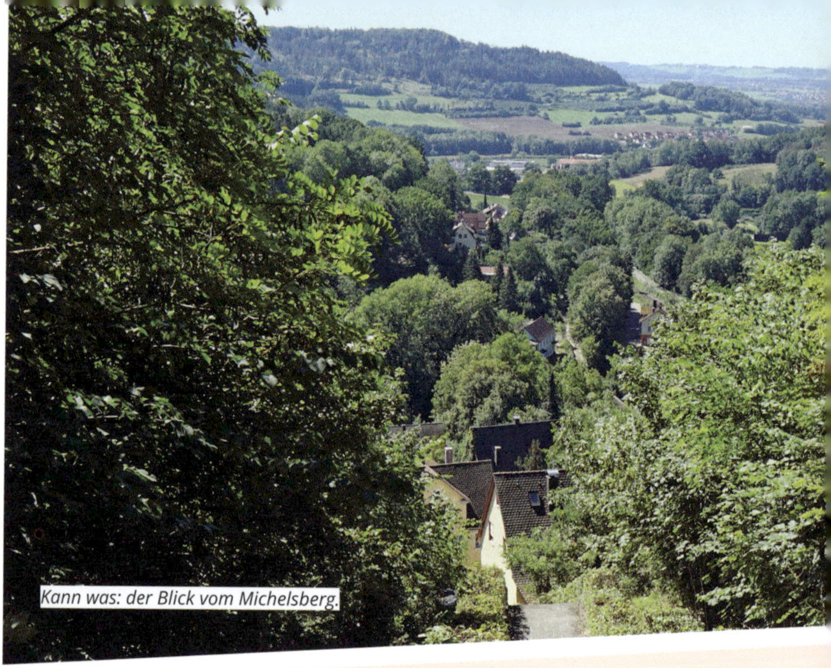

Kann was: der Blick vom Michelsberg.

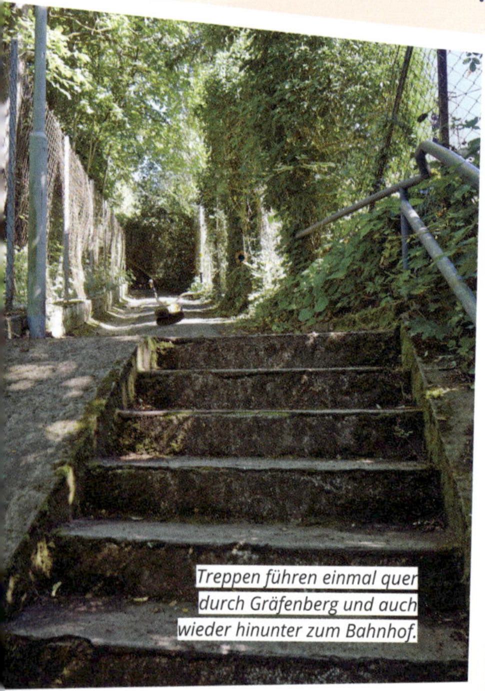

Treppen führen einmal quer durch Gräfenberg und auch wieder hinunter zum Bahnhof.

KM 9,7

4 Michelsberg

Bergauf, treppab

Selbst der Frankenweg, also die Weitwanderstrecke durchs gesamte Frankenland, mit dem die Tour die letzten Kilometer gemein hat, kennt keine Gnade und führt noch auf den Michelsberg, bevor es in die Stadt geht. Sind aber nur ein zwei Kehren und nach ein paar Minuten ist man oben: beim sogenannten Kriegerdenkmal, das hier aber nicht die Hauptrolle spielt. Diese kommt dem Blick über Gräfenstein zu und der Schneise aus Treppenstufen, die in gerader Linie hinunter in die Stadt führt. Bevor man sich deren Sog ergibt und dem Ruf des Bieres folgt, sollte man aber verweilen und die Aussicht genießen. Treppenstufen zum Sitzen gibt es ja genug.

Die Treppen hinunter, auf halber Höhe links in den Biergarten zum Bergschlösschen. Findert man kein Plätzchen, einfach unten rechts weiter und in die Bayreuther Straße, wo es jede Menge weitere Einkehrmöglichkeiten gibt.

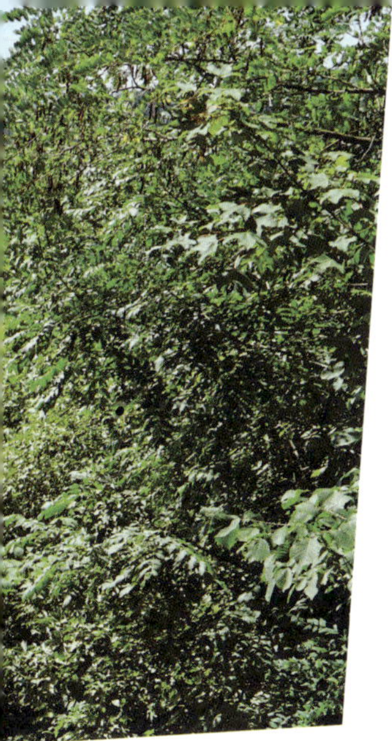

EXTRA INFOS:

Vom Bahnhof in Gräfenberg ist es ein Katzensprung bis zu den kleineren ● **Wasserfällen der Kalkach,** die oberhalb von Gräfenberg entspringt.

Ideal gelegen für eine Einkehr vor oder nach dem Besuch der Sinterterrassen ist das ● **Gasthaus zum Lillachtal** in Dorfhaus (zum-lillachtal.de).

Mit Hotels sieht es rund um Gräfenstein schlecht aus, es gibt aber einige Ferienwohnungen, die sich keine eigene Website leisten, jedoch auf den einschlägigen Buchungsportalen vertreten sind: Die ● **Ferienwohnung Steghaus** ist eine schöne Bleibe unterm Dach mit separatem Eigang und Gartenanteil. Luxuriös und lichtdurchflutet fällt das Apartment der ● **Ferienwohnungen Küpfer** im nahen Sollenberg aus.

KM 9,9

5 Einkehr auf dem Fünf-Seidla-Steig

Bierchen im Schlösschen

›Seidla‹ ist der fränkische Begriff für Bierkrug und man ahnt es: An der Bayreuther Straße reiht sich eine zünftige Einkehrmöglichkeit an die andere. Den Anfang macht der Biergarten zum Bergschlösschen noch auf dem Abstieg, dann folgen schon die Brauerei Friedmann und Friedmanns Bräustüberl sowie das Häfners Stüberl direkt am Hiltpoltsteiner Tor. Der Fünf-Seidla-Steig verbindet die Brauerei-Gaststätten von Weißenohe, Gräfenberg und Thuisbrunn auf insgesamt zehn Kilometern! Wobei das Herzstück Gräfenberg selbst ist, auch wenn nicht alle Adressen eine eigene Brauerei haben. Über den Marktplatz ist jedoch noch ein weiteres Lokal zu erreichen: das sehenswerte Ensemble aus Brauerei, Gasthaus, Museum und Lager des Lindenbräu. Auch im Gasthaus zum Stiefel wird lokales Bier ausgeschenkt, wie überall in Gräfenberg (fuenf-seidla-steig.de).

Über die Friedhofgasse zurück zum Bahnhof.

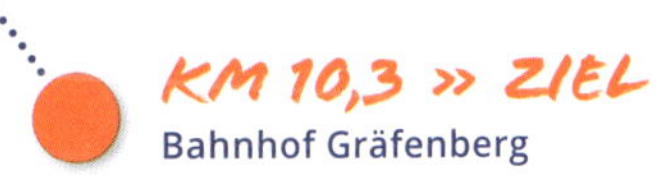

KM 10,3 » ZIEL

Bahnhof Gräfenberg

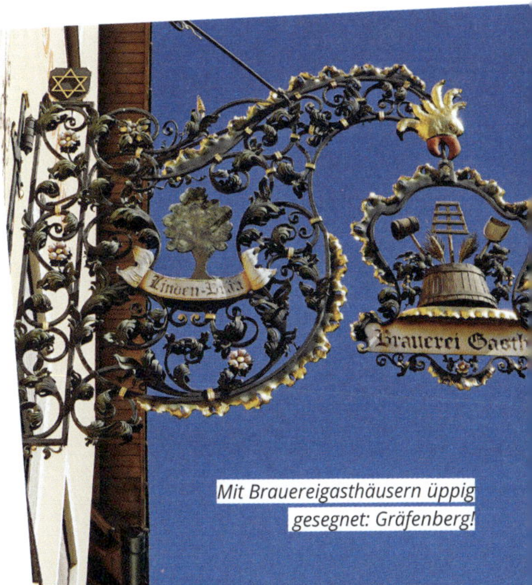

Mit Brauereigasthäusern üppig gesegnet: Gräfenberg!

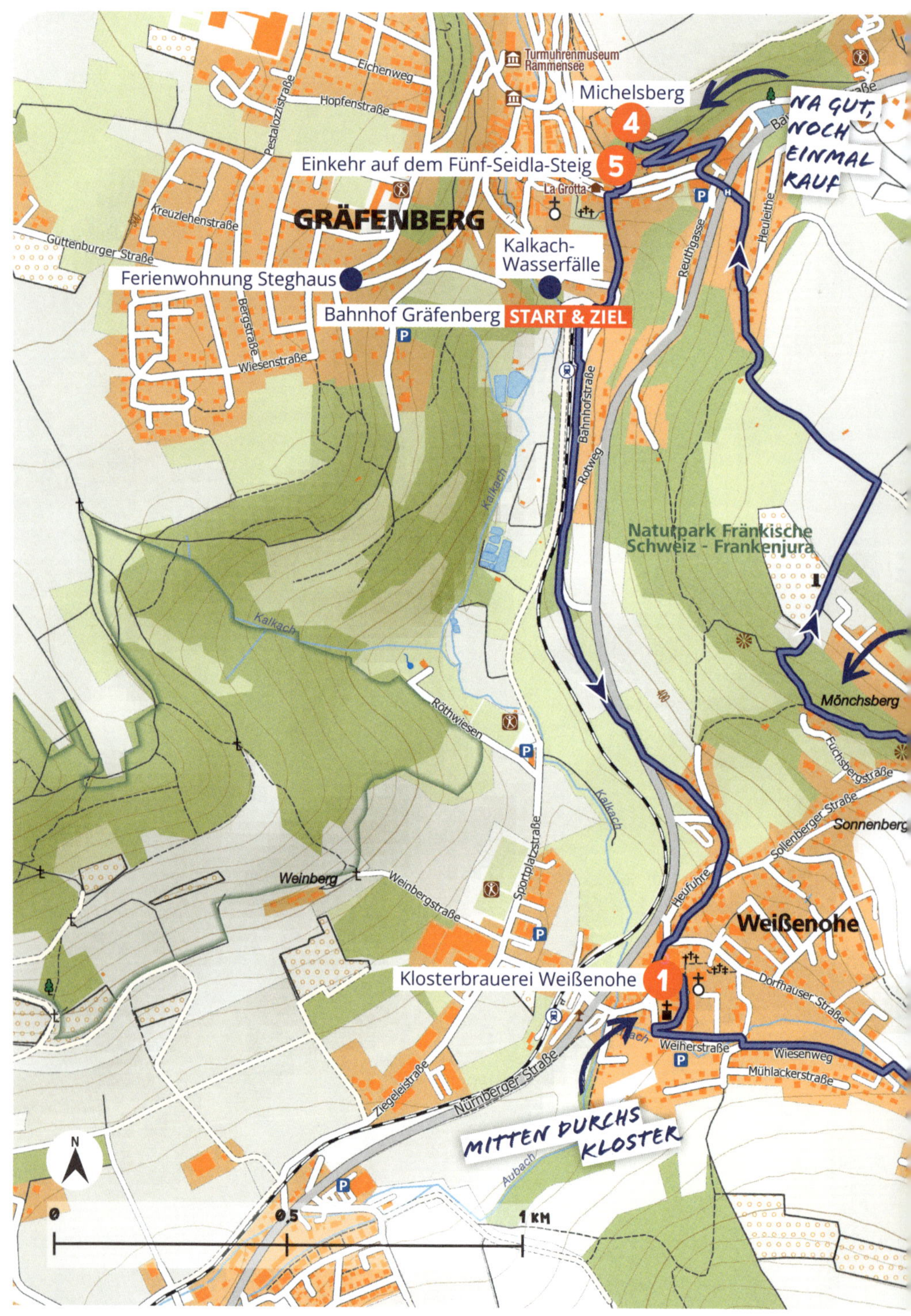

Turmuhrenmuseum Rammensee
Michelsberg
4
NA GUT, NOCH EINMAL RAUF
Einkehr auf dem Fünf-Seidla-Steig
5
La Grotta
GRÄFENBERG
Eichenweg
Hopfenstraße
Pestalozzistraße
Kreuzlehenstraße
Guttenburger Straße
Ferienwohnung Steghaus
Kalkach-Wasserfälle
Bahnhof Gräfenberg
START & ZIEL
Bergstraße
Wiesenstraße
Reuthgasse
Heuleithe
Bahnhofstraße
Rotweg
Kalkach
Naturpark Fränkische Schweiz - Frankenjura
Mönchsberg
Röthwiesen
Fuchsbergstraße
Sollenberger Straße
Sonnenberg
Sportplatzstraße
Weinberg
Weinbergstraße
Heufuhre
Weißenohe
Klosterbrauerei Weißenohe
1
Dorfhauser Straße
Weiherstraße
Wiesenweg
Mühlackerstraße
Ziegeleistraße
Nürnberger Straße
MITTEN DURCHS KLOSTER
Aubach
N
0
0,5
1 KM

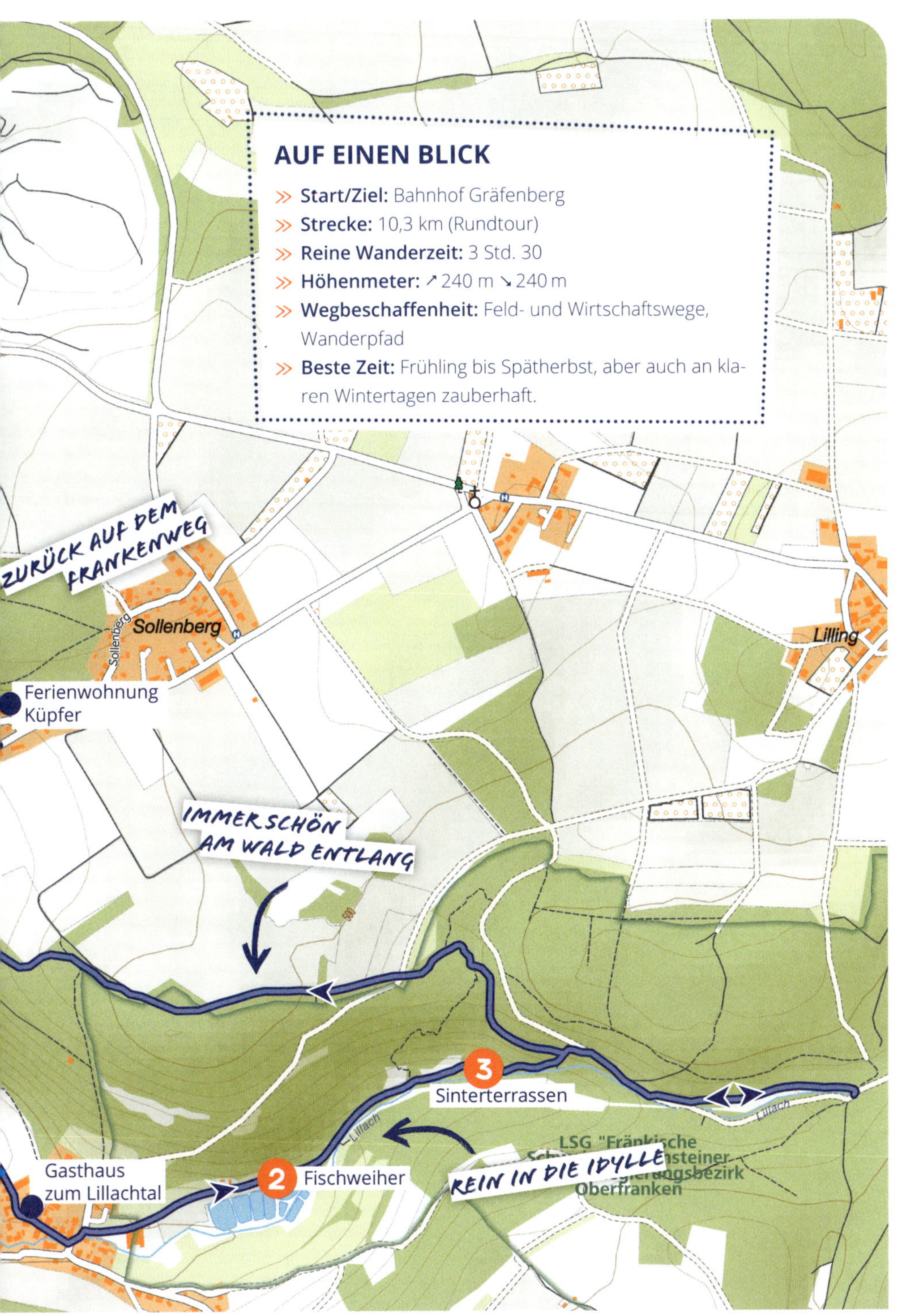

AUF EINEN BLICK

- **Start/Ziel:** Bahnhof Gräfenberg
- **Strecke:** 10,3 km (Rundtour)
- **Reine Wanderzeit:** 3 Std. 30
- **Höhenmeter:** ↗ 240 m ↘ 240 m
- **Wegbeschaffenheit:** Feld- und Wirtschaftswege, Wanderpfad
- **Beste Zeit:** Frühling bis Spätherbst, aber auch an klaren Wintertagen zauberhaft.

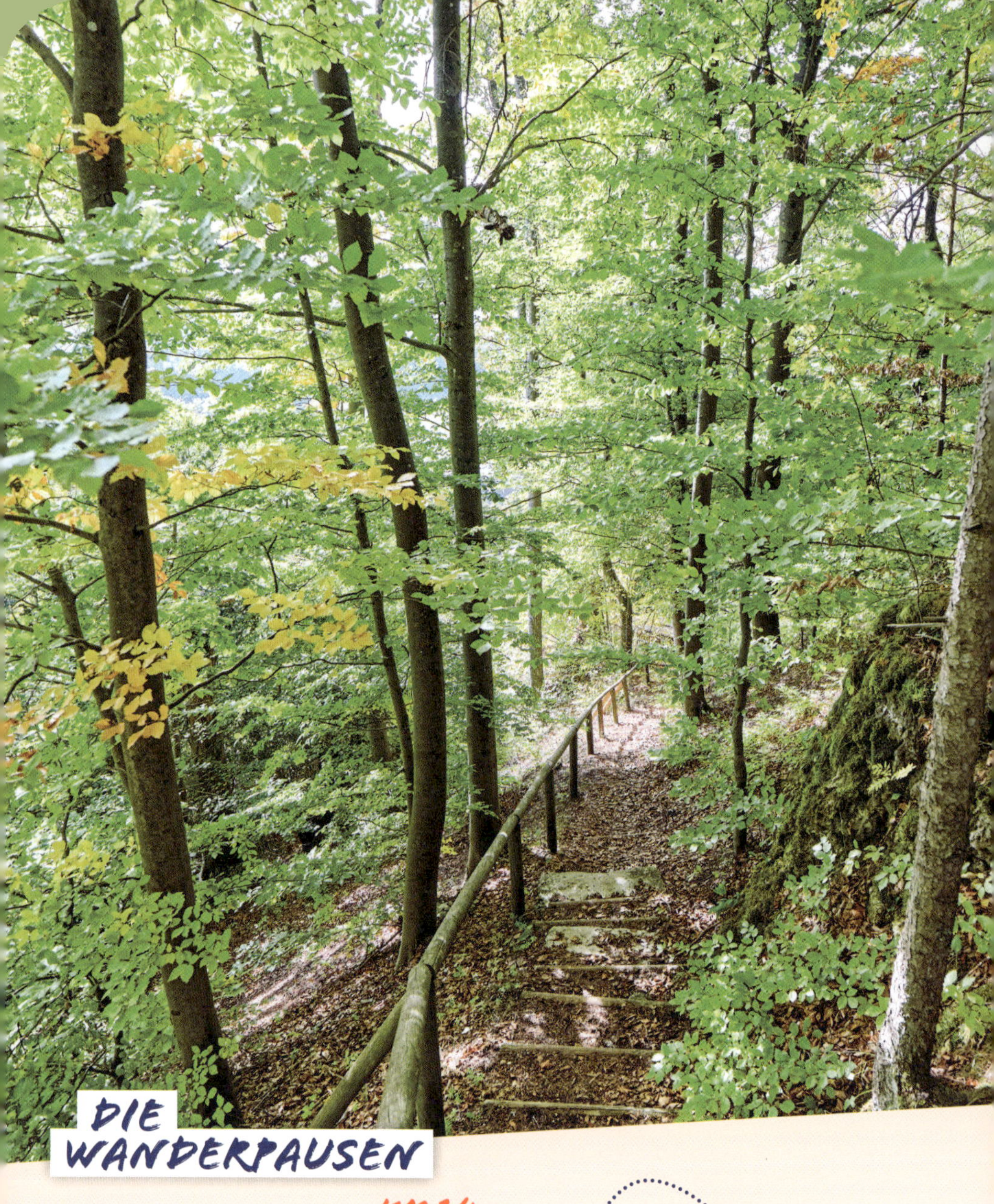

DIE WANDERPAUSEN

» START
Bushaltestelle Rathaus, Hiltpoltstein

KM 0,3
1 Burg & Stadttor Hiltpoltstein
Die richtige Dosis Fachwerk

KM 1,4
2 Silberecke
Vorläufiger Höhepunkt

KM 6,2
3 Burgruine Wildenfels
Ruinchen-Spotting

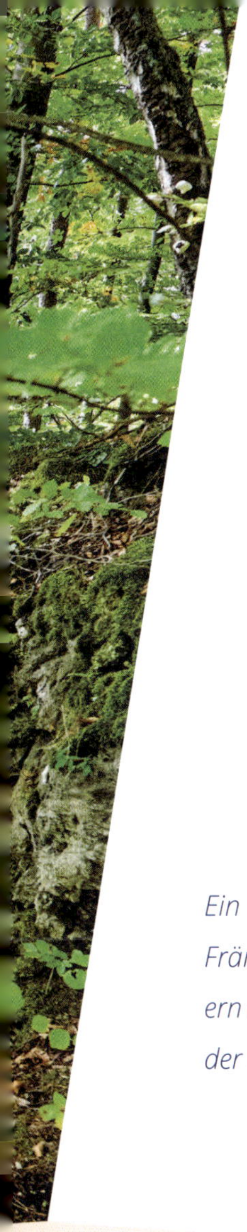

6 AUF PILGER-WEGEN

Von Hiltpoltstein nach Betzenstein

Ein Nebenweg des Fränkischen Jakobswegs führt mitten durch die Fränkische Schweiz. Ob kontemplativ oder naturverliebt, alten Gemäuern oder gutbürgerlicher Küche auf der Spur: Hier pilgert es sich immer der Muschel nach.

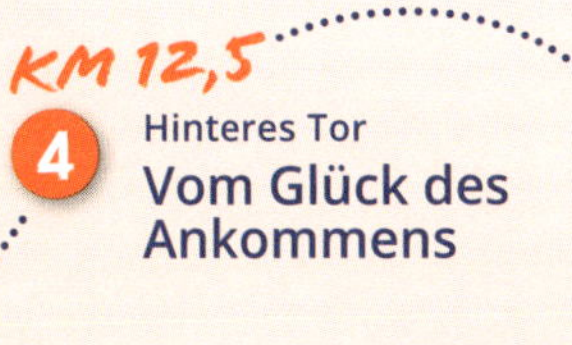

KM 12,5

4 Hinteres Tor
Vom Glück des Ankommens

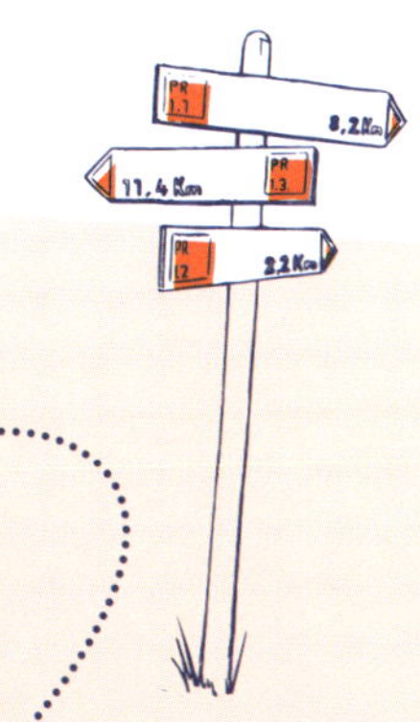

KM 12,6

5 Betzenstube
Historische Einkehr

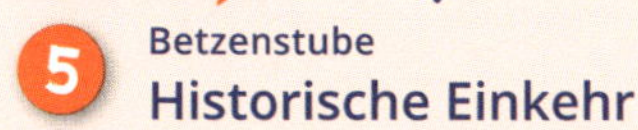

KM 12,7 » ZIEL
Bushaltestelle Marktplatz, Betzenstein

VON KIRCHENPORTAL ZU KIRCHENPORTAL …

… führen alle Etappen des Jakobswegs und so auch die des fränkischen Zubringers zur Hauptraße ab Nürnberg. Pilgerwege haben einen entscheidenden Vorteil: Es geht darum, Strecke zu machen, die Wege sind leicht zu gehen und vermeiden unnötige Steigungen. Diese Wanderung startet in Hiltpoltstein, was ein wenig geschummelt ist, denn die Etappe beginnt eigentlich schon in Gräfenberg. Außerdem läuft man quasi in die falsche Richtung, also nicht nach Santiago de Compostela (gut 2000 Kilometer), sondern in das entgegengesetzt gelegene Betzenstein. Warum? Weil Betzenstein im Vergleich zu Hiltpoltstein das lohnendere Ziel ist – versprochen! Denn Betzenstein gehörte einst zur Reichsstadt Nürnberg, war ein Sitz der Ministerialen und hat daher trotz seiner geringen Größe etwas Städtisches an sich.

WIE AUF ALLEN PILGERWEGEN WARTET ZUM TAGESABSCHLUSS DER SCHÖNSTE MOMENT: DAS AUSLAUFEN. MIT DEM ZIEL UND DER EINKEHR SCHON VOR AUGEN.

Wenn man schon alles verkehrt herum macht, sei gleich ganz zu Beginn ein weiterer Schlenker erlaubt: Nachdem man die **Burg** aus der Ferne bewundert hat – der Privatbesitzstatus schließt Neugierige aus, es sei denn man mietet direkt den ganzen Kasten –, geht es zunächst über das **Stadttor** hinaus zum Wanderparkplatz und hoch zur **Silberecke.** So wird der mit 602 Metern höchste Felsgipfel bei Hiltpoltstein bezeichnet, der jedoch inmitten eines Waldes liegt, also von Ferne gar nicht auszumachen ist. Pssst: Wer abkürzen will, spart sich den Anstieg und läuft hinter dem Stadttor gleich rechts weiter.

Beschaulich wandert man anschließend im Tal, ein Höhepunkt im Wortsinne steht erst mit der **Burgruine Wildenfels** bevor. Der Pilgerweg führt hinauf, nimmt von dort sozusagen Anlauf, um mit dem Langenberg eine noch höhere Stufe zu erklimmen. Die Turmruine liegt nicht direkt am Wegesrand, ließe sich aber auch noch einsammeln, wenn man es nicht inzwischen eilig haben sollte, zurück in die Zivilisation zu kommen. Das **Hintere Tor** in Betzenstein kündet diese unmissverständlich an, auch wenn der erste Eindruck vermitteln mag, man sei zurück ins Mittelalter gereist und müsse wohl gleich den Beutel für den Wegezoll zücken. Den kann man sich zum Glück sparen und in ein leckeres Mahl in der historischen **Betzenstube** investieren. Mit Burgblick! «

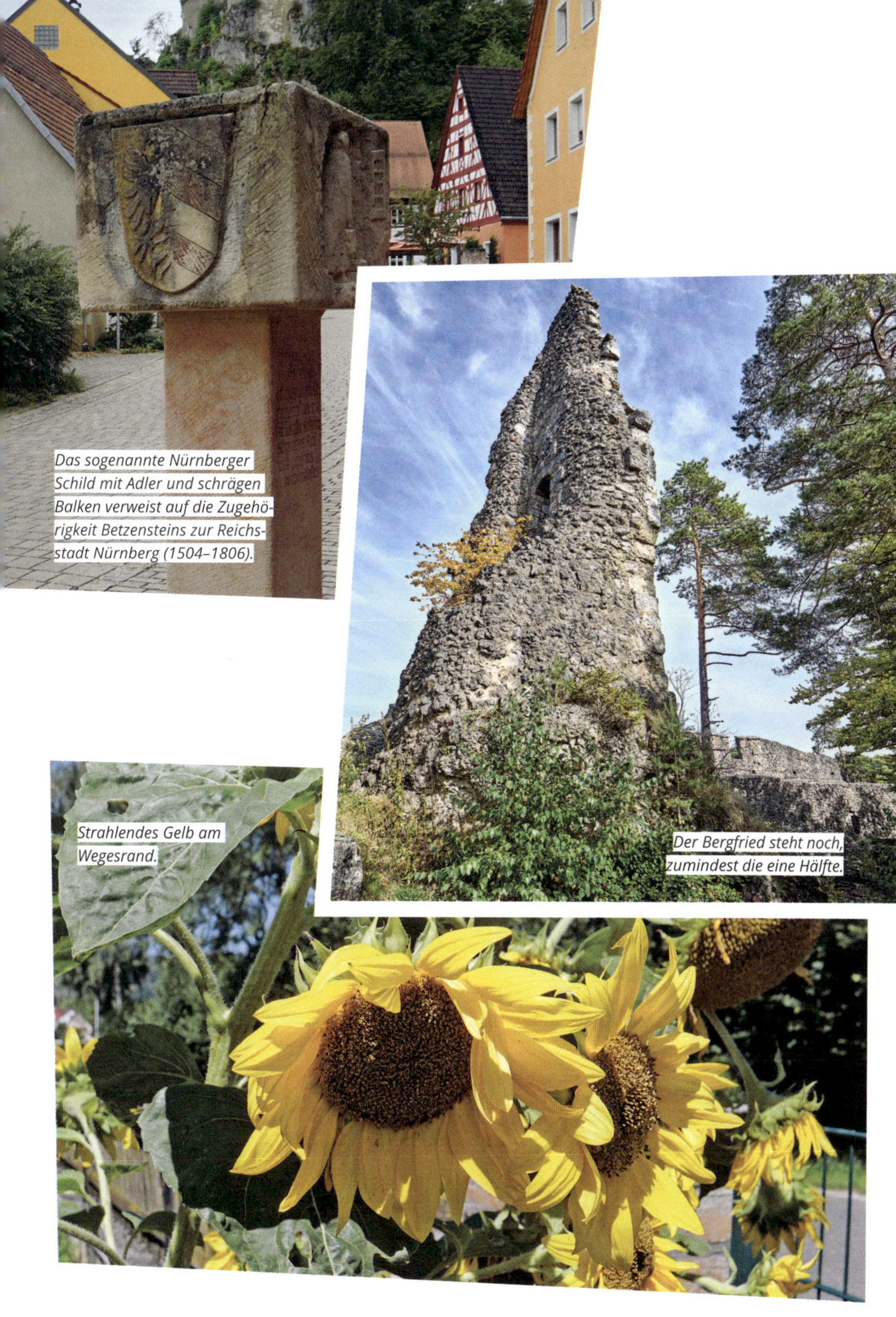

Das sogenannte Nürnberger Schild mit Adler und schrägen Balken verweist auf die Zugehörigkeit Betzensteins zur Reichsstadt Nürnberg (1504–1806).

Der Bergfried steht noch, zumindest die eine Hälfte.

Strahlendes Gelb am Wegesrand.

WANDERN & GENIESSEN

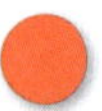

»START

Bushaltestelle Rathaus, Hiltpoltstein

Von der Hauptstraße rechts in Am Schloßhof, erneut rechts zur Kirche St. Matthäus. Vom Kirchenportal zurück direkt am Schloss und damit an der Burganlage vorbei, dann nach links und schon steht man vor dem Stadttor.

KM 0,3

Burg & Stadttor Hiltpoltstein

Die richtige Dosis Fachwerk

Der Zusatz ›Stein‹ weist meist auf eine Burg als Ortsursprung hin, also nicht auf eine Felsformation, auch wenn die Burganlage in Hiltpoltstein verlässlich auf einer solchen steht. Von fern sieht der Burgkomplex mit dem vorgelagerten Treppenturm ein wenig aus wie ein überdimensioniertes Berliner Mietshaus, bei dem an den Fenstern gespart wurde, aber das relativiert sich, während man durch die Schlossgasse geht. Die Burg ist in privater Hand und darf nicht besichtigt, wohl aber angemietet werden – und zwar komplett! Geradezu niedlich zeigt sich dagegen das Stadttor, oder besser gesagt, das was davon noch übrig ist: Die Mauer zur einen Seite musste weichen, damit der Verkehr auf der B2 Platz hat, durch das Tor selbst zwängt sich die rechte Spur. Der Fachwerkaufbau wurde Mitte des 18. Jahrhunderts draufgesetzt, also nachdem die Stadtbefestigung ihre Verteidigungsaufgabe bereits eingebüßt hatte (burg-hiltpoltstein.com).

Links weiter über den Möchser Weg bis zur Abzweigung der Straße Zur Silberecke, dieser und den Schildern bergan folgen.

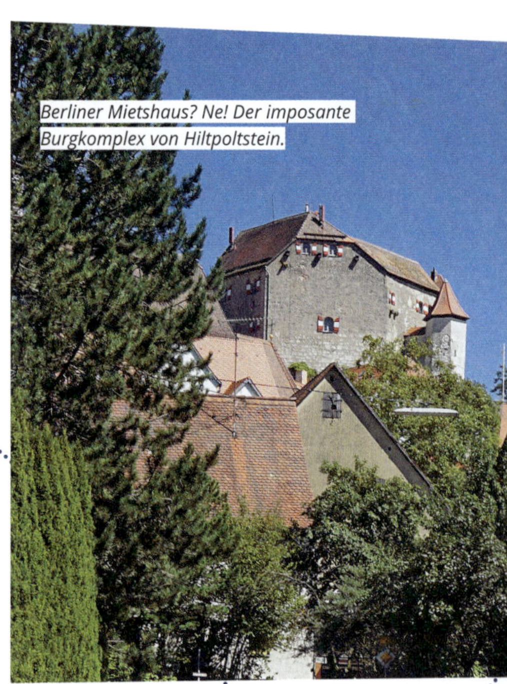

Berliner Mietshaus? Ne! Der imposante Burgkomplex von Hiltpoltstein.

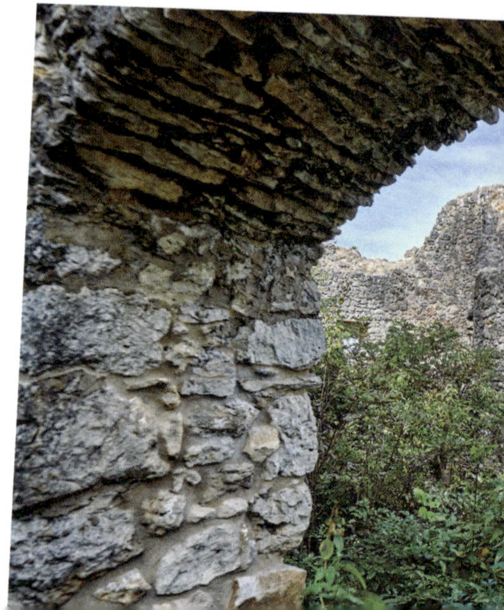

KM 1,4

2 Silberecke
Vorläufiger Höhepunkt

Als Felsgipfel bezeichnet man die 602 Meter hohe Silberecke, bedeutet: Auf der Bergkuppe wurden allerhand Felswände und -steine durch Erosion herausgeschält, die Zuwege fallen aber sanft, eher wie Waldwanderwege aus. Weitere Geotope um den Felsengarten der Silberecke herum sind bei Kletterfans beliebt: die Hexenküche etwa oder der Stumpfelestein. Die Silberecke selbst weitet sich an ihrer höchsten Stelle zu einem kanzelartigen Ausguck: Der Fels bricht ab, der Blick geht kilometerweit – in der Ferne sieht man beispielsweise die bewaldete Kuppe des Langenbergs.

Die paar Meter vom Ausguck zurück, dem Weg weiter folgen und gleich nach rechts unterhalb der Silberecke weiter, auf dem Naturlehrpfad bis zum Wanderparkplatz laufen, schräg links über der Straße den Weg fortsetzen bis die Alte Leithe rechts abgeht. Dieser bis zur Großengseerstraße folgen, dort links und ab sofort dem Muschelzeichen hinterher. Die Burgruine ist ausgeschildert.

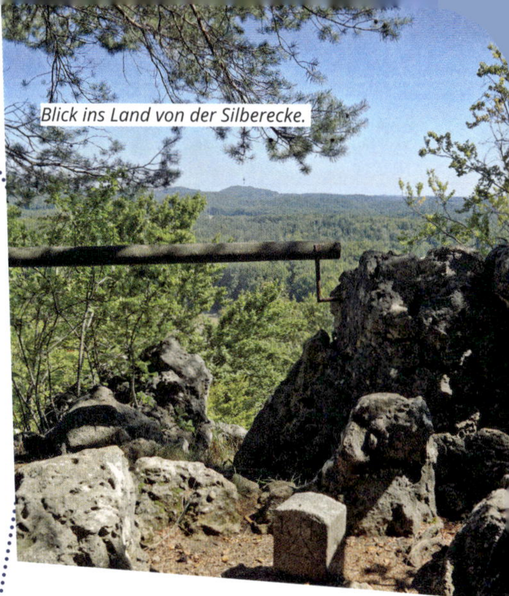

Blick ins Land von der Silberecke.

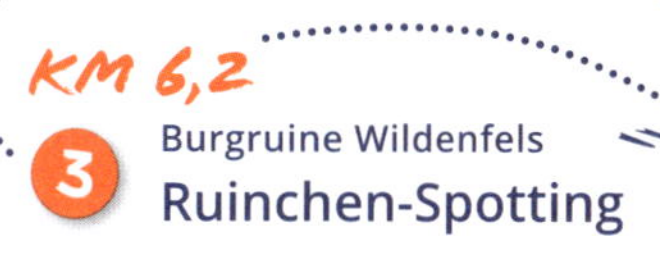

KM 6,2

3 Burgruine Wildenfels
Ruinchen-Spotting

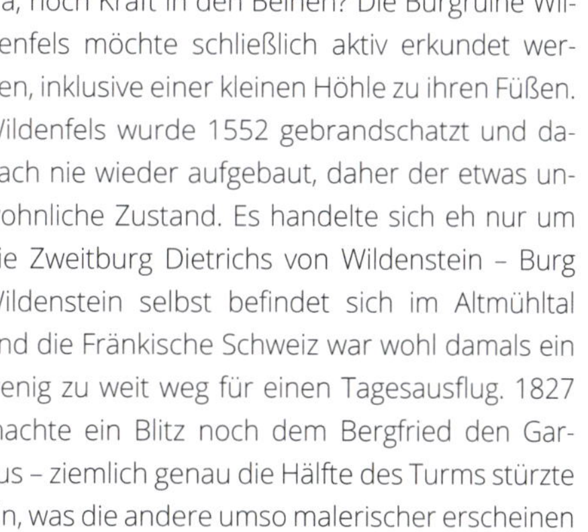

Na, noch Kraft in den Beinen? Die Burgruine Wildenfels möchte schließlich aktiv erkundet werden, inklusive einer kleinen Höhle zu ihren Füßen. Wildenfels wurde 1552 gebrandschatzt und danach nie wieder aufgebaut, daher der etwas unwohnliche Zustand. Es handelte sich eh nur um die Zweitburg Dietrichs von Wildenstein – Burg Wildenstein selbst befindet sich im Altmühltal und die Fränkische Schweiz war wohl damals ein wenig zu weit weg für einen Tagesausflug. 1827 machte ein Blitz noch dem Bergfried den Garaus – ziemlich genau die Hälfte des Turms stürzte ein, was die andere umso malerischer erscheinen lässt. Mit einem Wort: der ideale Ort für eine Pause. Keine Angst vorm Picknicktisch vor dem Bergfried: Das Ding hält! 2014 wurde umfangreich saniert, Einsturzgefahr ausgeschlossen.

Auf den ursprünglichen Weg zurück und weiter dem Muschelzeichen Richtung Stierberg folgen, anschließend nach Betzenstein weiter. Dort links in die Schulstraße.

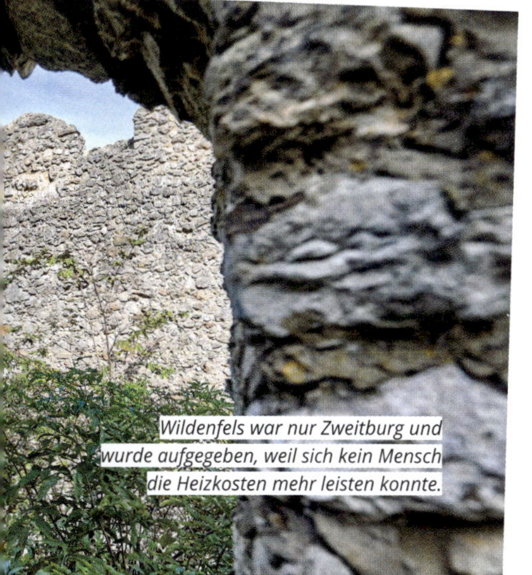

Wildenfels war nur Zweitburg und wurde aufgegeben, weil sich kein Mensch die Heizkosten mehr leisten konnte.

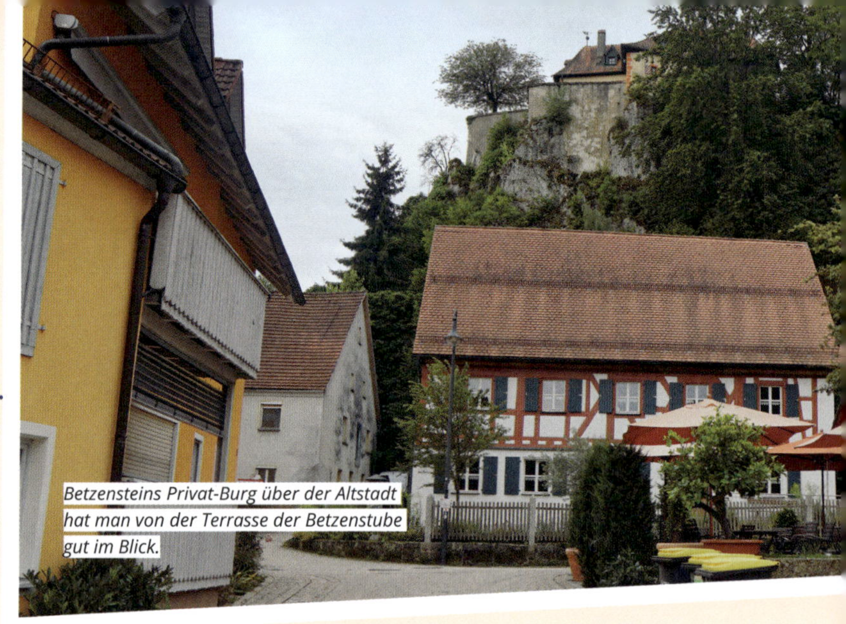

Betzensteins Privat-Burg über der Altstadt hat man von der Terrasse der Betzenstube gut im Blick.

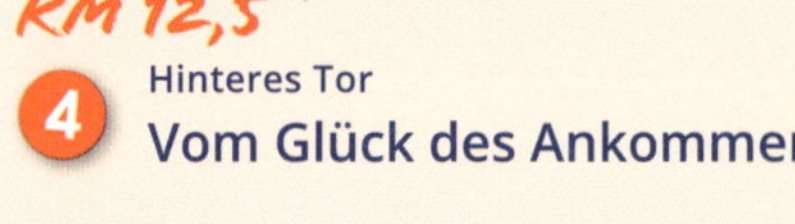

4 Hinteres Tor

Vom Glück des Ankommens

Neugierig im Etappenziel einzulaufen, ist mit das Schönste am Pilgern. Dies ist der riesige Unterschied zum Rundwanderweg: Es geht nur vorwärts, nicht zur gleichen Stelle zurück. Und somit immer auch ins Unbekannte, in diesem Fall nach Betzenstein. Der Weg durch das Hintere Tor (Pfarrtor) ist ungeteert und von Scheunen gesäumt, hat also eine mittelalterliche Anmutung. Betzenstein ist ein Sonderfall, das 1359 verliehene Stadtrecht bezog sich nur auf den kleinen Kern, nicht auf Ortsteile. Ganze 30 Gebäude stehen unter Denkmalschutz, die Stadt wurde nie wirklich erweitert, das Hintere Tor ist heute noch die Scharnierstelle vom historischen Scheunenviertel und der bäuerlich geprägten Umgebung. Die beiden dem Tor vorgelagerten Giebelhäuser sind erst im 18. Jahrhundert erbaut worden.

Die Einkehr befindet sich wenige Schritte hinter dem Tor links im renovierten Fachwerkbau.

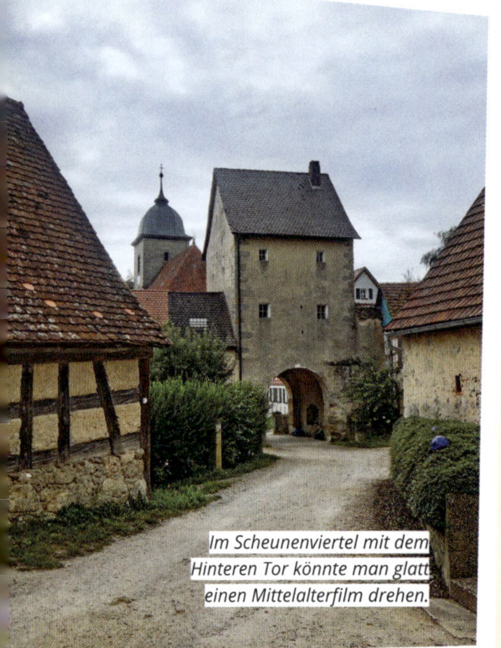

Im Scheunenviertel mit dem Hinteren Tor könnte man glatt einen Mittelalterfilm drehen.

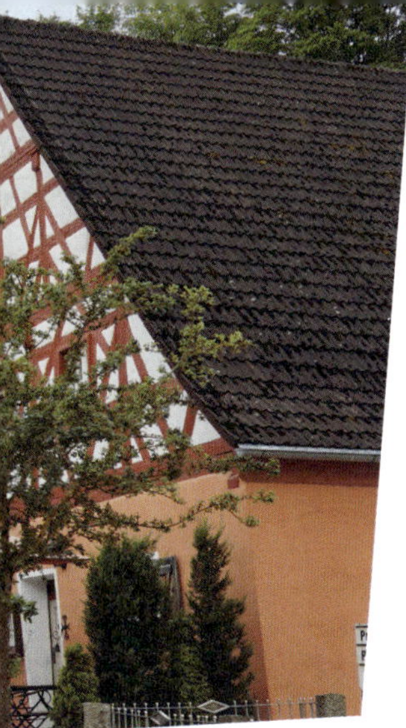

EXTRA INFOS:

Im historischen ● **Maasenhaus** an der Hauptstraße ist die Touristeninformation untergebracht. Diese beinhaltet eine kleine Ausstellung über die Stadtgeschichte. (betzenstein.de/tourismus-freizeit/tourist-info)

Die **Betzenstube** bietet im Obergeschoss zwei wunderschöne Ferienwohnungen mit offenliegendem Fachwerk an – wohnlich gestaltet und samt eigener Küche komplett modernisiert (schloss-betzenstein.de/appartements.html).

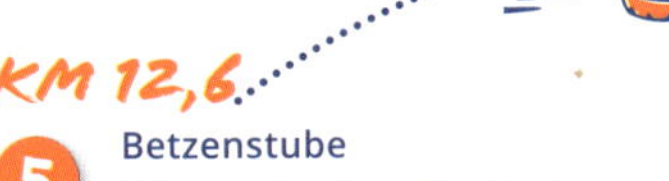

KM 12,6

5 Betzenstube

Historische Einkehr

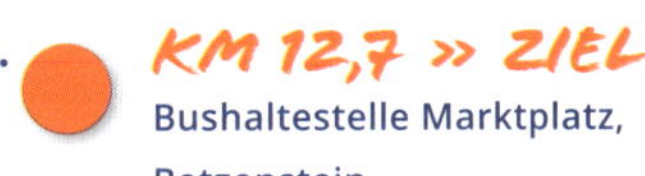

KM 12,7 » ZIEL

Bushaltestelle Marktplatz, Betzenstein

Neben der Burganlage gibt es einen Schlossbau in Betzenstein, also ein etwas bequemeres Gebäude, in das der Adel beizeiten verzogen war. Dieses Schloss ist heute ein Hotel, wobei sich die Betreiber ebenfalls der nahegelegenen Betzenstube annahmen und diese behutsam modernisierten – daher der vollständige Name: Schlossgasthof Betzenstube. Die Gaststätte ist also nicht nur Einkehr, sondern Sehenswürdigkeit zugleich. Es handelt sich um das denkmalgeschützte Handwerkerhaus der Stadt. Mehrere Familien wohnten einst dort, wo heute im Erdgeschoss in der Gaststube und auf der Terrasse gespeist wird – direkt zu Füßen der Burg. Unbedingt einen Blick in den ehemaligen Stall werfen, dort sind ein Kaminzimmer und der Weinkeller eingerichtet. Die Küche bietet Klassiker wie Schäufele vom Spanferkel, Pasta oder Flammkuchen.

Anschließend an der barocken Stadtpfarrkirche vorbei und links in die Hauptstraße zur Bushaltestelle Marktplatz.

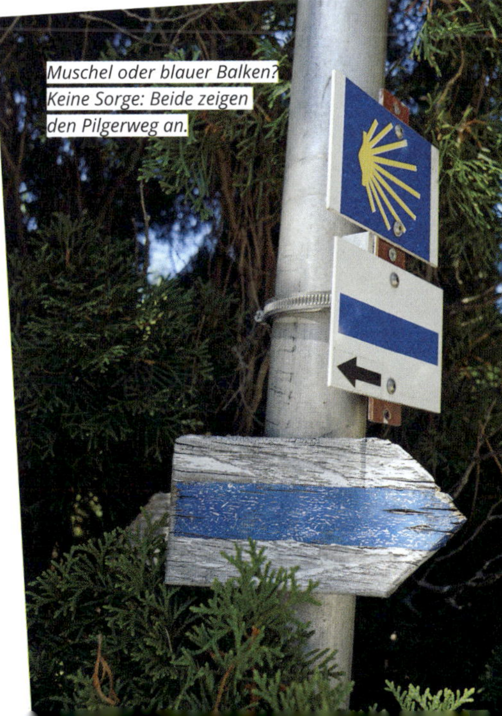

Muschel oder blauer Balken? Keine Sorge: Beide zeigen den Pilgerweg an.

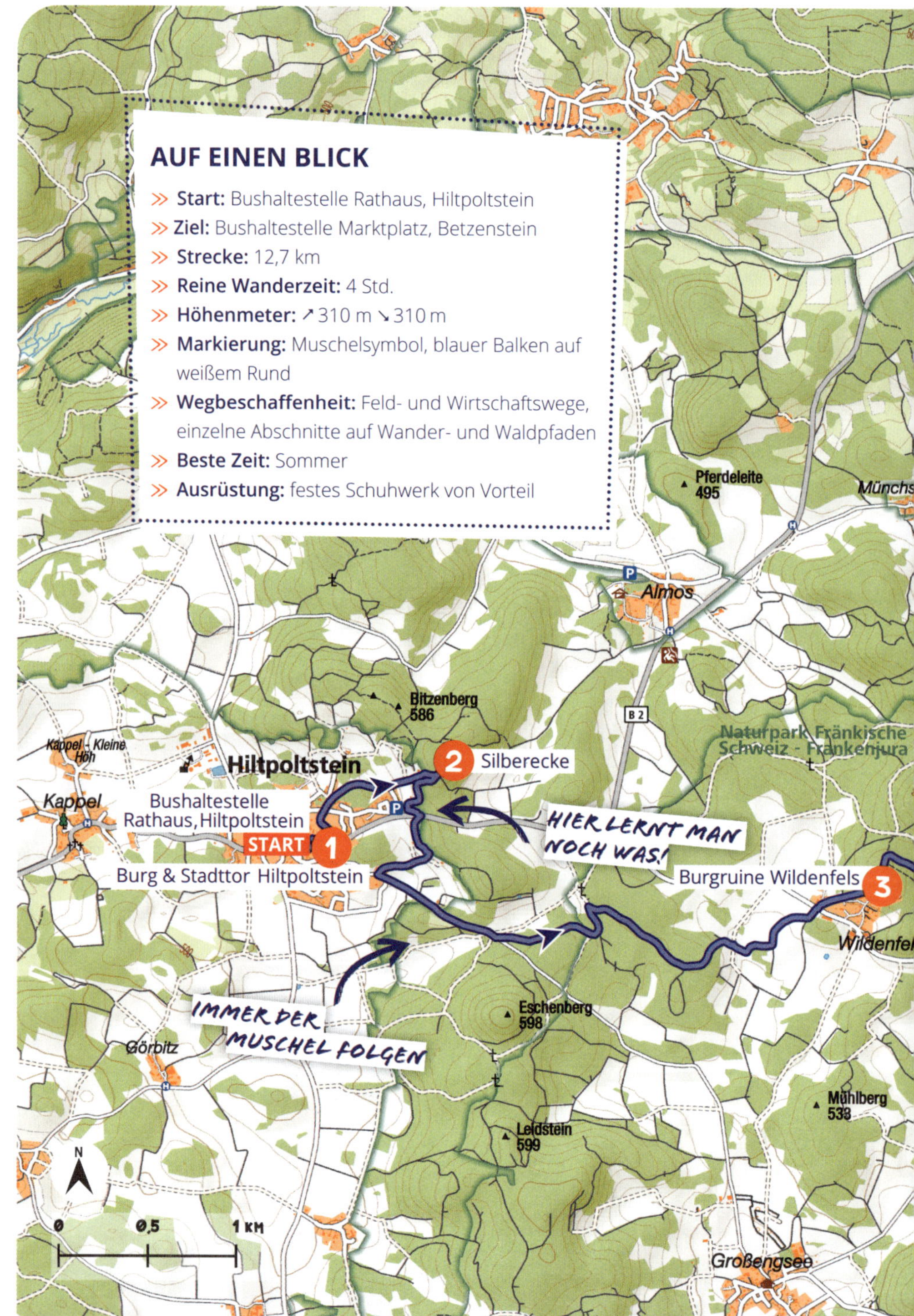
AUF EINEN BLICK
» Start: Bushaltestelle Rathaus, Hiltpoltstein
» Ziel: Bushaltestelle Marktplatz, Betzenstein
» Strecke: 12,7 km
» Reine Wanderzeit: 4 Std.
» Höhenmeter: ↗310 m ↘310 m
» Markierung: Muschelsymbol, blauer Balken auf weißem Rund
» Wegbeschaffenheit: Feld- und Wirtschaftswege, einzelne Abschnitte auf Wander- und Waldpfaden
» Beste Zeit: Sommer
» Ausrüstung: festes Schuhwerk von Vorteil
Pferdeleite 495
Almos
Bitzenberg 586
B 2
Naturpark Fränkische Schweiz - Frankenjura
Kappel - Kleine Höh
Hiltpoltstein
2 Silberecke
Kappel
Bushaltestelle Rathaus, Hiltpoltstein
START 1
Burg & Stadttor Hiltpoltstein
HIER LERNT MAN NOCH WAS!
Burgruine Wildenfels 3
IMMER DER MUSCHEL FOLGEN
Eschenberg 598
Görbitz
Leidstein 599
Mühlberg 533
N
0 0,5 1 KM
Großengsee

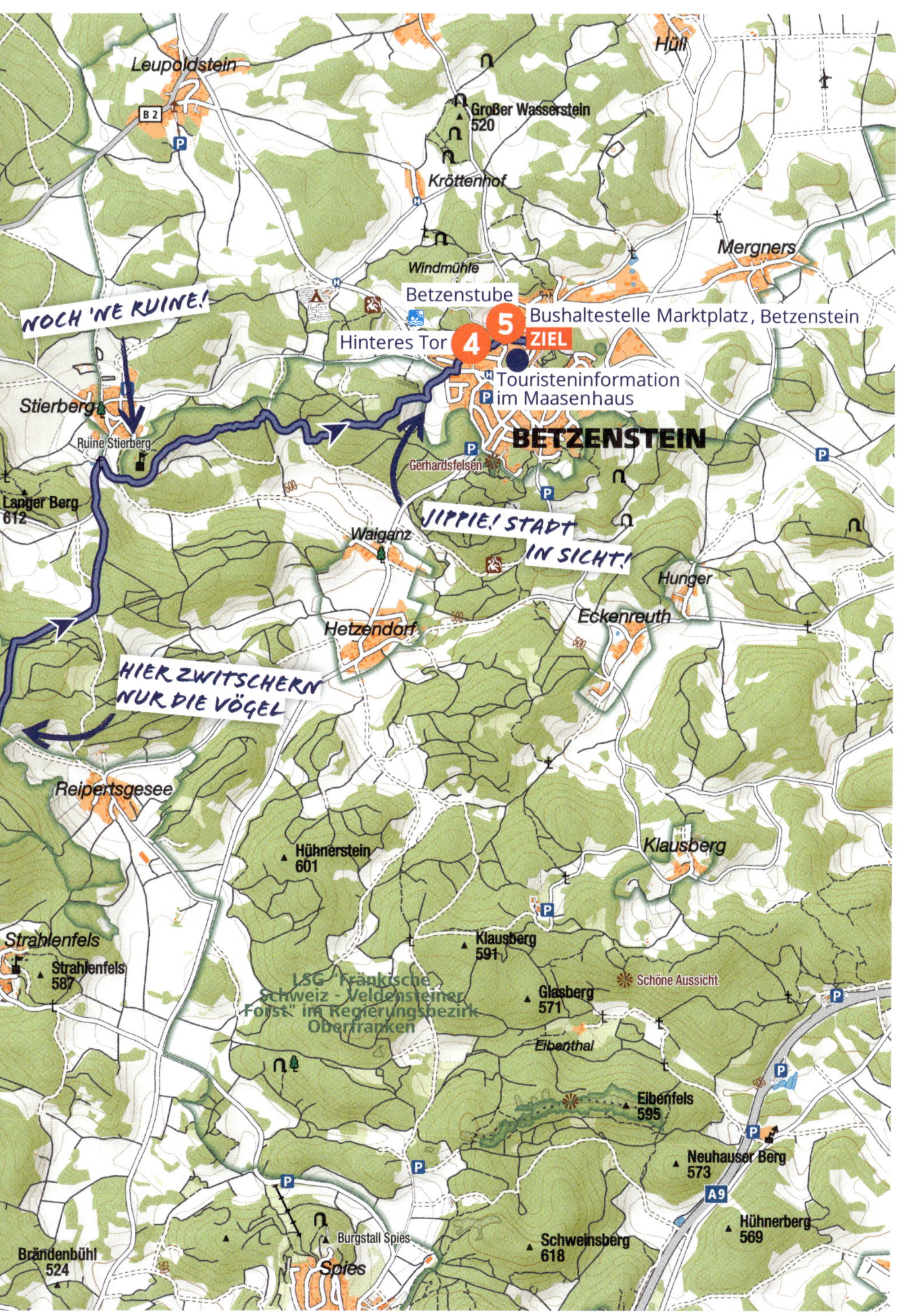

Leupoldstein
B 2
Hüll
Großer Wasserstein
520
Kröttenhof
Windmühle
Mergners
Betzenstube
5
Bushaltestelle Marktplatz, Betzenstein
ZIEL
Hinteres Tor
4
Touristeninformation
im Maasenhaus
BETZENSTEIN
NOCH 'NE RUINE!
Stierberg
Ruine Stierberg
Langer Berg
612
Gerhardsfelsen
JIPPIE! STADT
IN SICHT!
Waiganz
Hunger
Hetzendorf
Eckenreuth
HIER ZWITSCHERN
NUR DIE VÖGEL
Reipertsgesee
Hühnerstein
601
Klausberg
Strahlenfels
Strahlenfels
587
Klausberg
591
Schöne Aussicht
LSG "Fränkische Schweiz - Veldensteiner Forst" im Regierungsbezirk Oberfranken
Glasberg
571
Eibenthal
Eibenfels
595
Neuhauser Berg
573
A9
Hühnerberg
569
Burgstall Spies
Schweinsberg
618
Brändenbühl
524
Spies

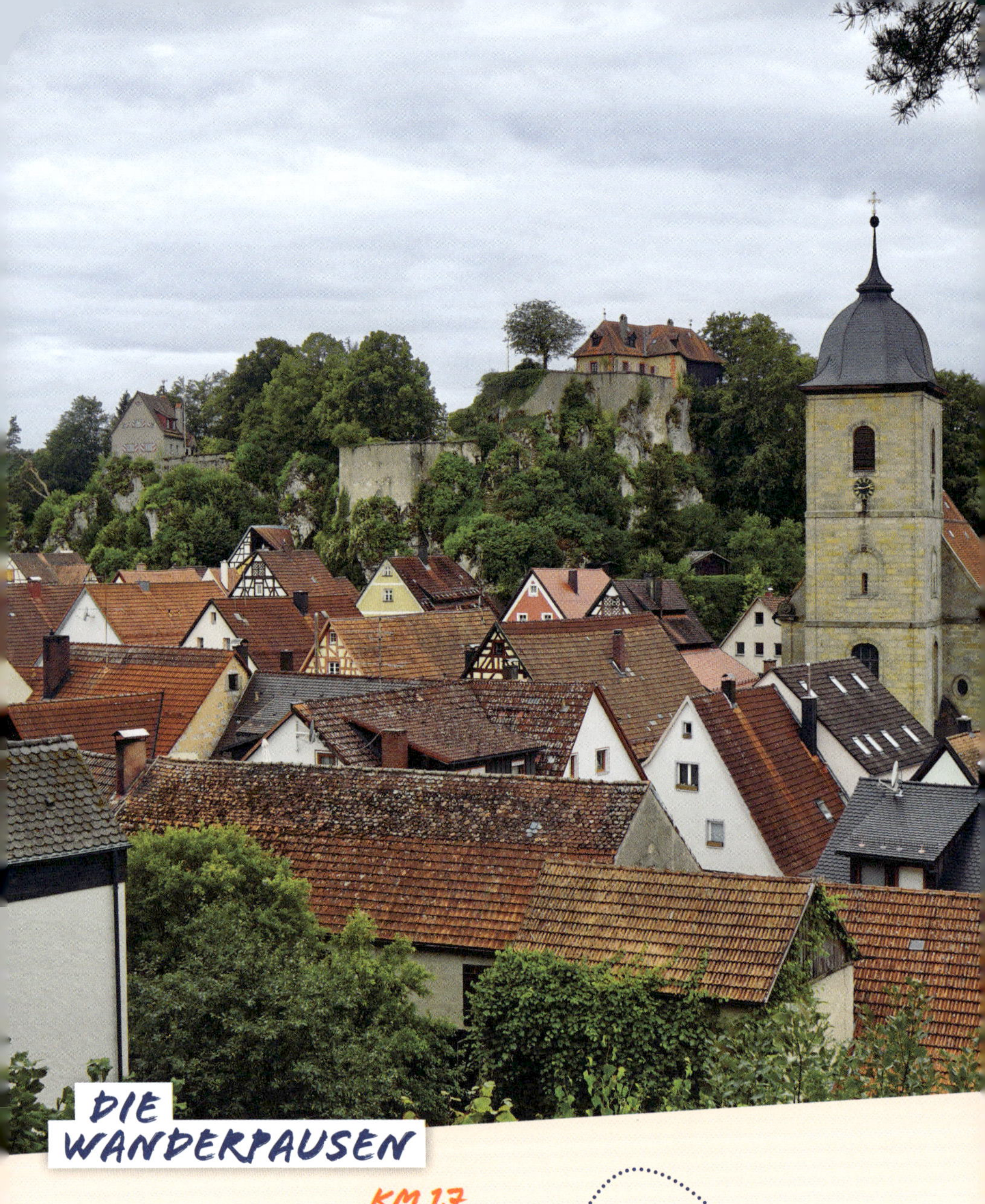

DIE WANDERPAUSEN

» START
Bushaltestelle Altes Rathaus, Betzenstein

KM 0,4
1 Aussichtsturm Schmidberg
Erst mal Überblick gewinnen

KM 1,7
2 Klauskirche
Der etwas andere Kirchgang

KM 1,8
3 Abenteuerpark Betzenstein
Gepflegt abhängen

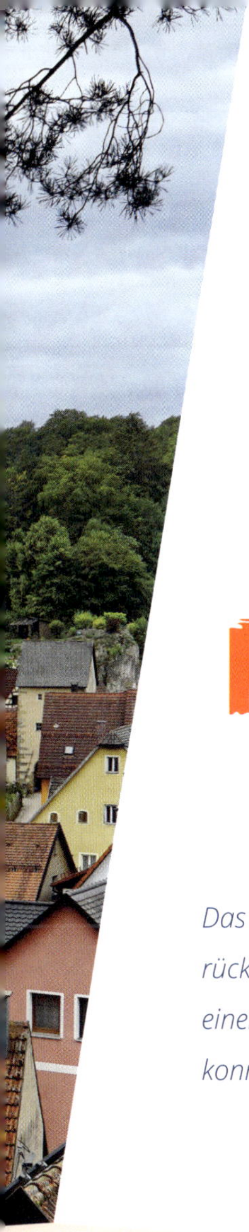

7

SO GEHT ROMANTIK

Rund um Betzenstein

Das mittelalterliche Betzenstein ist so malerisch, dass man gerne zurückkehrt: Nachdem man auf dem Rundweg eine Durchgangshöhle, einen Abenteuerpark und wildromantische Felsformationen entdecken konnte.

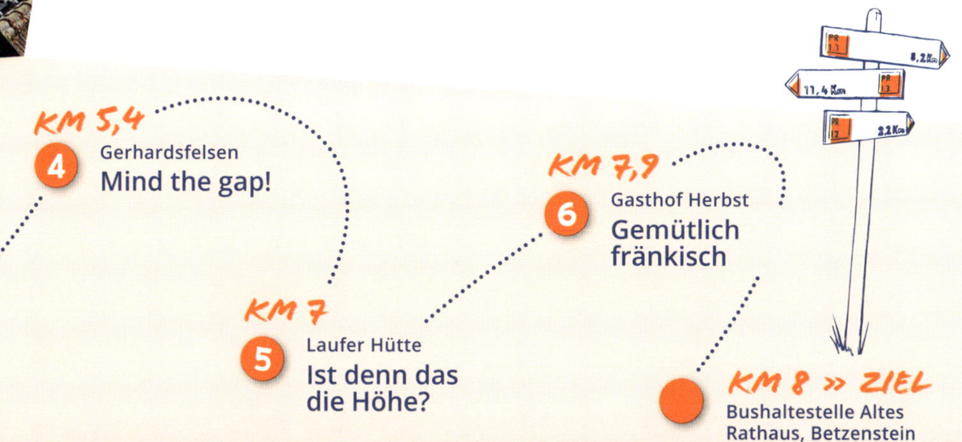

MIT NICHT EINMAL …

… tausend hier beheimateten Menschen stellt Betzenstein die kleinste Stadt Frankens dar. Das Stadtrecht wurde dem Winzling schon 1359 verliehen und so was macht man in den seltensten Fällen rückgängig, auch wenn ein Marktflecken wie Betzenstein einfach mal nicht mitgewachsen ist, kein Gewerbegebiet angebaut hat und kaum eine Einfamilienhaussiedlung die Ränder ausfasert. Genau das aber macht heute den Charme aus: Die kompakte, mittelalterliche Stadt kuschelt sich in eine Senke, umgeben von Wald, Hügelland und Fels. 30 Gebäude stehen insgesamt unter Denkmalschutz – das ist fast die halbe Stadt!

Nicht verwunderlich ist es da, dass dieser Rundweg weit mehr potenzielle Stationen aufweist, als hier überhaupt erwähnt werden können. Es ist also auch eine Tour für Abenteuerlustige – und mit Kindern gut machbar, zumal man jederzeit abkürzen kann. Durch die Altstadt geht es zunächst auf den **Schmidberg** und zum dortigen **Aussichtsturm.** Der mag nicht besonders hoch sein und bietet doch eine kleine Zeitreise ins Mittelalter, denn hier überblickt man herrlich das alte Stadtbild von Betzenstein.

AUS DER KLAUSKIRCHE HINAUSTRETEN, IN EINER ANDEREN WELT WIEDERAUFTAUCHEN UND DANN DIESES THEATERRUND AN PLATTFORMEN, KLETTER-SPOTS UND EINEM KIOSK MITTEN IM WALD VOR SICH FINDEN – WO, BITTE SCHÖN, KOMMT DAS DENN JETZT ALLES HER?

Anschließend geht es wieder zurück durch die kleine Stadt und zum Hinteren Tor hinaus, am Hang entlang bis zur **Klauskirche,** die eigentlich gar keine Kirche ist, sondern eine Durchgangshöhle! Direkt dahinter kann, wer mag, im **Abenteuerpark** in die Luft gehen: Der Hochseilgarten ist großartig mitten im Wald gelegen.

In einer weiten Schleife auf dem offiziellen Rundweg steuert man erst das Hexenloch an und schlägt dann einen Bogen durch den Wald bis über die Straße und weiter zum schroff abfallenden **Gerhardfelsen.** Die letzte – ›offizielle‹, denn wie oben erwähnt bietet die Strecke noch viele weitere – Station ist die **Laufer Hütte:** eine Berghütte (!) des Alpenvereins wenige hundert Meter außerhalb des Zentrums am Hang.

Über den Schmidberg geht es zurück in die Kernstadt, wo nicht nur weitere Sehenswürdigkeiten warten, sondern auch eine zünftige Brotzeit im **Gasthof Herbst.** «

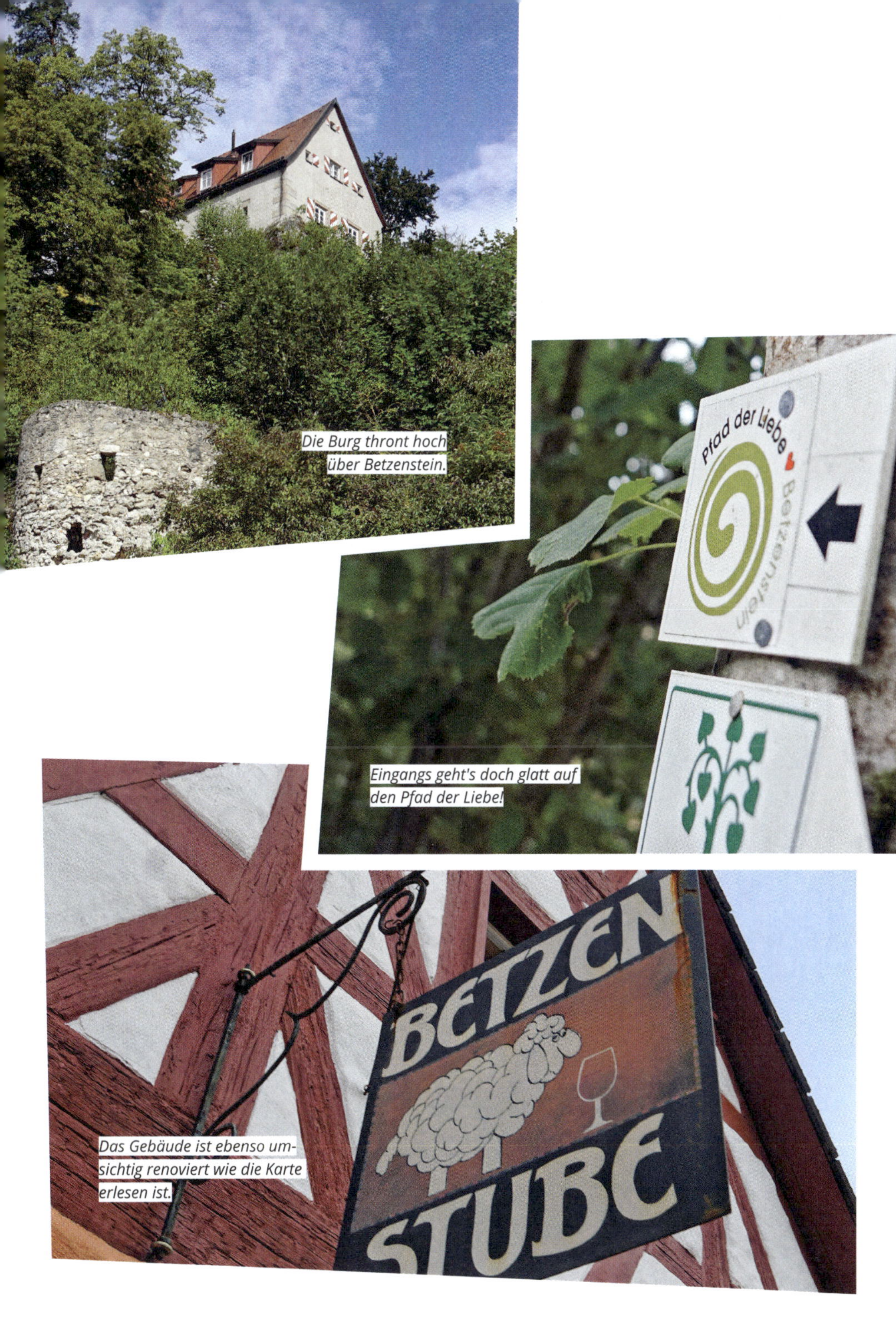

Die Burg thront hoch über Betzenstein.

Eingangs geht's doch glatt auf den Pfad der Liebe!

Das Gebäude ist ebenso umsichtig renoviert wie die Karte erlesen ist.

WANDERN & GENIESSEN

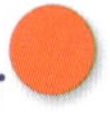

» START

Bushaltestelle Altes Rathaus, Betzenstein

Auf der Hauptstraße Richtung Zentrum, erst hinter der Abzweigung zur Nürnbergerstraße nach rechts zur Stadtmauer, gleich links weiter und sofort wieder rechts, hinauf zum Aussichtsturm – dem Pfad der Liebe folgen.

KM 0,4

Aussichtsturm Schmidberg

Erst mal Überblick gewinnen

Nur zwölf Meter hoch ist der hölzerne Turm. 2009 wurde der markante Dreiecksbau auf den Schmidberg gesetzt, der wiederum nur einen Hügel darstellt, kaum 20 Meter über der Stadt. Dennoch sind diese Meter entscheidend, um Betzenstein zu überschauen – inklusive der Burg gegenüber. Sehr schön ist zu sehen, wie sich der Marktfleck um eine einzige zentrale Gasse herum anordnet und mit den beiden Toren sowie der Burg ein nicht viel anderes Bild abgibt wie schon im Mittelalter. Beide Teile – Nord- und Südburg – lassen sich vom Schmidberg aus gut auseinander halten. Mehr als Gucken ist nicht, denn sie sind in privater Hand und nicht zugänglich. Macht aber nichts, spart man sich eben diesen Aufstieg zugunsten des Rundgangs.

Auf der anderen Seite des Schmidbergs hinunter, nach links, dann aber nicht dem Rundweg (roter Ring) nach rechts folgen, sondern am Stadttor links, der Hauptstraße nach und rechts über die Schloßstraße zum Hinteren Tor zur Stadt hinaus. Dort nach links auf den Wanderpfad zu Klauskirche und Naturdenkmal Stiefel einschwenken.

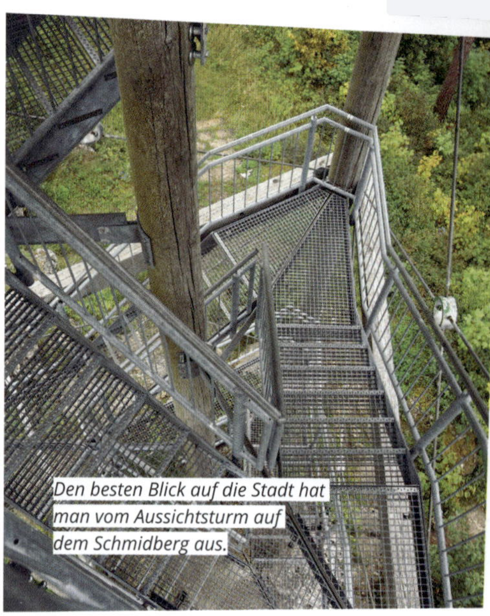

Den besten Blick auf die Stadt hat man vom Aussichtsturm auf dem Schmidberg aus.

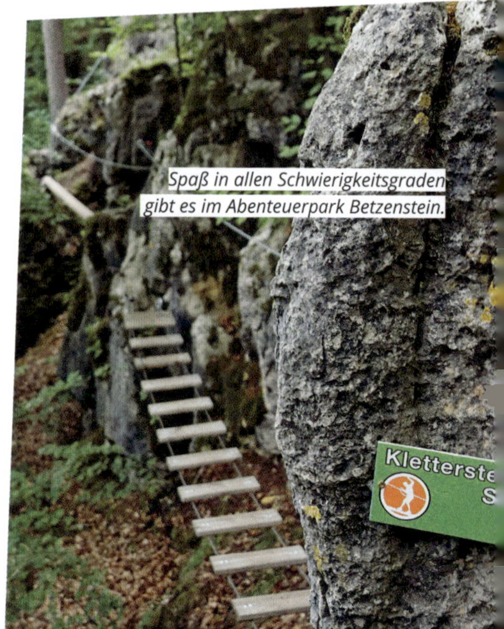

Spaß in allen Schwierigkeitsgraden gibt es im Abenteuerpark Betzenstein.

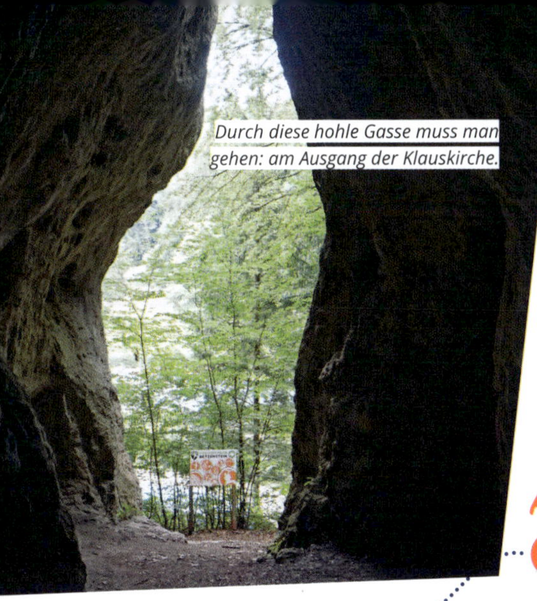
Durch diese hohle Gasse muss man gehen: am Ausgang der Klauskirche.

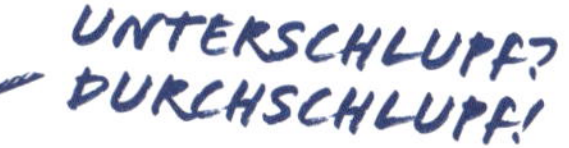

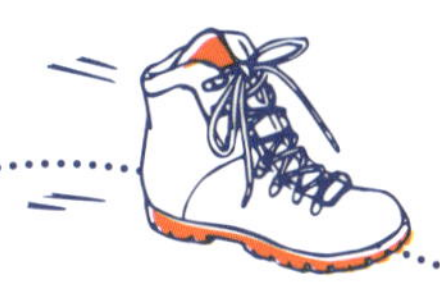

KM 1,7

2 Klauskirche
Der etwas andere Kirchgang

Es ist diese Unmittelbarkeit der Fränkischen Schweiz, die immer wieder verblüfft. Gerade noch lief man an Häusern entlang, dann biegt man um die Ecke, erklimmt ein Dutzend Stufen in den Wald hinauf und blickt plötzlich in einen Höhlenschlund: die Klauskirche. Es wird noch besser, der Weg führt nämlich mittendurch ... Man darf das Setting durchaus als märchenhaft beschreiben, aber erst mal zu den Fakten: Die Klauskirche ist eine Durchgangshöhle und mit fast 40 Metern Länge ein Mikroabenteuer für sich. Ihr Name stammt jedoch nicht von der spitz zulaufenden, kirchenschiffartigen Form (bis zu sieben Meter hoch!), sonden von der Nikolauskirche, die wohl einst auf dem Berg darüber stand, welcher sich heute noch so nennt: Klauskirchenberg. Der Weg durch den Fels ist planiert und völlig unproblematisch, aber nichtsdestotrotz spektakulär – vor allem für Kinder!

Hinter der Höhle nach rechts weiter, es sind nur wenige Meter bis zum Abenteuerpark.

KM 1,8

3 Abenteuerpark Betzenstein
Gepflegt abhängen

Also, Abenteuerpark: Gemeint ist ein Hochseilgarten inmitten von Felsen und Bäumen, der nicht abgesperrt, dessen Benutzung aber trotzdem kostenpflichtig ist (abenteuerpark-betzenstein.de). Die elf verschiedenen Parcours umfassen Seilbrücken und Felspassagen, von einfach und ab fünf Jahren freigegeben bis hin zu veritablen Klettersteigen, die den Profis vorbehalten sind. All das auf engstem Raum, sodass es schon Spaß macht, die anderen zu beobachten. Ein paar Steige kann man auch so gehen, Einweisung, Betreuung und Kletterzeiten sollte man ansonsten allerdings vorab buchen – die Ausrüstung wird gestellt. Bogenschießen, Escape Games und Axtwerfen runden das Angebot ab, dazu lockt nebenan ein Freibad – sodass sich hier gut und gerne ein halber Tag verbringen ließe ...

Auf dem offiziellen Rundweg (roter Ring) durch den Abenteuerpark, hinter dem einstigen Standort der Windmühle und noch vor der Hochstädter Straße nach links Richtung Hexentor abbiegen. Weiter links halten und durch den Wald, über die Hauptstraße und am Campingplatz links zurück auf den Rundweg, um über den Wasserstein zum Gerhardsfelsen zu kommen.

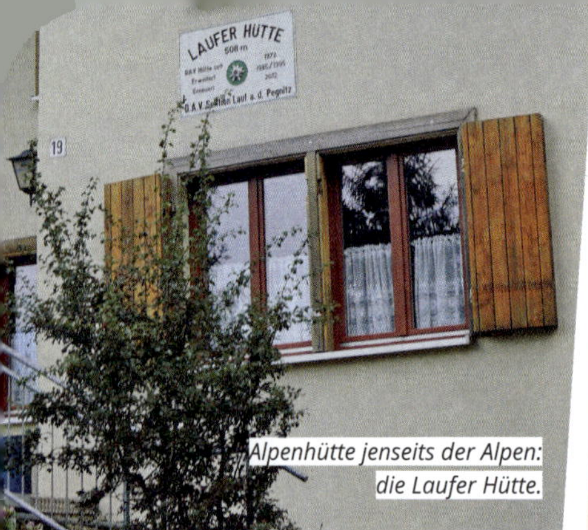

Alpenhütte jenseits der Alpen: die Laufer Hütte.

KM 5,4

4 Gerhardsfelsen

Mind the gap!

Zur Abwechslung steht man nicht vor der Felsformation, sondern obendrauf: Der Gerhardsfelsen bricht scharf zur Stadt hin ab und stiftet einen Aussichtspunkt, ziemlich genau gegenüber des Schmidbergs, des Aussichtsturms auf der ersten Etappe. Man blickt also von Süden auf Betzenstein und somit auf die Ausläufer des Veldensteiner Forsts. Jetzt wo sich der Kreis langsam schließt, wird klar, dass die kleine Stadt nicht nur vollständig von Wald umgeben, sondern überdies von Kalkfelsen umkränzt wird – in allen Formen und Verwitterungsstadien. Die Felsen bestehen aus Riffkalk, sind also aus den Ablagerungen von Meeresorganismen entstanden und durch Erosion herauspräpariert. Ja, doch! Dort, wo man heute steht, lag einst der Grund eines flachen Urmeers. Dessen Hebung, Auffaltung und Zerklüftung ist also nicht viel mehr als nur die allerjüngste Metarmorphose der Landschaft, weitere werden folgen.

Dem offiziellen Rundweg (roter Ring) weiter am Hang entlang durch den Wald folgen, über Windlucke, die Straße Ameisenbühl überqueren und ein paar Meter weiter nach rechts den Weg fortsetzen. Jenseits der Bayreuther Straße geht's zur Laufer Hütte hoch.

KM 7

5 Laufer Hütte

Ist denn das die Höhe?

Die Laufer Hütte ist nicht bewirtschaftet, lediglich wenn Selbstversorgergruppen sie angemietet haben, ist was los. Trotzdem ein netter Ort zum Verweilen – nur eine Etage höher als die Reihe an Einfamilienhäusern am Teufelsloch und doch schon am Waldrand. Die ›Hütte‹ ist schon längst keine mehr, sondern wurde von der Laufer Sektion des DAV zur Unterkunft für bis zu 40 Personen ausgebaut. Den erklärten Nachteil, dass sich diese nicht in den Alpen befindet, wiegt der Vorteil auf, dass man von Lauf aus zu Fuß hinkommt: über einen extra markierten Steig von 34 Kilometern (Laufer-Hütten-Weg). Warum der DAV seit 1972 in Betzenstein eine anerkannte Mittelgebirgshütte betreibt? Weil die Gegend mit ihren Hebungen und imposanten Kalkfelsen alpin genug ist – schließlich spricht man von der Fränkischen Alb! Wobei Alb wohl altgermanisch für Weidegründe steht, woraus sich der Begriff der Alpen ebenfalls herleitet (dav-lauf.de).

Von der Hütte dem offiziellen Rundweg (roter Ring) folgen, bis der Weg unterhalb des Aussichtsturms auf voriger Strecke in die Stadt zurückführt.

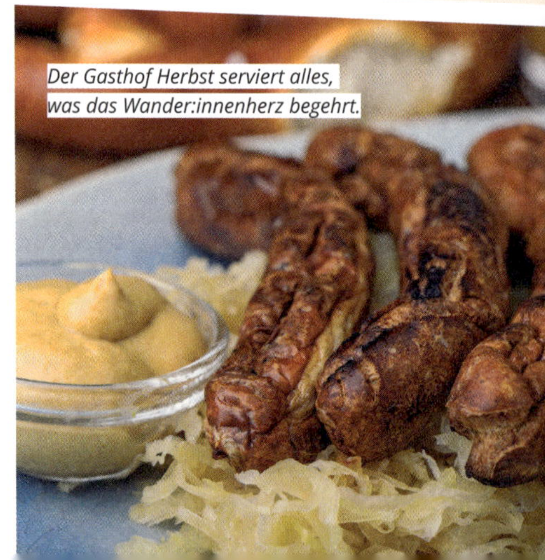

Der Gasthof Herbst serviert alles, was das Wander:innenherz begehrt.

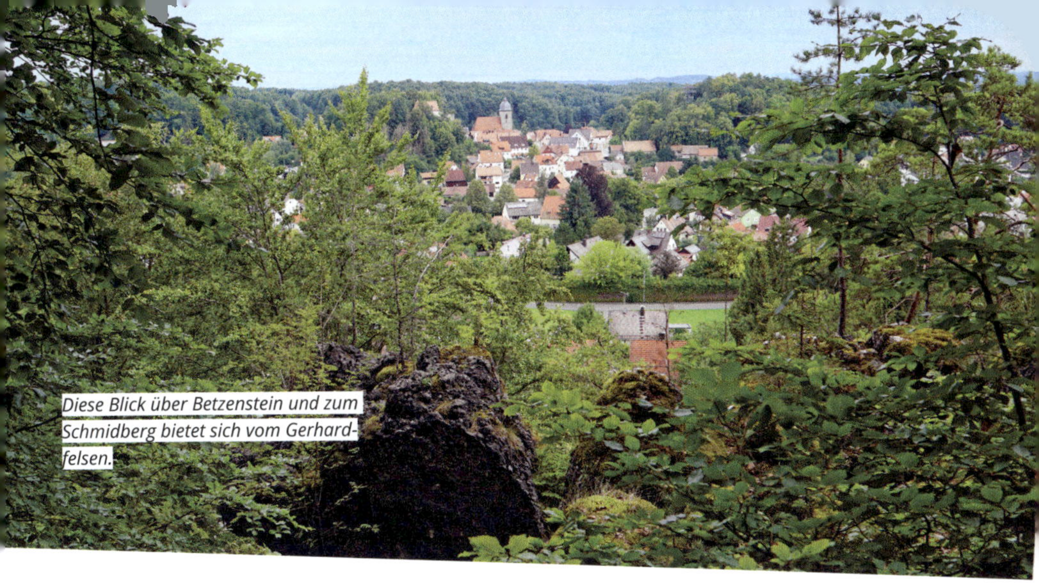

Diese Blick über Betzenstein und zum Schmidberg bietet sich vom Gerhardfelsen.

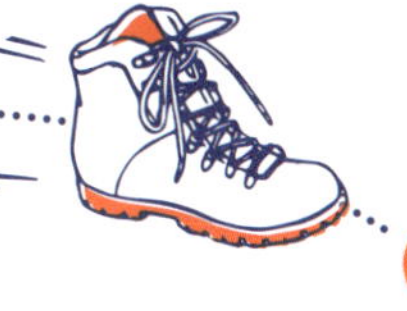

KM 7,9

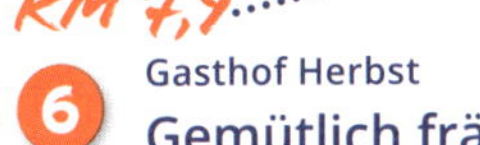

6 Gasthof Herbst
Gemütlich fränkisch

Von ›Bratwürscht‹ über Brotzeit bis zu Fränkischer Wirtshaussuppe: Im Gasthof Herbst, schräg gegenüber der Bushaltestelle Rathaus, kann man sich nach der Tour mit fränkisch-rustikaler Küche oder einem trendy Burger und auch Kuchen belohnen. Allerdings ist zu empfehlen, vor dem Aufbruch die Öffnunsgzeiten zu checken, denn die ändern sich von Saison zu Saison (gasthof-herbst.de).

Wenige Schritte führen zurück zur Bushaltestelle.

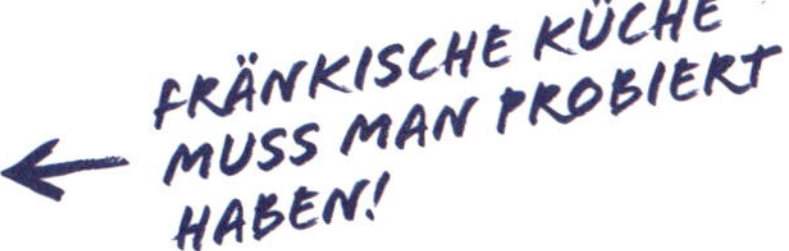

KM 8 » ZIEL
Bushaltestelle Altes, Rathaus, Betzenstein

EXTRA INFOS:

Zwischen Abenteuerpark und dem Gerhardfelsen liegt eine ganze Menge Strecke, aber auch das ● **Hexentor:** ein kreisrunder Felsdurchbruch und schöner Pausenort, zumal in der Sonne. Auch im Anschluss des Rundgangs bietet Betzenstein weitere Highlights, zum Beispiel den ● **Tiefen Brunnen** (betzenstein.de/stadtrundgang-in-betzenstein).

Nicht ganz günstig, aber großartig: das ● **Schlosshotel Betzenstein** (schloss-betzenstein.de) mitten im historischen Ortskern und insbesondere das Maisonettezimmer unter der Dachschräge. Preiswerter kommt das ● **Hotel Luca** nur wenige Meter weiter (hotelluca.de).

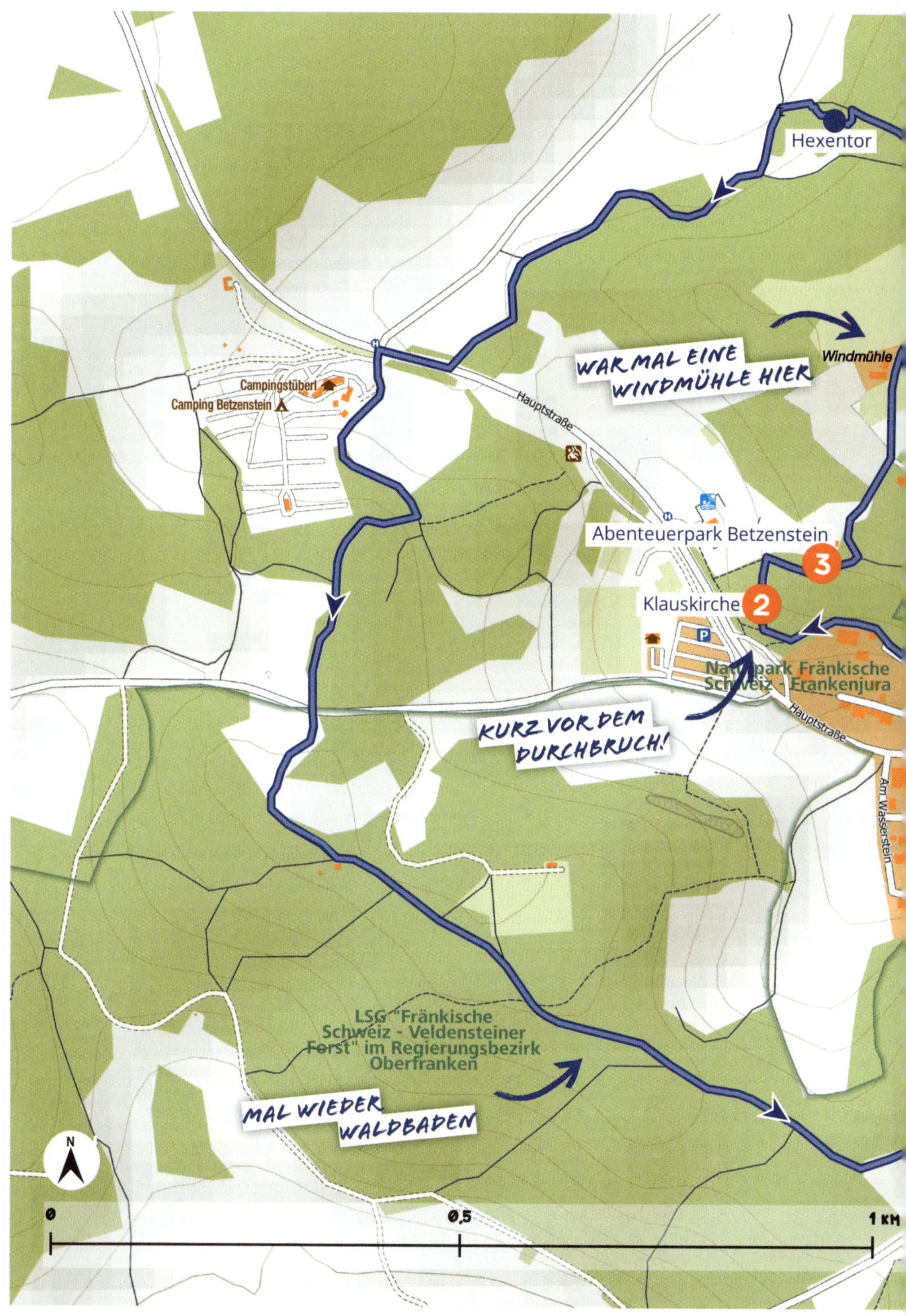

Hexentor
WAR MAL EINE WINDMÜHLE HIER
Windmühle
Campingstüberl
Camping Betzenstein
Hauptstraße
Abenteuerpark Betzenstein
3
Klauskirche
2
Naturpark Fränkische Schweiz - Frankenjura
KURZ VOR DEM DURCHBRUCH!
Hauptstraße
Am Wasserstein
LSG "Fränkische Schweiz - Veldensteiner Forst" im Regierungsbezirk Oberfranken
MAL WIEDER WALDBADEN
N
0
0,5
1 KM

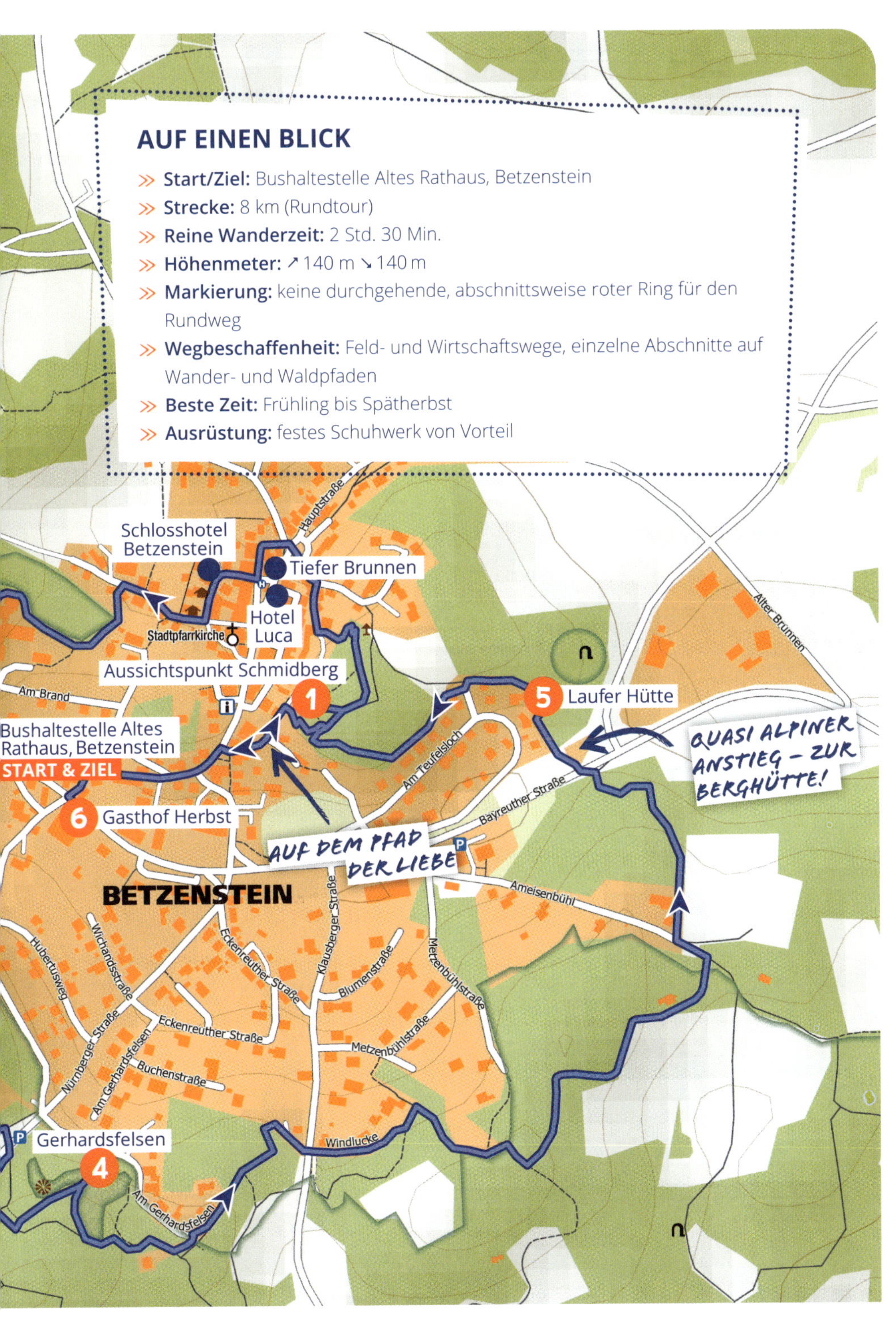
AUF EINEN BLICK
» Start/Ziel: Bushaltestelle Altes Rathaus, Betzenstein
» Strecke: 8 km (Rundtour)
» Reine Wanderzeit: 2 Std. 30 Min.
» Höhenmeter: ↗ 140 m ↘ 140 m
» Markierung: keine durchgehende, abschnittsweise roter Ring für den Rundweg
» Wegbeschaffenheit: Feld- und Wirtschaftswege, einzelne Abschnitte auf Wander- und Waldpfaden
» Beste Zeit: Frühling bis Spätherbst
» Ausrüstung: festes Schuhwerk von Vorteil
Schlosshotel Betzenstein
Tiefer Brunnen
Hotel Luca
Stadtpfarrkirche
Hauptstraße
Aussichtspunkt Schmidberg
1
Am Brand
Bushaltestelle Altes Rathaus, Betzenstein
START & ZIEL
6 Gasthof Herbst
5 Laufer Hütte
Alter Brunnen
QUASI ALPINER ANSTIEG – ZUR BERGHÜTTE!
Am Teufelsloch
Bayreuther Straße
AUF DEM PFAD DER LIEBE
Ameisenbühl
BETZENSTEIN
Hubertusweg
Wichardsstraße
Eckenreuther Straße
Klausberger Straße
Blumenstraße
Metzenbühlstraße
Nürnberger Straße
Am Gerhardsfelsen
Buchenstraße
Windlucke
Gerhardsfelsen
4

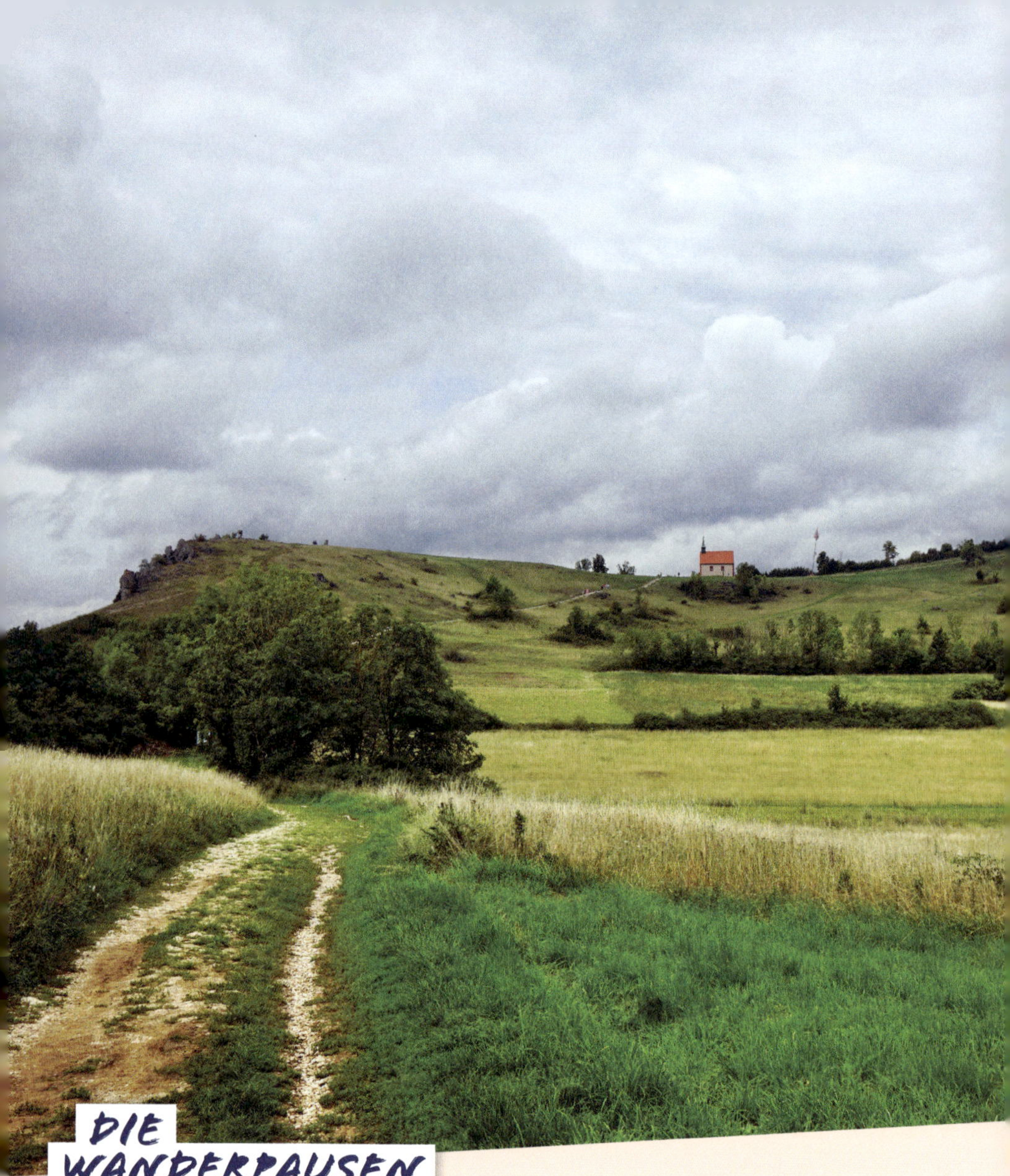

DIE WANDERPAUSEN

»START
Bahnhof Kirchehrenbach

KM 1
1 Pavillon & historische Kneippanlage
Rundum informiert

KM 1,7
2 Albrandweg & Steinerne Frau
180-Grad-Panorama

KM 2,5

Ehrenbürg
Mystischer Ort

8 FRANKENS HEILIGER BERG

Einmal rund um das Walberla

Wenige Höhenmeter, trotzdem eine Hammeraussicht und ein veritabler Gipfelgang: Ein Ausflug auf das Walberla ist fränkisches Pflichtprogramm und der Rundweg über Leutenbach dabei die weit weniger begangene Kür.

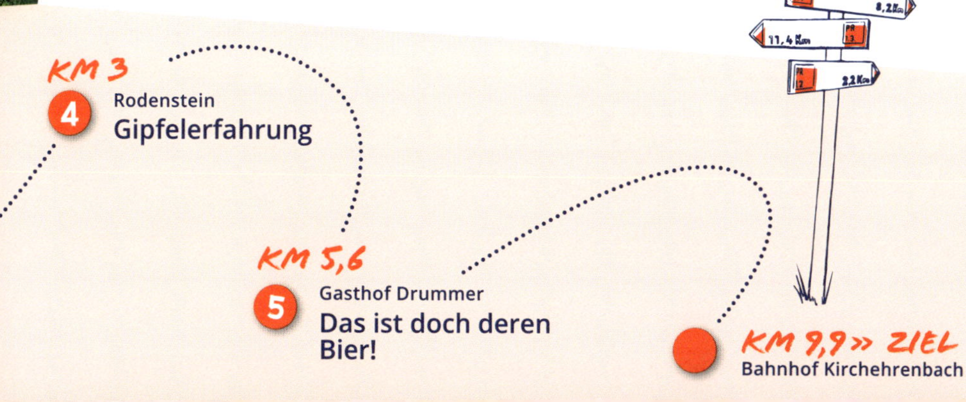

GENAU GENOMMEN …

… hört nur die eine Kuppe des Doppelbergs auf den Namen Walberla. Die andere, höhere, ist der Rodenstein und der gesamte Berg nennt sich offiziell Ehrenbürg. Dennoch spricht man in Franken ausschließlich vom Walberla, wenn vom ›heiligen Berg‹ die Rede ist. Das Walberla steht als sogenannter Zeugenberg noch im Vorland der eigentlichen Albhöhe und hebt sich von den anderen Bergen und Gipfelkuppen der Region ab. Der Name geht vermutlich auf die heilige Walburga und eine frühchristliche Weihestätte zurück, die auf den gesamten Berg abgefärbt hat.

Es lässt sich nicht bestreiten: Hier ist was los. Wer dem Publikumsverkehr ein wenig ›entgehen‹ mag, läuft leicht anders und wählt den Zustieg durch die Ehrenbürgstraße, am **Infopavillon** und der historischen **Kneippanlage** zunächst auf dem normalen Weg, nimmt aber, nachdem ein paar steile Höhenmeter gewonnen sind, die Abzweigung auf den westlichen Weg am Albrand. Keine Sorge, auf diesem Wege verpasst man nichs, die Felsformation der **Steinernen Frau** rückt von unten sogar besser in den Blick! Auch die Aussicht auf Forchheim und das **Albvorland** ist keinen Deut schlechter als vom kleinen Hochplateau aus. In der Senke zwischen den beiden Kuppen geht es schließlich hoch, denn dort stand einst die **Ehrenbürg,** also die Namensgeberin des Gesamtbergs. Die Tour führt auf den **Rodenstein,** der mit 532 Metern sogar ein bisschen höher ist als das Walberla.

AUF DEM ANSTIEG ZUM RODENSTEIN ERÖFFNET DER BLICK ZURÜCK SCHÖNSTE ANSICHTEN DES WALBERLA-PLATEAUS SAMT FELSEN UND KAPELLE.

Was hoch will, muss auch wieder runter und so verliert man mit Blick auf Schlaifhausen ein paar Höhenmeter, bevor es durch den Wald hinuntergeht ins beschauliche Leutenbach. Satt an Aussichten? Dann wartet hier im **Brauereigasthof Drummer** eine kulinarische Stärkung. Der Rückweg führt ganz entspannt am Osthang des Walberla bis nach Kirchehrendorf, ohne dass dabei noch sonderlich Höhenmeter in die Beine gehen. «

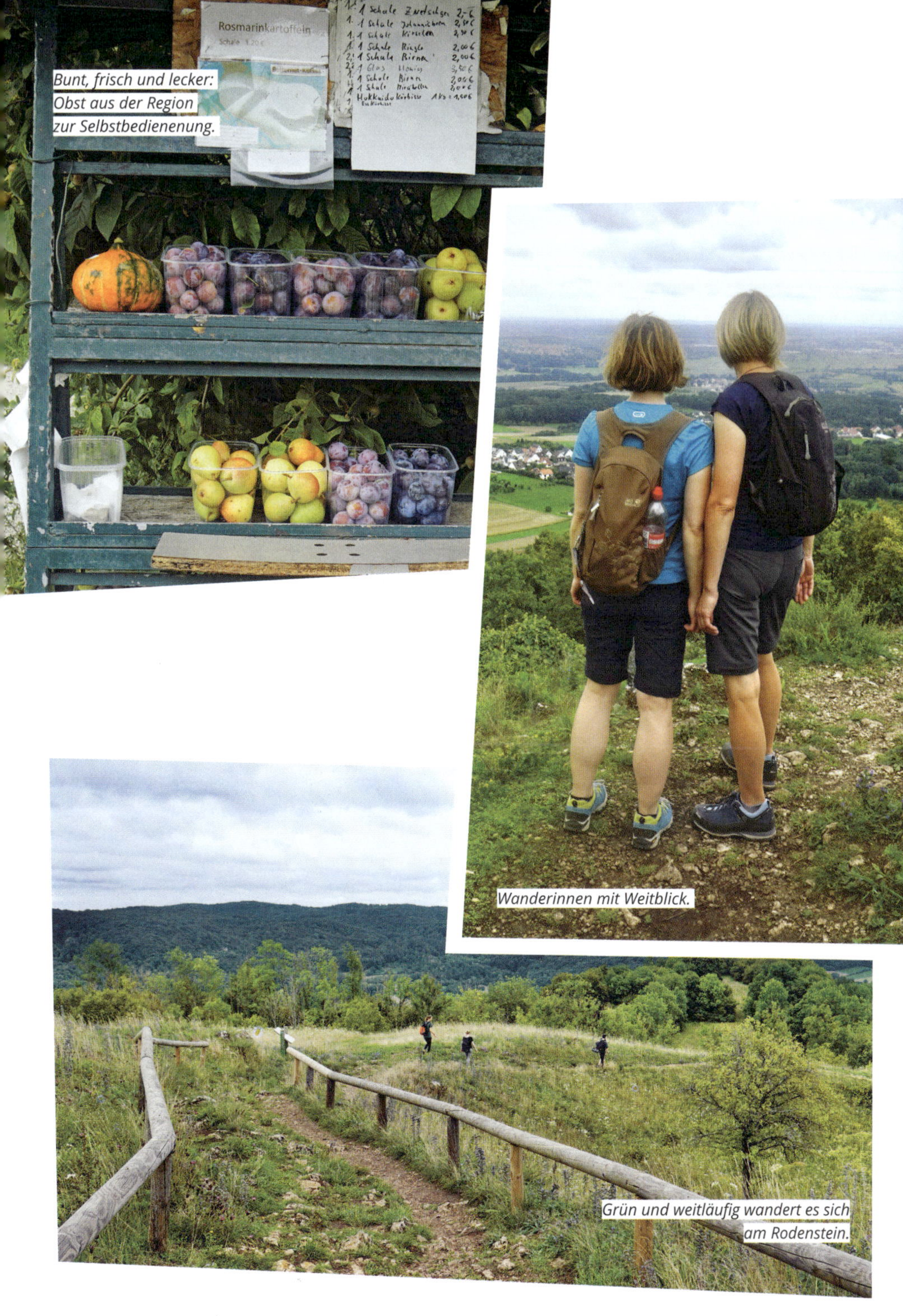

Bunt, frisch und lecker: Obst aus der Region zur Selbstbedienenung.

Wanderinnen mit Weitblick.

Grün und weitläufig wandert es sich am Rodenstein.

WANDERN & GENIESSEN

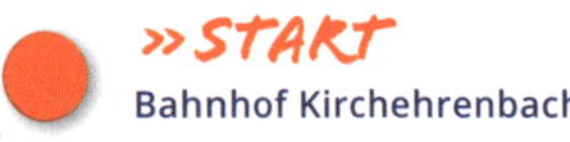

Bahnhof Kirchehrenbach

Über die Bahnhofsstraße zur Hauptstraße, dort geht an der St.-Bartholomäus-Kirche rechts eine Straße zur Ehrenbürg ab, die genauso heißt. Dieser hangaufwärts folgen.

1 **Pavillon & historische Kneippanlage**

Rundum informiert

Der Infopavillon und die historische Kneippanlage direkt gegenüber bilden so etwas wie das Tor zu den Wanderwegen auf das Walberla. Mal eben noch etwas für die Gesundheit tun? Nur zu! Das Wassertretbecken wird von einer Quelle gespeist, die direkt vor Ort entspringt und mit einem tempelartigen Jugestilgebäude gewürdigt wird. 2015 umfassend saniert, erstrahlt die gesamte Anlage in frischem Glanz. Die zahlreichen Infotafeln des Pavillons erleuchten nicht nur hinsichtlich der geologischen Geschichte des Walberlas, sondern klären auch über den Namen auf: Er ist der heiligen Walburga geschuldet, der die Kapelle auf dem Gipfelplateau gewidmet ist. »Ehrenbürg« wiederum geht auf die frühkeltische Siedlung zurück, die sich in der Schulter zwischen beiden Gipfelanhöhen befand. Ab dem 18. Jahrhundert setzte sich in Franken jedoch Walberla als Bezeichung durch.

Dem Wanderweg bergan Richtung Walberla und Walburgiskapelle zunächst folgen, sobald dieser aber nach links zum Kreuz kehrt, stattdessen rechts auf den Albrandweg abbiegen.

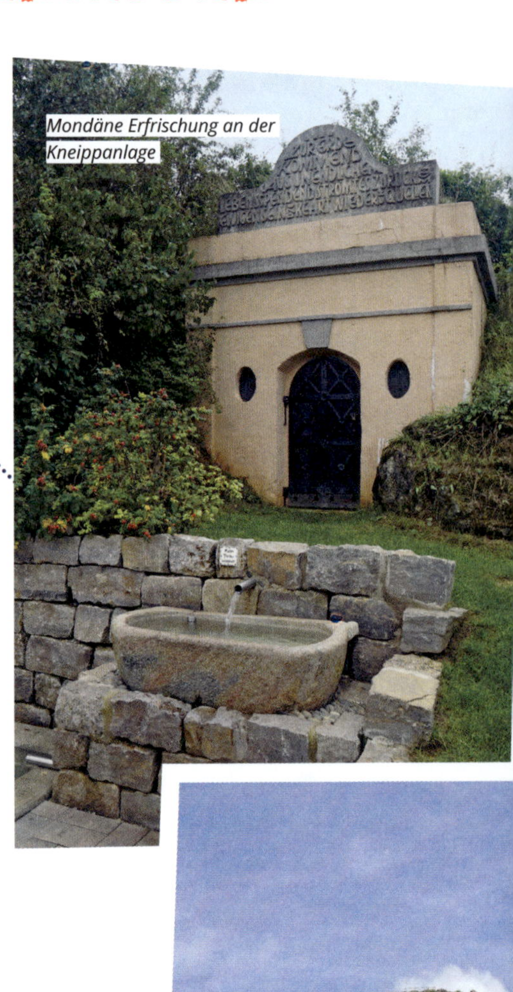

Mondäne Erfrischung an der Kneippanlage

KM 1,7

2 Albrandweg & Steinerne Frau
180-Grad-Panorama

Der Albrandweg hat zwei Vorteile: Zum einen wenden sich die meisten Ausflügler direkt nach links, man wandert deshalb relativ einsam weiter und genießt ein grandioses Panorama über das Voralbland bis nach Forchheim. Auf der Bergseite thront, wunderbar einzusehen, die sogenannte Steinerne Frau – eine durch Verwitterung entstandene Felsformation. Die Wände bestehen aus Dolomit, Wind und Wetter haben mit der Zeit weicheres Gestein verschwinden lassen, Risse im Fels spalten Felsnadeln wie die der Steinernen Frau Schritt für Schritt von der Wand ab. Dieser Prozess dauert an, irgendwann wird die Figur ganz von der Wand getrennt werden und vornüberfallen. Erosion formte auf ähnliche Weise den Bergstock der Ehrenbürg.

Dem unteren Weg am Albrand entlang bis vor dem Wanderparkplatz folgen, den schräg ansteigenden Weg hoch zur Ehrenbürg nehmen.

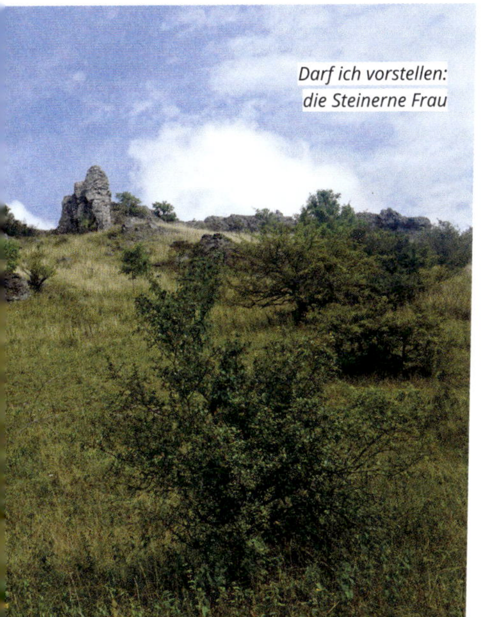

Darf ich vorstellen: die Steinerne Frau

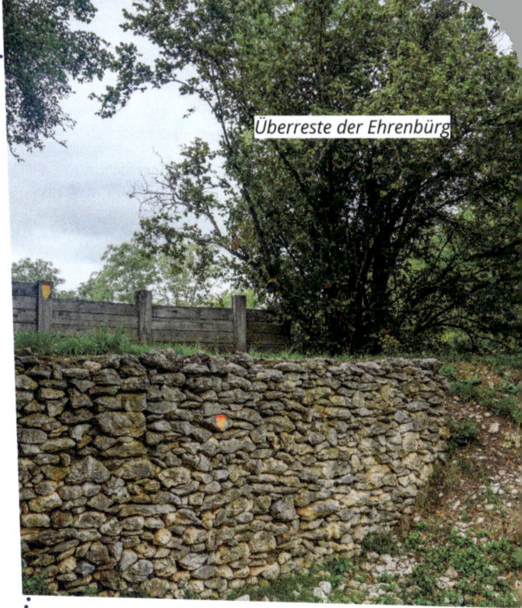

Überreste der Ehrenbürg

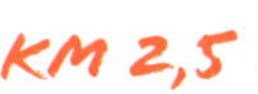

KM 2,5

3 Ehrenbürg
Mystischer Ort

Von der alten Befestigungsanlage ist nur noch eine einzige, rekonstruierte Steinwand zu sehen. Aber darum geht es nicht, der Ort an sich wirkt mystisch – zumal, wenn man um die Keltensiedlung weiß, die einst auf der Schulter zwischen den beiden Gipfelhöhen eine strategisch günstige Lage einnahm. Die Funde an Siedlungszeugnissen reichen bis in prähistorische Zeit zurück, befestigt war die Ehrenbürg nachweislich zum ersten Mal etwa 1000 v. C. Der Nachbau der Steinmauer entspricht der dritten uns bekannten Befestigung aus dem 4. Jh. v. Chr. Und markiert die Hauptzufahrt zum Areal: Man vermutet, dass zu dieser Zeit das gesamte Hochplateau befestigt und besiedelt war und einen zentralen Ort der Kelten darstellte.

Nach rechts wenden zum Anstieg zum Rodenstein, dem Pfad bergan folgen.

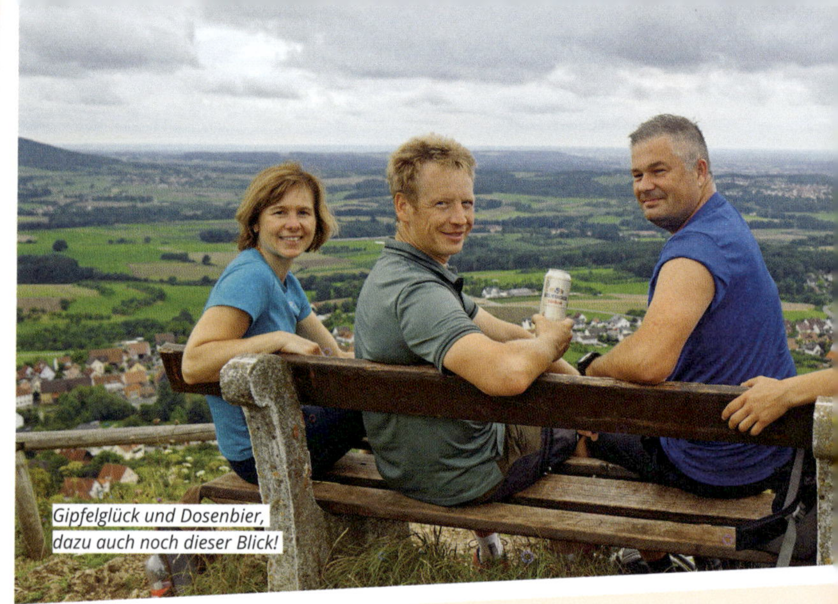
Gipfelglück und Dosenbier, dazu auch noch dieser Blick!

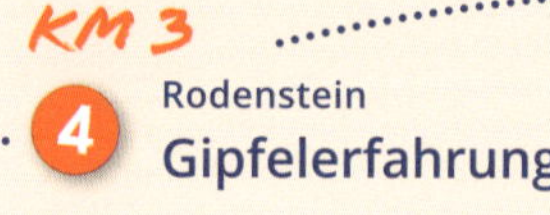

KM 3

4 Rodenstein

Gipfelerfahrung

Heilig ist den Franken heutzutage nur der kurze Sonntagsgang hinauf zur Walburgiskapelle, weiter steigen die meisten nicht. Obwohl gerade vom etwas höheren Gipfelpunkt des Rodenstein der Blick hinüber zur Kapelle besonders schön ist. Von dort aus kann man sich gut vorstellen, warum das Walberla auch als Hexentanzplatz galt – zumal die Walpurgisnacht auf den Vorabend des Gedenktags der heiligen Walburga fällt. Ein veritabels Gipfelkreuz krönt den Rodenstein und die Aussicht auf das wellige Frankenland mit Schlaifhausen könnte nicht schöner sein. 532 Meter über Seehöhe sind gar nicht so wenig und bei den stellenweisen steilen Wegen darf man schon von Gipelferfahrung spechen!

Zunächst an der Hangkante entlang Richtung Schlaifhausen, dann aber links abbiegen und durch den Wald, bis es wiederum rechts nach Leutenbach hinuntergeht. An der St.-Jakobus-Kirche vorbei und rechts zum Gasthof Drummer an der Dorfstraße.

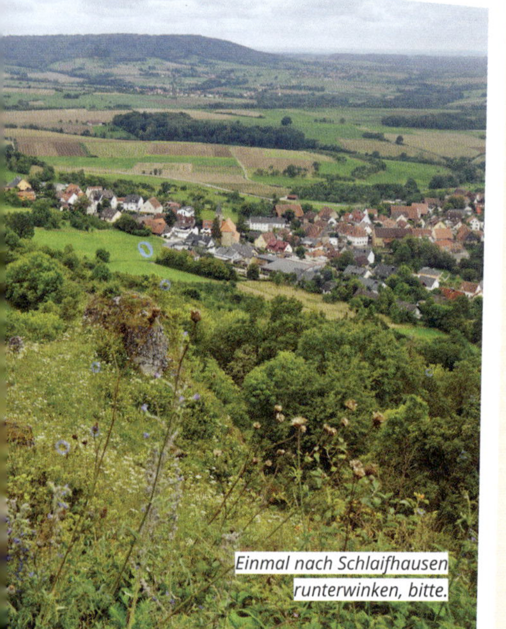
Einmal nach Schlaifhausen runterwinken, bitte.

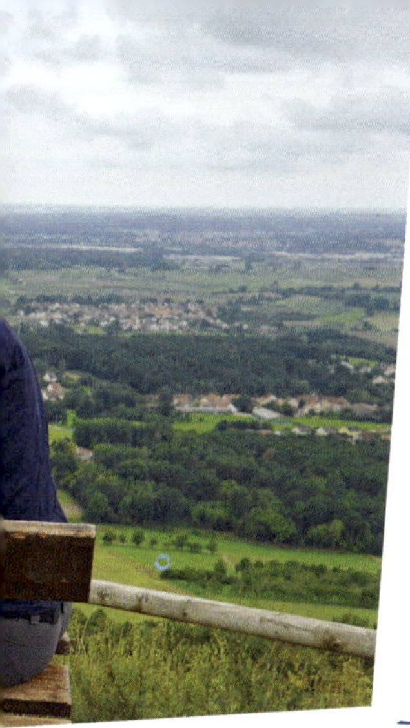

KM 5,6

5 Gasthof Drummer
Das ist doch deren Bier!

Ob in der Gaststube, im Biergarten oder auf der Sonnenterrasse: Beim Drummer (brauerei-gasthof-drummer.de) wird das eigene Bier ausgeschenkt und zwar entweder ein klassisches Helles oder ein dunkles Vollbier. Die Brauerei wird schon seit 1738 betrieben, der Gasthof ist seit über 250 Jahren in den Händen derselben Familie. Natürlich werden hier fränkische Brotzeiten und Küche aufgetischt, allerdings nur von Freitag bis Sonntag. Leutenbach und der Gasthof Drummer sind inzwischen auch eine Station auf der offiziellen Bierwanderung rund um das Walberla, Dorfbrauereien gibt es in der Gegend ja genug – zum Beispiel die Brauerei Alt in Dietzhof, die erste Einkehr auf der Bierwanderung (brauerei-alt.de).

Auf demselben Weg bis zum Dorfende zurück, wo der offizielle Rundwanderweg rechts abbiegt. Dem Weg bis ins Zentrum von Kirchehrenbach folgen und zum Bahnhof abbiegen.

EXTRA INFOS:

Wer anfangs direkt zur ● **Walpurgiskapelle** hinaufsteigt, lässt sich oberhalb der Steinernen Frau auf dem Aussichtspunkt in Richtung Wiesenthau nieder und genießt dort den Blick. Hinter dem eigentlichen Gipfel des Rodensteins, ein paar Meter in den Abstieg hinein, gibt es einen kleinen Felsvorsprung, von dem aus man nach ● **Schlaifhausen** hinunterblickt.

Der **Gasthof Drummer** in Leutenbach hat auch Gästezimmer. Hochprozentiges und ein vegetarisches Frühstück serviert das moderne ● **Brennereihotel Sponsel** in Kirchehrenbach.

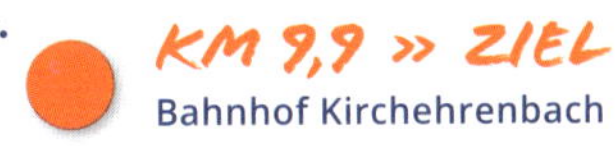

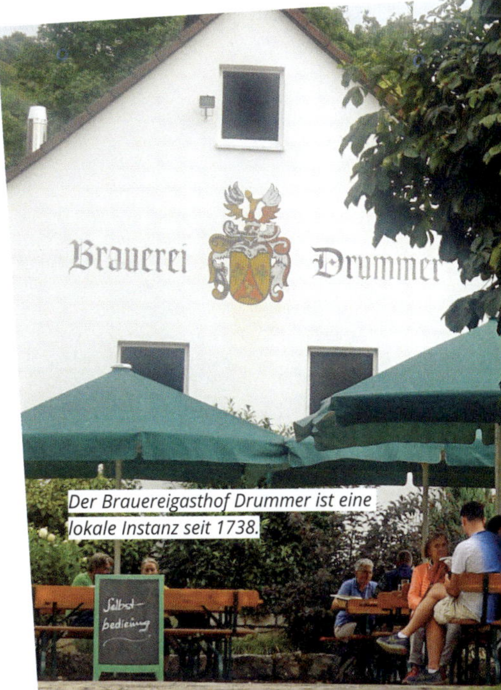

Der Brauereigasthof Drummer ist eine lokale Instanz seit 1738.

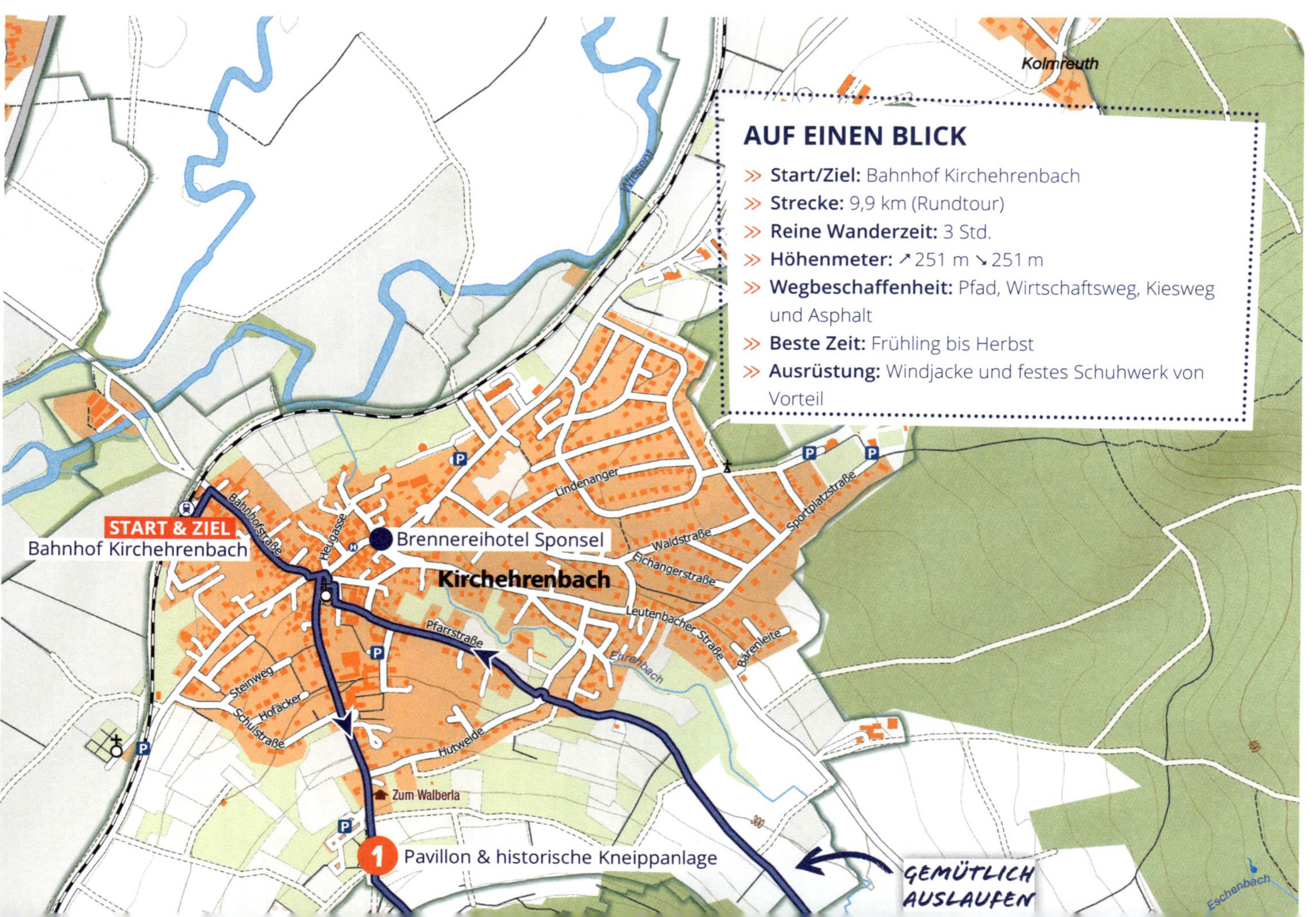

AUF EINEN BLICK

- » **Start/Ziel:** Bahnhof Kirchehrenbach
- » **Strecke:** 9,9 km (Rundtour)
- » **Reine Wanderzeit:** 3 Std.
- » **Höhenmeter:** ↗ 251 m ↘ 251 m
- » **Wegbeschaffenheit:** Pfad, Wirtschaftsweg, Kiesweg und Asphalt
- » **Beste Zeit:** Frühling bis Herbst
- » **Ausrüstung:** Windjacke und festes Schuhwerk von Vorteil

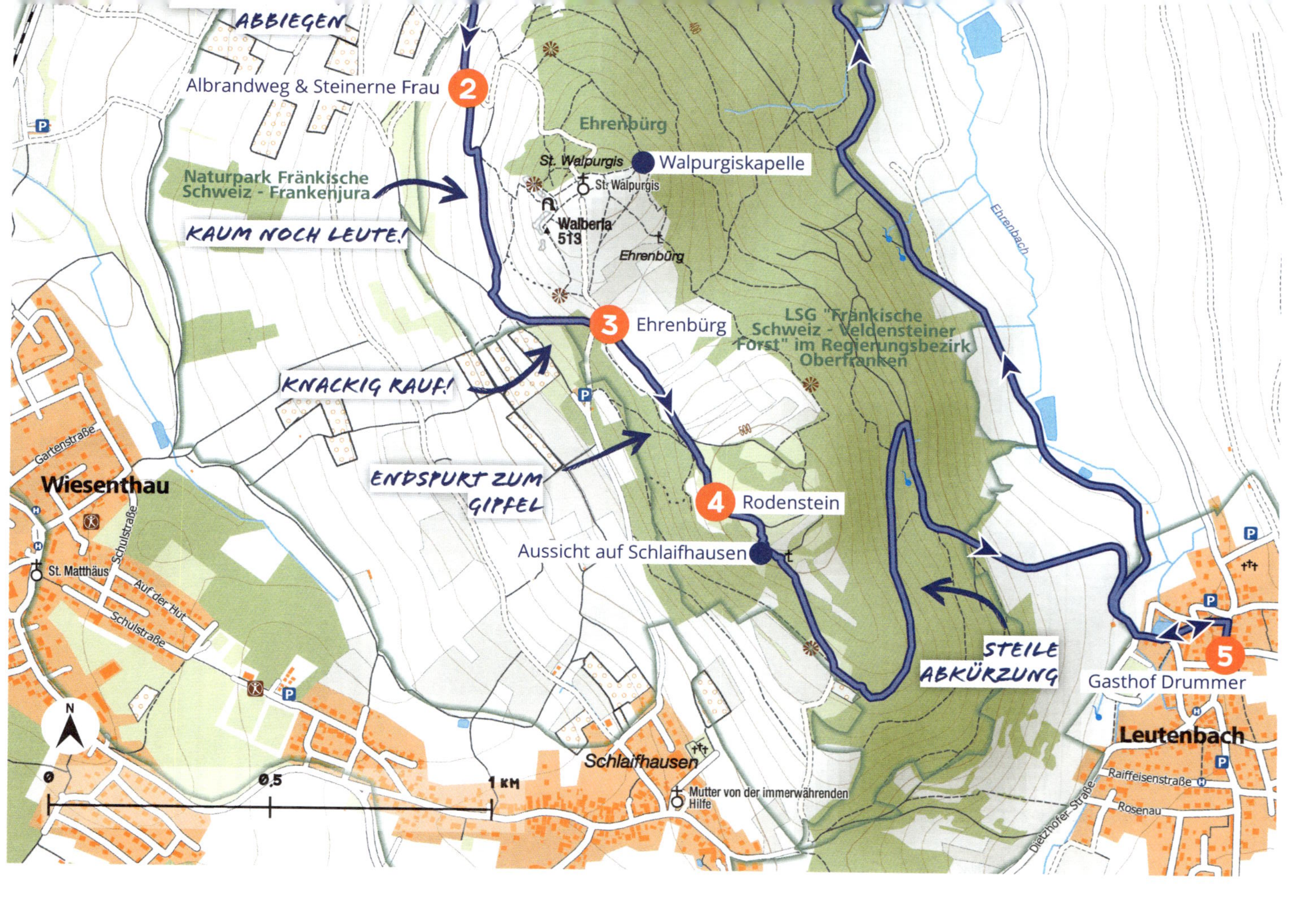

ABBIEGEN
2
Albrandweg & Steinerne Frau
Ehrenbürg
St. Walpurgis
Walpurgiskapelle
St. Walpurgis
Naturpark Fränkische Schweiz - Frankenjura
KAUM NOCH LEUTE!
Walberla
513
Ehrenbürg
Ehrenbach
3
Ehrenbürg
LSG "Fränkische Schweiz - Veldensteiner Forst" im Regierungsbezirk Oberfranken
KNACKIG RAUF!
ENDSPURT ZUM GIPFEL
4
Rodenstein
Aussicht auf Schlaifhausen
STEILE ABKÜRZUNG
5
Gasthof Drummer
Wiesenthau
Gartenstraße
Schulstraße
St. Matthäus
Auf der Hut
Schulstraße
Schlaifhausen
Mutter von der immerwährenden Hilfe
Leutenbach
Raiffeisenstraße
Rosenau
Dietzhofer Straße
N
0
0.5
1 KM

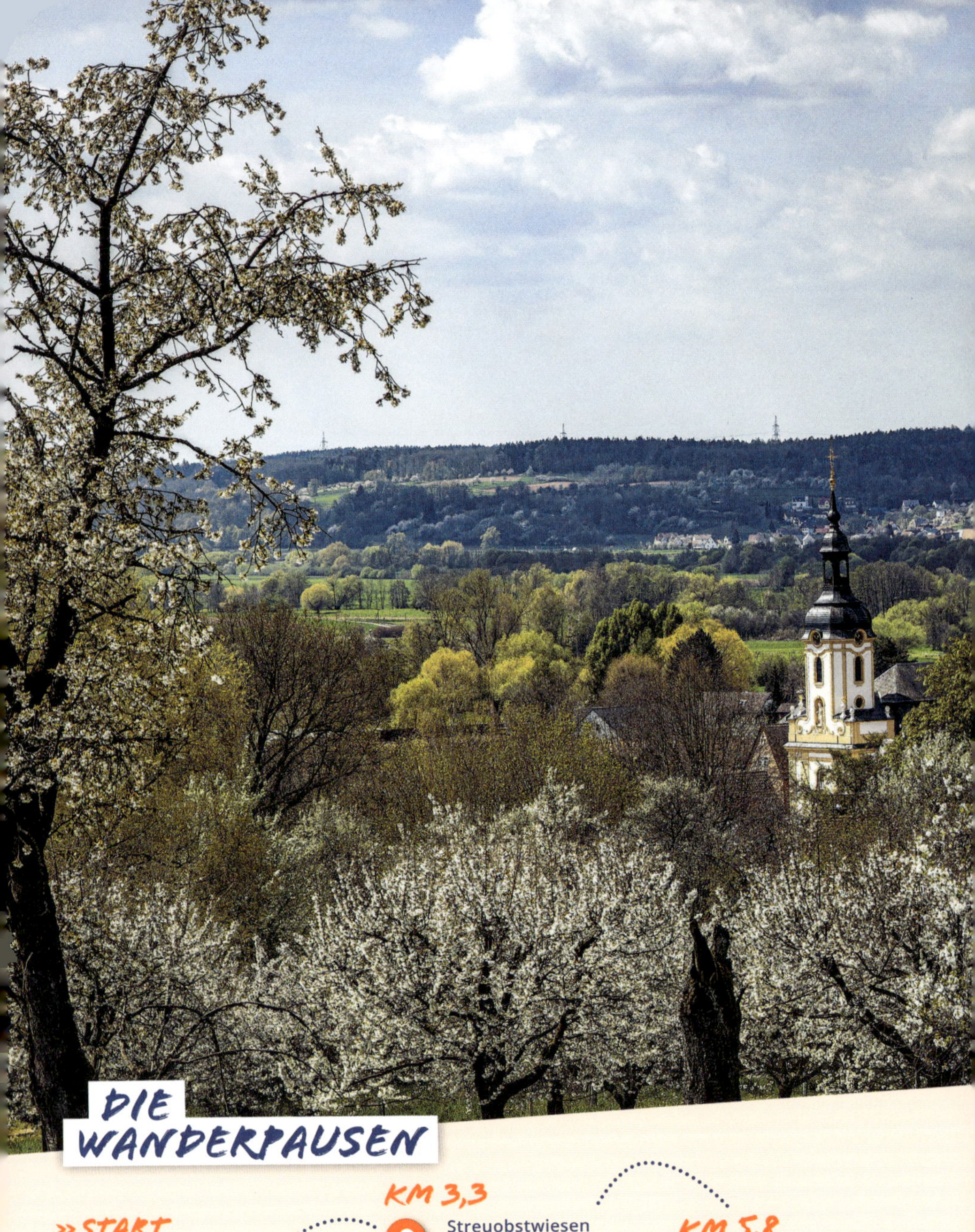

DIE WANDERPAUSEN

» START
Bahnhof Pretzfeld

KM 2,3
1 Jüdischer Friedhof Hagenbach
Stumme Zeugen

KM 3,3
2 Streuobstwiesen
Im Supermarkt der Natur

KM 5,8
3 Weißenbach
Eine Untergrundbewegung

9

GUT KIRSCHEN ESSEN

Von Pretzfeld durch das Trubachtal

Erst einmal längs durchs Tal und an Blüten und Streuobstwiesen vorbei, dann aber so was von in den Wald und auf der Höhe zurück: Eine Bilderbuchtour mit Bilderbucheinkehr.

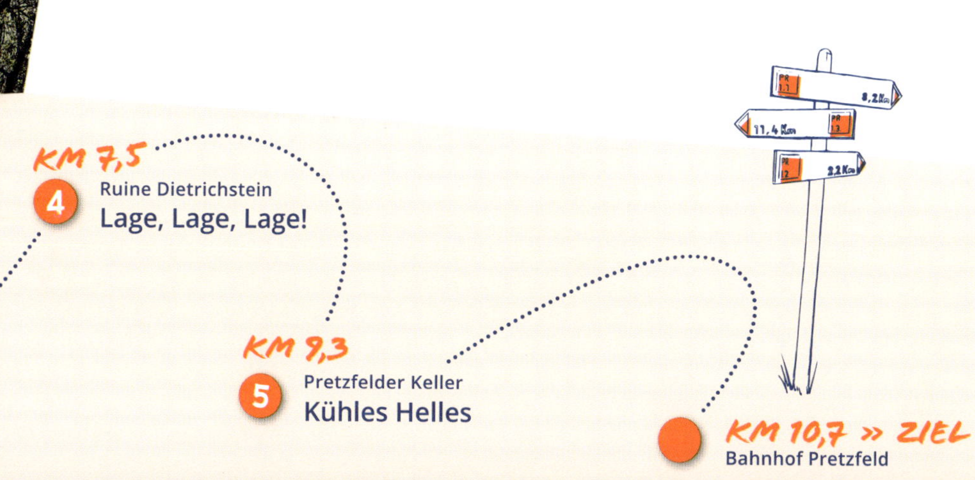

DER PRETZFELDER KIRSCHENWEG …

… gilt als einfach, das stimmt aber nur bedingt. Die zweite Hälfte führt tief durch den Wald, die Strecke ist teils schlecht ausgeschildert und stellenweise von Baumschlag betroffen (jedenfalls zum Recherchezeitpunkt im Sommer 2023), sodass einem der Weg versperrt scheint und man schon mal ins Zweifeln kommen kann. Die Kirschen sind also nur die halbe Miete.

Der Hauptgrund, den Weg andersherum zu gehen, also erst den leichten Teil im Tal zu absolvieren, dann über Hang, Schluchteinschnitt und Wald zurückzukehren, ist die abschließende Einkehr im Pretzfelder Keller mit fantastischer Aussicht über das Wiesenttal und zum fränkischen Heiligtum, dem Walberla.

WENN DAS WIESENTTAL SICH VOR EINEM ÖFFNET, DER WALD SICH LICHTET UND DIE GANZE WELT WEIT WIRD, DIE EINKEHR NAH IST: EIN WUNDERBARER MOMENT!

Ab Pretzfeld geht es zunächst sehr sanft und gemütlich über Wirtschaftswege ins Trubachtal: durch die Obstbaumanlagen zum alten **Jüdischen Friedhof** von Hagenbach, von dessen beinahe 400 Grabsteinen einige Geschichten vergangener Jahrhunderte erzählen können. Bei den **Streuobstwiesen,** an denen man vorbeikommt, handelt sich aber beileibe nicht ausschließlich um Kirschbäume, auch Birne, Apfel oder Pflaume sind hier zahlreich vertreten.

Der Kirschenweg erfreut sich vor allem im April großer Beliebtheit, weil dann das Tal in ein helles Blütenkleid getaucht ist und man dem Winter endgültig Lebewohl sagen kann. Anders, aber genauso reizvoll ist das Trubachtal im Sommer, wenn die ganze Fülle zum Tragen kommt und sich die Äste unter der köstlichen Last biegen. Dann macht auch der Gang durch den Wald und zum dauerfeuchten Einschnitt des Kalktuff-Bettes des **Weißenbachs** richtig Laune, zumal der Weg, abgesehen von ein paar hundert Metern auf der Hochfläche, auf kühlen Waldwegen bleibt – nur bei der **Ruine Dietrichstein** ergibt sich auf einem lichten Vorsprung ein Blick auf das Trubachtal und die Dörfer. Umso panoramagesättigter fällt die abschließende Einkehr aus: Der **Pretzfelder Keller** thront gerade zu über dem Talgrund, die Biertische stehen fast auf der Hangkante und Weitblick ist kaum zu verpassen. «

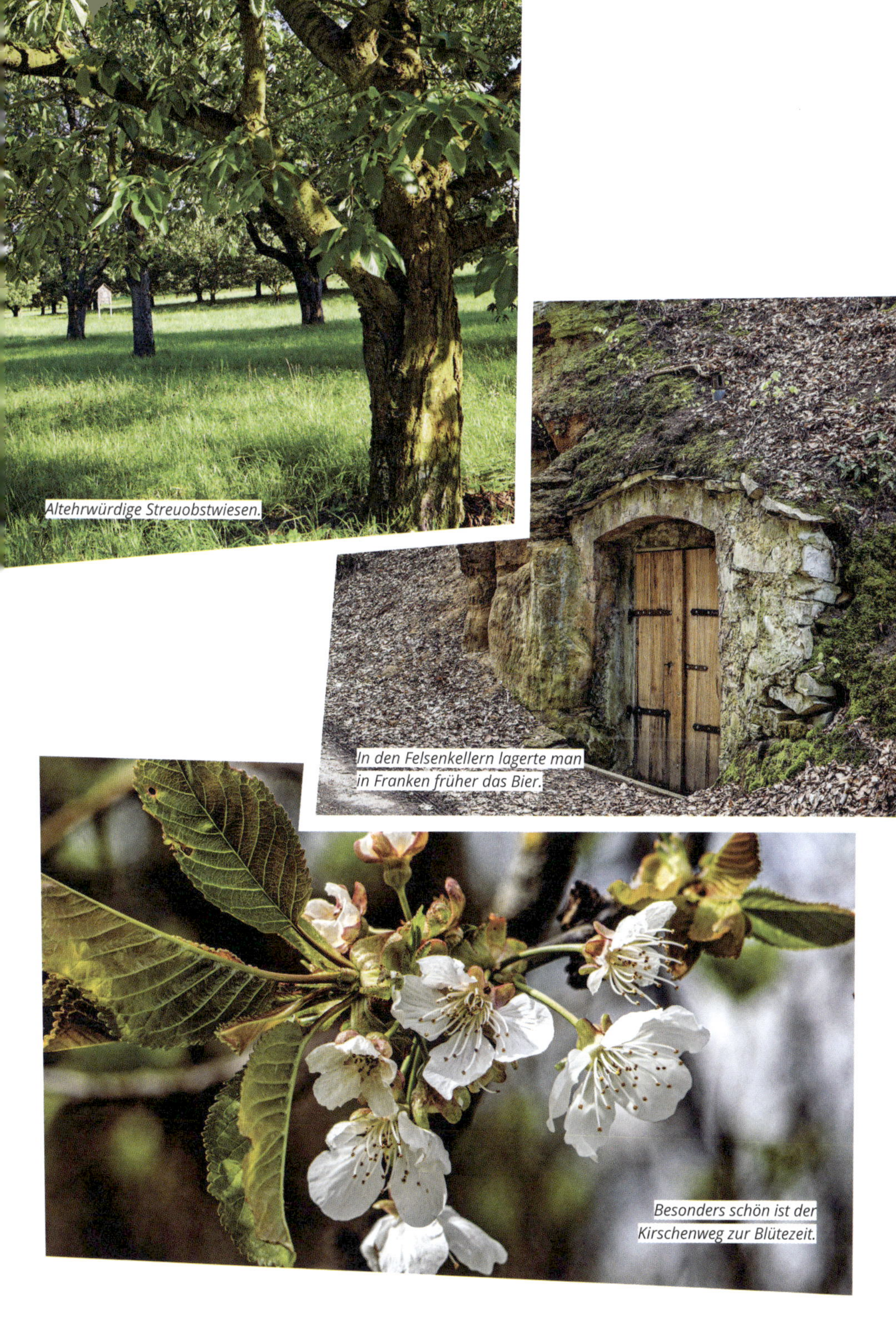

Altehrwürdige Streuobstwiesen.

In den Felsenkellern lagerte man in Franken früher das Bier.

Besonders schön ist der Kirschenweg zur Blütezeit.

WANDERN & GENIESSEN

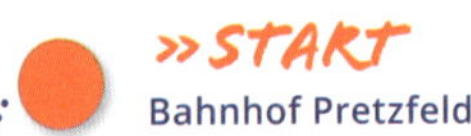

» START

Bahnhof Pretzfeld

Über die Bahnhof- und durch die Schlossbergstraße sowie die Walter-Schottky-Straße zur Hauptstraße, dort links weiter und dem ausgeschilderten Kirschenweg folgen. Kurz vor Hagenbach nach rechts den Hang hoch, der Jüdische Friedhof liegt in Sichtweite.

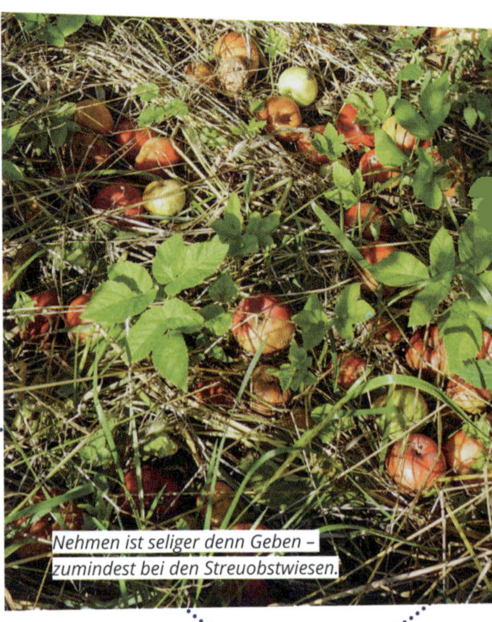

Nehmen ist seliger denn Geben – zumindest bei den Streuobstwiesen.

KM 2,3

1 **Jüdischer Friedhof Hagenbach**

Stumme Zeugen

Hagenbach hatte im 19. Jahrhundert eine große jüdische Gemeinde, die jedoch kontinuierlich abnahm, bis 1933 nur noch sieben Personen jüdischen Glaubens verblieben waren. Der bereits im 18. Jahrhundert eingerichtete Friedhof sollte eigentlich aufgelöst werden: Die Nationalsozialisten planten, den Hang mit Maulbeerbäumen zu bepflanzen und eine Seidenspinnerei einzurichten. Dazu kam es glücklicherweise nie, auch blieb der Friedhof im Gegensatz zu so vielen anderen Gottesackern wie zum Beispiel dem in Aufseß unangetastet. Auch daher erklärt sich der gute Zustand der rund 385 Grabsteine, viele davon mehrere hundert Jahre alt. Inzwischen kümmern sich die Menschen aus Hagenbach um den alten Friedhof. Abgeschlossen ist das Tor selten, die Kette liegt meist lose um die Stäbe und sollte nach dem Besuch wieder so drapiert werden.

Zurück auf den Hauptweg und weiter nach Hagenbach, beim Schloss nach rechts, dann gleich wieder links und an der Trubach weiter auf dem Kirschenweg.

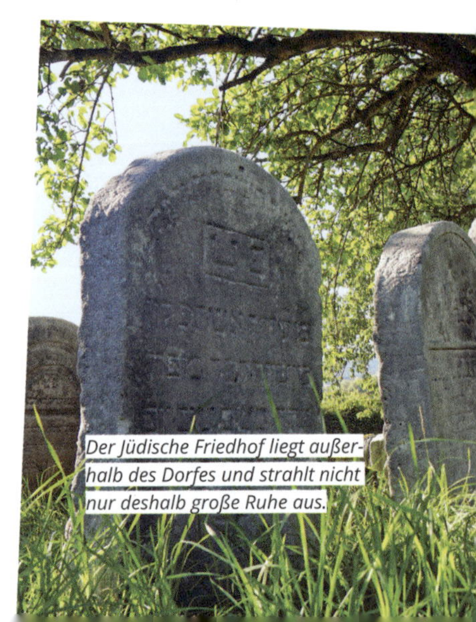

Der Jüdische Friedhof liegt außerhalb des Dorfes und strahlt nicht nur deshalb große Ruhe aus.

KM 3,3

2

Streuobstwiesen

Im Supermarkt der Natur

Bei Hagenbach gibt es sowohl weitläufige traditionelle Streuobstwiesen als auch eng stehende kurzstämmige Obstplantagen. Letztere können effektiv bewirtschaftet werden und bringen hohe Erträge, dafür kommen aber Pestizide auf die genormten, supermarktkompatiblen Sorten. Apfelplantagen werden im Schnitt 28 mal im Jahr mit Pestiziden bespritzt! Ganz anders auf der Streuobstwiese: Die alten Sorten sind an sich schon resistenter, durch die Mischkultur steigert sich dies nochmals. Streuobstwiesen oder auch kleine Obstbaumalleen entlang ländlicher Straßen waren häufig Almende, gehörten also allen Leuten aus dem Dorf zusammen. Die Früchte waren unter Umständen gar nicht für den Verkauf gedacht, sondern für den Konsum und die Verarbeitung an Ort und Stelle. Die Bäume stehen heute noch, werden häufig aber nicht einmal abgeerntet – zu anstrengend, zu aufwendig, zu klein oder unförmig ...

Dem Kirschenweg über die Trubach bis nach Wannbach folgen, dort beginnt der Anstieg durch den Wald.

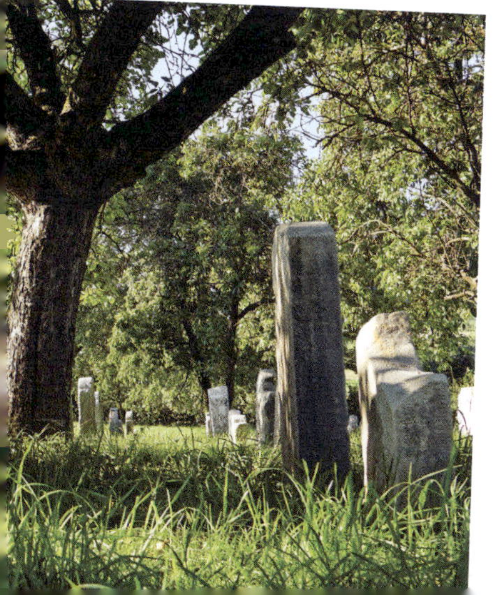

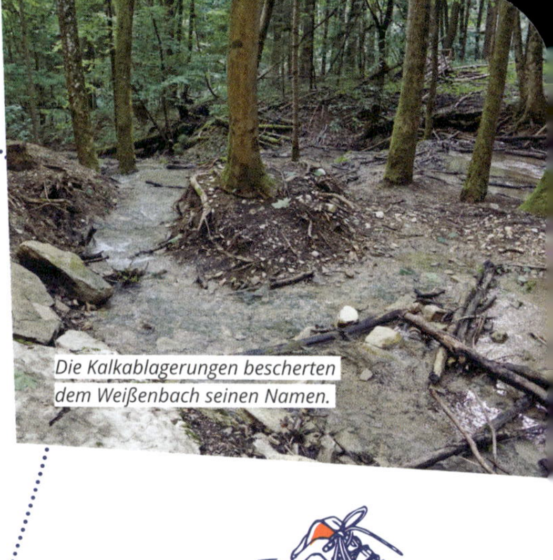

Die Kalkablagerungen bescherten dem Weißenbach seinen Namen.

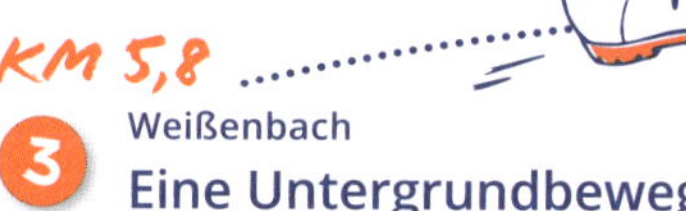

KM 5,8

3

Weißenbach

Eine Untergrundbewegung

Der Kontrast könnte nicht größer sein, vorbei ist es mit dem sonnenbeschienenen Liebreiz von Auen, Obst und kleinen Dörfern. Der Wald ist im Wortsinne die Schattenseite des Kirschenwegs und das Wasser des Weißenbachs ist sommers wie winters kalt: Der Bachlauf speist sich aus mehreren kleineren Quellen, die ihrerseits konstant Feuchtigkeit aus unterirdischem Vorrat ziehen und ganze Flächen vernässen: Daher die Feuchtigkeit in der Ablaufrinne. Sie kommt von unten und tritt quasi überall aus dem Boden aus. Das andere Kuriosum ist der Bachlauf selbst: Die Ablagerungen und kleinen Becken wurden durch Kalktuff gebildet, das Quellwasser enthält Kalk und Kohlensäure – sobald beide mit Luft reagieren, bildet sich Kalkstein. Wenn man in 10 000 Jahren noch mal hier vorbeikäme, sähe es bei Pretzfeld aus wie im türkischen Pamukkale!

Dem Weg (und im Zweifel dem Bachlauf) immer weiter hinauf folgen, bis es durch eine Art Hohlweg auf die Hochebene geht. Erst dort den Weg nach links fortsetzen und die Abzweigung zur Ruine Dietrichstein nicht verpassen!

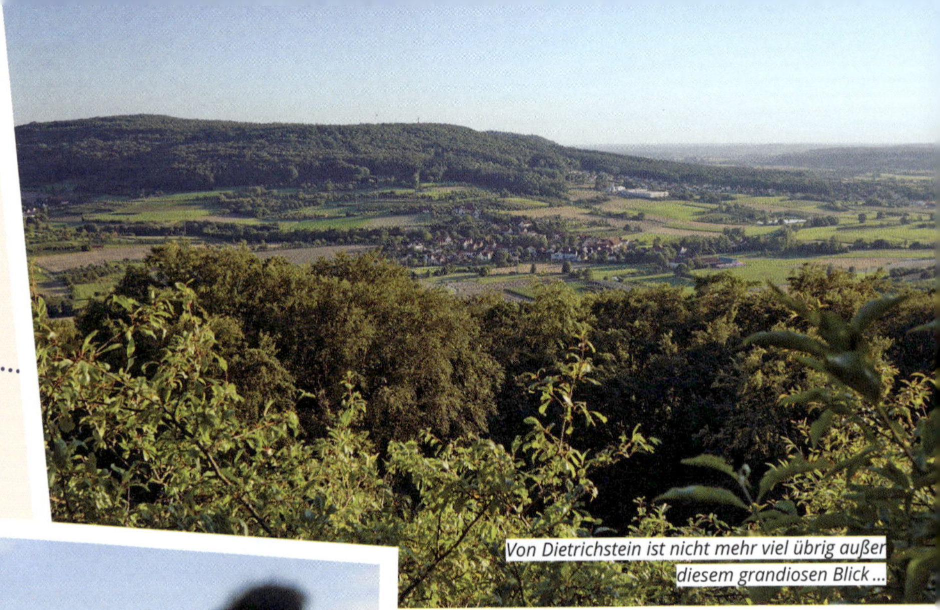

Von Dietrichstein ist nicht mehr viel übrig außer diesem grandiosen Blick …

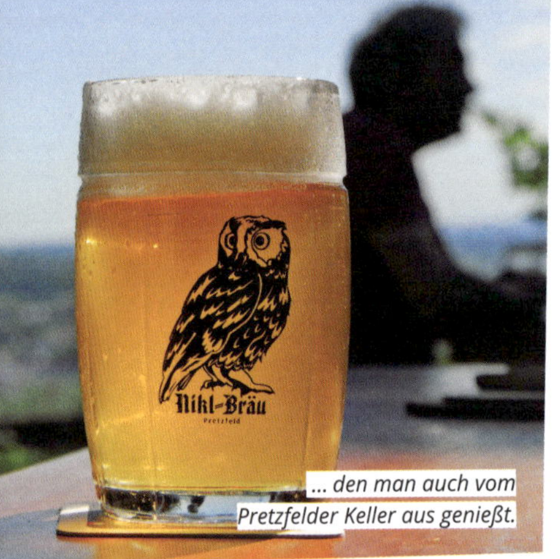

… den man auch vom Pretzfelder Keller aus genießt.

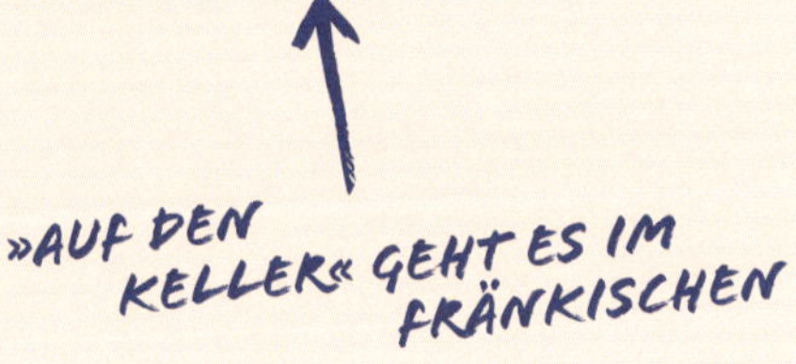

KM 7,5

4

Ruine Dietrichstein

Lage, Lage, Lage!

Man ahnt die Burg mehr, als dass man sie sieht: Außer einer Mauer und einer Treppe steht von Dietrichstein nicht mehr viel. Spärlich ist auch das Wissen über das Gemäuer, nur dass es sehr alt gewesen sein muss und sehr früh zerstört oder verlassen wurde. Angesichts des Standorts kann man sich aber klarmachen, dass die Berghänge der Fränkischen Schweiz sowohl im Mittelalter als auch noch zu Zeiten von Tieck und Wackenroders Frankenreise in etwa so nackt gewesen sein dürften wie heute das Walberla, das man von der Ruine aus erstmals sieht. Zum einen braucht so eine Burg freie Sicht, zum anderen wurde an den Hängen exzessive Holz als Baumaterial Nummer eins geschlagen und natürlich nicht nachgepflanzt. Dass der Wald zurückkam und sich wieder bis an die Handkanten vorwagte, ist eher ein Phänomen der Neuzeit.

Auf den Hauptweg zurück und dem Kirschenweg weiter zum Pretzfelder Keller folgen.

KM 9,3

Pretzfelder Keller

Kühles Helles

Was in Bayern der Biergarten, ist in Franken der Keller: Die Stollen, einst in die Hänge getrieben, um Bier kühl zu lagern, sind längst zu Gaststätten und Ausflugszielen umfunktioniert, sodass es im Sommer verlässlich »auf die Keller geht«. Und wer im Fränkischen »ein Bier!« bestellt, bekommt ein Helles vorgesetzt und mehr braucht es auch nicht. Auf dem Pretzfelder Keller jedoch muss man vorsichtiger sein bzw. experimentierfreudiger, denn Mike Schmitt haut mit der »Weißen Eule« und dem »Michala« ein Weizen und ein Dunkles raus, die sich gewaschen haben. Ein ›Leichtbier‹ soll es demnächst Wanderlustigen einfacher machen, zum Vollbier statt zum Radler zu greifen. Geht man den Kirschenweg verkehrtrum – so wie auf dieser Tour – kann man freilich auch bedenkenlos zum Vollbier greifen.

Über die Fahrstraße ins Dorf, rechts über die Siemensstraße durch den Schlosspark zum Bahnhof abkürzen.

EXTRA INFOS:

Der Kirschenweg hat insgesamt 15 Stationen, die allesamt mit Infotafeln ausgestattet sind. Man wird also ganz automatisch kleinere oder größere Pausen einlegen. ● **Station Nr. 9** informiert zusätzlich über Wald, Baumarten, Jahresringe und Holznutzung.

Eine Art All-in-one-Erlebnis bietet die Gasthof-Pension-Brennerei ● **Mühlhäuser** in Wannbach: helle und moderne Zimmer, ein traditioneller, aber lichter Gasthof und sehr gute Destillate (gasthof-muehlhaeuser.de).

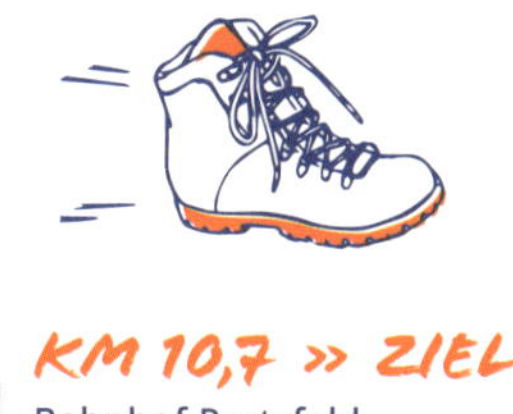

KM 10,7 » ZIEL

Bahnhof Pretzfeld

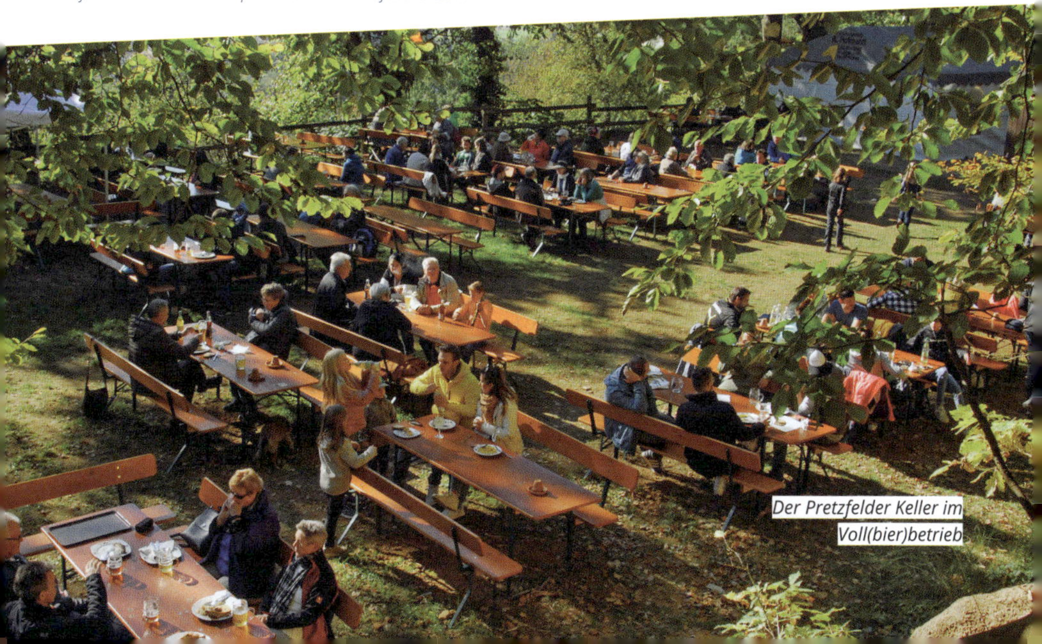

Der Pretzfelder Keller im Voll(bier)betrieb

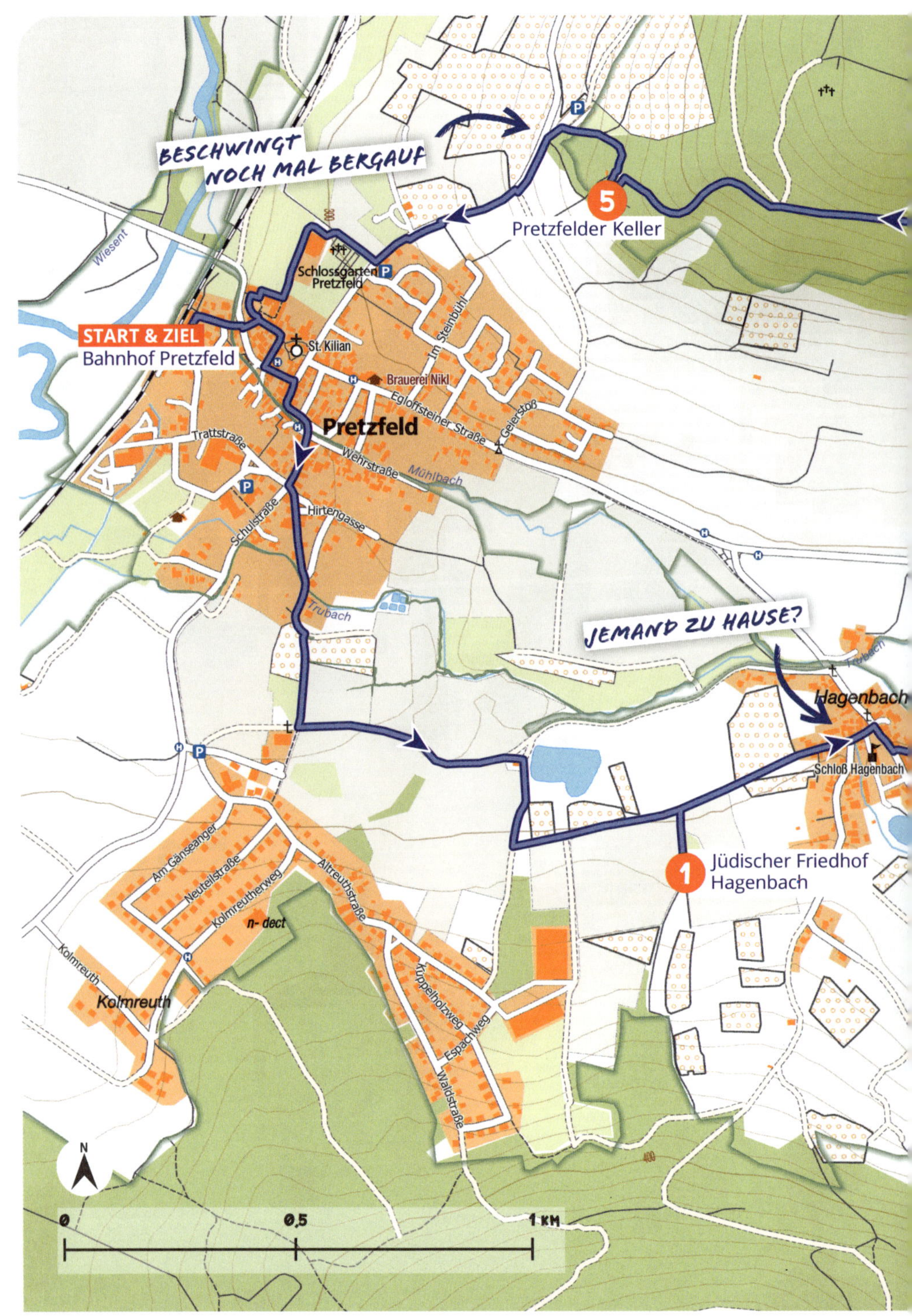

BESCHWINGT NOCH MAL BERGAUF
5
Pretzfelder Keller
Schlossgarten Pretzfeld
START & ZIEL
Bahnhof Pretzfeld
St. Kilian
Brauerei Nikl
Pretzfeld
Im Steinbühl
Egloffsteiner Straße
Geierstoß
Trattstraße
Wehrstraße
Mühlbach
Hirtengasse
Schulstraße
Wiesent
Trubach
JEMAND ZU HAUSE?
Hagenbach
Schloß Hagenbach
1
Jüdischer Friedhof Hagenbach
Am Gänseanger
Neutellstraße
Kolmreutherweg
Altreuthstraße
Kolmreuth
Kolmreuth
Küppelholzweg
Espachweg
Waldstraße
N
0
0,5
1 KM

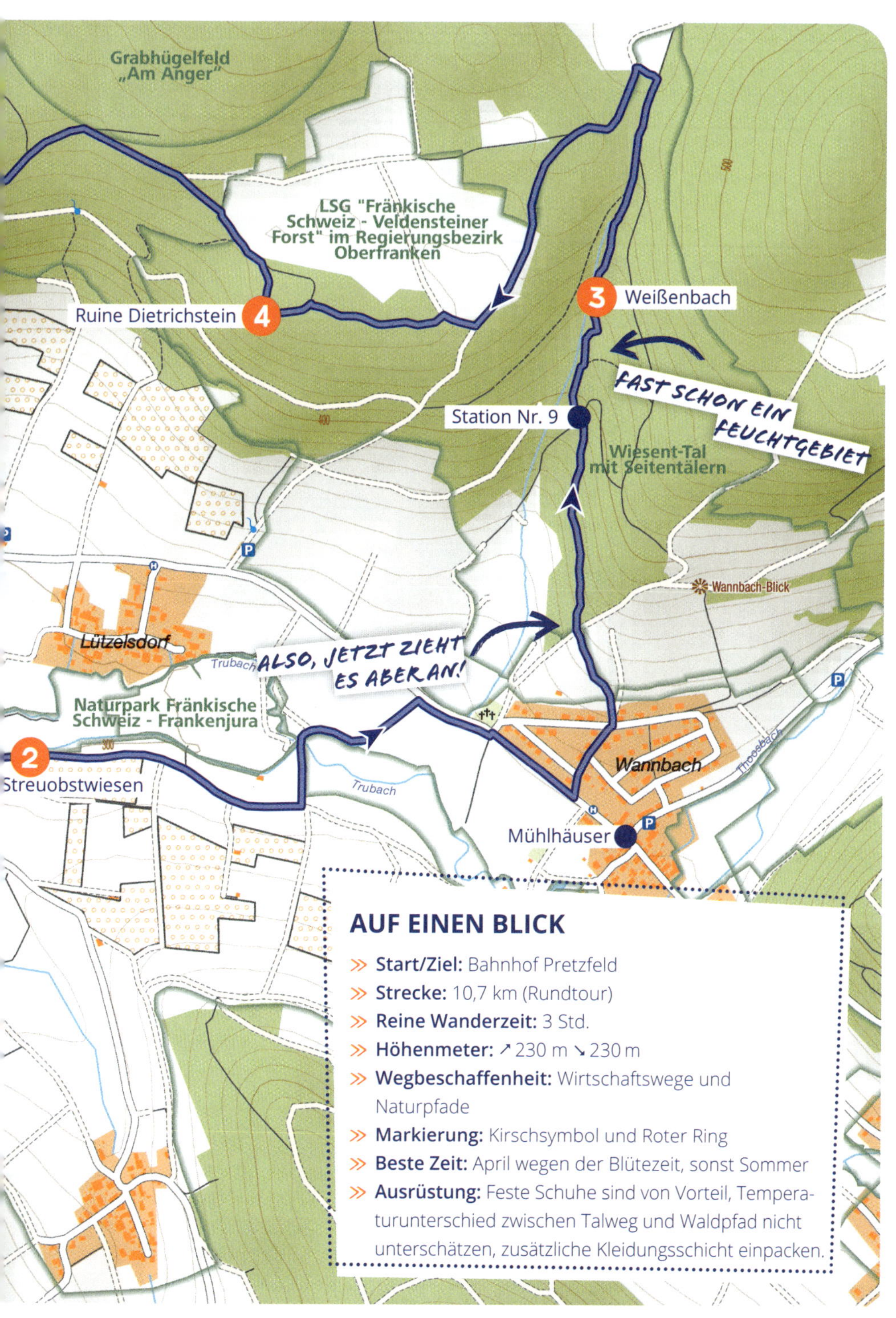

AUF EINEN BLICK

- » **Start/Ziel:** Bahnhof Pretzfeld
- » **Strecke:** 10,7 km (Rundtour)
- » **Reine Wanderzeit:** 3 Std.
- » **Höhenmeter:** ↗ 230 m ↘ 230 m
- » **Wegbeschaffenheit:** Wirtschaftswege und Naturpfade
- » **Markierung:** Kirschsymbol und Roter Ring
- » **Beste Zeit:** April wegen der Blütezeit, sonst Sommer
- » **Ausrüstung:** Feste Schuhe sind von Vorteil, Temperaturunterschied zwischen Talweg und Waldpfad nicht unterschätzen, zusätzliche Kleidungsschicht einpacken.

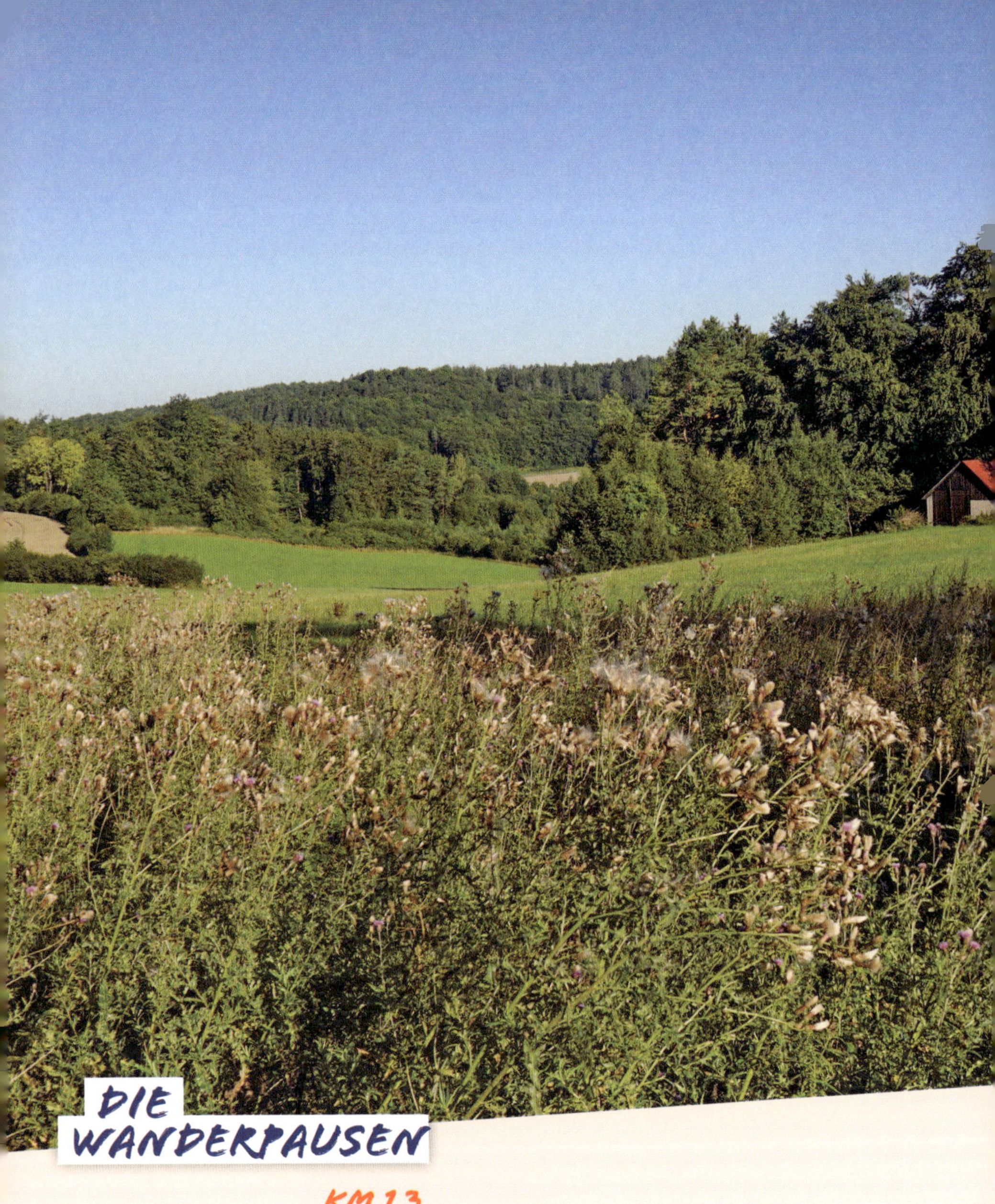

DIE WANDERPAUSEN

» START
Wanderparkplatz Affalterthal

KM 0,5
① Aussichtspunkt
Talblick

KM 1,3
② Pfarrhaus Affalterthal
Im Apfeldorf

KM 3,6
③ Blaubeeren im Wald
Einfach mal blaumachen

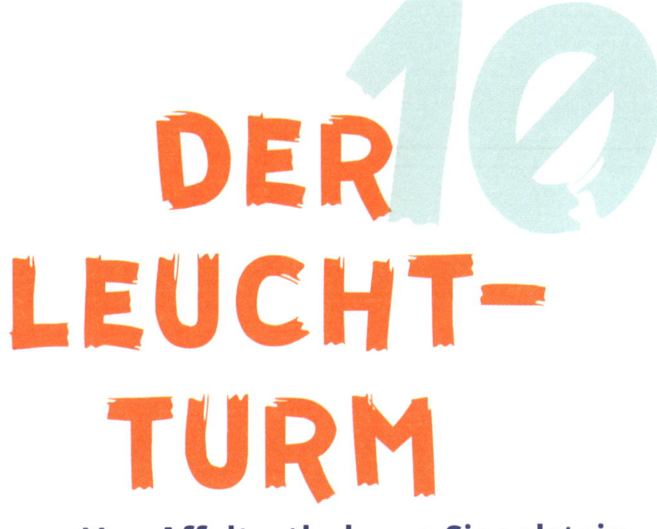

Von Affalterthal zum Signalstein und zurück

Ein Geheimtipp: Die Senke des Affaltertals ist trotz markierter Wege nur wenig begangen und die Felsformation des Signalsteins nur eingefleischten Kletterfans bekannt.

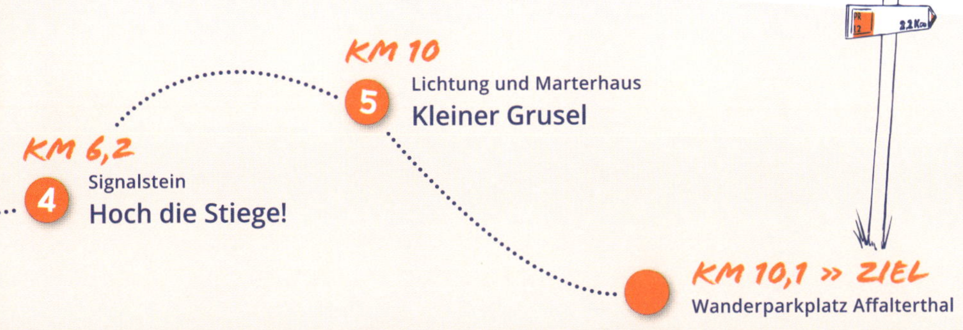

EIN BISSCHEN IM OFF …

… befindet sich schon Egloffstein, liegt aber noch im Tal der Trubach, durch das immerhin die Straße von Pretzfeld nach Gräfenstein führt. Sobald es aber hinter dem Dorf zum Hochplateau geht und dann in die Senke, die ein Zufluss der Trubach gebildet hat, der Affalterbach, ist definitiv Schluss mit Verkehr und Betriebsamkeit. Wer eine wirklich einsame Runde sucht, wird hier fündig.

Zahllose Obstbäume zeugen vom milden Klima der Senke, in der das Dorf Affalterthal liegt, zu Füßen eines kleinen Hochplateaus und geschützt von einem Kranz aus Wald. Über einen **Aussichtspunkt** inmitten von Wiesen führt der Weg zunächst hierher, ins Apfeldorf. Am **Pfarrhaus Affalterthal** stößt man auf einen Brunnen mit dem Obst im Wappen, das dem Weiler zu diesem Beinamen verhalf. Bequem wird der Aufstieg zum Hochplateau gemeistert, der asphaltierte Wirtschaftsweg zieht sich sanft bergan, nur noch vereinzelte Schuppen sind zu sehen, bevor man schließlich in den Wald abtaucht. Dieser ist stellenweise licht genug, um links und rechts des Waldpfads in die **Blaubeeren** zu gehen, bevor die Hochebene erreicht ist.

AHA-MOMENT: WENN MAN MERKT, DASS DER SIGNALSTEIN NICHT NUR KLETTERAFFINEN MENSCHEN VORBEHALTEN IST, SONDERN ÜBER EINE EISENSTIEGE VON ALLEN ERKLOMMEN WERDEN KANN!

Auch der Weiler Geschwand trägt seine Entstehungsgeschichte im Namen: Im Mittelhochdeutschen bezeichnet Swende ein durch Rodung gewonnenes Stück Weideland. Höher steigt der Weg nicht, von dort aus geht es wieder sanft hinab, schon bald liegt mit den Streuobstwiesen alles Menschenwerk hinter einem und der Wald ist zurück. Der **Signalstein** und die Kletterwand befinden sich schon beträchtlich niedriger.

Gewissermaßen Frankens Wanderautobahn trägt einen gut ausgeschildert gen Egloffstein, obschon die Weitwanderstrecke Frankenweg in dieser Gegend auch nicht gerade überlaufen ist. Es scheint, auch Wanderersleute kreisen um bekannte Punkte, wie Bienen um die buntesten Blüten. Ein letzter Anstieg und wieder durch Wald, dann ist erst das **Marterhaus** und schließlich der Wanderparkplatz erreicht. «

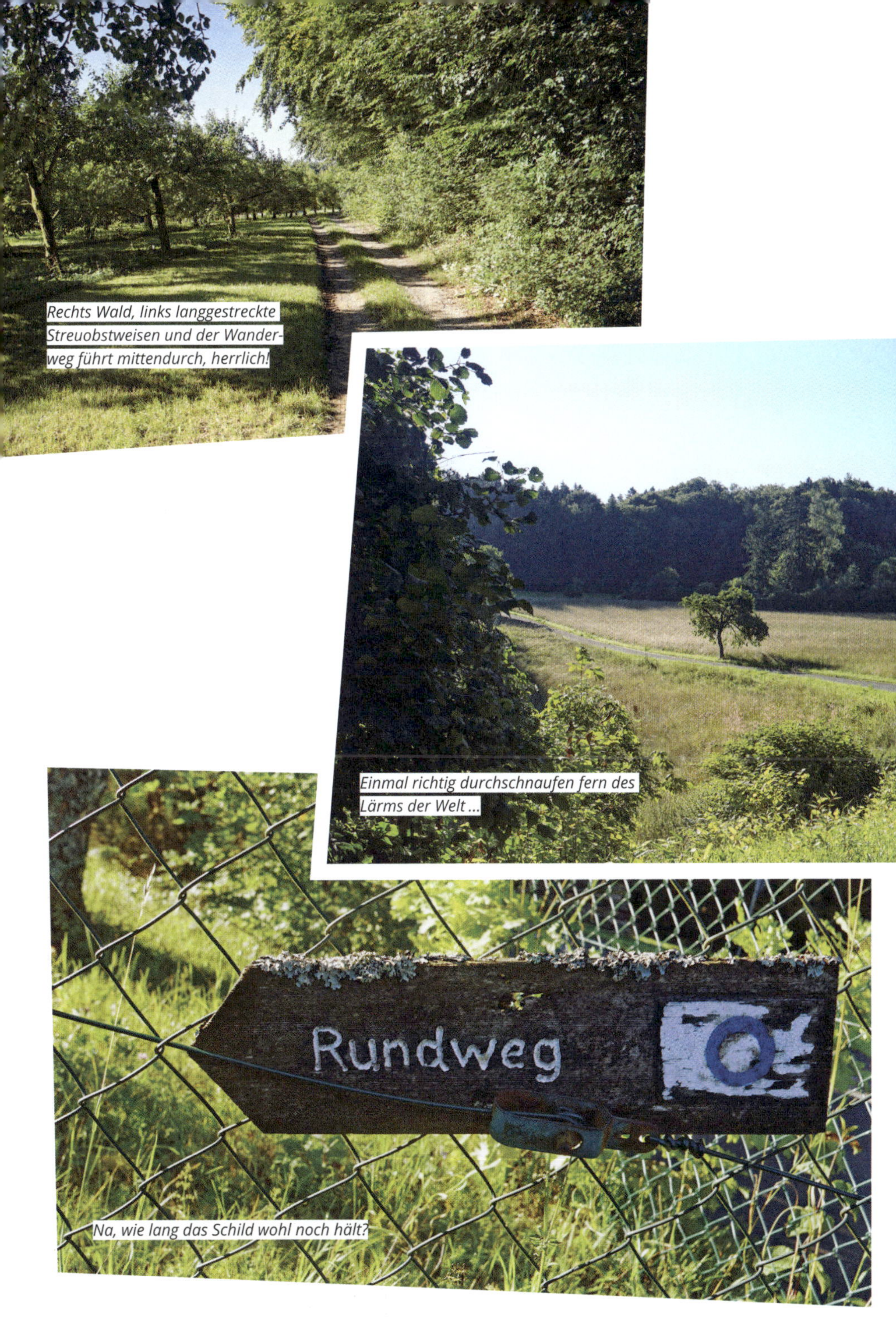

Rechts Wald, links langgestreckte Streuobstweisen und der Wanderweg führt mittendurch, herrlich!

Einmal richtig durchschnaufen fern des Lärms der Welt …

Na, wie lang das Schild wohl noch hält?

WANDERN & GENIESSEN

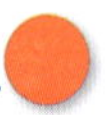

» START

Wanderparkplatz Affalterthal

Der kleine Rastplatz ist mit einer Picknickbank ausgestattet und liegt direkt am Rundwanderweg (blauer Kreis). Diesem von der Straßenseite des Parkplatzes aus folgen, an vereinzelten Häusern vorbei und durch ein kleines Waldstück zum Wiesengrund hinunter.

KM 0,5

Aussichtspunkt

Talblick

Der Aussichtspunkt als solcher ist zwar auf Karten verzeichnet, in der Realität aber fehlt jedes Schild. Der kleine Platz fiele nicht weiter auf, hätte nicht jemand Sitzgelegenheiten aus Baumstämmen geschlagen. Was es von der Hügelkuppe aus zu sehen gibt? Nicht viel. Aber genau dieses ›nicht viel‹ aus Dorfsilhouette, Wiesen und Waldrand ist das, was man beim Wandern sucht: sich bewegen, irgendwo verweilen und es dort dann ganz einfach schön finden. Den Blick so lange schweifen lassen, bis man es müde wird, und dann dorthin gehen, wo der Blick gerade noch hinfiel. So erobert man sich wandernd eine Welt, die so viel mehr Details erschließt als aus dem Auto heraus. Man hat einen Begriff gewonnen von der Milde und dem Reichtum dieser Senke, die vielen Kirschbäume wahrgenommen und nichts vom Autoverkehr. Ruhig ist es, ruhig geht es weiter.

Hinter dem Aussichtspunkt links auf den Wirtschaftsweg abbiegen, dann nach rechts quer durchs Dorf bis zum Pfarrhaus. Sitzgelegenheiten um die Ecke vor der Kirche.

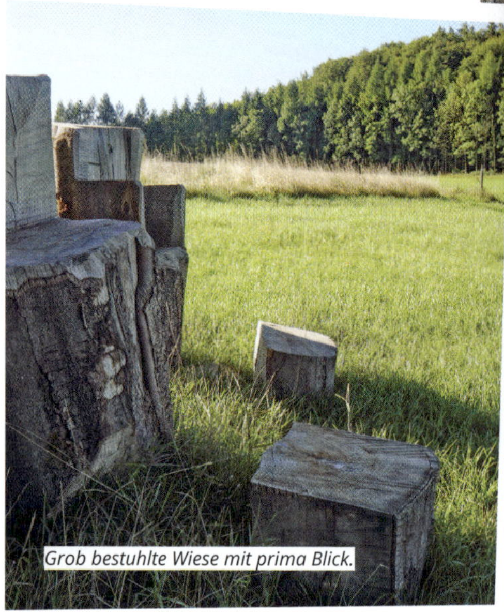

Grob bestuhlte Wiese mit prima Blick.

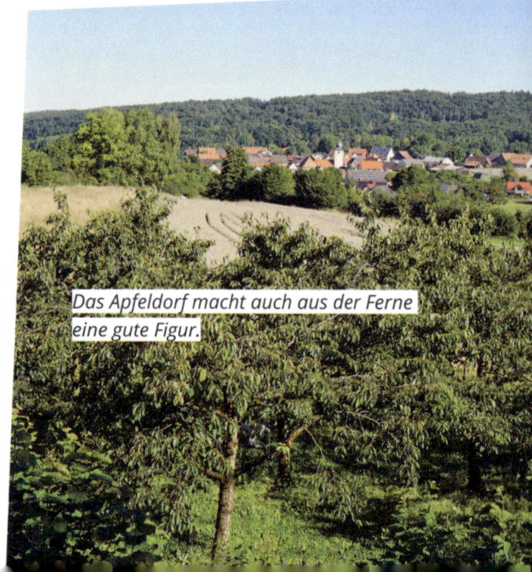

Das Apfeldorf macht auch aus der Ferne eine gute Figur.

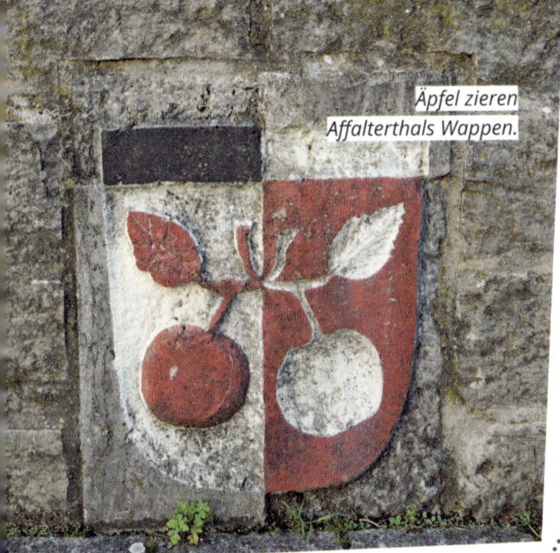
Äpfel zieren Affalterthals Wappen.

PREISFRAGE: KIRSCHEN ODER ÄPFEL?

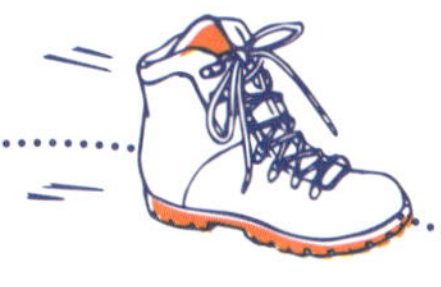

KM 1,3

2 Pfarrhaus Affalterthal
Im Apfeldorf

Neben dem Pfarrhaus spendet ein Brunnen Wasser, der mit einem Wappen geschmückt ist. Aufgrund der hier zahlreichen Kirschbäume neigt man vielleicht dazu, die Affalterthaler Insignien dahingehend zu interpretieren. Falsch gedacht: Es handelt sich um zwei Äpfel. ›Apfalter‹ bedeutet Apfel auf Mittelhochdeutsch und hier liegen die Ursprünge des Pfarrdorfs: im Apfelanbau. Eine lokale Legende erzählt eine andere Geschichte: So soll ein Bauernsohn seinen im Sterben liegenden Vater aufgefordert haben, doch endlich das Erbe zu teilen: »Aff, Alter! Thal!« Nur vier Höfe sind für das Hochmittelalter nachgewiesen, keine 400 Personen wohnen heute im Dorf und der gesamten Senke. Der Affalterbach entwässert auf seinem kurzen Weg zur Trubach die Senke im Nordwesten, hinter dem Altschlossberg.

Der Hauptstraße nach rechts durchs Dorf folgen, den asphaltierten Weg am Friedhof nach rechts einschlagen, noch vor dem Wertstoffhof links und geradeaus weiter. Dem Weg stur folgen auch wenn er im Wald vorübergehend zum Pfad wird.

KM 3,6

3 Blaubeeren im Wald
Einfach mal blaumachen

Foraging liegt im Trend: sich aus dem Angebot der Natur bedienen, anstatt im Supermarkt. Dafür muss man sich natürlich ein wenig auskennen, sowohl die Kräuter und Früchte bestimmen können als auch die Orte kennen. Wo viele Menschen vorüberkommen, da bleibt kaum etwas übrig und daher ist die Dichte an Blaubeeren im Waldstück vor Geschwand ein Zeichen dafür, wie wenig Publikumsverkehr hier herrscht. Die Sträucher stehen unmittelbar links und rechts des Weges, sodass man nichts niedertrampeln muss und einfach die Hand ausstreckt. Von Juli bis September trägt die Heidelbeere Früchte, die im Gegensatz zu jenen aus dem Supermarkt einheimisch sind.

Aus dem Wald und links ins Dorf Geschwand. Im Dorfzentrum rechts abbiegen, der Signalstein ist jetzt angeschrieben: Zwischendrin geht es zweimal ein paar Meter auf der Straße, dann wieder jeweils links durch den Wald weiter.

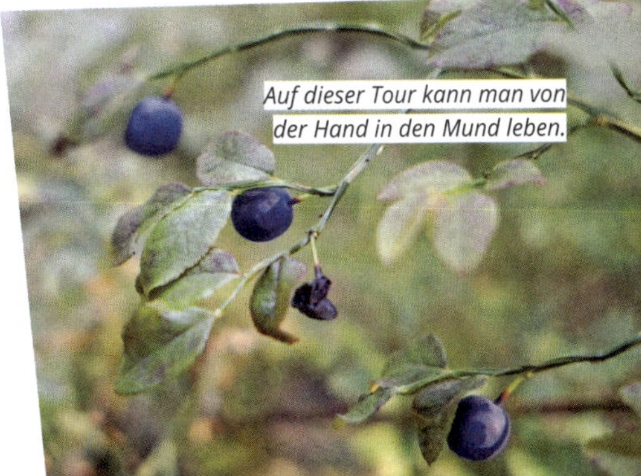
Auf dieser Tour kann man von der Hand in den Mund leben.

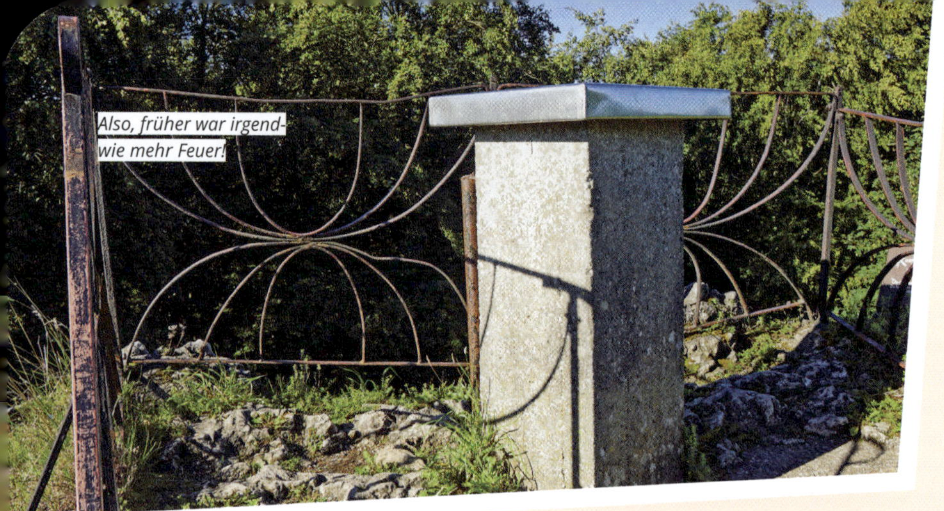
Also, früher war irgendwie mehr Feuer!

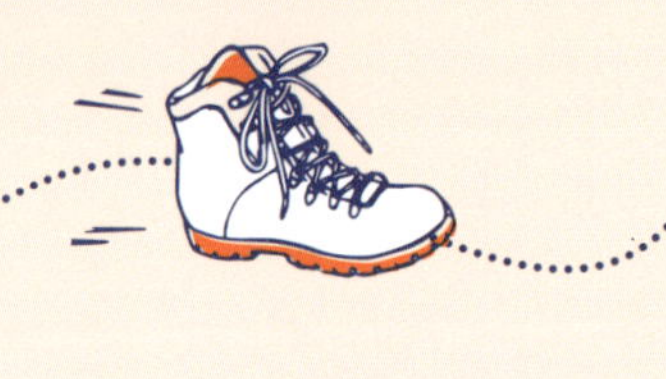

KM 6,2

4 Signalstein

Hoch die Stiege!

THE ONLY WAY IS UP!

Nur zwölf Meter hoch ist der Fels, aber das reicht aus, um die Baumwipfel zu erreichen. Ganz sicher stand der Wald in früheren Zeiten nicht so hoch, denn der Signalstein wurde in der Tat genutzt, Feuer oder Rauchsignale zu senden. Er war Teil einer Kommunikationskette zwischen Burg Egloffstein und Burg Wolfsberg, Letztere heute eine Ruine über Untertrubach. So konnte bis Burg Bärnfels und Leienfels vor anmarschierenden Feinden gewarnt werden. Von hier hat man gute Sicht hinunter auf die sogenannte Klagemauer: eine zerklüftete Felswand, an der Kletterernde mit Crashpads – die Aufprall und anschließende Klage dämpfen – auch ungesichert üben können. Ist dort nichts los, dann an der Kletterwand ein paar Meter weiter. Oder am Klageweib, so der Name eines steil aufragenden Felsens, den jemand, der sich wohl leichter tat, Duplo getauft hat.

Bis auf den Wirtschaftsweg absteigen, dann rechts und bis zum kleinen Parkplatz. Ab Dorfzentrum von Sorg dem Frankenweg folgen. Den lässt man erst im Tal an der Bushaltestelle Hammerbühl ziehen und geht schräg rechts auf einem Wirtschaftsweg durch den Wald auf die Anhöhe zurück.

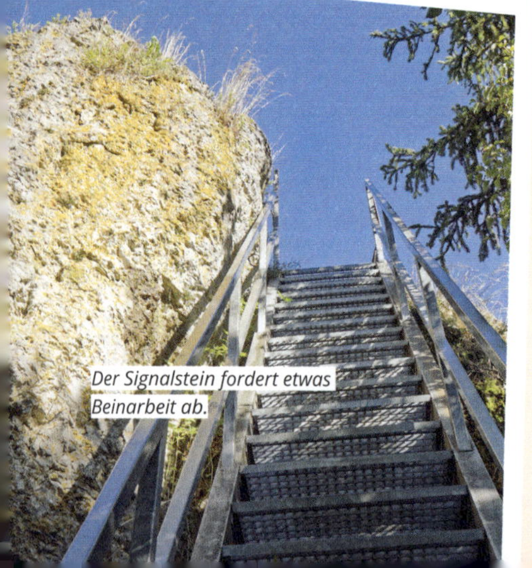
Der Signalstein fordert etwas Beinarbeit ab.

KM 10

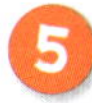

Lichtung und Marterhaus
Kleiner Grusel

Marterhaus bedeutet tatsächlich ›Haus der Folter und der Qualen‹. Allerdings ist nicht mehr nachzuvollziehen, wie das einsam am Waldrand stehende Anwesen zu diesen Namen kam –augenscheinlich handelt es sich einen Bauernhof und nicht um eine Folterkammer. Leicht unheimlich wirkt es dennoch. Viele alte Häuser und Höfe im Süddeutschen werden nicht nach der Familie benannt, die dort wohnt, sondern tragen sogenannte Hausnamen nach dem Erbauer, der früheren Funktion und dem Standort. Am Marterhaus stößt man auf den Affalterthaler Rundweg, der vom örtlichen Heimatverein angelegt wurde und betreut wird. Sonst hatte es nie Probleme beim Aufstellen von Wegweisern gegeben, nur am Marterhaus wollte es nicht klappen: Innerhalb kurzer Zeit fiel das Schild mehrfach wieder um. Bis es schließlich versetzt wurde. Vielleicht ist mit Marter auch einfach der Schlussanstieg gemeint, der eine Pause beziehungsweise das Durchschnaufen notwendig macht. Schön ist die Lichtung ja trotzdem.

Der Wanderparkplatz liegt gegenüber an der Straße.

EXTRA INFOS:

In Bezug auf Gasthäuser war die Wanderung eine Durststrecke. Für eine Einkehr empfiehlt sich nun der ● **Gasthof zur Post** in Egloffstein: Die im Fränkischen seltene Verbindung traditioneller Küche mit vegetarischer Auswahl gelingt dort bestens. Außerdem kann man hier in behutsam modernisierten Gästezimmern mit freiliegenden Fachwerkwänden nächtigen (gasthofzurpost-egloffstein.com).

Hinter Geschwand führt der Weg zwischen einer größeren ● **Streuobstwiese** und dem Wald entlang: Hier kann man wunderbar mal die Beine ausstrecken. Ebenso bietet sich ein Abstecher zur ● **Räuberhöhle** an, gleich vor dem Signalstein.

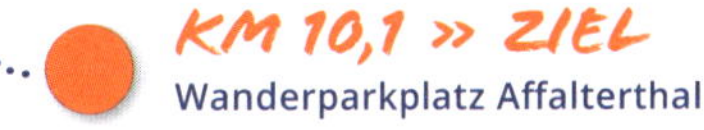

KM 10,1 » ZIEL

Wanderparkplatz Affalterthal

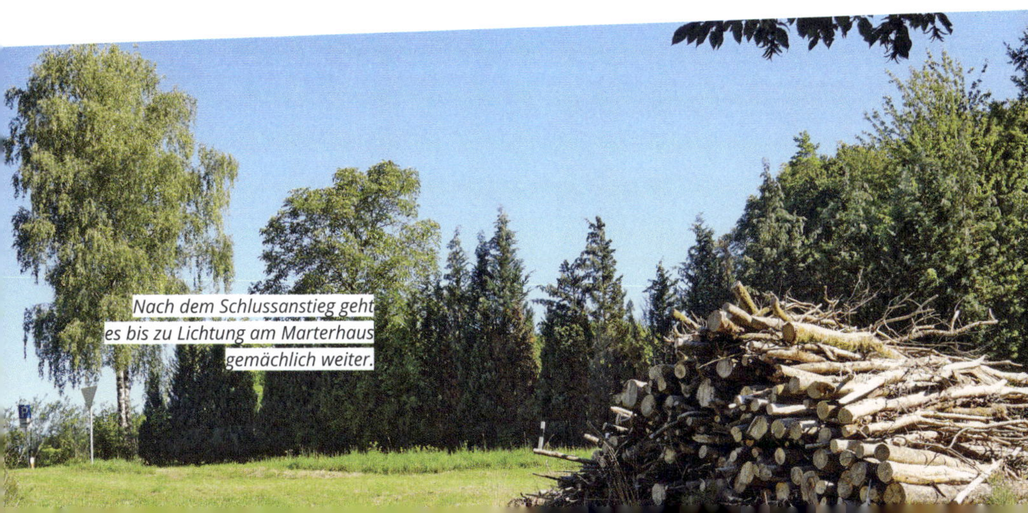

Nach dem Schlussanstieg geht es bis zu Lichtung am Marterhaus gemächlich weiter.

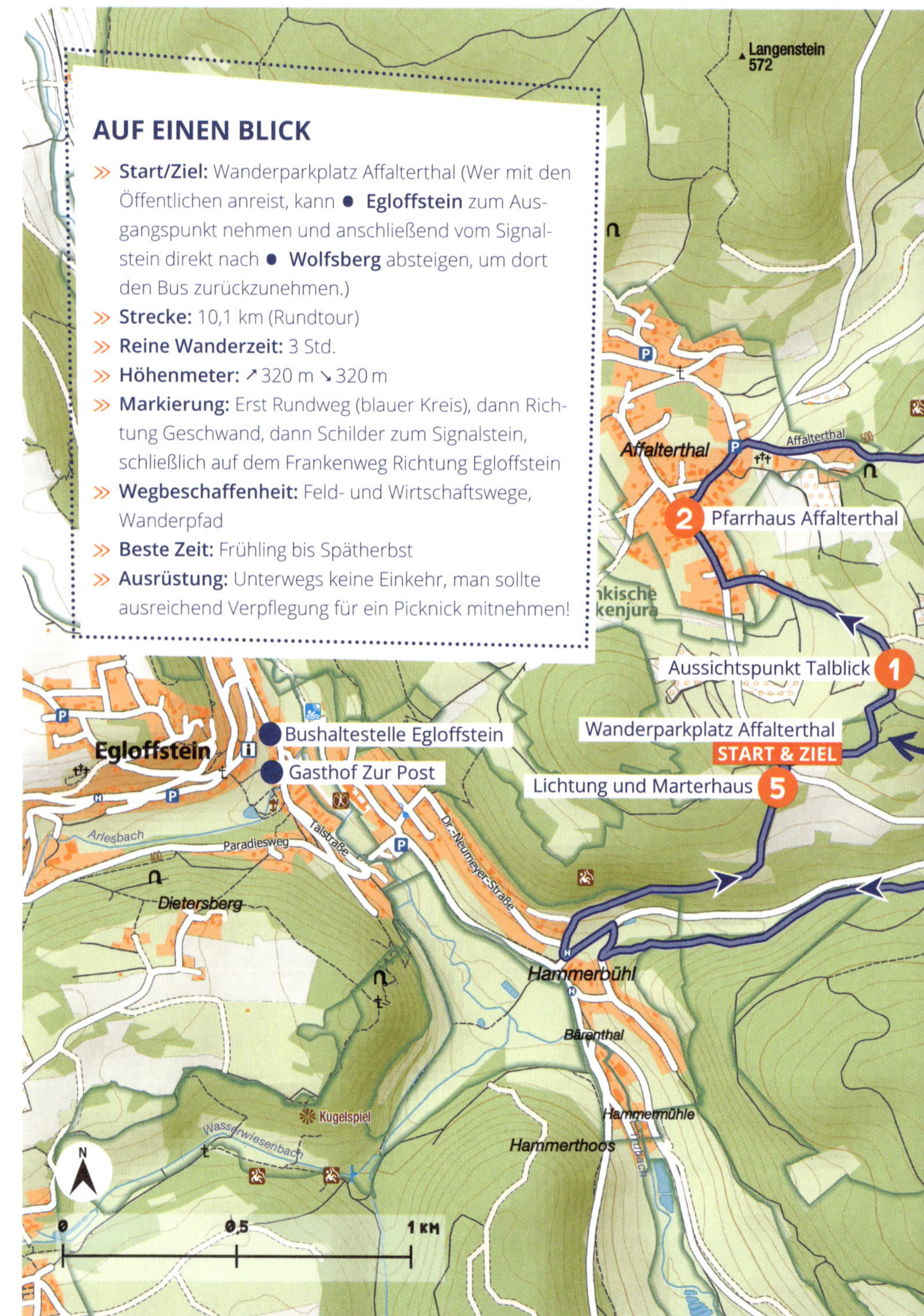

AUF EINEN BLICK

- **Start/Ziel:** Wanderparkplatz Affalterthal (Wer mit den Öffentlichen anreist, kann ● **Egloffstein** zum Ausgangspunkt nehmen und anschließend vom Signalstein direkt nach ● **Wolfsberg** absteigen, um dort den Bus zurückzunehmen.)
- **Strecke:** 10,1 km (Rundtour)
- **Reine Wanderzeit:** 3 Std.
- **Höhenmeter:** ↗320 m ↘320 m
- **Markierung:** Erst Rundweg (blauer Kreis), dann Richtung Geschwand, dann Schilder zum Signalstein, schließlich auf dem Frankenweg Richtung Egloffstein
- **Wegbeschaffenheit:** Feld- und Wirtschaftswege, Wanderpfad
- **Beste Zeit:** Frühling bis Spätherbst
- **Ausrüstung:** Unterwegs keine Einkehr, man sollte ausreichend Verpflegung für ein Picknick mitnehmen!

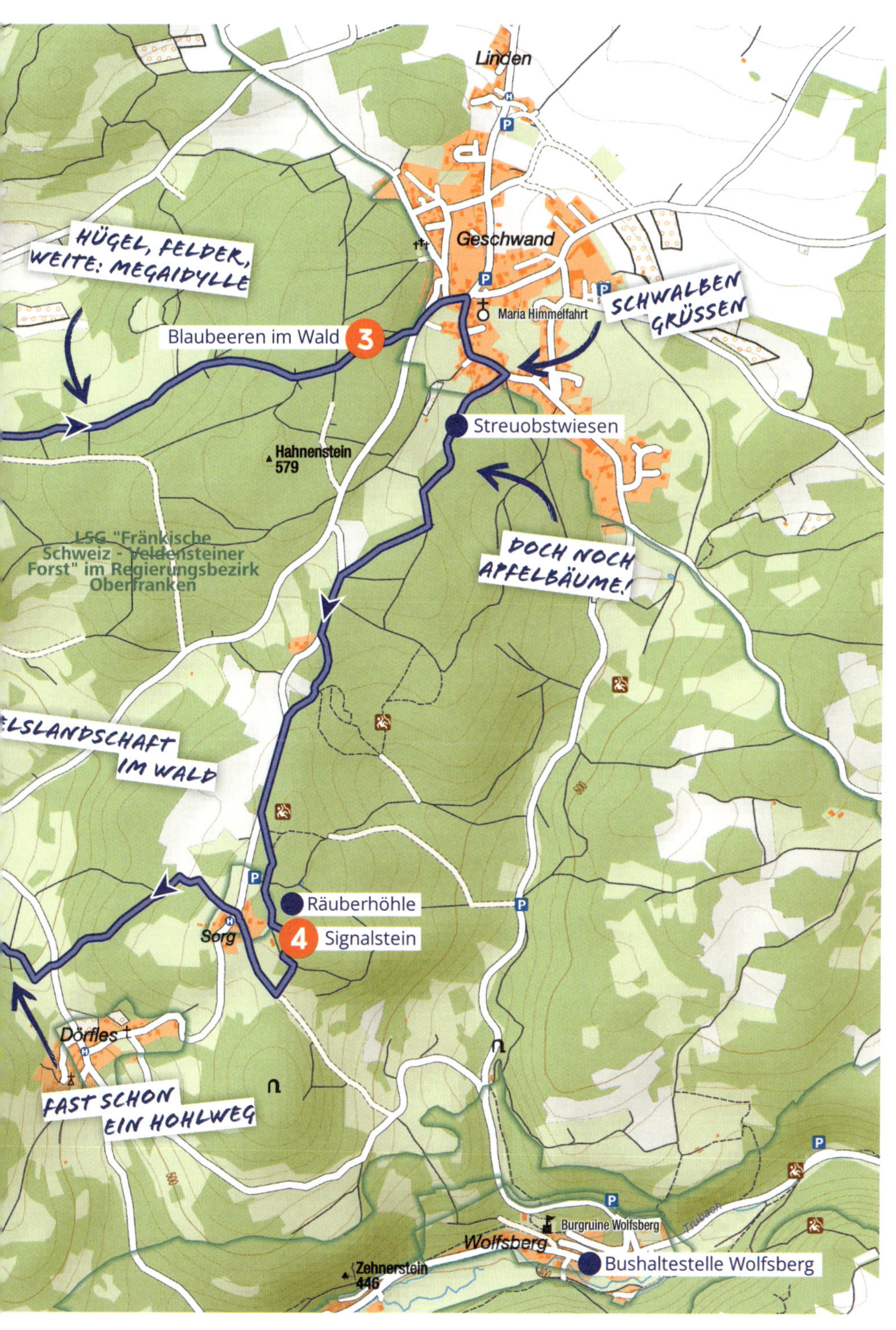

Linden
Geschwand
Maria Himmelfahrt
HÜGEL, FELDER, WEITE: MEGAIDYLLE
SCHWALBEN GRÜSSEN
Blaubeeren im Wald
3
Streuobstwiesen
Hahnenstein 579
DOCH NOCH APFELBÄUME!
LSG "Fränkische Schweiz - Veldensteiner Forst" im Regierungsbezirk Oberfranken
ELSLANDSCHAFT IM WALD
Räuberhöhle
4
Signalstein
Sorg
Dörfles
FAST SCHON EIN HOHLWEG
Burgruine Wolfsberg
Trubach
Wolfsberg
Bushaltestelle Wolfsberg
Zehnerstein 446

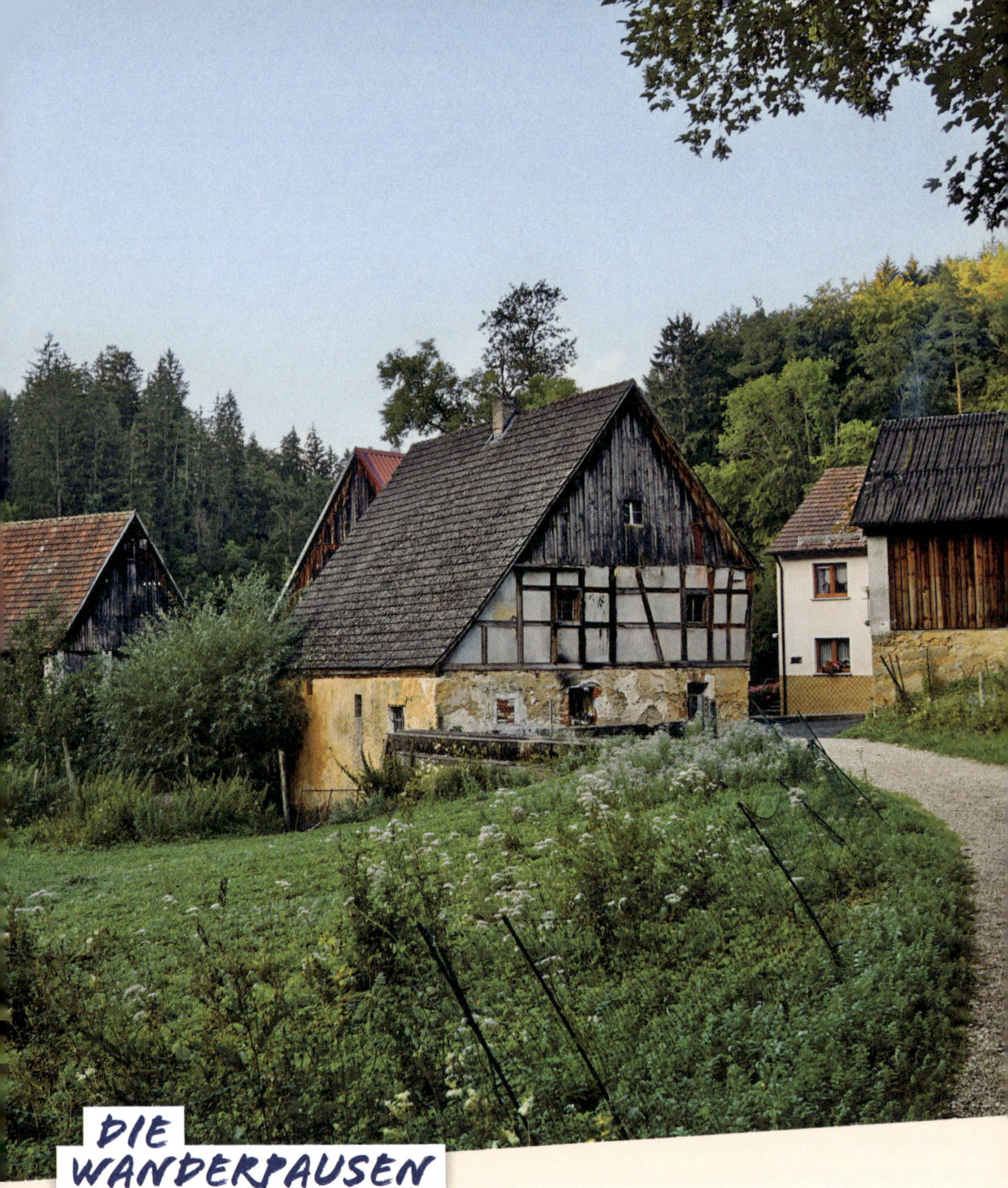

DIE WANDERPAUSEN

» START
Bushaltestelle Schüttersmühle

KM 0,9
1 Entenstein
Mal kurz wegducken

KM 1,6
2 Drachenfels
Großes Maul, nichts dahinter!

KM 2,8
3 Lindenallee
Lustwandeln im einstigen Landschaftsgarten

11 GROSSES GLÜCK IM KLEINEN

Durch das Klumpertal

Schroffe Felsformationen, scharf eingeschnittener und tiefgrüner Talgrund, Weiher, Mühlen und romantische Pfade: Das Klumpertal hält im Kleinen, was die Fränkische Schweiz im Großen verspricht.

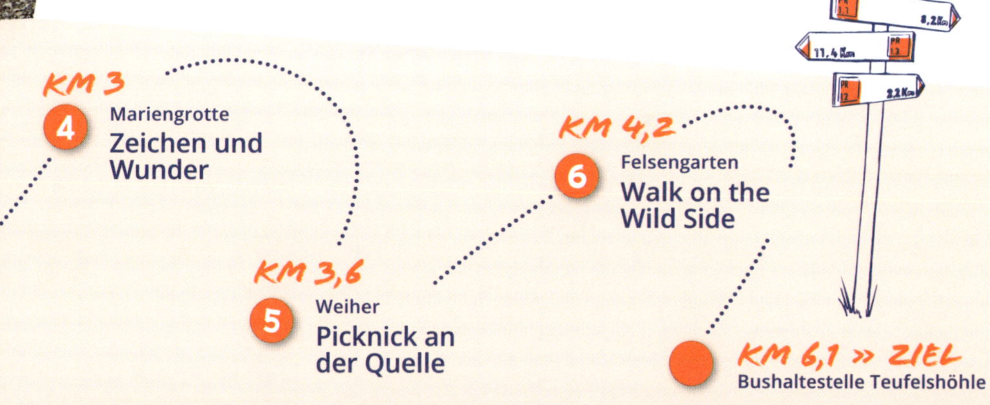

DIE GEGEND UM POTTENSTEIN …

… und damit das Klumpertal sind ein einziges Karstgebiet. Das bedeutet, dass Niederschläge überwiegend in den von Höhlen und Spalten durchzogenen Untergrund verschwinden, um im Tal als Quelle wieder zu erscheinen. Im unteren Klumpertal sind diese Karstquellen so ergiebig, dass hier einst drei Mühlen klapperten. Der obere Abschnitt hingegen ist ein Trockental, das Wasser versickert und tritt erst weiter unten wieder zutage. Davon abgesehen ist der schmale Taleinschnitt vollständig frei von Verkehr – so etwas kann man heutzutage geradezu suchen. Wie es so sattgrün vor einem liegt, scheint es fast nicht von dieser Welt.

KAUM IST MAN ÜBER DEN BACH UND LÄUFT ENTLANG DES WALDWEGS, TAUCHT UNVERMUTET DIE MASSIVE FELSWAND VOR EINEM AUF. EIN FAST UNWIRKLICHER ANBLICK!

Erst einmal heißt es Höhe gewinnen, um von oben in das Tal hineinzulaufen. Denn dort finden sich die ersten sehenswerten Felsformationen: zunächst der **Entenstein,** dann der **Drachenfels.** Wie die jeweils zu ihrem Namen kamen? Vor allem wenn Kinder mit von der Wanderpartie sind, macht es Spaß, hier Schnabel oder spitze Zähne im Fels zu erspähen: Da, da, da – und hat da nicht eben ein gelbes Drachenauge geblinzelt?

Durch den Wald geht es anschließend auf eine Anhöhe und zum Weiler Kühlenstein, dann wird es herrschaftlich: Eine mächtige **Lindenallee** führt wieder hinunter, wobei man keineswegs den kleinen Abstecher zur **Mariengrotte** verpassen sollte. Dann erfährt man auch, ob man hier beim Namen wieder einem Wortspiel aufgesessen ist und was dieser Ort mitten in Bayern mit dem französischen Lourdes zu tun hat.

Zurück im Klumpertal, also im Talgrund, sprudelt auf einmal das Wasser und der vermeintliche **Weiher** entpuppt sich als Quelltopf. Ebenso überraschend wie beeindruckend sind die Felswände im Wald auf der anderen Talseite, wo das Klumpertal plötzlich seinem Ruf gerecht wird und in der Tat zum **Felsengarten** mutiert.

Das ist aber noch nicht alles, zurück an der Straße steht zur Wahl, jetzt schon einzukehren oder den Weg noch auf die andere Seite fortzusetzen, kurz zum Weihertaler Männchen hochzusteigen, um die ›Felsensammlung‹ zu komplettieren. «

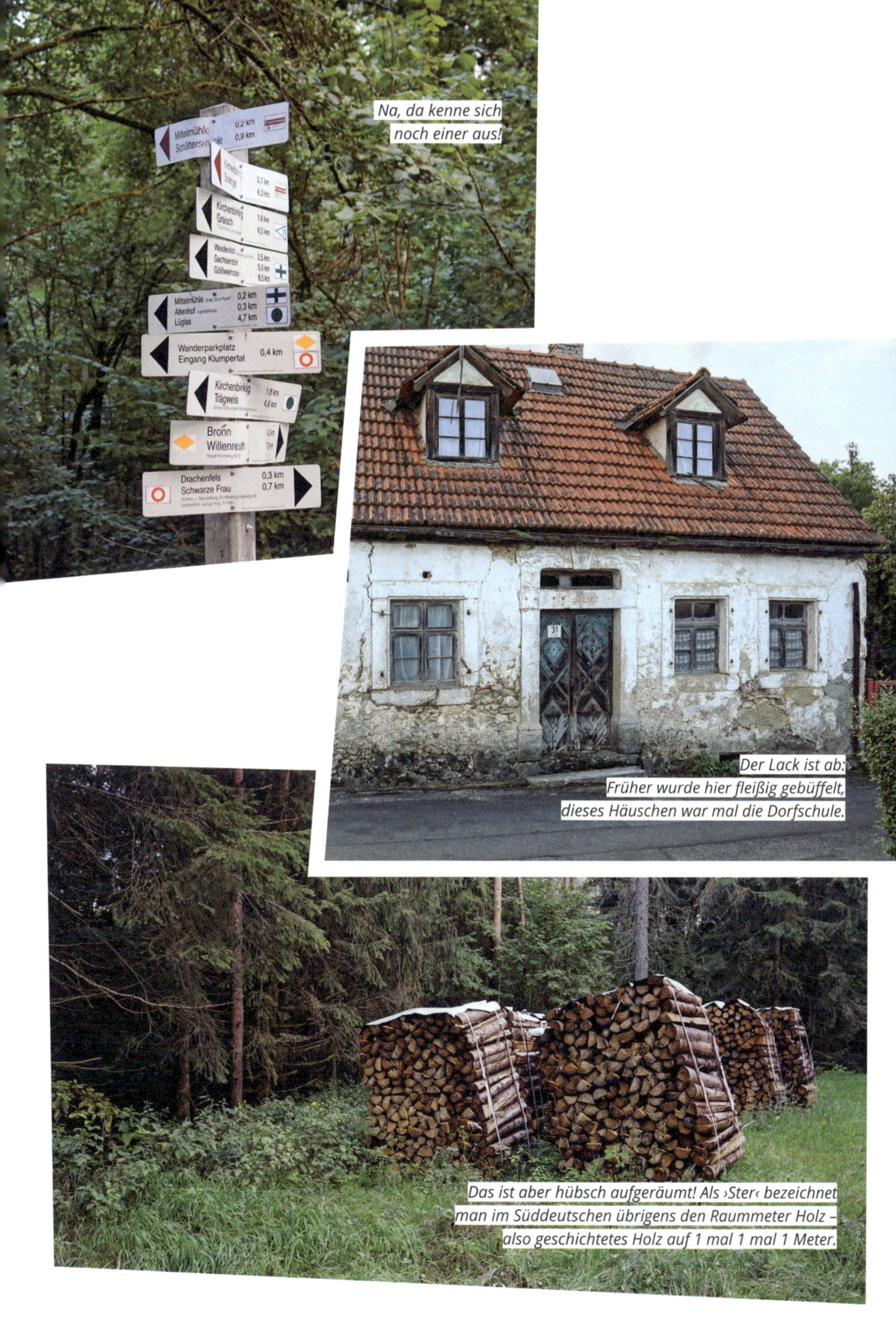

Na, da kenne sich noch einer aus!

Der Lack ist ab: Früher wurde hier fleißig gebüffelt, dieses Häuschen war mal die Dorfschule.

Das ist aber hübsch aufgeräumt! Als ›Ster‹ bezeichnet man im Süddeutschen übrigens den Raummeter Holz – also geschichtetes Holz auf 1 mal 1 mal 1 Meter.

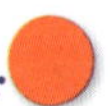

» START

Bushaltestelle Schüttersmühle

Die Tour beginnt mit einem Umweg am Weihersbach entlang, um nicht die Straße hinauflaufen zu müssen: Zunächst am Weihersbach linker Hand Richtung Pottenstein, dann hinter der Fußgängerbrücke bei den Fischweihern schräg links in den Wald. Dem nächsten Wirtschaftsweg auf der Anhöhe nach links folgen, die Straße überqueren und hinter dem kleinen Waldparkplatz geradeaus auf gleicher Höhe weiter.

KM 0,9

Entenstein

Mal kurz wegducken

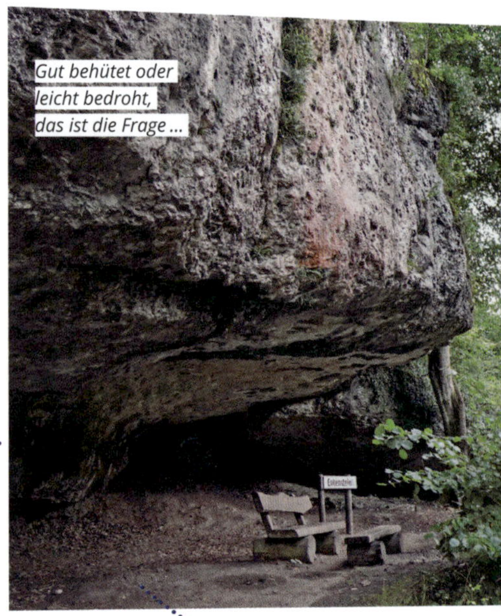

Gut behütet oder leicht bedroht, das ist die Frage …

Der geschotterte Weg dient zugleich als Fahrstraße, allerdings nur für berechtigte Fahrzeuge oder Forstwirtschaft. Schon nach wenigen Metern erreicht man den Entenstein mit einer Sitzbank darunter – darunter deswegen, weil der Fels weit vornübersteht und eine Art Grotte bildet. Optimal bei Regen, kühl bei Sommersonnenschein. Der hervorstehende Teil des Felsens soll an einen Entenschnabel erinnern, daher der Name. Es ist ein wenig wie mit Sternbildern, nur wenn man weiß, was man sehen soll, lässt sich mit ein wenig Fantasie auch etwas erkennen. Hans Blumenberg hat mal den Mythos als den Einbruch des Namens in das Unbekannte bezeichnet. Will heißen: Der Mensch vergibt nun mal gerne Namen, um die Dinge vertraut zu machen.

Weiter auf dem kurvenreichen Kiesweg, bis ein Schild den Pfad zum Drachenfelsen weist. Diesem nach rechts folgen.

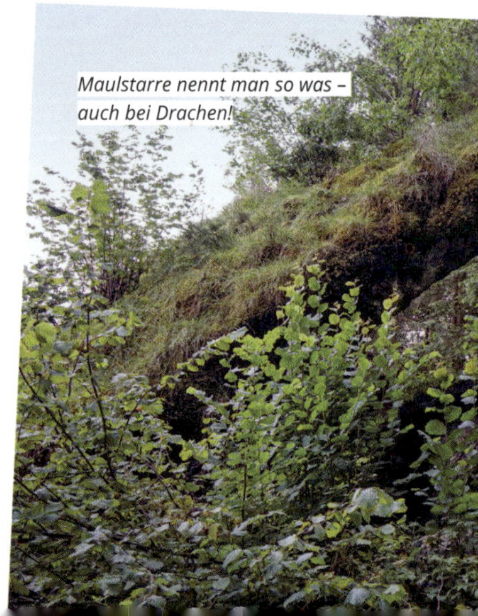

Maulstarre nennt man so was – auch bei Drachen!

KM 1,6

2 Drachenfels

Großes Maul, nichts dahinter!

Hier sieht jedes Kind den Namen sofort ein, wenngleich der Drache auch ein Krokodil sein könnte, dessen Maul sich da auftut: Zwei Steine klaffen weit auseinander, ragen schräg aus dem Unterholz, als drohten sie, nach einem zu schnappen. Erosion hat die Felsen im Laufe der Zeit herauspräpariert, ablaufendes Wasser das weichere Gestein weggeschwemmt, Felsen zersprengt und ist durch Ritzen und Spalten abgelaufen. Der Talgrund aber hat sich entlang weniger widerstandsfähigen Materials gebildet, konnte sich dort in langgezogenen Windungen durcharbeiten, wo Löss oder Sandstein vorherrschten.

Dem Pfad weiter folgen, bis er schräg hinab auf einen hohlwegartigen Forstweg führt. Diesem bergan gehen. Auf einer kleinen Lichtung angekommen, scharf links weitergehen. Der Weg führt zunächst in eine Senke und an einer Pferdekoppel vorbei, steigt dann wieder an in die Siedlung Kühlenfels. Dort angekommen nach links auf der Straße Zur Allee weiter.

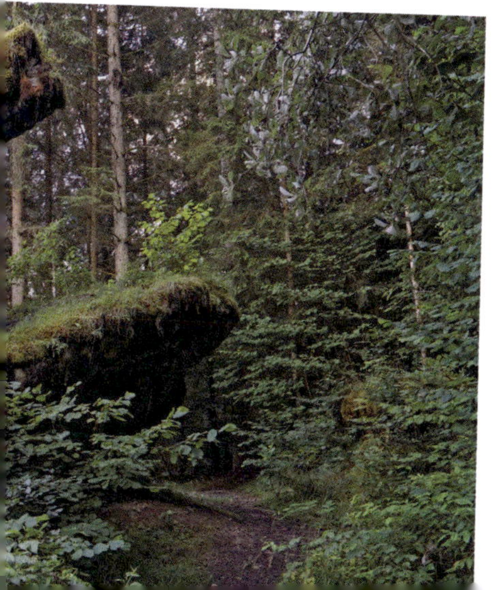

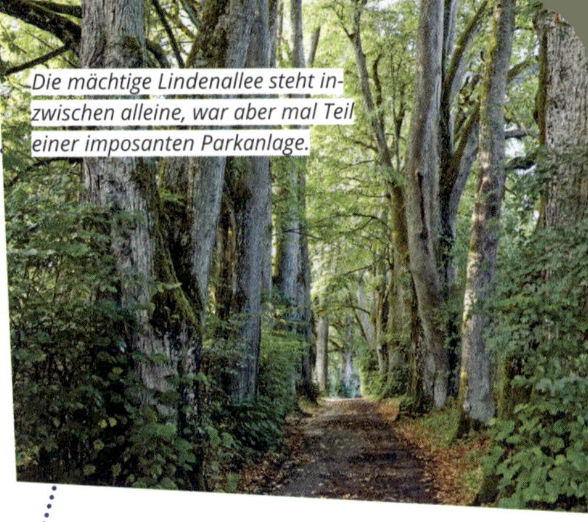

Die mächtige Lindenallee steht inzwischen alleine, war aber mal Teil einer imposanten Parkanlage.

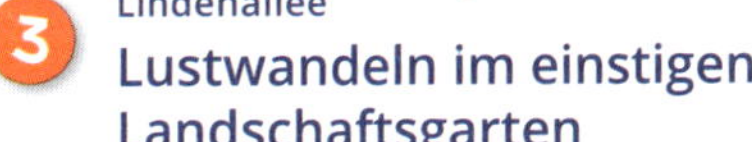

KM 2,8

3 Lindenallee

Lustwandeln im einstigen Landschaftsgarten

Vorbei an Schloss Kühlenfels, ohne es eines Blickes zu würdigen – nicht aus Unachtsamkeit, sondern weil es etwas zurückgesetzt liegt und in Privatbesitz, also nicht zugänglich ist. Macht auch nichts, ist aber wichtig für das Folgende: Der Name Kühlenfels kommt von Kulm, von Kuppe: Inzwischen hat man das Klumpertal verlassen und ist auf einer Art Hochebene gelandet, jetzt geht es also wieder hinunter und zurück. Und zwar durch eine erstaunlich mächtige Lindenallee. Deren Ursprung liegt im Schloss, dessen Herr im 19. Jahrhundert einen ganzen Landschaftsgarten anlegen ließ – da, wo heute die Pferdekoppel steht. Übrig geblieben ist allein die Lindenallee. Diese wiederum fungiert heute als Andachtsweg mit sieben Stationen, von denen eine mit großzügigen Sitzgelegenheiten im Halbrund ausgestattet ist.

Wenige Meter später führt rechts ein Pfad ab zur Mariengrotte. Zweimal um die Ecke und dem Pfad einfach folgen, schon steht man davor.

KM 3

4 Mariengrotte

Zeichen und Wunder

Grotte, fragt man sich, wo soll denn auf der flachen Bergkuppe eine Grotte sein? Die Mariengrotte entpuppt sich als Marterl, als katholischer Bildstock. Dieser ist in Stein gefasst, um etwas Grottenfeeling aufkommen zu lassen. Ursprung dieser Mode war die Marienerscheinung zu Lourdes anno 1858, in der Grotte von Massabielle – heute einer der meistbesuchten Wallfahrtsorte Europas. In der Folge wurden bayernweit Lourdeskapellen und Mariengrotten eingeweiht. Jene von Kühlenfels wurde zwar 2010 renoviert, stammt aber von 1948 – Kriegsheimkehrer hatten sie aus Dankbarkeit erbaut, die Marienstatue kommt aus einer Bamberger Werkstatt und blickt in Richtung Dorf.

Den Pfad zurücklaufen und den Weg auf der Allee fortsetzen, geradeaus halten, bis ein Schild den Weg zur Mittelmühle ausweist.

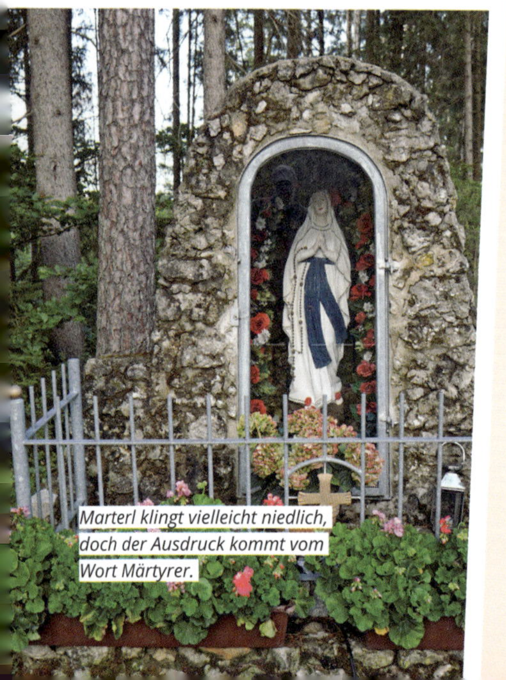

Marterl klingt vielleicht niedlich, doch der Ausdruck kommt vom Wort Märtyrer.

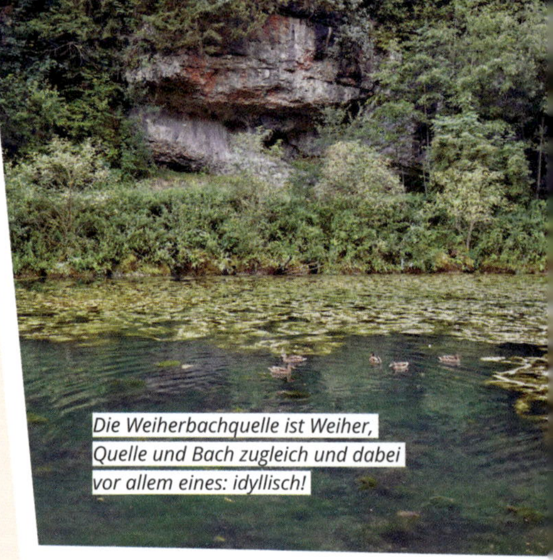

Die Weiherbachquelle ist Weiher, Quelle und Bach zugleich und dabei vor allem eines: idyllisch!

KM 3,6

5 Weiher

Picknick an der Quelle

Nun ist man am Boden des Klumpertals angekommen und schon ändert sich der Eindruck: Es wirkt lieblich. Der Wasserreichtum hier unten ist überbordend und zeigt sich sofort in Form eines Weihers. Aber was heißt hier eigentlich Weiher? Es fehlt immerhin ein Zulauf. In Wahrheit handelt es sich um die Weiherbachquelle: Genau hier taucht das ganze Wasser, das anderswo so schnell versickert, wieder auf, nachdem es sich durch den Karst gearbeitet hat, und speist jetzt den Bach. Mit ausreichend Wasser, um weiter unten ein paar Fischteiche aufzustauen und eine Mühle zu betreiben. Der Ort ist lauschig, zumal der vermeintliche Weiher von Felsen eingerahmt wird und mit Seerosen aufwartet. Jemand muss das genauso gesehen haben, denn an Ort und Stelle steht eine Picknickbank, auf der man sich gemütlich zur Brotzeit niederlassen kann.

Den Weg durch das Tal und über die Mittelmühle fortsetzen. Dort rechts halten.

6

Felsengarten
Walk on the Wild Side

Kaum liegt die Mühle hinter einem, nachdem man erst dem Weihersbach gefolgt und ein paar Schritte in den Buchenwald vorgedrungen ist, erscheint eine ganze Felswand vor einem. Zu deren Füßen geht's weiter – nicht in der Höhe, wo der Jägersteig verläuft. Angesichts der unvermutet massiven Felsen leuchtet ein, warum man für diesen das Wörtchen alpin im Munde führt und dieses wilde, grüne Tal Felsengarten genannt wird.

Nicht lange und die Felsformation liegt hinter einem, das Tal öffnet sich und man erreicht die Straße. Entweder kehrt man hier am Klumperkiosk an der Schüttersmühle ein, der überdachte Sitzgelegenheiten und geräucherte Forellen bietet. Oder aber man setzt den Weg über die Straße hinweg fort und nimmt noch den Aussichtspunkt Weiherstaler-Männchen-Blick mit – wobei das Männchen natürlich eine Felsenfigur ist. Als Einkehrmöglichkeit im Anschluss sei dringend Heiners Forellenräucherei hinter den Fischteichen empfohlen.

EXTRA INFOS:

Der Weg lässt sich über die gesamte Länge des Klumpertals ausdehnen, indem man am Weiher einfach rechts statt links geht. Man landet dann erst bei der ehemaligen ● **Klumpermühle,** passiert die Klumperquelle und erreicht den trockenen Abschnitt des Tals. Auch die Besichtigung der berühmten ● **Teufelshöhle** bietet sich an (pottenstein.de/teufelshoehle).

Ungemein ruhig und von einem Garten umgeben liegt die ● **Ferienwohnung Macht** in Kühlenfels (macht-kuehlenfels.de). Wenige Meter weiter fallen die hölzernen ● **Ferienhäuser an der Allee** entschieden mondäner aus (ferienhäuserzurallee.de).

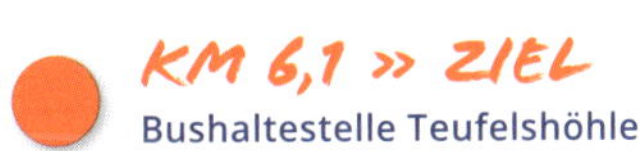

Bushaltestelle Teufelshöhle

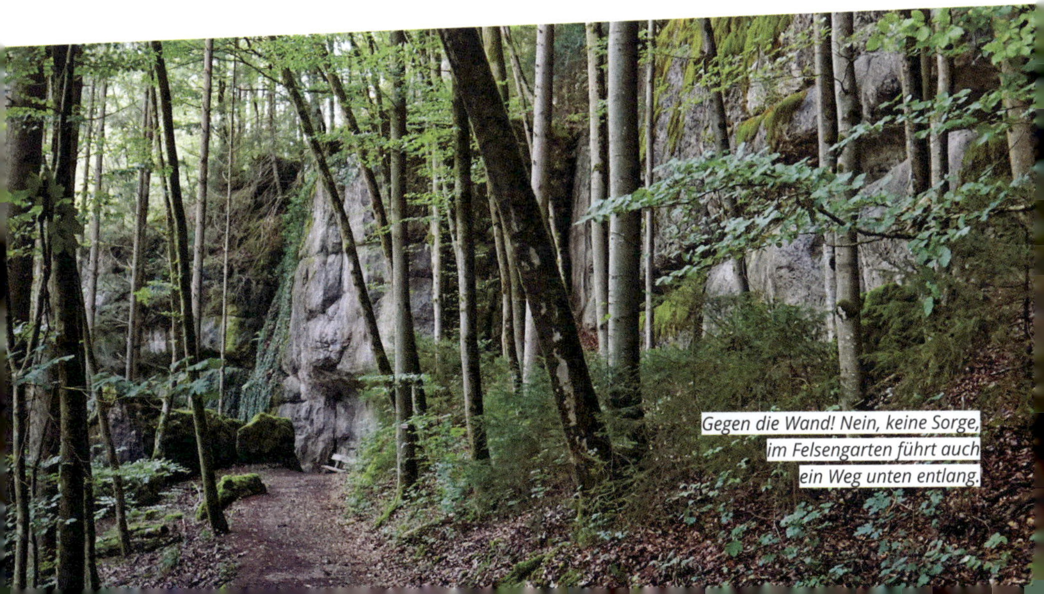

Gegen die Wand! Nein, keine Sorge, im Felsengarten führt auch ein Weg unten entlang.

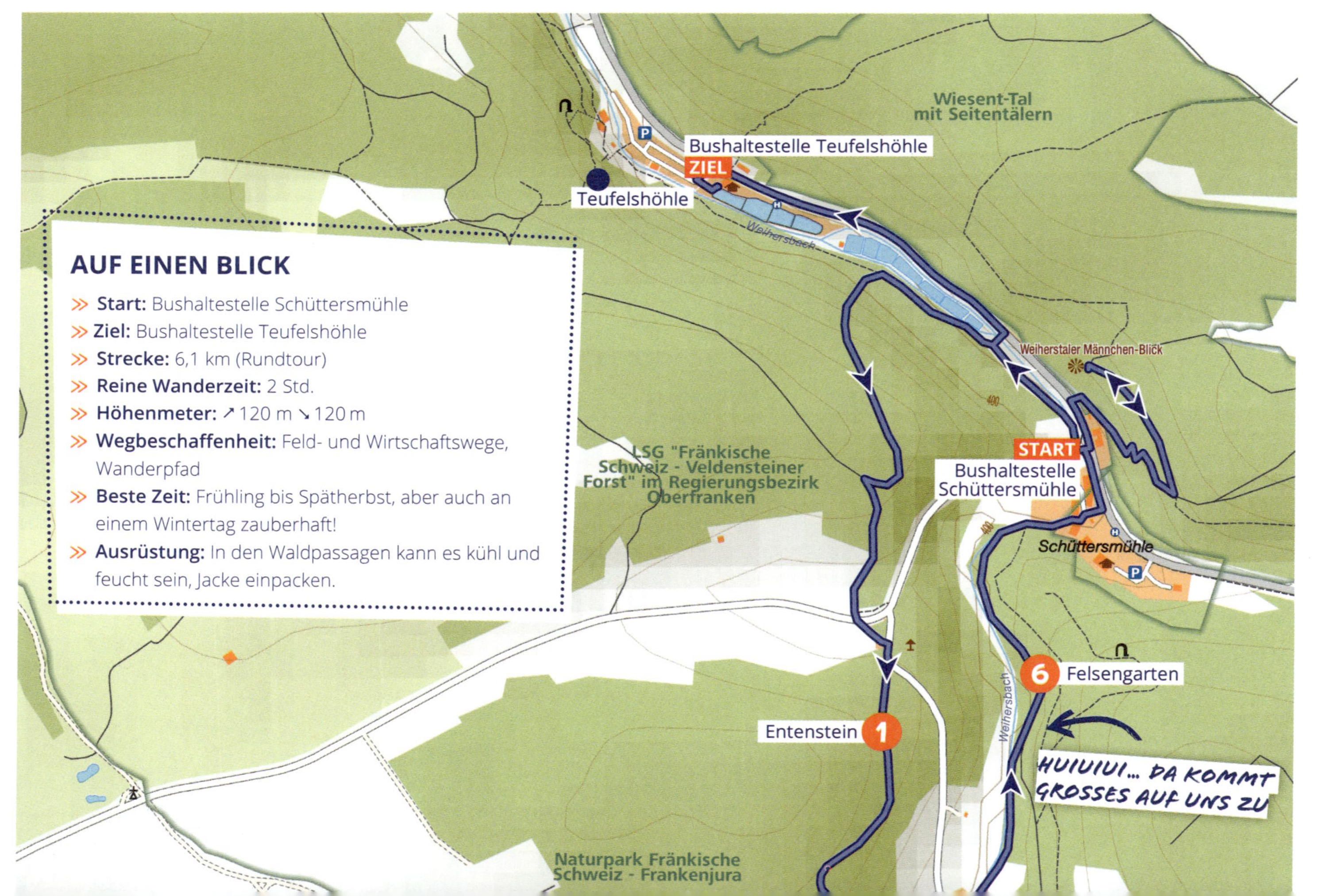

AUF EINEN BLICK

- » **Start:** Bushaltestelle Schüttersmühle
- » **Ziel:** Bushaltestelle Teufelshöhle
- » **Strecke:** 6,1 km (Rundtour)
- » **Reine Wanderzeit:** 2 Std.
- » **Höhenmeter:** ↗ 120 m ↘ 120 m
- » **Wegbeschaffenheit:** Feld- und Wirtschaftswege, Wanderpfad
- » **Beste Zeit:** Frühling bis Spätherbst, aber auch an einem Wintertag zauberhaft!
- » **Ausrüstung:** In den Waldpassagen kann es kühl und feucht sein, Jacke einpacken.

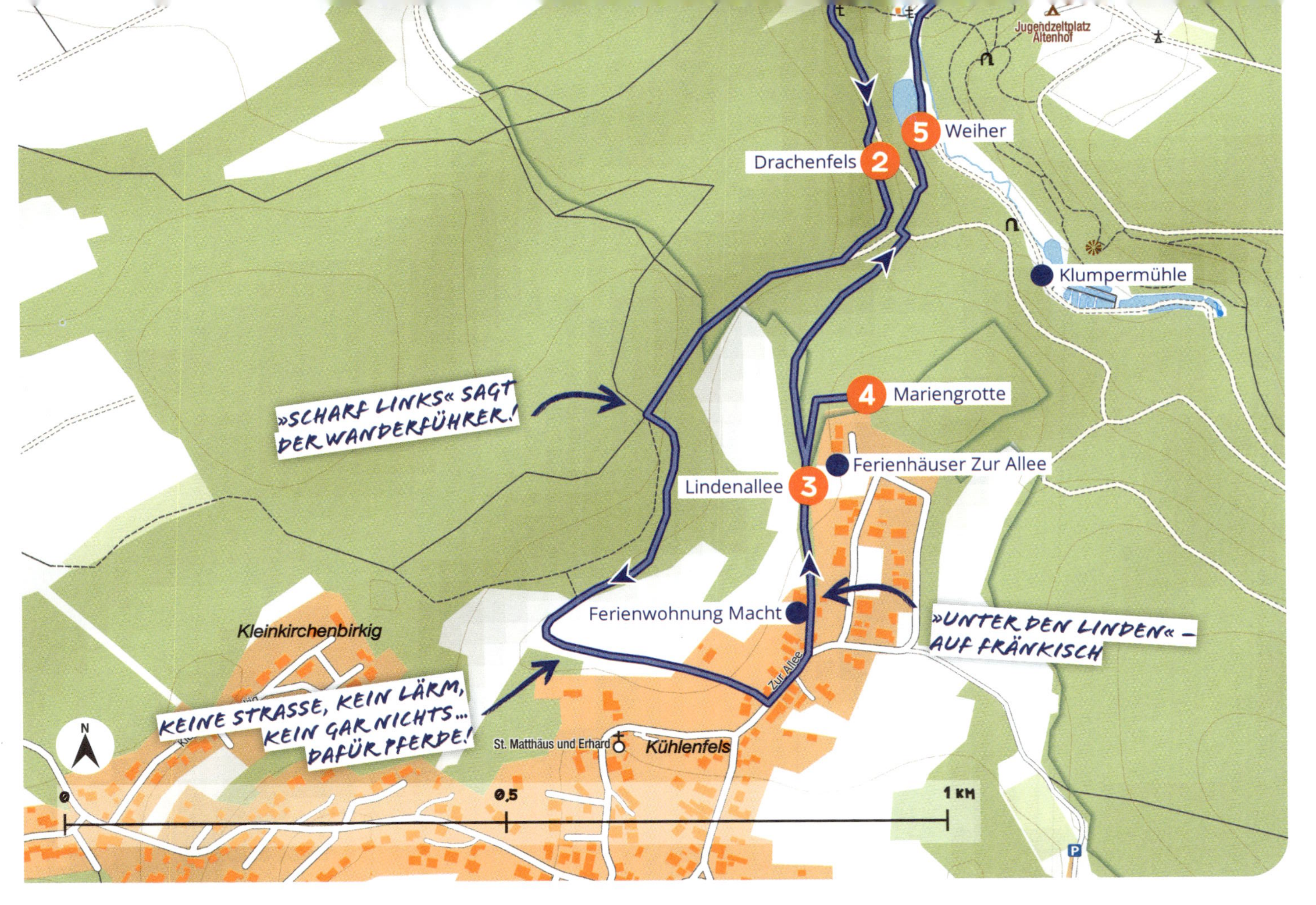

Jugendzeltplatz Altenhof
5 Weiher
2 Drachenfels
Klumpermühle
4 Mariengrotte
»Scharf links« sagt der Wanderführer!
Ferienhäuser Zur Allee
3 Lindenallee
Ferienwohnung Macht
Zur Allee
»Unter den Linden« – auf Fränkisch
Kleinkirchenbirkig
Keine Strasse, kein Lärm, kein gar nichts… dafür Pferde!
St. Matthäus und Erhard
Kühlenfels
N
0
0,5
1 km
P

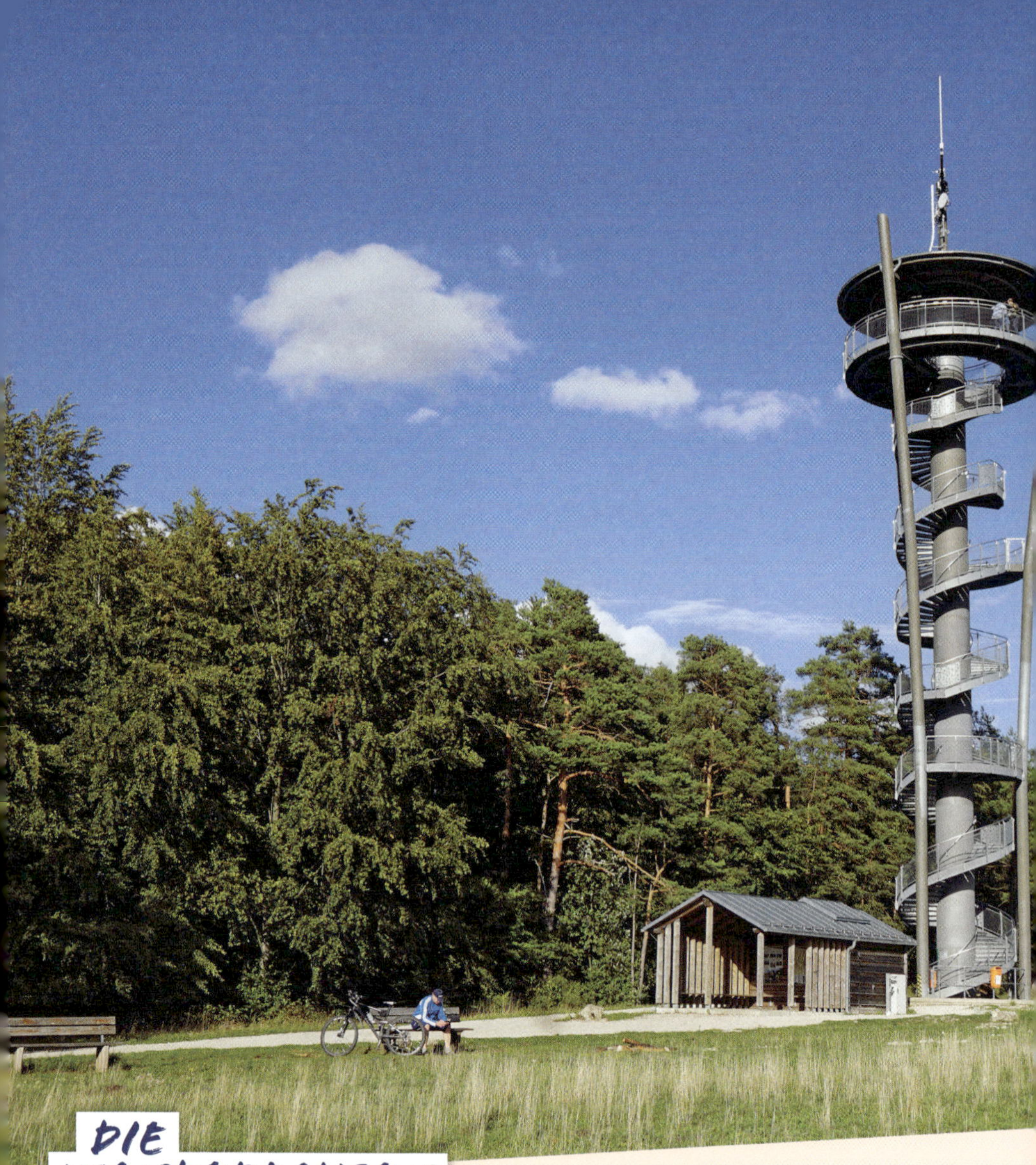

DIE WANDERPAUSEN

» START
Bushaltestelle
Pottenstein B470

KM 0,8
1 Sängerhäuschen
Ins Tal trällern

KM 0,9
2 Hohe Warte
Den Blick schweifen lassen

KM 2
3 Himmelsleiter Pottenstein
Hoch hinaus

12

HALLO HIMMELS-LEITER!

Einmal rund um Pottenstein

Pottenstein ist das unbestrittene touristische Zentrum der Fränkischen Schweiz – bei der idyllischen Lage zwischen Fluss und Felsen kein Wunder! Diese Runde schafft Überblick im Wortsinne, denn es geht über die Himmelsleiter noch weiter hinauf als bis zu den Jurahöhen.

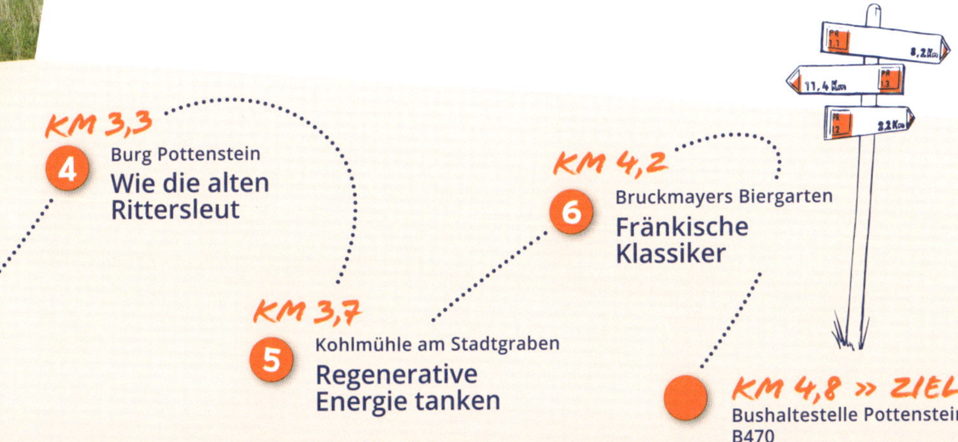

KEIN WEG FÜHRT …

… in der Fränkischen Schweiz an Pottenstein vorbei – früher oder später landet man schon allein deswegen dort, weil einen die Bundesstraße automatisch hinbringt. Die B470 ist so etwas wie die Hauptarterie durch das felsige Kernland und Pottenstein sein Herz. Mit der Teufelshöhle in der unmittelbaren Nachbarschaft, dem sogenannten Erlebnisfelsen und dessen Sommerrodelbahn sowie den Plastiktretbooten, die für Stau auch auf dem Schöngrundsee sorgen, wurde den zahlreich Anreisenden deshalb eine ›Erlebnismeile‹ (pottenstein.de/tourismus-freizeit/pottensteiner-erlebnismeile) eingerichtet, die diese Tour aber zunächst links liegen lässt und zur anderen Talseite hinaufführt.

MIT JEDER STUFE DER HIMMELSLEITER WEITET SICH DAS LAND, DIE SCHROFFEN FELSEN UND DIE TALEINSCHNITTE VERSCHWINDEN UND DIE FRÄNKISCHE SCHWEIZ STRECKT SICH SANFT GEWELLT BIS ZUM HORIZONT AUS.

Die Anstiege sind kurz, aber nicht ohne: Zum exponierten **Sängerhäuschen** geht es schräg zwischen Felsen auf schmalem Steig den Hang hoch – das sollte man berücksichtigen, wenn man kleinere Kinder dabei hat. Das bescheidene Hüttlein hat seinen Namen im Übrigen nicht von ungefähr, wer gerne singt, ist hier gut aufgehoben! Im Sauseschritt eröffnet sich der nächste Rundblick, diesmal nicht auf die Stadt, sondern noch über sie hinweg: Auf der **Hohen Warte** schwebt man fast über den Dächern Pottensteins und hat auch die Burg im Blick – von oben! Noch übertrumpft wird das ›Fern-Seh-Schauspiel‹ vom Aussichtsturm **Himmelsleiter**, wenngleich dort die Stadt selbst schon aus dem Blick geraten ist.

Hat man wieder einige Höhenmenter verloren, liegt die Ikone Pottensteins, die **Burg Pottenstein**, direkt unter einem. Burgenfans wird's freuen: Sie kann inklusive Museum und dem Elisabethzimmer im Wohnturm und damit dem ältesten Teil der Wehranlage besichtigt werden. Über den Burgweg geht's zurück in den Talgrund und zum Ortszentrum. Statt an der Hauptstraße läuft man diesmal an der Püttlach entlang, wo einst Mühlen klapperten und der **Stadtgraben samt Stadtmauer** verlief.

Noch einmal eröffnen sich Aussichten auf die Burg, die jetzt wirkt, als hätte man sie aus Versehen da oben abgestellt und auf die Felsen geklebt. Am Ende des Stadtgrabens wartet mit **Bruckmayers Biergarten** schließlich eine zünftige Einkehr unmittelbar an der lauschigen Püttlach. «

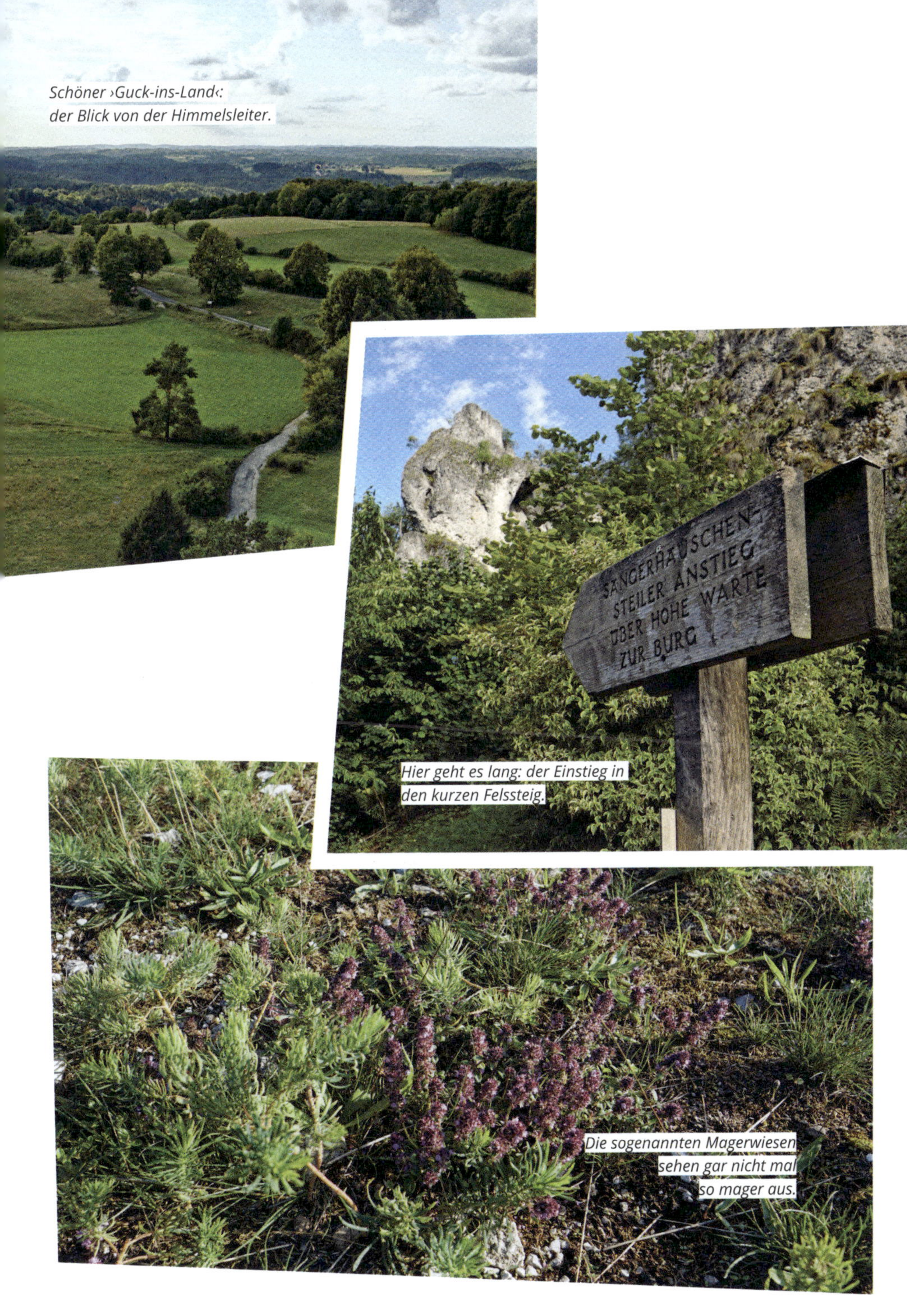

Schöner ›Guck-ins-Land‹: der Blick von der Himmelsleiter.

Hier geht es lang: der Einstieg in den kurzen Felssteig.

Die sogenannten Magerwiesen sehen gar nicht mal so mager aus.

WANDERN & GENIESSEN

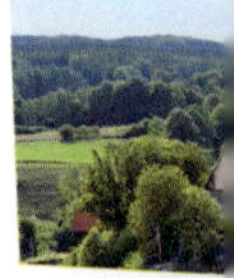

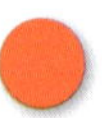

» START

Bushaltestelle Pottenstein B470

Vom Wanderparkplatz Weihersbachtal oder der Bushaltestelle über die Nürnberger Straße in die verkehrsberuhigte Hauptstraße, hinter den Pottensteiner Stuben rechts in den Fußweg den Hang hoch abbiegen. Rechts in den Alten Burgweg und sofort wieder links auf den Felssteig, dem Schild zum Sängerhäuschen folgend.

KM 0,8

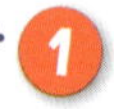

Sängerhäuschen

Ins Tal trällern

Man könnte sagen: Effizienter kann man sich die volle Packung Fränkische Schweiz nicht erlaufen. Keinen Kilometer gegangen und doch war schon alles dabei: Fachwerkromantik, Felsformationen, ein leidlich gesicherter Steig den Hang hoch und schon steht man vor dem Sängerhäuschen und wird aufgrund dessen exponierter Lage mit Höhenangst konfrontiert, wenn man denn welche hat. Eine solche kannten die Damen und Herren des Pottensteiner Gesangsvereins nicht, denen die Hütte als Kulisse für ihre Auftritte diente: weit bis ins Tal zu sehen und zu hören. Heute ist dies allerdings wegen des summenden, brummenden und stetig zunehmenden Autoverkehrs entlang der B470 nicht mehr so recht möglich. Die Hütte ist auch nicht das Original, sondern wurde von der Bergwacht Pottenstein rekonstruiert und auf den Fels geschraubt.

Dem Pfad entlang der Abbruchkante weiter folgen, kurz geht es durch ein Wäldchen, dann erscheint schon die Hohe Warte.

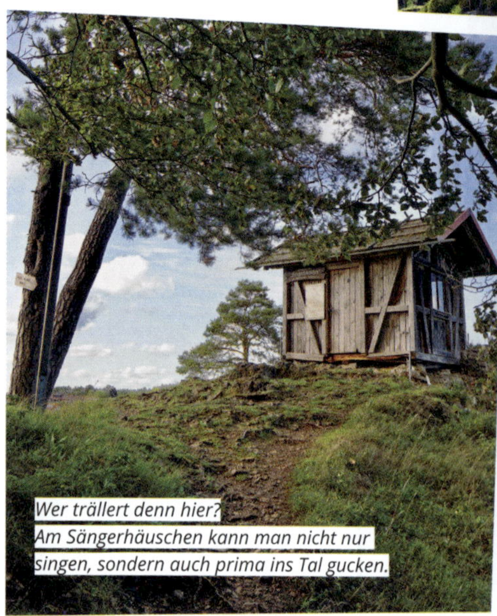

Wer trällert denn hier? Am Sängerhäuschen kann man nicht nur singen, sondern auch prima ins Tal gucken.

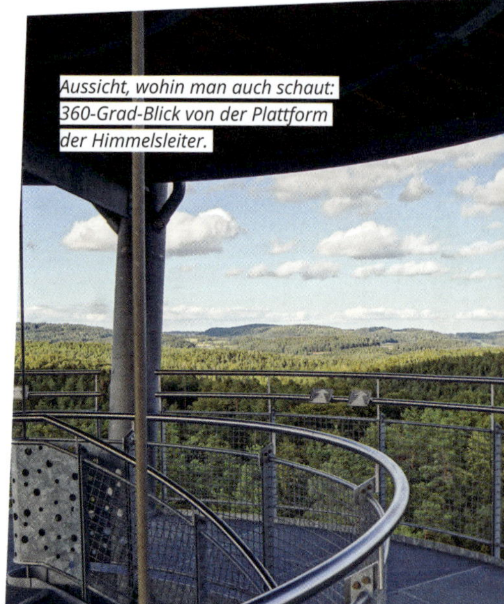

Aussicht, wohin man auch schaut: 360-Grad-Blick von der Plattform der Himmelsleiter.

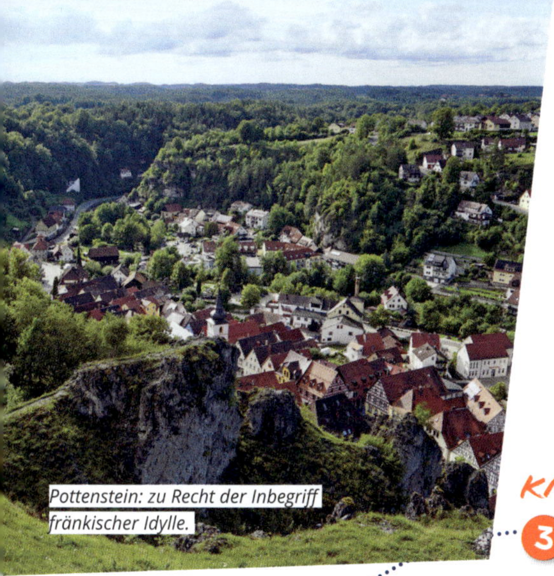

Pottenstein: zu Recht der Inbegriff fränkischer Idylle.

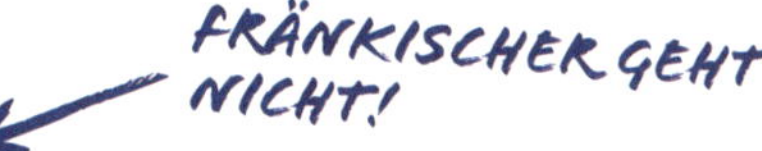

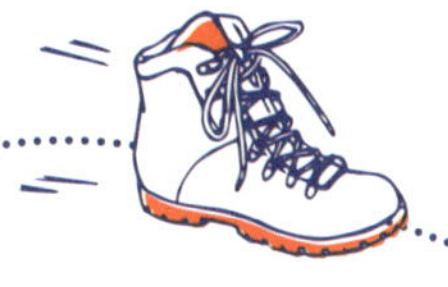

KM 0,9

2 Hohe Warte

Den Blick schweifen lassen

Was für eine Fernsicht! Richtung Norden erkennt man am Horizont den Aussichtsturm der Hohenmirsberger Platte – mit nur 614 Metern der höchste Punkt der gesamten Fränkischen Schweiz: Es sind nicht die Höhen, die den Landstrich ausmachen, sondern die tiefen Einschnitte! Die Hohe Warte ist Teil des Elisabethwegs, man unterstellt, die heilige Elisabeth sei gut zu Fuß gewesen und habe diese Aussichten genossen. Die Königstochter hatte einst Zuflucht in der Pottensteiner Burg gesucht, nachdem sie aus der thüringischen Wartburg und ihrem Hof geflohen war. Sie hatte durch Barmherzigkeit gegenüber Bettlern dessen Argwohn auf sich gezogen. 1229 legte sie das Gelübde der Franziskaner-Nonnen ab und wurde schon 1235, vier Jahre nach ihrem Tod, heiliggesprochen.

Nicht weiter absteigen, sondern von der Warte aus auf gleicher Höhe weiter – der Weg führt über der Hangkante immer geradeaus, die Himmelsleiter ist ausgeschildert und bald nicht zu übersehen.

KM 2

3 Himmelsleiter Pottenstein

Hoch hinaus

Die sogenannten Trockenhänge bei Pottenstein, die man auf dem Weg zur Himmelsleiter durchquert, sind seit 1995 ein Schutzgebiet aufgrund ihrer Artenvielfalt: Orchideen und Enziane, Thymian und Oregano zwischen den Wacholderbüschen ziehen eine ungemeine Vielfalt an Insekten an. Entstanden sind die Trockenwiesen durch Menschenhand, konkret durch Beweidung, inzwischen sind sie gefährdet, weil diese zurückgeht. Hoch über einer solchen Trockenwiese thront die Himmelsleiter: 37 Meter hoch, 80 Tonnen Stahl, über 150 Stufen zu erklimmen. Erbaut wurde der Aussichtsturm 2014, die vormontierte Plattform wurde per Kran aufgesetzt. Von der Kanzel genießt man einen 360-Grad-Rundumblick, wobei zahlreiche Tafeln einen wissen lassen, was man da in welcher Distanz vor sich hat. Der Turm ist im Sommerhalbjahr frei zugänglich (kein Eintritt). Die Stahlkonstruktion ist übrigens zugleich ein Zweckbau und dient als Funkantenne.

Zunächst auf demselben Weg zurück, hinter der Hoffmannskapelle den Kiesweg links wählen und bis zu Burg Pottenstein folgen.

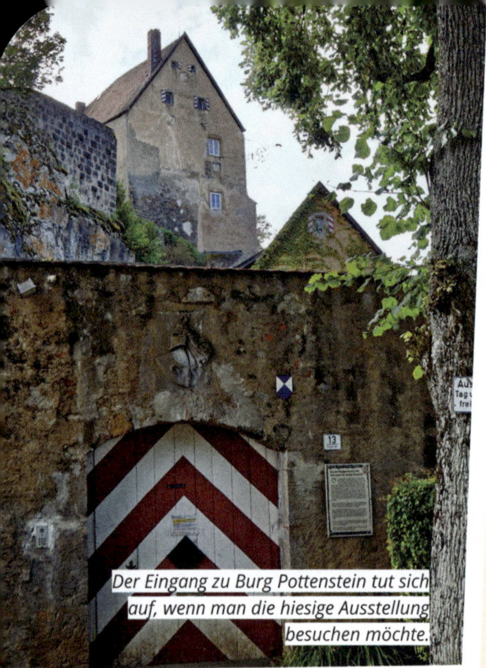

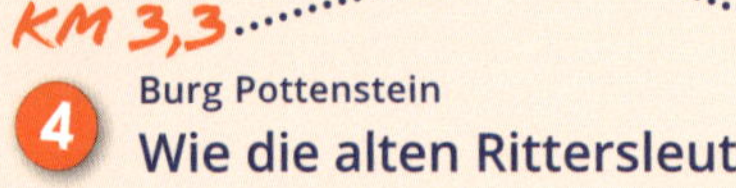

Der Eingang zu Burg Pottenstein tut sich auf, wenn man die hiesige Ausstellung besuchen möchte.

KM 3,3

4

Burg Pottenstein

Wie die alten Rittersleut

Die Schau im Inneren der Burg, u. a. zu ihrer Geschichte und zur heiligen Elisabeth, ist umfassend. ›Pottenstein‹ bedeutet ›Stein des Boto‹, wobei Stein für Gemäuer steht. Dieser Boto heiratete in die bayerische Herzogsfamilie ein, errichtete hier eine Burg und nannte sich hinfort »Comes de Potensteine«. Jahrhundertelang im Besitz des Bistums Bamberg, wurde die Burg von einem Vogt verwaltet, der aber Wohnsitz in der Stadt nahm, der Weg hinauf schien ihm zu beschwerlich. Ab Mitte des 18. Jahrhundert war sie nurmehr Getreidespeicher, die Steine des Bergfrieds dienten den Menschen zum Wiederaufbau ihrer Häuser nach einem Brand. Vor dem Verfall rettet sie 1878 nur der Verkauf an privat (burgpottenstein.de).

Über den Alten Burgweg hinunter in die Stadt, links ins Löhrgässchen und an der Abzweigung zur Hauptstraße auf den Fußweg schräg rechts gegenüber einscheren.

KM 3,7

5

Kohlmühle am Stadtgraben

Regenerative Energie tanken

An den Mühlen zeigten sich Reichtum und Bedeutung einer Stadt, in Pottenstein waren es deren sieben: zum Beispiel die Ziersmühle mit Sägewerk im Püttlachtal, die Hammermühle mit Hammerwerk oder die Kohlmühle, vor der man hier steht und die Mehl gewann. Um stetigen Durchfluss und damit die gleichmäßige Arbeit des Mühlrads zu sichern, wurde Wasser von der Püttlach aufgestaut und abgezweigt. Das Mühlrad trieb einst den Mahlstein im Inneren an, dreht sich an der Kohlmühle jedoch nicht mehr. Der ausrangierte Mahlstein lebt unter Gänsen ein zweites Leben als Gartentisch im nächsten Garten links. Durch die Abspaltung eines Werkbachs entstand eine Art Inselareal zwischen den beiden Fließgewässern. Erst ein paar hundert Meter weiter fließen sie am Stadtgraben wieder zusammen.

Dem Pfad über die ›Insel‹ folgen, an den Stadtmauerresten und am Stadtgraben entlang. Hinter dem Parkplatz rechter Hand liegt etwas versteckt der Biergarten.

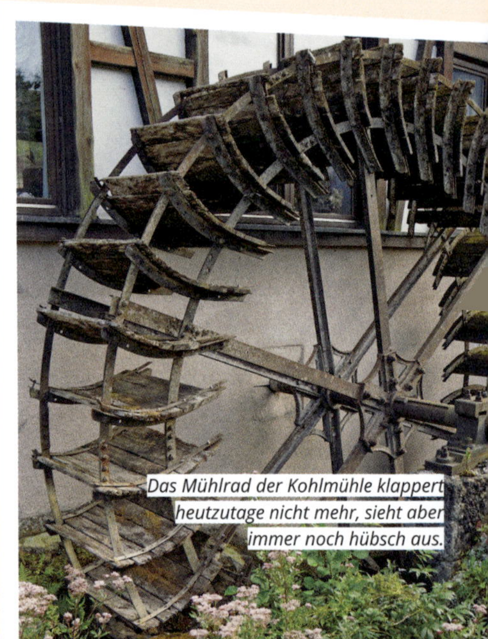

Das Mühlrad der Kohlmühle klappert heutzutage nicht mehr, sieht aber immer noch hübsch aus.

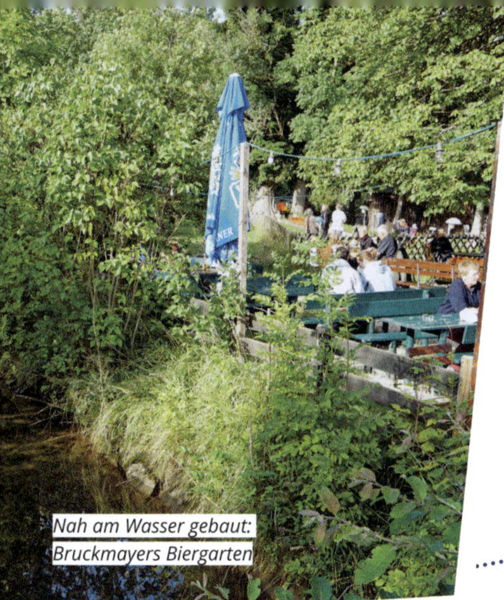

Nah am Wasser gebaut: Bruckmayers Biergarten

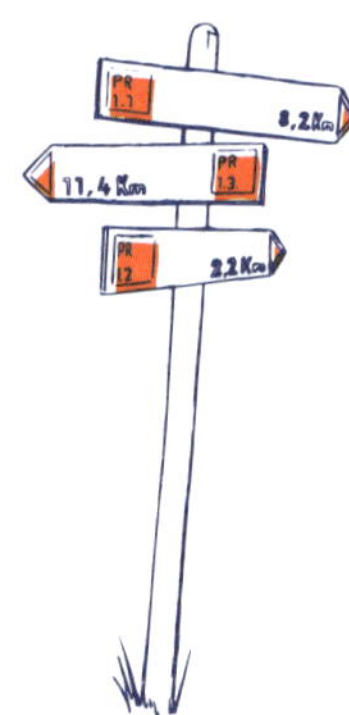

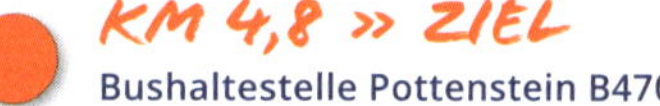

KM 4,8 » ZIEL

Bushaltestelle Pottenstein B470

KM 4,2

6 Bruckmayers Biergarten

Fränkische Klassiker

Bruckmayers sind so etwas wie eine Dynastie in Sachen Gastbetriebe. Neben dem eigenen Gästehaus bewirtschaftet das Ehepaar noch das Hotel Schwan und eben diesen Biergarten an der Püttlach. Wenn der im Herbst schließt, ist nicht etwa Pause, dann öffnet Bruckmayers Urbräu in der alten Brauerei an der Forchheimer Straße: urig und aufgrund der Atmosphäre definitiv ein Tipp für die kalte Jahreszeit. Allerdings, das sagt ein ortsansässiger Scherzbold, sollte man sich etwas zum Essen mitbringen, um die Wartezeit zu überbrücken. Im Biergarten hingegen fliegen die fränkischen Klassiker nur so aus der Küche ...

Bevor es zurück zum Ausgangspunkt geht, führt ein kurzweiliger Schlenker durch den kleinen Kurpark am anderen Ufer, um dann die paar Schritte hinunter zur Forchheimer Straße zu gehen und nach rechts in die Nürnberger in Richtung Bushaltestelle abzubiegen.

EXTRA INFOS:

Das kleine, aber feine ● **Scharfrichtermuseum Pottenstein** versammelt über 100 Exponate rund um diese Tätigkeit. Zentral in der Hauptstraße gelegen, lässt es sich vor oder nach der Wanderung besuchen (scharfrichtermuseum.de).

Sauna und Dampfbad sind im ● **Hallenbad Juramar** direkt hinter dem Biergarten im Eintrittspreis enthalten – ein super Abschluss an kälteren Tagen (pottenstein.de/familienbad-juramar).

● **Bruckmayers Gästehaus** gehört zum Biergarten (oder anders herum) und ist familiengeführt, die Gästezimmer liegen in einer schmucken Gründerzeitvilla (bruckmayers-gaestehaus.de). Nicht teurer, aber richtig großzügig ist das Apartment mit Küche im privat geführten ● **Haus Goldfuß** im Ortsteil Haselbrunn oberhalb Pottensteins.

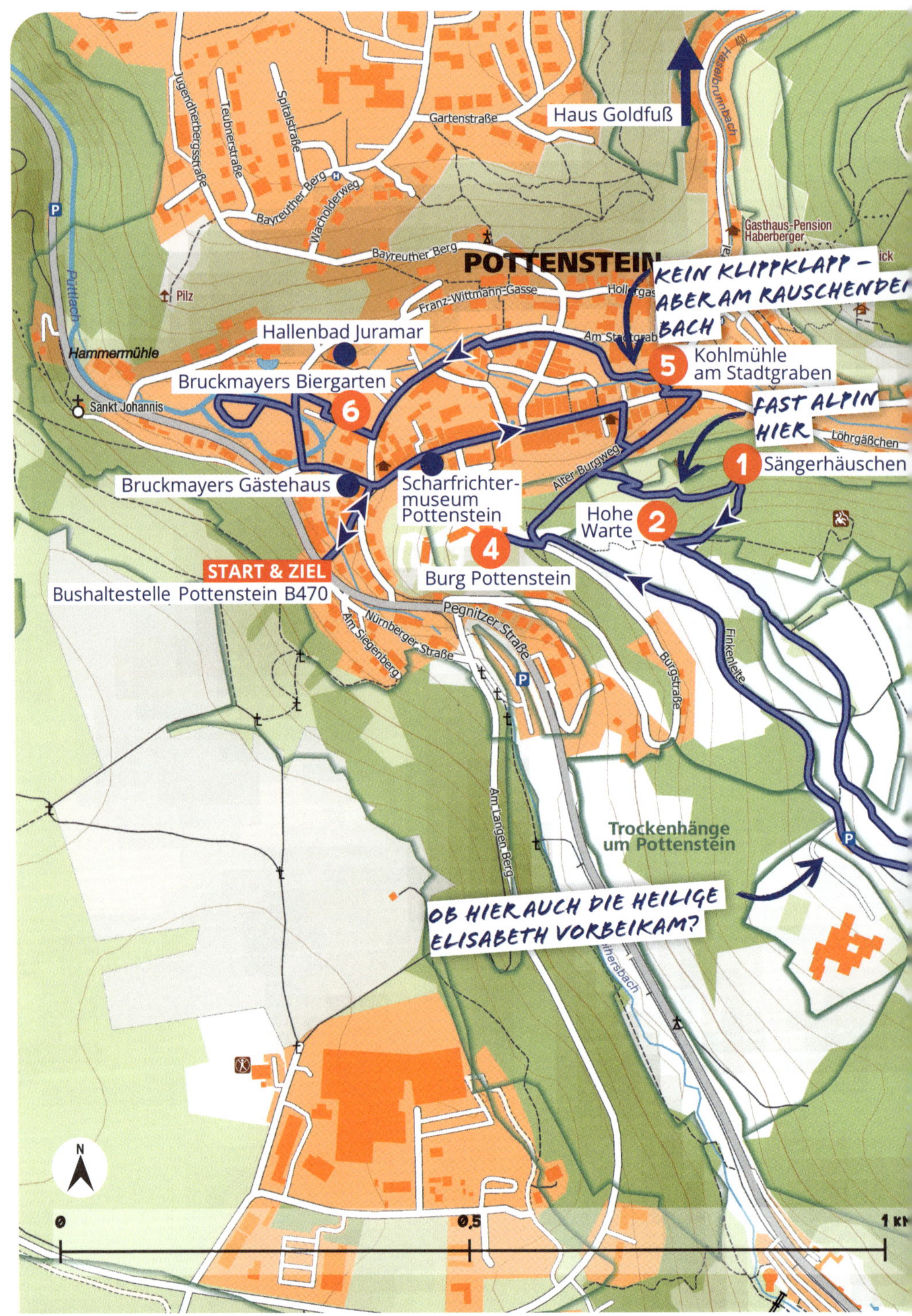

Haus Goldfuß
POTTENSTEIN
KEIN KLIPPKLAPP – ABER AM RAUSCHENDEN BACH
Hallenbad Juramar
Bruckmayers Biergarten
6
5
Kohlmühle am Stadtgraben
FAST ALPIN HIER
1
Sängerhäuschen
Bruckmayers Gästehaus
Scharfrichter-museum Pottenstein
Hohe Warte
2
4
Burg Pottenstein
START & ZIEL
Bushaltestelle Pottenstein B470
Trockenhänge um Pottenstein
OB HIER AUCH DIE HEILIGE ELISABETH VORBEIKAM?
Gasthaus-Pension Haberberger
Gartenstraße
Spitalstraße
Teubnerstraße
Jugendherbergsstraße
Bayreuther Berg
Wacholderweg
Franz-Wittmann-Gasse
Am Stadtgraben
Alter Burgweg
Löhrgäßchen
Pegnitzer Straße
Nürnberger Straße
Am Siegenberg
Burgstraße
Finkenleite
Am Langen Berg
Haselbrunnbach
Püttlach
Hammermühle
Sankt Johannis
Pilz
N
0
0,5
1 km

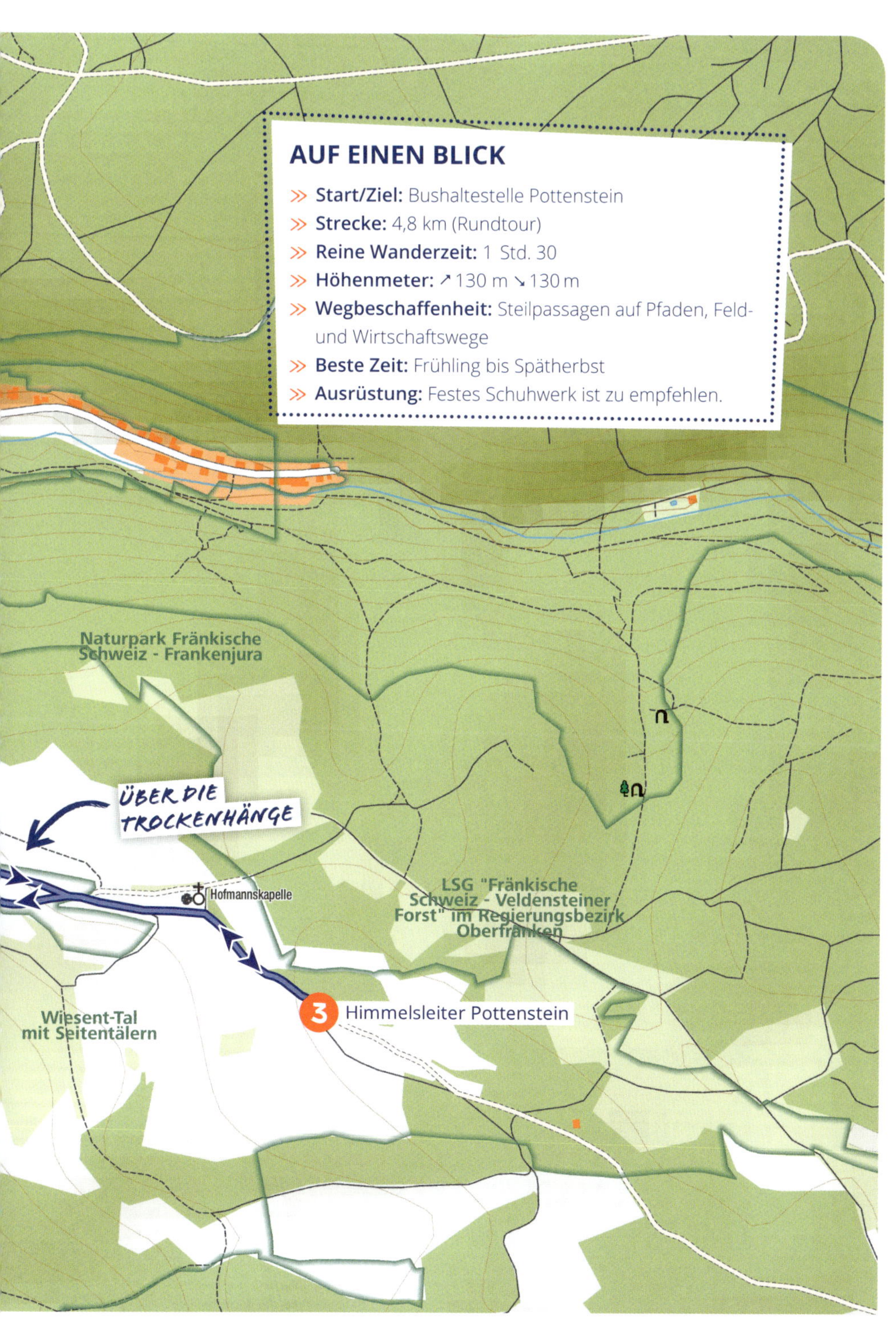

AUF EINEN BLICK

- **Start/Ziel:** Bushaltestelle Pottenstein
- **Strecke:** 4,8 km (Rundtour)
- **Reine Wanderzeit:** 1 Std. 30
- **Höhenmeter:** ↗ 130 m ↘ 130 m
- **Wegbeschaffenheit:** Steilpassagen auf Pfaden, Feld- und Wirtschaftswege
- **Beste Zeit:** Frühling bis Spätherbst
- **Ausrüstung:** Festes Schuhwerk ist zu empfehlen.

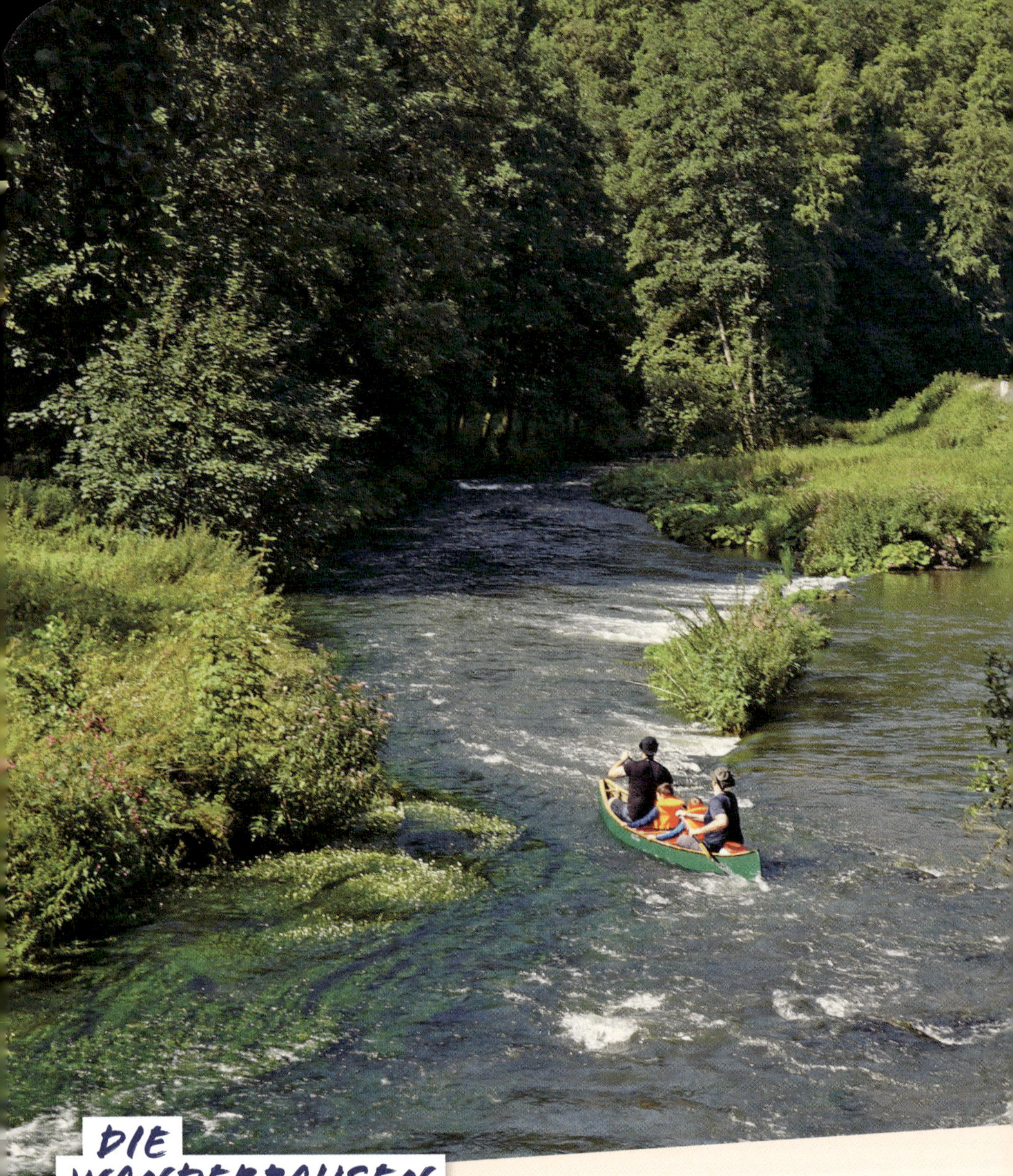

DIE WANDERPAUSEN

» START
Bushaltestelle Hotel Behringers, Behringersmühle

KM 1,9
1 Basilika Gößweinstein
Am Wallfahrtsziel

KM 2,3
2 Kreuzberg
Leidensweg bergauf

KM 3,4
3 Burg Gößweinstein
Renovierter Altbau

13 STADT, LAND, FLUSS

Nach Gößweinstein auf die Höhe und zurück durchs Wiesenttal

Eine Tour, in der wirklich alles drin ist: herrlicher Panoramablicke, erhabene Wallfahrtskirche, kniffliger Felsensteig, weites Flusstal … alles, wofür die Fränkische Schweiz berühmt ist. Frankenherz, was willst du mehr?

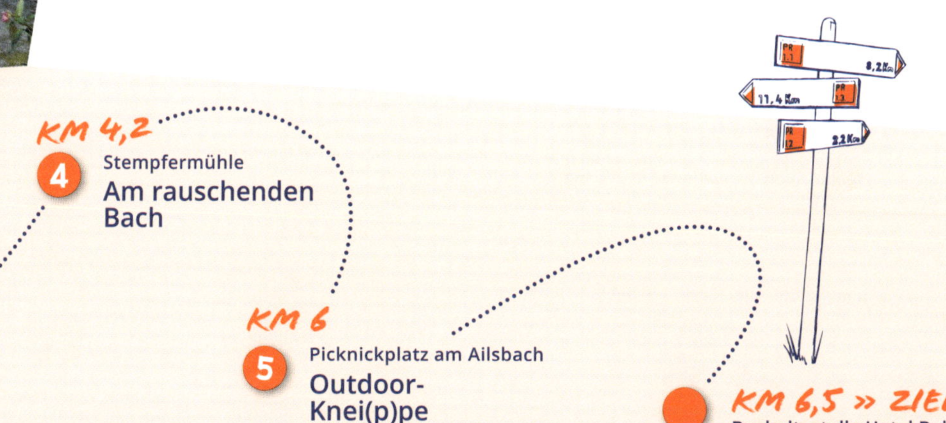

KM 4,2

4 Stempfermühle
Am rauschenden Bach

KM 6

5 Picknickplatz am Ailsbach
Outdoor-Knei(p)pe

KM 6,5 » ZIEL
Bushaltestelle Hotel Behringers, Behringersmühle

DIE HEIMLICHE HAUPTSTADT ....

... der Fränkischen Schweiz ist Gößweinstein, keine Frage. Die Kleinstadt liegt in der Höhe, wurde also nicht durch ein enges Flusstal begrenzt. Entsprechend großzügig fallen Basilika und Franziskanerkloster aus. Der Startpunkt dieser Wanderung liegt bei der Behringersmühle an der Püttlach – man muss also erst mal hinauf, ein paar Höhenmeter gewinnen. Es geht auf einen Steig, der mit zahlreichen Aussichtspunkten glänzt und parallel zur ungemein steilen und engen Fahrstraße malerisch bis auf die Anhöhe leitet. Unterwegs ergeben sich Blicke ins Tal und auf die Burg Gößweinstein. Man hat also schon eine gehörige Portion Natur abbekommen, sodass es leicht fällt, nun auf Kultur umzuswitchen und die **Basilika Gößweinstein** sowie das Kloster in Augenschein zu nehmen. Das überraschend voluminöse Kirchengebäude stellt eine sogenannte Basilica minor dar: gewissermaßen eine Auszeichnung, die der Papst vergibt.

TRITT MAN AUS DEM BERGWALD HERAUS, ÖFFNET SICH DAS WIESENTTAL VOR EINEM, AUS KÜHLEN KARSTQUELLEN ENTSPRINGT DER SPRUDELNDE MÜHLBACH – MAN ATMET AUS, EIN UND DURCH!

Gößweinstein bietet übrigens ausreichend Einkehr- und Einkaufsmöglichkeiten, sodass man sich hier problemlos mit Proviant versorgen kann. Von der Klosterkirche geht es direkt auf den Kalvarienberg beziehungsweise hoch zum **Kreuzberg,** der wiederum einen Rundblick über Gößweinstein bietet. Und das immerhin auf fast 500 Metern Höhe.

Hoch und runter, runter und hoch – oder umgedreht? Auf jeden Fall einmal durch die kleine Altstadt und hinauf zur **Burg Gößweinstein.** Fun Fact: Die Stadt hat ihren Namen übrigens von der Burg, nicht andersherum. Ein Graf Gozwin hatte den Fels um das Jahr 1000 besiedelt und die Burg Goswinesteyn errichtet.

Nun taucht man wieder ab in die Natur, steigt einen Felsensteig hinab ans Ufer der Wiesent und erreicht schließlich die **Stempfermühle.** Richtig gezählt: Die Wiesent ist nach der Püttlach schon der zweite Fluss, an dessen Ufer man steht. Aller guten Dinge sind drei und deshalb geht es entgegen dem Lauf der Wiesent zurück Richtung Püttlach, an der Behringsmühle biegt man jedoch ab ins Ailsbachtal. Unmittelbar bevor sich das Tal verengt und zuwächst, erwartet müde Beine und leere Bäuche der überdachte **Picknickplatz am Ailsbach** samt dem im Fränkischen unvermeidbaren Kneippbecken. Könnte nicht günstiger kommen!

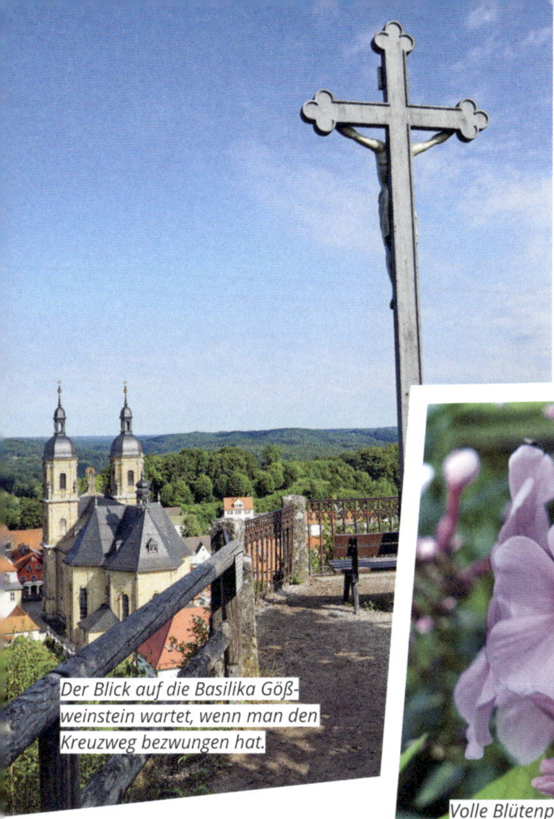

Der Blick auf die Basilika Gößweinstein wartet, wenn man den Kreuzweg bezwungen hat.

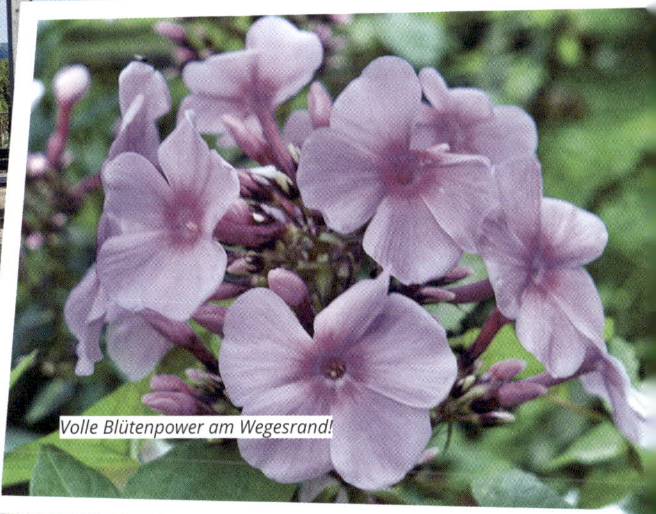

Volle Blütenpower am Wegesrand!

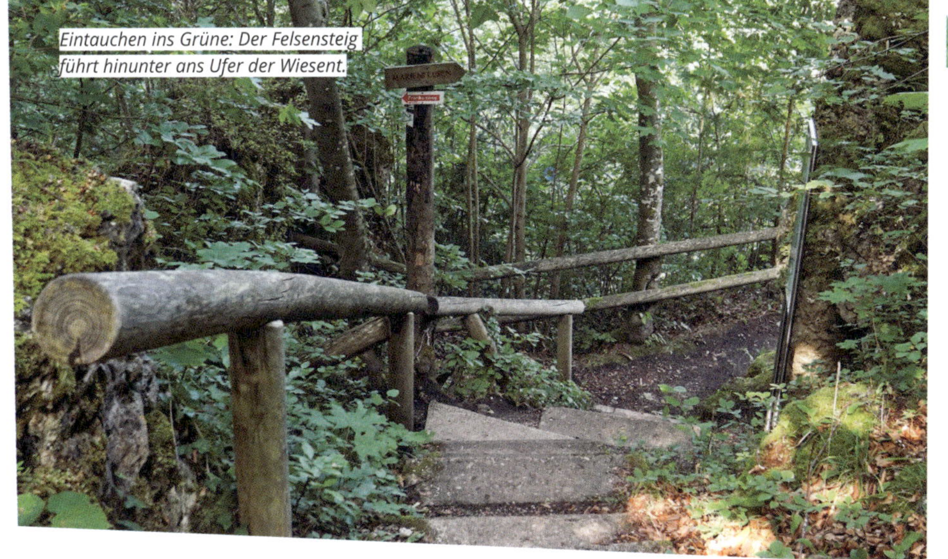

Eintauchen ins Grüne: Der Felsensteig führt hinunter ans Ufer der Wiesent.

WANDERN & GENIESSEN

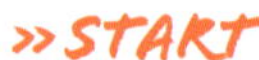

» START

Bushaltestelle Hotel Behringers, Behringersmühle

Kurz der Fahrstraße Richtung Gößweinstein folgen, nach wenigen Metern scharf links abbiegen, von dort geht es auf den Pfad und über mehrere Aussichtspunkte zur Stadt. Beim Parkplatz an der Votivkapelle die Straße überqueren und am Minigolfplatz (Biergarten!) vorbei zur Badangerstraße, weiter in die Wagnershöhe, am Tourismusbüro vorbei die Burgstraße hinunter bis zur Basilika.

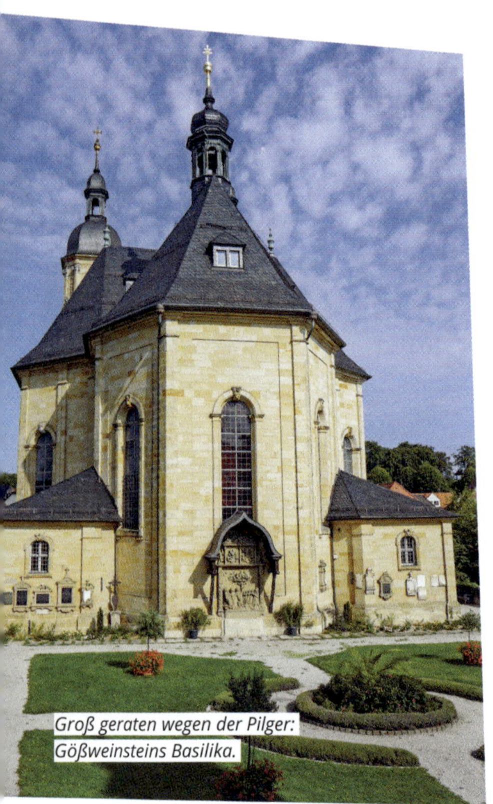

Groß geraten wegen der Pilger: Gößweinsteins Basilika.

KM 1,9

1 **Basilika Gößweinstein**

Am Wallfahrtsziel

Seit dem frühen Mittelalter ist Gößweinstein ein Wallfahrtsort, die heutige Größe der Basilika hat unmittelbar mit dem Pilgeransturm zu tun: Der Bau stammt aus dem 18. Jahrhundert und wurde von Balthasar Neumann, dem Stararchitekten jener Zeit in Süddeutschland, entworfen. Die mittelalterliche Vorgängerkirche war den Pilgermassen schlicht nicht mehr gewachsen – man liest von gefährlichem Gedränge und Beichten im Freien. Auch die Marienkapelle direkt hinter der Basilika wurde einst zur Entlastung erbaut. Bleibt die Frage, warum nach Gößweinstein gepilgert wurde. Das Ziel ist ein sogenanntes Gnadenbild in der Basilika – eine Mariendarstellung, durch deren Anbetung man Gnade vor Gott erlangt. Grund genug für die 27 verbürgten Wallfahrtsgruppen des Jahres 1662 und die ungefähr 4000 Personen, die sich ab Mitte des 18. Jahrhunderts der jährlichen Frankenprozession anschlossen, um sich nach Gößweinstein aufzumachen (pfarrgemeinde-goessweinstein.de).

An der Basilika vorbei zur kleineren Marienkirche, durch das Tor am Franziskanerkloster, gleich danach nach rechts zum ersten Bildstock und dort links die Stiegen als Abkürzung direkt zum Kreuzberg hoch nehmen.

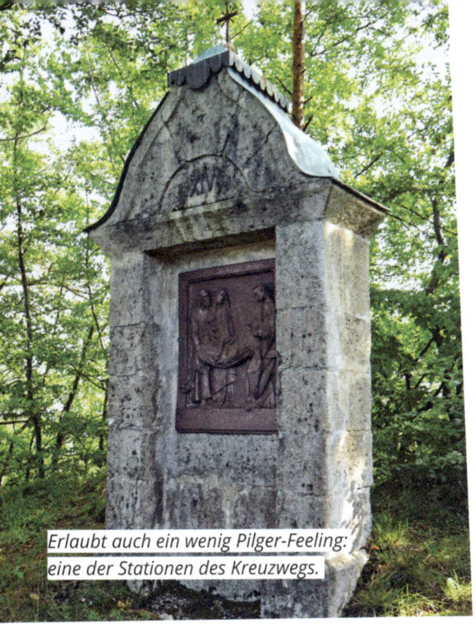

Erlaubt auch ein wenig Pilger-Feeling: eine der Stationen des Kreuzwegs.

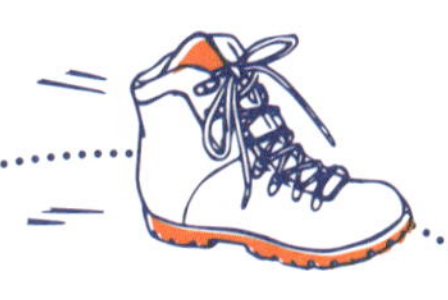

KM 3,4

3 Burg Gößweinstein

Renovierter Altbau

Wirken die Burggebäude während des Aufstiegs recht wohnlich, scheinen sie oben wesentlich älteren Datums zu sein. Des Rätsels Lösung: Wohntrakt und Bergfried wurden 1890 vom privaten Burgbesitzer komplett umgestaltet. Das heutige Erscheinungsbild hat also wenig mit der originalen Höhenburg zu tun – vom Verlies, der romanischen Kemenate und der farbenfroh ausgemalten Kapelle mal abgesehen. Höhenburg deshalb, weil das Ensemble auf einem Felssporn über Gößweinstein thront und zur anderen Seite ins Wiesenttal hinunterblickt.

Der Einstig in den Felsensteig geht gleich rechts des Burgvorplatzes ab und führt unmittelbar hinab ins Tal. Dem Pfad durch Eibenwald bis zur Stempfermühle folgen.

KM 2,3

2 Kreuzberg

Leidensweg bergauf

Gewissermaßen eine Wallfahrt im Kleinen stellt der Gang auf einen Kalvarienberg dar – das lateinische *calvaria* heißt Schädel, meint also eine Schädelstätte und damit Golgatha. Entsprechend sind am Wegesrand die Leidenstationen Christi auf dem Weg zur Kreuzigung in Bildstöcken dargestellt. Ziel ist das sogenannte Hochkreuz, das einerseits als Endpunkt der eigentlichen Wallfahrt gilt und andererseits den wohl beliebtesten Aussichtspunkt über Gößweinstein und auf das Ensemble von Basilika, Marienkirche und Kloster bietet. Über einen schmalen, aber mit Geländern befestigten Weg geht es auf den Vorsprung mit Bank und 180-Grad-Blick.

Entlang der Bildstöcke geht es auf dem Kiesweg runter vom Kreuzberg: geradeaus auf der Kammhöhe weiter, vor dem Gernerfels links zur Gartenstraße ab, zweimal rechts, dann links über die Brücknerstraße zum ›Butzberg‹ und anschließend links die Burgstraße bis ganz nach oben.

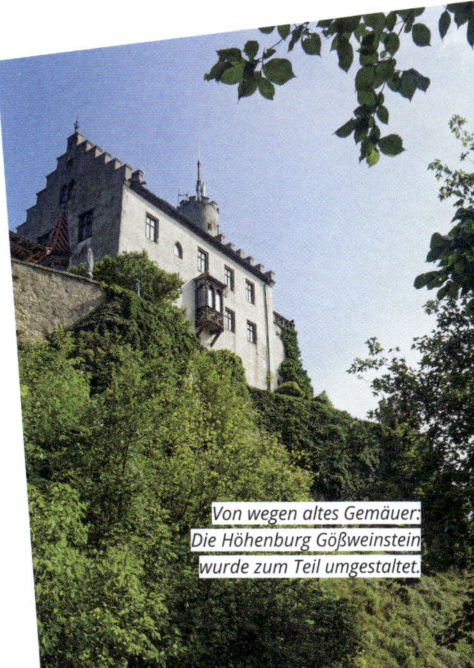

Von wegen altes Gemäuer: Die Höhenburg Gößweinstein wurde zum Teil umgestaltet.

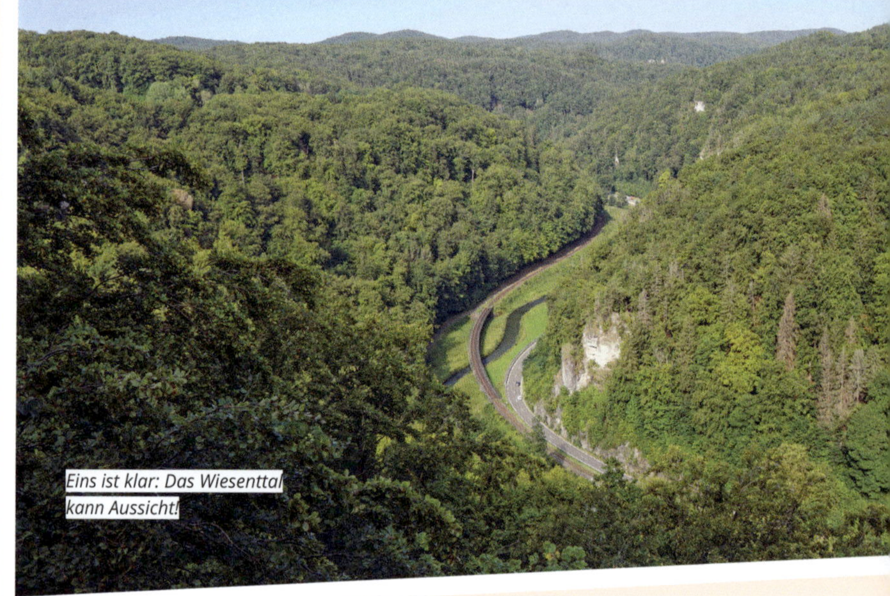

Eins ist klar: Das Wiesenttal kann Aussicht!

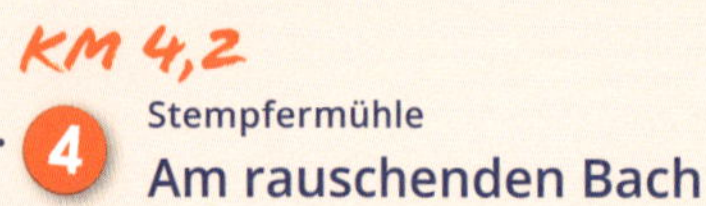

Stempfermühle

Am rauschenden Bach

Noch wohnt die alte Dame auf der Mühle, will aber verkaufen. Pension und Gaststube sind schon seit mehreren Jahren geschlossen und werden es auch solange bleiben, bis neue Gastleute aufsperren. Das ist schade, aber nicht schlimm, denn der Winkel an der Wiesent ist auch ohne Einkehr bezaubernd – vielleicht sogar noch schöner, denn so kommt man zwar nicht an den Kochtöpfen, wohl aber am Stempfermühltopf zu sitzen: Dies sind die Karstquellen, die unmittelbar am Wegrand aus dem Boden drücken und wenige Meter weiter in der Wiesent münden. Eine schmucke Holzbrücke führt über den Fluss; das Bootshäuschen und die Plattform anderen Ufer sind leider in Privatbesitz, aber man findet andere lauschige Plätzchen am Ufersaum.

Dem Uferweg gegen die Fließrichtung folgen, Behringersmühle ist ausgeschildert. Wer im Landgasthof Frankenstern einkehren möchte (s .Extra Infos), geht an der Brücke über die Püttlach geradeaus, andernfalls samt Brotzeit weiter zum Picknickplatz: über den Fluss, entlang der Uferpromenade in die Hauptstraße und dann links in den Weg zum Vereinsheim des TC Behringersmühle.

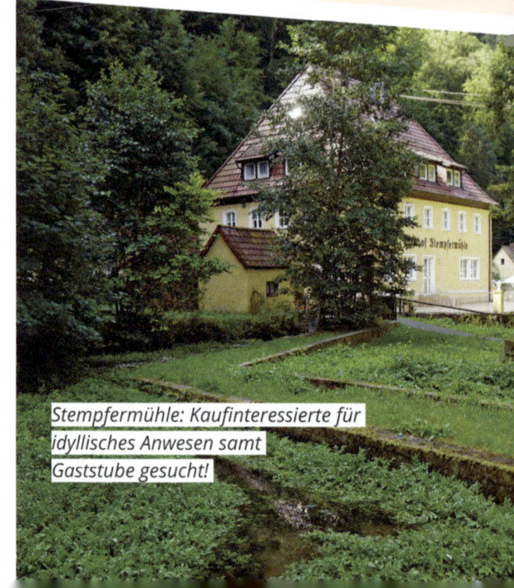

Stempfermühle: Kaufinteressierte für idyllisches Anwesen samt Gaststube gesucht!

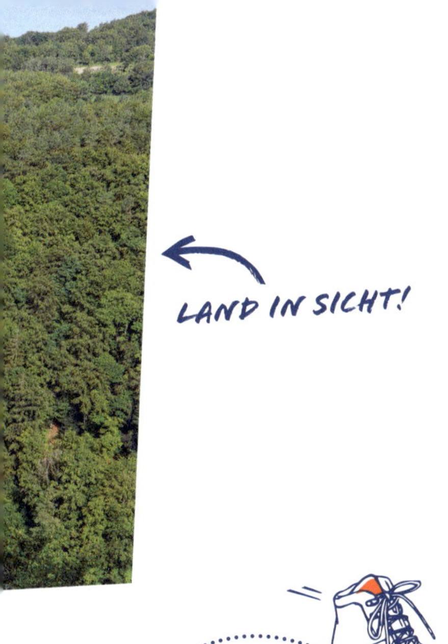

LAND IN SICHT!

EXTRA INFOS:

Direkt am Eingang zur Basilika klärt ein kleines ● **Wallfahrtsmuseum** (wallfahrtsmuseum.info) über die Geschichte der Pilgerströme nach Gößweinstein auf. Auf dem Rückweg vom Kreuzberg werden ● **Elisabethengrotte, Ölberggrotte** und **Kapuzinerhöhle** passiert, die unmittelbar nebeneinanderliegen und einen näheren Blick wert sind.

Der historische ● **Scheffel-Gasthof** in der Balthasar-Neumann-Straße in Gößweinstein lässt mit uriger Gaststube, Biergarten und modernen Gästezimmer das fränkische Herz höherschlagen (scheffel-gasthof.de). Zimmer und regionale Küche bietet auch der ● **Landgasthof Frankenstern** (frankenstern.de).

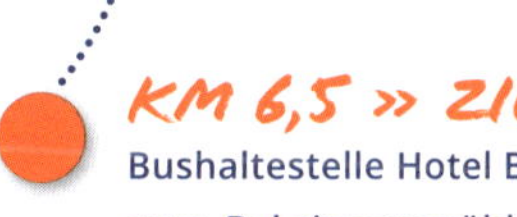

KM 6

5 **Picknickplatz am Ailsbach**

Outdoor-Knei(p)pe

Es geht flach dahin, nach den Steigungen danken es einem die Beine. Erst kurz an der Püttlach, dann schon am kleinen Ailsbach. Der pyramidenartige Picknickpavillon steht unmittelbar dort, wo sich das Ailsbachtal verengt und der Wanderweg nach Unterailsfeld bald in der dichten Vegetation verschwindet. Wem die Füße dampfen, kann sie ins angeschlossene Kneippbecken stecken und wer keine Ahnung hat, was das ist, darf die ›Kuranweisung‹ lesen. Hängt dort sicherlich schon seit Jahrzehnten. Wann und ob das anliegende Vereinsheim des TC Behringersmühle überhaupt mal öffnet und Radler ausschenkt, ist leider unklar, sodass auf diesen Kneip(p)gang wohl verzichtet werden muss. Hunger, und Proviant schon vorher leergefuttert? Kein Thema: schnell auf die andere Flusseite springen und sich bei der Metzgerei Winkler eindecken – allerdings nur montags bis samstags (metzgerla.de).

Auf dem gleichen Weg zurück bis zur Bushaltestelle.

KM 6,5 » ZIEL

Bushaltestelle Hotel Behringers, Behringersmühle

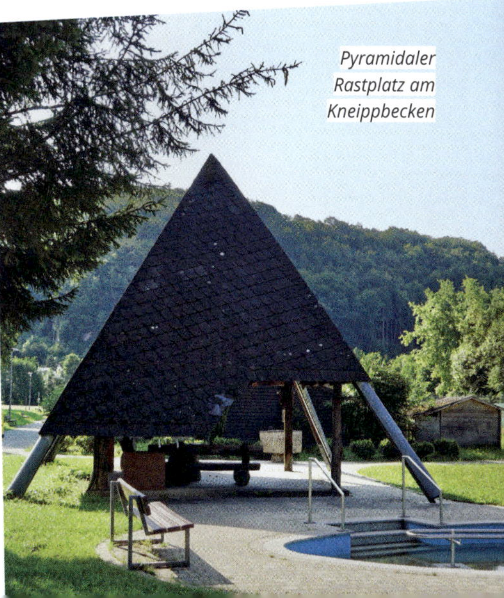

Pyramidaler Rastplatz am Kneippbecken

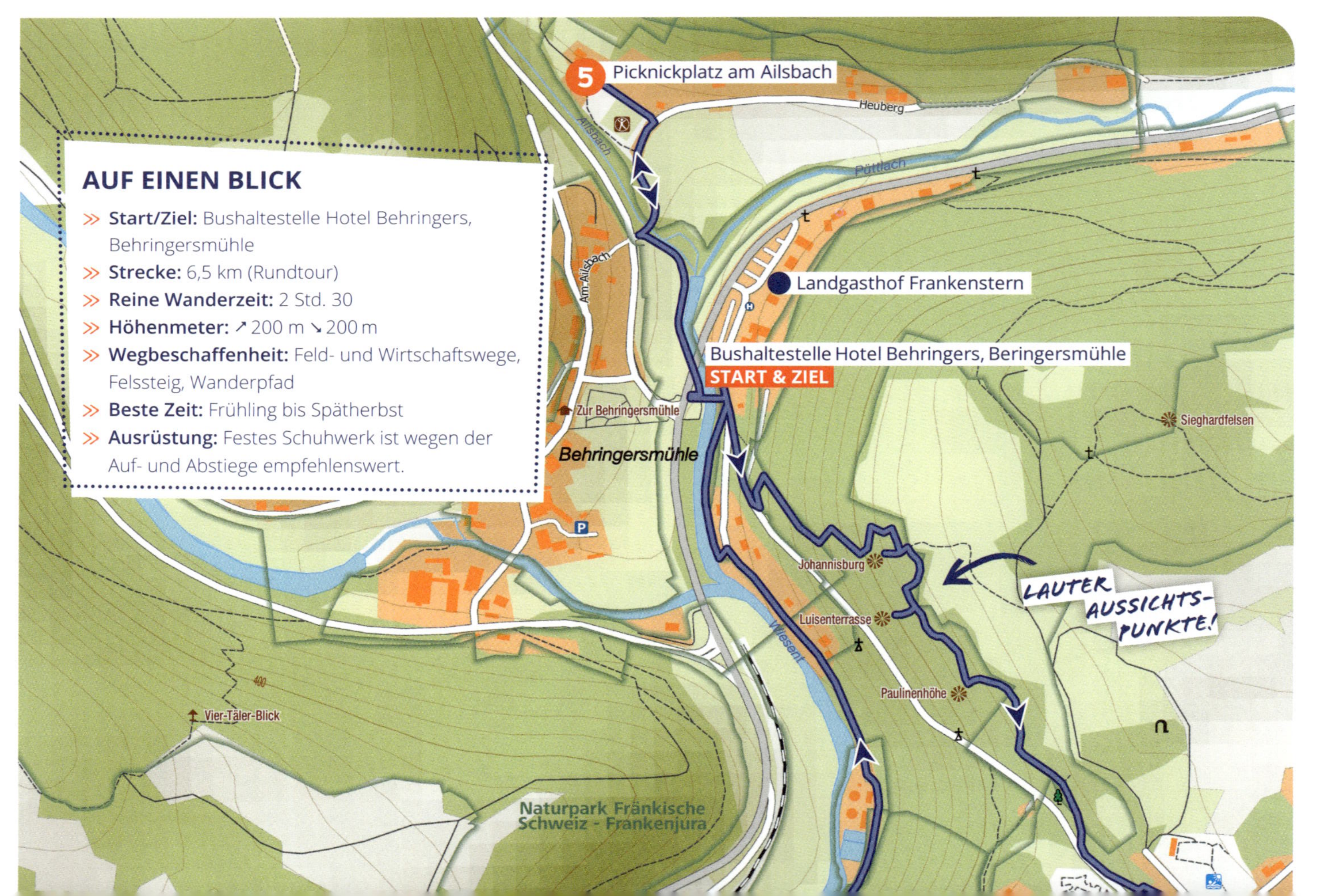

AUF EINEN BLICK
» Start/Ziel: Bushaltestelle Hotel Behringers, Behringersmühle
» Strecke: 6,5 km (Rundtour)
» Reine Wanderzeit: 2 Std. 30
» Höhenmeter: ↗ 200 m ↘ 200 m
» Wegbeschaffenheit: Feld- und Wirtschaftswege, Felssteig, Wanderpfad
» Beste Zeit: Frühling bis Spätherbst
» Ausrüstung: Festes Schuhwerk ist wegen der Auf- und Abstiege empfehlenswert.
5 Picknickplatz am Ailsbach
Heuberg
Ailsbach
Püttlach
Landgasthof Frankenstern
Bushaltestelle Hotel Behringers, Beringersmühle
START & ZIEL
Am Ailsbach
Zur Behringersmühle
Behringersmühle
Sieghardfelsen
Johannisburg
Luisenterrasse
Paulinenhöhe
Wiesent
LAUTER AUSSICHTS-PUNKTE!
400
Vier-Täler-Blick
Naturpark Fränkische Schweiz - Frankenjura

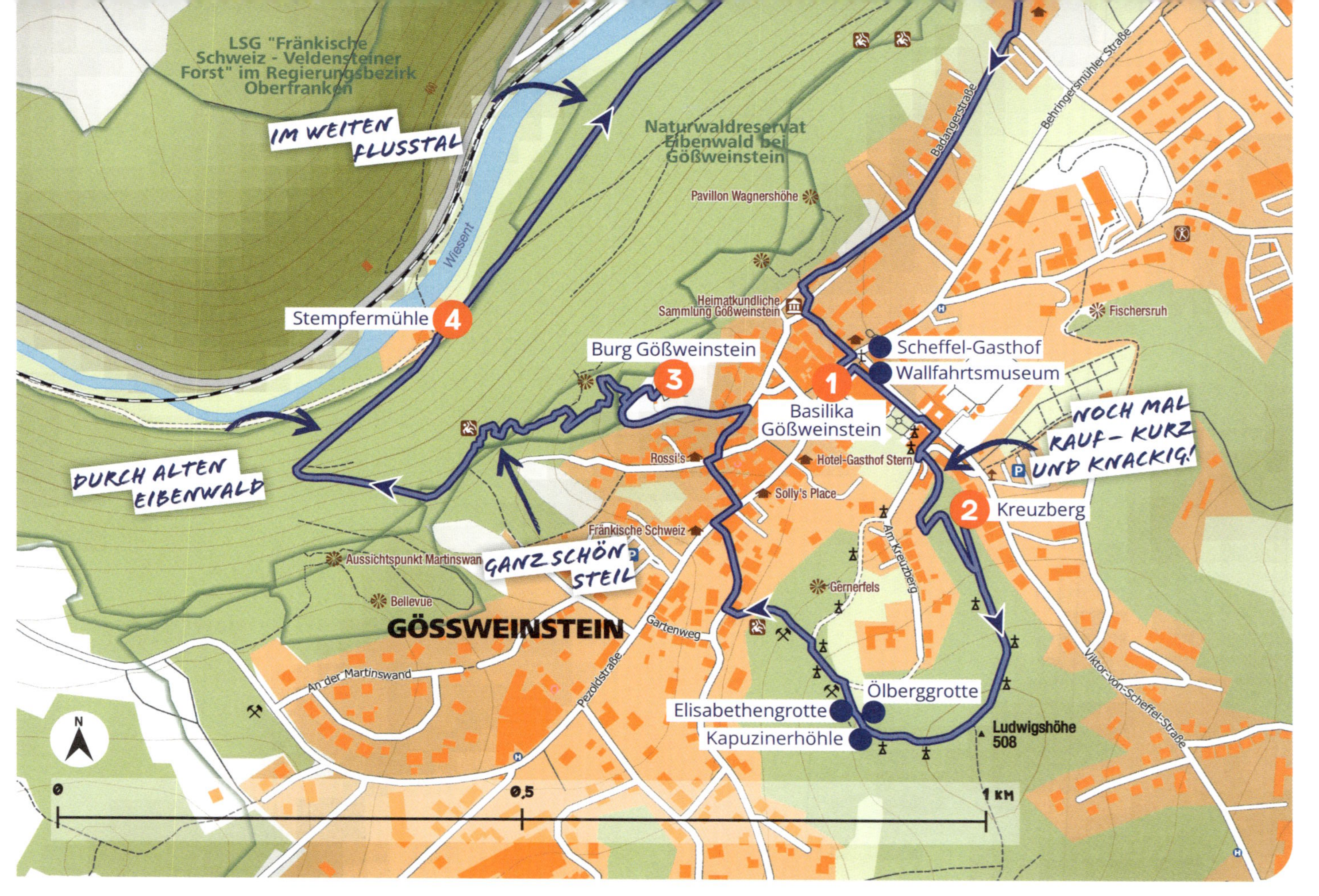

LSG "Fränkische Schweiz - Veldensteiner Forst" im Regierungsbezirk Oberfranken
IM WEITEN FLUSSTAL
Naturwaldreservat Eibenwald bei Gößweinstein
Pavillon Wagnershöhe
Badangerstraße
Behringersmühler Straße
Wiesent
Heimatkundliche Sammlung Gößweinstein
Fischersruh
Stempfermühle
4
Burg Gößweinstein
3
Scheffel-Gasthof
Wallfahrtsmuseum
1
Basilika Gößweinstein
NOCH MAL RAUF – KURZ UND KNACKIG!
Rossi's
Hotel-Gasthof Stern
DURCH ALTEN EIBENWALD
Solly's Place
2
Kreuzberg
Fränkische Schweiz
Am Kreuzberg
Aussichtspunkt Martinswan
GANZ SCHÖN STEIL
Gernerfels
Bellevue
GÖSSWEINSTEIN
Gartenweg
An der Martinswand
Pezoldstraße
Viktor-von-Scheffel-Straße
Ölberggrotte
Elisabethengrotte
Kapuzinerhöhle
Ludwigshöhe 508
N
0
0,5
1 KM

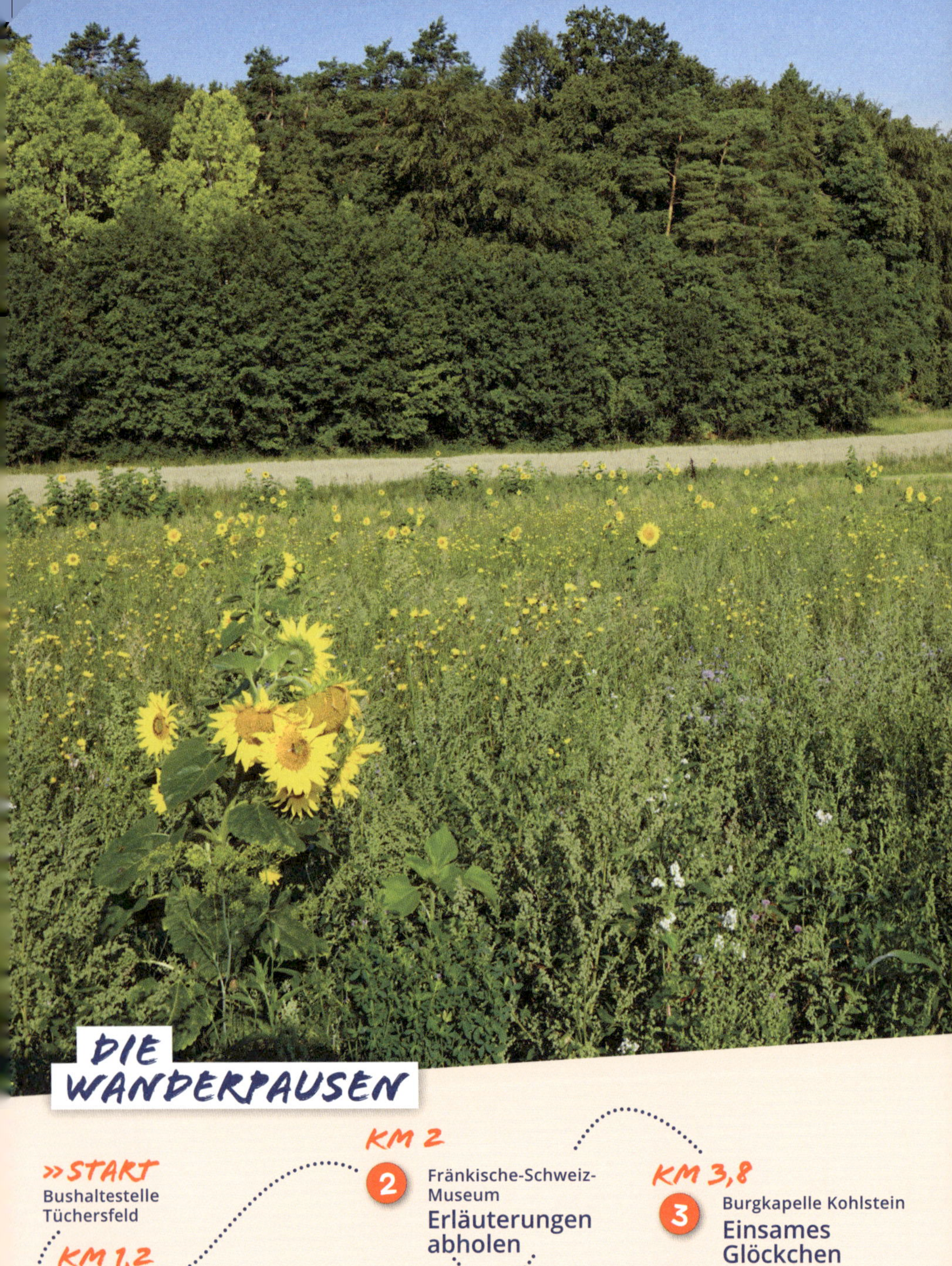

DIE WANDERPAUSEN

» START
Bushaltestelle Tüchersfeld

KM 1,2
1 Zeckenstein
Mitten in der Postkartenidylle

KM 2
2 Fränkische-Schweiz-Museum
Erläuterungen abholen

KM 3,8
3 Burgkapelle Kohlstein
Einsames Glöckchen

14 ÜBER DIE HÖHE INS TAL

Rund um Tüchersfeld

Mit seinem Fachwerk und den Felsen ist der kleine Ort eine wahre Augenweide. Das Museum der Fränkischen Schweiz versorgt Wissbegierige mit Hintergrundfakten und ist zugleich selbst ein Postkartenmotiv.

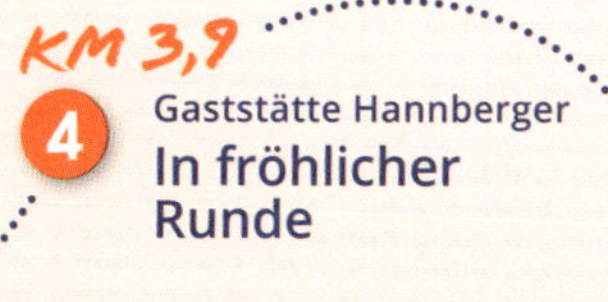

KM 3,9

4 Gaststätte Hannberger
In fröhlicher Runde

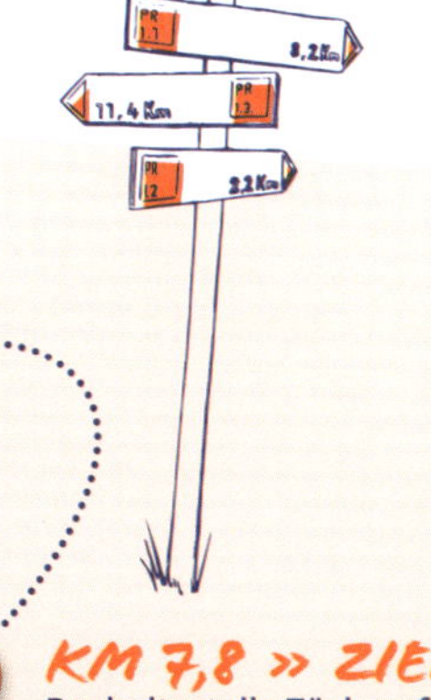

KM 6,2

5 Püttlachauen
Insektenspotting

KM 7,8 » ZIEL
Bushaltestelle Tüchersfeld

DIE HÄUSER VON TÜCHERSFELD …

… sind derart eng zwischen einzelne Felsensäulen gebaut, dass kein Reiseführer über die Fränkische Schweiz ohne diese ikonischen Bilder von Fachwerk und Gestein auskommt. Das Dorf hat es sogar auf eine Briefmarke der Bundespost geschafft, ist also zu einem Symbol für den Landstrich geworden. Es ist aber nicht nur die Optik, aufgrund derer an dem Flecken kein Weg vorbeiführt: In der Tüchersfelder Burg ist das **Fränkische-Schweiz-Museum** untergebracht. Hier taucht es bereits als zweiter Stopp auf, aber das bedeutet nicht, dass man das Museum nicht auch am Schluss der Wanderung besuchen könnte – insbesondere wenn man früh am Tag unterwegs ist und das Museum noch gar nicht offen hat. Das ist das Gute am ›Schleifen laufen‹: Am Ende kehrt der Weg nach Tüchersfeld zurück.

ES SIND DIE UNTERSCHIEDLICHEN PERSPEKTIVEN AUF DAS ENSEMBLE VON FACHWERKHÄUSERN UND FELSEN, DIE TÜCHERSFELD DERART BESONDERS MACHEN, DASS MAN AUS DEM FOTOGRAFIEREN GAR NICHT MEHR HERAUSKOMMT.

Doch für den Anfang nimmt man einen sogenannten Umlaufberg in Angriff und stapft hinauf zum Aussichtspunkt **Zeckenstein,** um sich die Besonderheit der Lage des Örtchens im wahrsten Sinne des Wortes vor Augen zu führen. Ist man nach dieser praktischen Übung wieder runter vom Berg, liefert das **Fränkische-Schweiz-Museum** die Theorie dazu: Die Landschaftsformationen der Fränkischen Schweiz sind ebenso Thema wie die Geschichte ihrer ›Entdeckung‹ bis hin zur heutigen touristischen Nutzung, die bäuerliche Lebensweise und die frühe Siedlungsgeschichte. Anschließend verläuft der Weg quer durchs malerische Tüchersfeld und windet sich dann zur **Burg Kohlstein** mit ihrer **Burgkapelle** hinauf beziehungsweise zu dem, was davon übrig ist.

Knurrt nun der Magen? Auf der Anhöhe findet sich unmittelbar nach dem Aufstieg mit der **Gaststätte Hannberger** ein veritabler Berggasthof und damit eine perfekte Einkehrmöglichkeit – so man denn die Öffnungszeiten im Blick behält.

Erst über Felder und Wiesen, dann durch Wald trägt die Wandersleut' eine weite Schleife von Kohlstein aus wieder hinunter ins Tal, wo es entlang der **Püttlachauen** und sehr entspannt, weil flach, nach Tüchersfeld zurückgeht. «

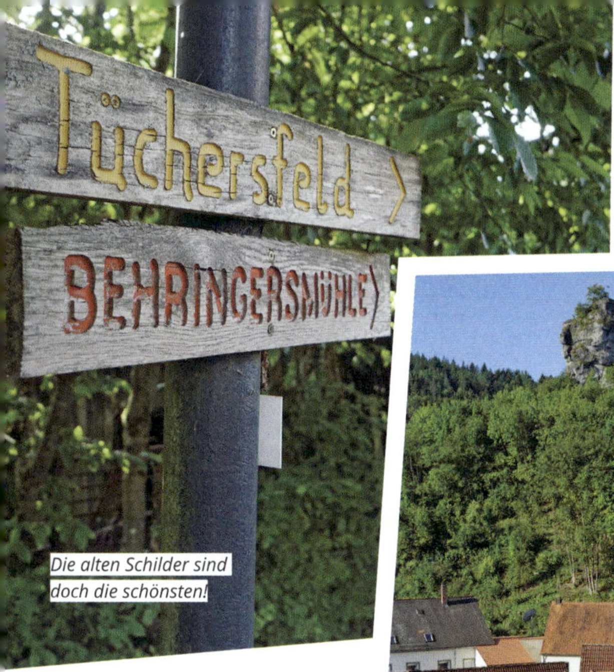

Die alten Schilder sind doch die schönsten!

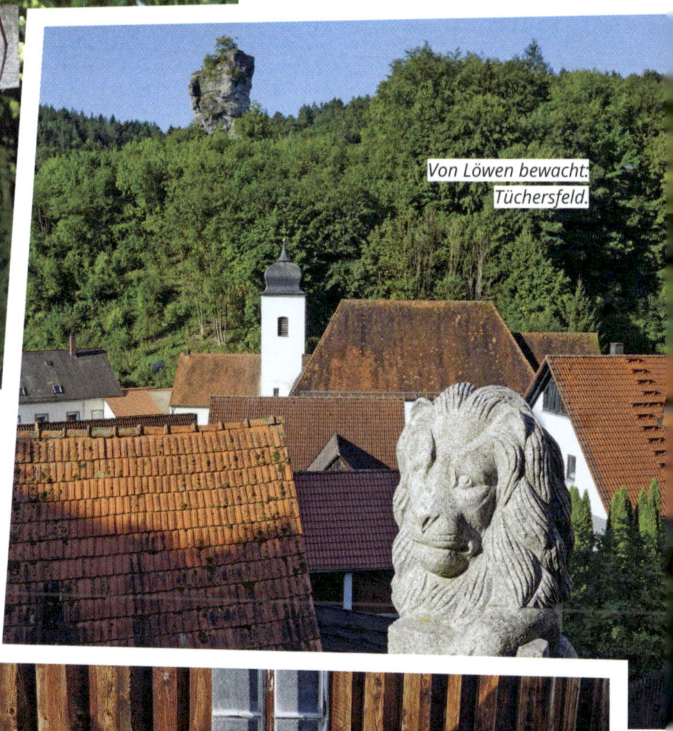

Von Löwen bewacht: Tüchersfeld.

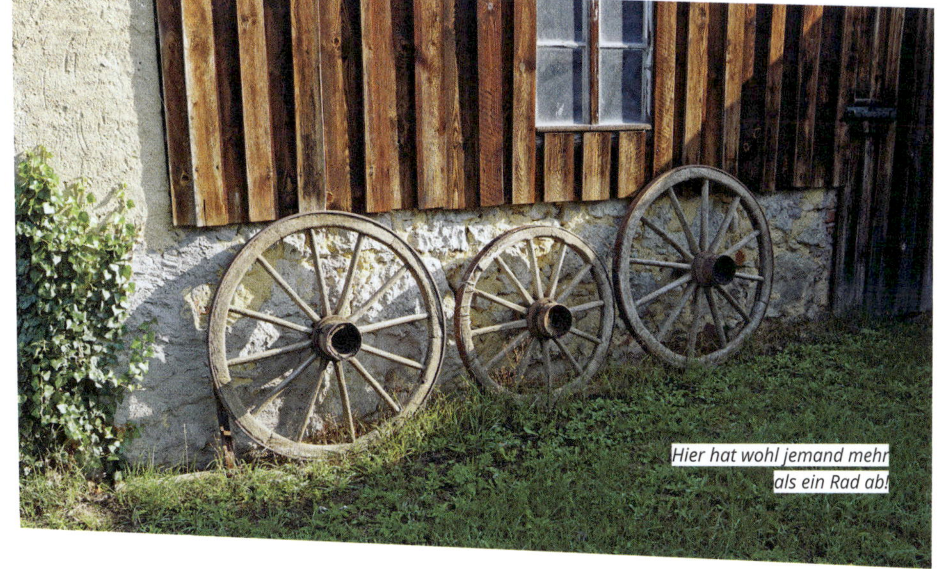

Hier hat wohl jemand mehr als ein Rad ab!

WANDERN & GENIESSEN

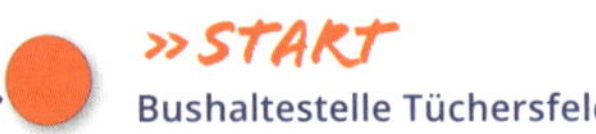

Bushaltestelle Tüchersfeld

Rechts in Zum Zeckenstein, gleich links in Im Tal und an der Café-Bäckerei Müller (Sa ab 6 Uhr!) vorbei in die Straße Am Lindsbach, die zu Zur Hinterecke wird und im Halbkreis um den Umlaufberg herumführt, bis ein Schild den Pfad hinaufweist.

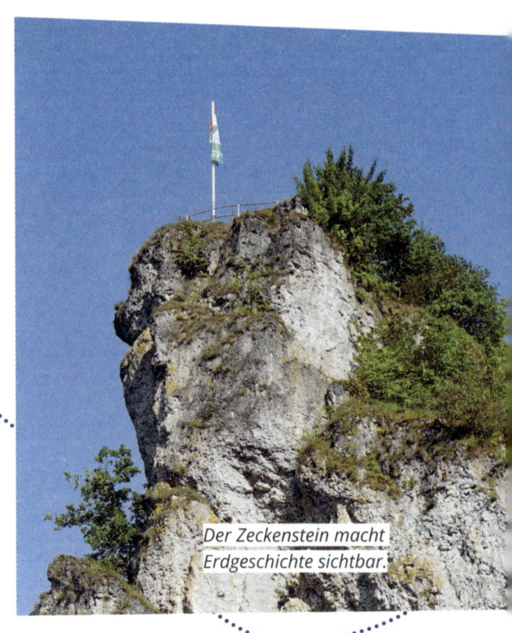

Der Zeckenstein macht Erdgeschichte sichtbar.

KM 1,2

1 Zeckenstein

Mitten in der Postkartenidylle

Früh am Morgen, also vor neun Uhr, sitzen die meisten noch beim Frühstück und man hat Tüchersfeld fast für sich alleine. Was von Vorteil ist, denn so zeigt sich die ganze Postkartenidylle unverfälscht und im schönsten Licht. Der Zeckenstein ist der Ausguck auf Dorf und Felsenburg schlechthin und liegt selbst mitten im Dorfzentrum. Um dorthin zu kommen, geht es einmal um den Umlaufberg herum. Was das ist, ein Umlaufberg? Nun, die Püttlach von heute kürzt ab, wenn sie an Tüchersfeld vorbeifließt. Zuvor hatte der kleine Fluß eine Schleife beschrieben und während tausender von Jahren Berg und Felsen geformt. Tüchersfeld liegt gewissermaßen auf einer inselartigen Bergkuppe inmitten dessen, was einst das Flusstal war. Von unten sieht man das nicht gleich, wohl aber von oben, vom Zeckenstein: Das ganze Dorf ist ein einziges Geotop!

Vom Aussichtspunkt den Weg zurückgehen und absteigen, dann rechts herum immer gerade aus, zum Brotzeitstüberl und dem Fränkische-Schweiz-Museum rechts leicht bergan.

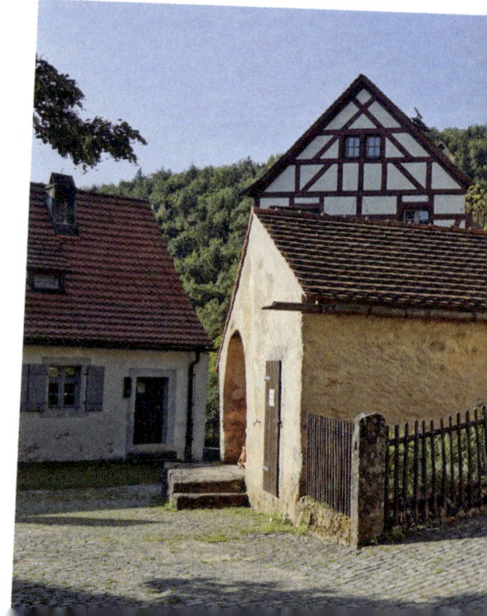

KM 2

2 Fränkische-Schweiz-Museum
Erläuterungen abholen

Das Museum umfasst mehr als 40 Ausstellungsräume in fünf Gebäuden und zeigt überdies regelmäßig Sonderausstellungen. Um von der Frühgeschichte über Geologie bis hin zur Volkskunde alles mitzunehmen, sollte man Zeit einplanen oder sich mit der Außenansicht zufriedengeben: Der Museumskomplex ist selbst eine Sehenswürdigkeit, denn die Gebäude wurden nach einer Feuersbrunst 1756 im Kernbereich der ehemaligen Burg gebaut. Als ›Judenhof‹ ist das Ensemble deswegen vor Ort bekannt, weil jüdische Familien im Anschluss an den Dreißigjährigen Krieg in den Burgruinen angesiedelt worden waren. Deren Synagoge ist erhalten geblieben und heute im Rahmen des Museumsbesuchs zugänglich (fsmt.de).

Auf dem Asphaltweg rechts vom Museum hinunter, geradeaus und über die Püttlach, an den Infotafeln auf dem Flusswanderweg nach rechts weiter. Noch vor der nächsten Flussschleife den Wegweisern nach Kohlstein folgen, das Ufer wieder wechseln und aufsteigen.

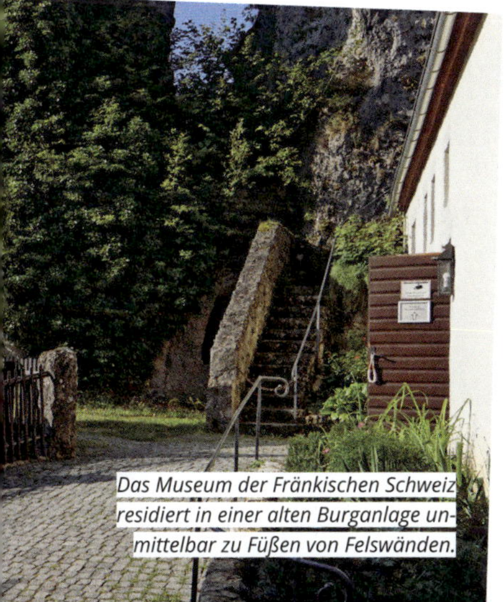
Das Museum der Fränkischen Schweiz residiert in einer alten Burganlage unmittelbar zu Füßen von Felswänden.

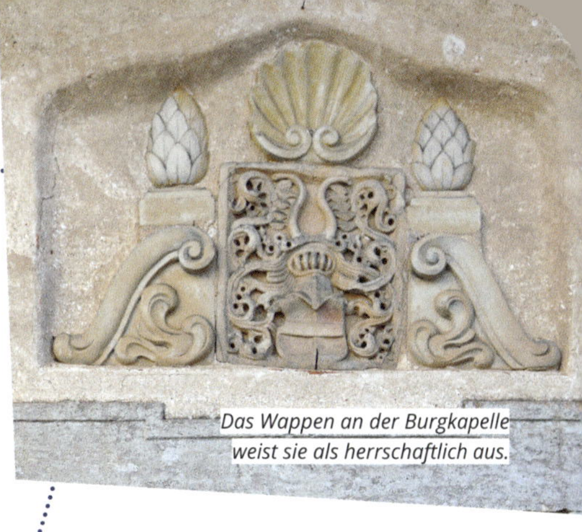
Das Wappen an der Burgkapelle weist sie als herrschaftlich aus.

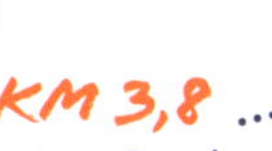
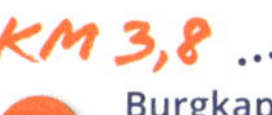

KM 3,8

3 Burgkapelle Kohlstein
Einsames Glöckchen

Das, was von der eigentlich mittelalterlichen Burg Kohlstein übrig ist, wurde Anfang des 19. Jahrhunderts hochgezogen und besteht aus einem Türmchen samt Wohnhaus in Privatbesitz – ist also nicht der Rede wert. Der Weg führt aber durch eine Maueraussparung unmittelbar durch die Vorburg mit den Stallungen. Hinter diesen irritiert ein gedrungenes Glockentürmchen offensichtlich älteren Datums: Wofür mag das gedient haben? Als Feueralarm? Weit gefehlt, es handelt sich um den ausgelagerten Glockenturm der Burgkapelle – diese steht ein paar Meter entfernt, um die linke Ecke. Das Wappen über deren Portal stammt noch aus der Zeit der ursprünglichen Funktion des Gebäudes als Gartenhaus. Erst 1743 wurde es zur Kapelle, was einzig an den etwas größeren Fenstern erkennbar ist. Was dem Gartenhaus jedoch fehlte, war ein Glockenturm. Der wurde 1806 hinzugefügt – abseits der Kirche.

Zur Gaststätte Hannberger ist es ein Katzensprung: über den Dorfplatz und dann rechter Hand.

KM 3,9

4 Gaststätte Hannberger
In fröhlicher Runde

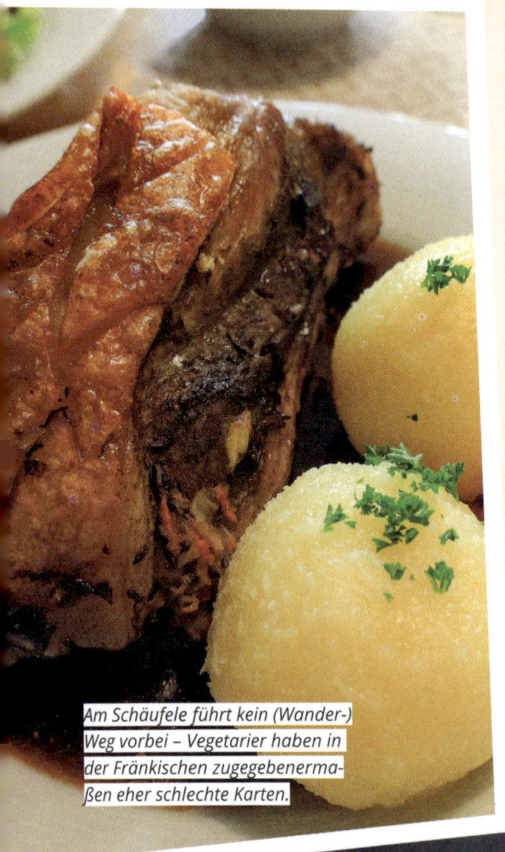
Am Schäufele führt kein (Wander-) Weg vorbei – Vegetarier haben in der Fränkischen zugegebenermaßen eher schlechte Karten.

Nun, von fröhlichen Zeiten im Berggasthof des ehemaligen Gutspächters Werner Brendel im Burgstall kündet nur noch das Namensschild über der Tür – die Einkehr hat schon länger zu. Mit den Öffnungszeiten der Gastronomie ist es im Fränkischen ohnehin so eine Sache, abseits der Knotenpunkte wird nur noch am Wochenende aufgesperrt, viele traditionsreiche Betriebe haben geschlossen: Entweder weil es sich nicht mehr lohnt oder weil kein Personal aufzutreiben ist. Zum Glück hat sich die Gaststätte Hannberger um die Ecke hungriger und durstiger Wandersleut' angenommen – auch unter dem Namen Zur fröhlichen Runde. Die Karte ist kurz – was an sich schon für Qualität spricht – und voller fränkischer Klassiker wie Schäufele, dem Schulterstück vom Schwein, dessen Knochen den Namen stiftet.

Ein paar Meter zurück, und am alten Feuerwehrteich vorbei geht es aus dem Dorf hinaus und über Wiesen in den Wald. Dort macht der Weg eine Schleife hinunter zum Püttlachtal. Links auf der Fahrstraße bleiben und immer weiter geradeaus am Fluß entlang.

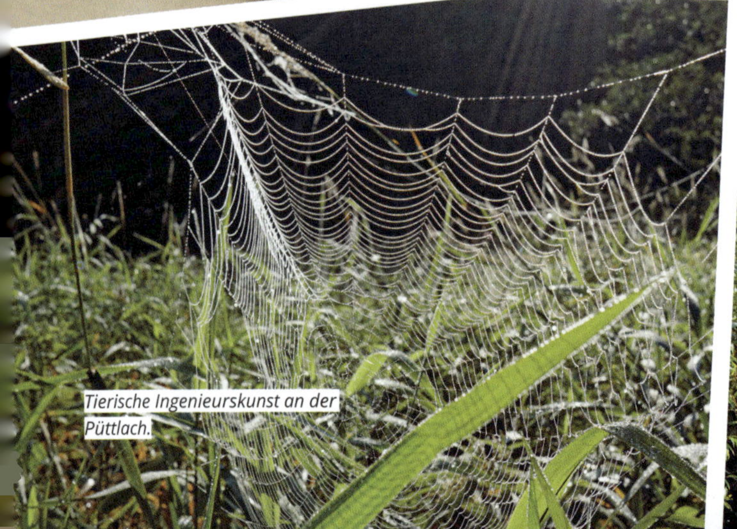
Tierische Ingenieurskunst an der Püttlach.

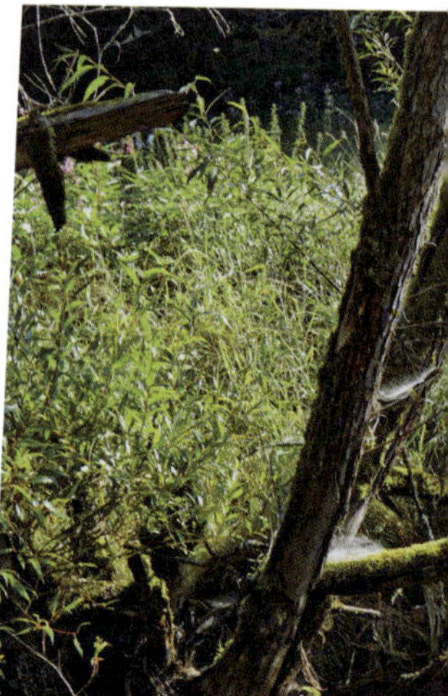

KM 6,2

5 Püttlachauen

Insektenspotting

Fachwerk, Felsen sowie Wald: Das Einzige, was auf dieser Tour noch fehlt, damit die Fränkische Schweiz vollständig ist, ist der Fluss. Der Rückweg führt am Talrand und immer an der Püttlach entlang, bietet davon also reichlich. Zwar führt er näher an der Straße entlang als der Waldweg auf der anderen Talseite, dafür aber unmittelbar am Fluss. Aber was heißt hier Fluss? Die Püttlach ist im Hochsommer nicht viel mehr als ein etwas breiterer Bach, der wenige hundert Meter flussabwärts in die Wiesent mündet. Sie nährt dabei einen breiten Streifen, der wassergesättigt und stets üppig bewachsen bleibt: die Auen. Libellen lassen sich beobachten, riesige Spinnennetze sind in die Flugbahnen der Insekten gespannt, es summt, grünt und blüht – auch weil das Tal für Landwirtschaft schlicht zu eng und daher der Pestizideinsatz kein Thema ist.

Hinter der Flussschleife kehrt man auf dem Hinweg nach Kohlstein zurück und folgt diesem bis ins Dorfzentrum zur Bushaltestelle.

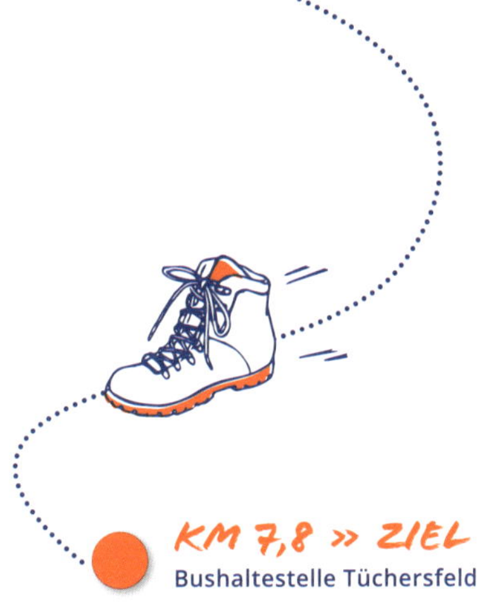

KM 7,8 » ZIEL

Bushaltestelle Tüchersfeld

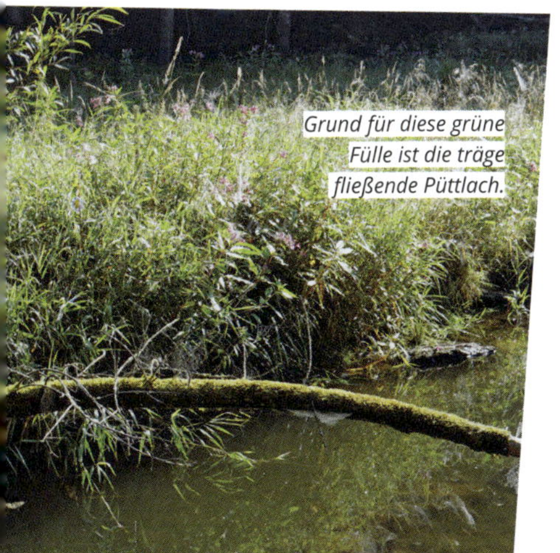

Grund für diese grüne Fülle ist die träge fließende Püttlach.

EXTRA INFOS:

Mit dem ● **Kühloch** und dem **Pferdsloch** befinden sich zwei durchaus beeindruckende **Höhlen** gleich nördlich von Tüchersfeld. Sie sind über den Spielplatz und den Aussichtspunkt einfach zu Fuß (in gut 20 Minuten) zu erreichen. Eine lohnende Ergänzung zur Wanderung!

● **Die Intensivstation** (die-intensivstation.de) liegt in einer umgebauten Villa am Hang vor Tüchersfeld und ist so etwas wie das Basislager der Klettergemeinde. Dort gibt es vom renovierten Gästezimmer bis zur Hütte im Wald eine ganze Reihe von Unterkunftsmöglichkeiten. Zudem liegt der ● **Campingplatz Fränkische Schweiz** gleich um die Ecke (campingplatz-fraenkische-schweiz.de).

AUF EINEN BLICK

- **Start/Ziel:** Bushaltestelle Tüchersfeld
- **Strecke:** 7,8 km (Rundtour)
- **Reine Wanderzeit:** 2 Std. 30
- **Höhenmeter:** ↗ 200 m ↘ 200 m
- **Wegbeschaffenheit:** Feld- und Wirtschaftswege, Wanderpfad
- **Beste Zeit:** Frühling bis Spätherbst, aber auch im Winter machbar!
- **Ausrüstung:** Feste Schuhe sind von Vorteil.

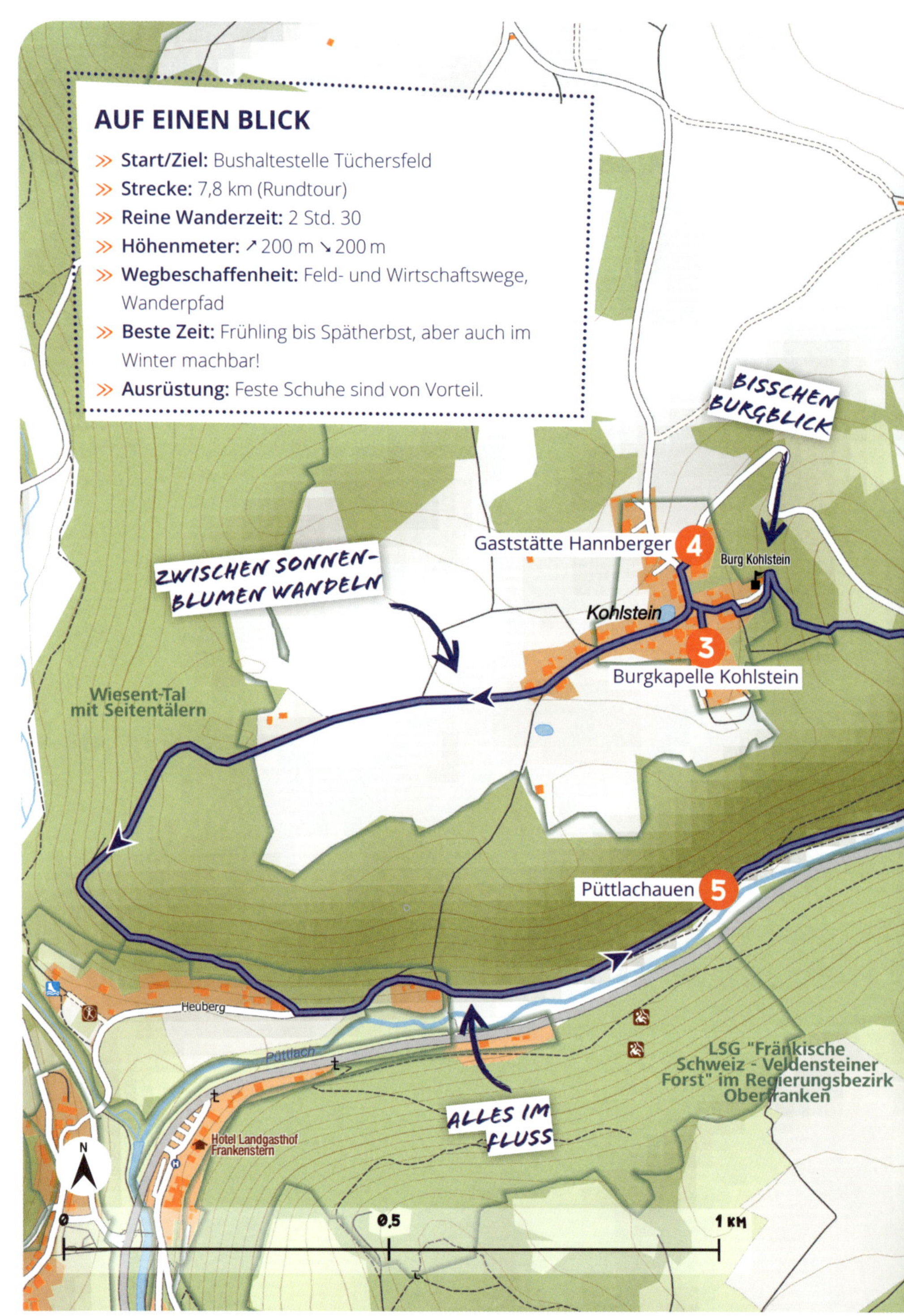

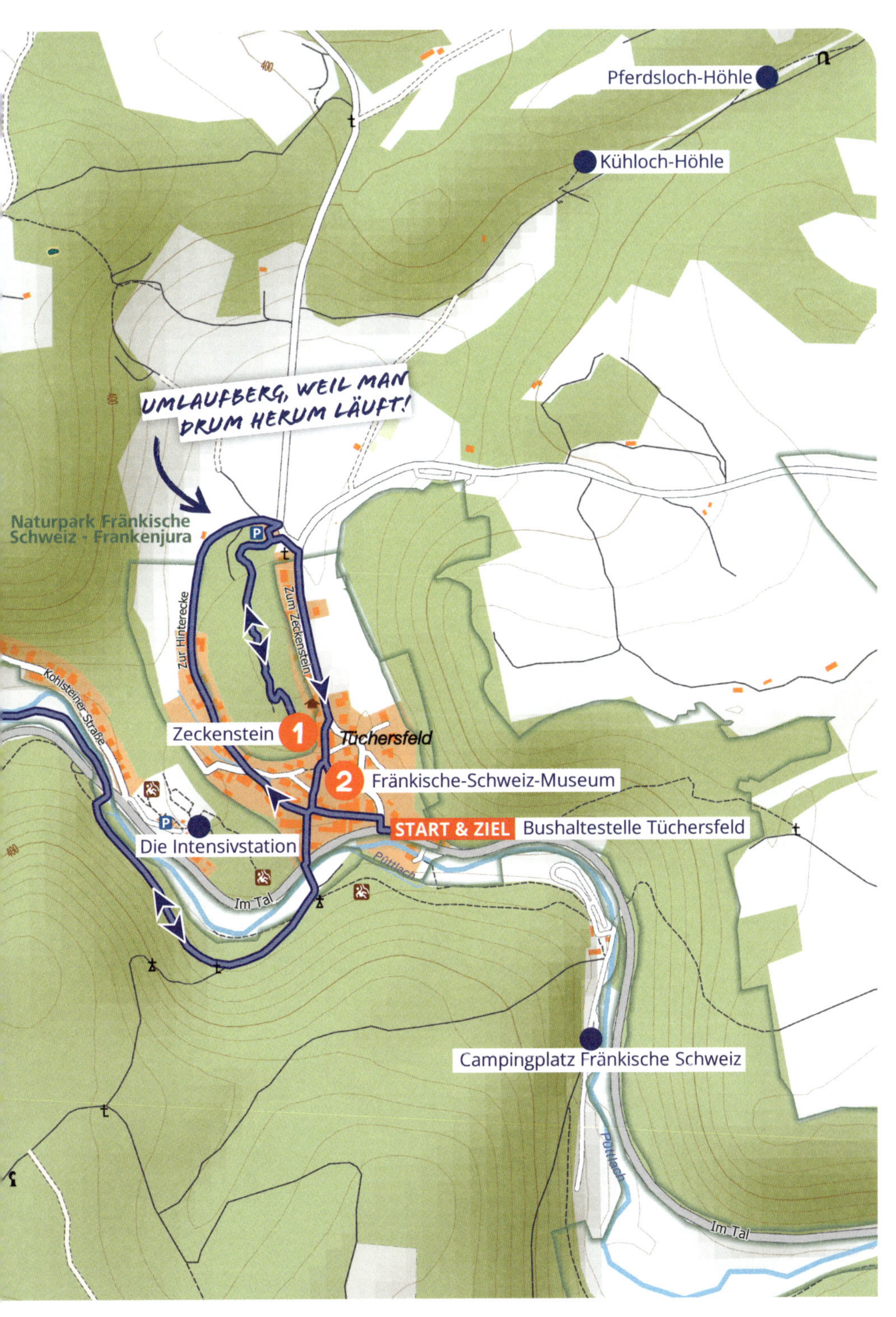
Pferdsloch-Höhle
Kühloch-Höhle
UMLAUFBERG, WEIL MAN DRUM HERUM LÄUFT!
Naturpark Fränkische Schweiz - Frankenjura
Zur Hinterecke
Zum Zeckenstein
Kohlsteiner Straße
Zeckenstein 1
Tüchersfeld
2 Fränkische-Schweiz-Museum
START & ZIEL Bushaltestelle Tüchersfeld
Die Intensivstation
Püttlach
Im Tal
Campingplatz Fränkische Schweiz
Püttlach
Im Tal

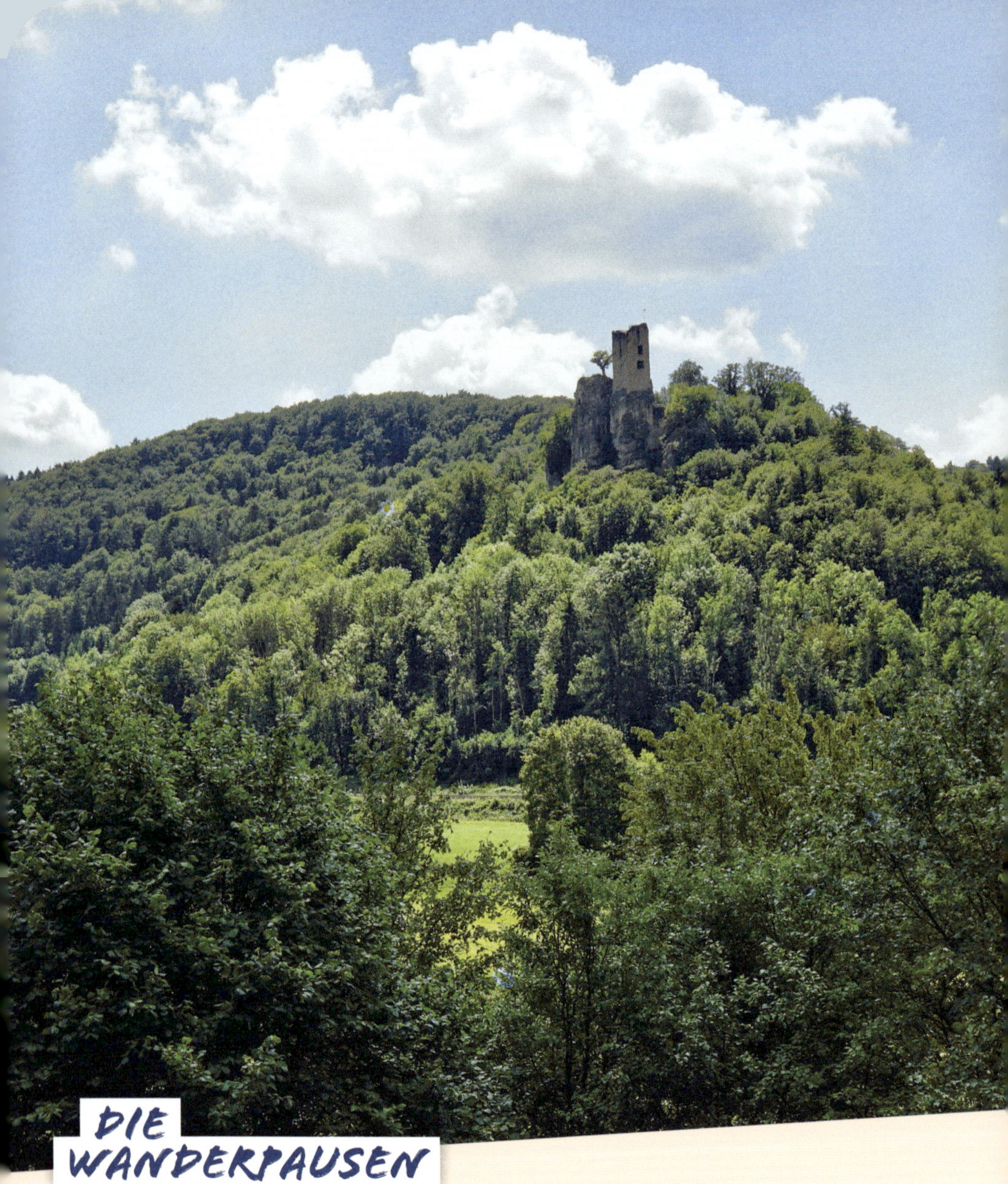

DIE WANDERPAUSEN

» START
Bahnhof Streitberg

KM 0,9
1 Prinz-Rupprecht-Pavillon
Majestätisch überm Tal

KM 1,2
2 Binghöhle
Going Underground

KM 2
3 Streitburg
Wenn zwei sich streiten

15

BURGEN-RUNDE

Von der Ruine Streitburg zur Burg Neideck

Auf Ludwig Tiecks und Wilhelm Heinrich Wackenroders Spuren geht es von einer Burg zur nächsten durch eine der reizvollsten Tallandschaften der Fränkischen Schweiz.

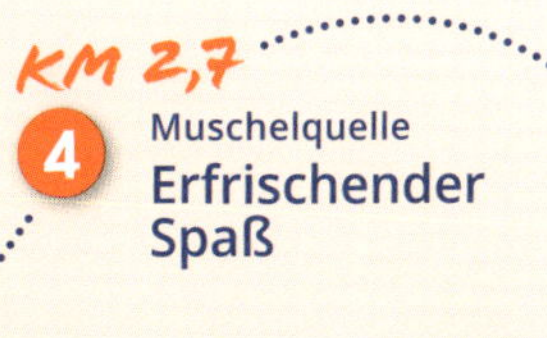

KM 2,7

4 Muschelquelle
Erfrischender Spaß

KM 8,9

5 Burg Neideck
Was hat dich bloß so ruiniert?

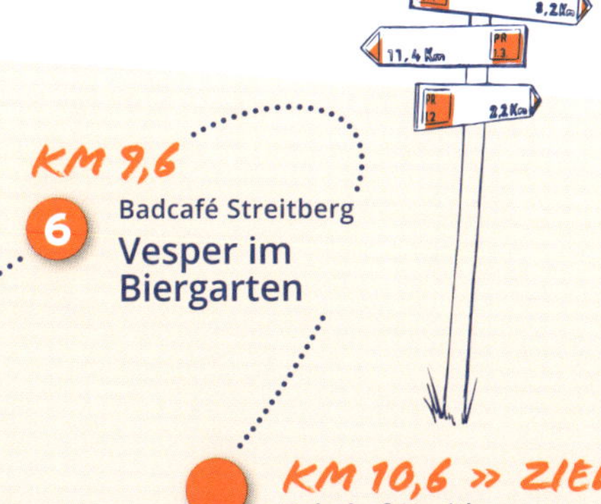

KM 9,6

6 Badcafé Streitberg
Vesper im Biergarten

KM 10,6 » ZIEL
Bahnhof Streitberg

DIE FRÄNKISCHE SCHWEIZ …

… gilt als älteste Tourismusregion Bayerns, wobei man dazu sagen muss, dass es 1812, als ein gewisser Johann Christian Fick die Region erstmals so nannte, den Begriff Tourismus noch gar nicht gab.

Legendär und folgenreich war die Reise, die Ludwig Tieck und Wilhelm Heinrich Wackenroder 1793 durch das »Muggendorfer Gebürg« unternahmen: Beide stammten aus Berlin, studierten aber zu dieser Zeit in Erlangen. Ihre Schrift »Pfingstreise« machte den Landstrich erst populär und beide zu Hauptvertretern der Romantik. Und zwar so erfolgreich, dass die bäuerlich-geprägte Landschaft fortan von der Bürgergesellschaft frequentiert und in der unmittelbaren Folge mit allerhand Accessoires ausgestattet wurde, wie sie die Romantik liebte: Bänkchen in Grotten, Felsenstiegen oder eben Pavillons, wie jener **Prinz-Rupprecht-Pavillon** oberhalb von Streitberg, dem ersten Stopp auf dieser Wanderung. Tieck und Wackenroder kamen sogar durch Streitberg – zu Pferde, nicht auf Schusters Rappen –, wobei man sich den Pavillon wegdenken muss, auch die **Binghöhle** war zu dieser Zeit noch nicht mal entdeckt, geschweige denn empfangsbereit für Gäste. Auch galt das Interesse der beiden Herren nicht der **Streitburg,** damals schon Ruine, sondern der gegenüberliegenden **Burg Neideck.** Das Schneiderloch und der **Muschelbrunnen** waren ebenfalls noch nicht erschlossen – genausowenig wie die heutigen Zuwege und Fahrstraßen.

WIE LANG UND BEEINDRUCKEND 300 METER SEIN KÖNNEN, SPÜRT MAN BEIM DURCHSCHREITEN DER BINGHÖHLE – SICHERLICH DER INTENSIVSTE ABSCHNITT DER TOUR.

Tieck und Wackenroder waren zu Pferd unterwegs und würden heute wohl Wandersleut eher erschrecken – so ungestüm und herab vom hohen Ross. Die Landschaft aber blieb ihnen in Erinnerung, Wackenroder schreibt: »Um Streitberg ist eine der schönsten Gegenden, die wir auf der ganzen Reise gesehen haben. Das Dorf liegt am Eingang eines Tales, das sich in mäßiger Breite zwischen bewaldeten Felsen, aus denen aber viele nackte Blöcke und Pfeiler hervorragen, in manchen Krümmungen durchwindet. Durch das Tal schlängelt sich die Wiesent, von kleinen Büschen eingefasst und von frischen Wiesen umgeben.«

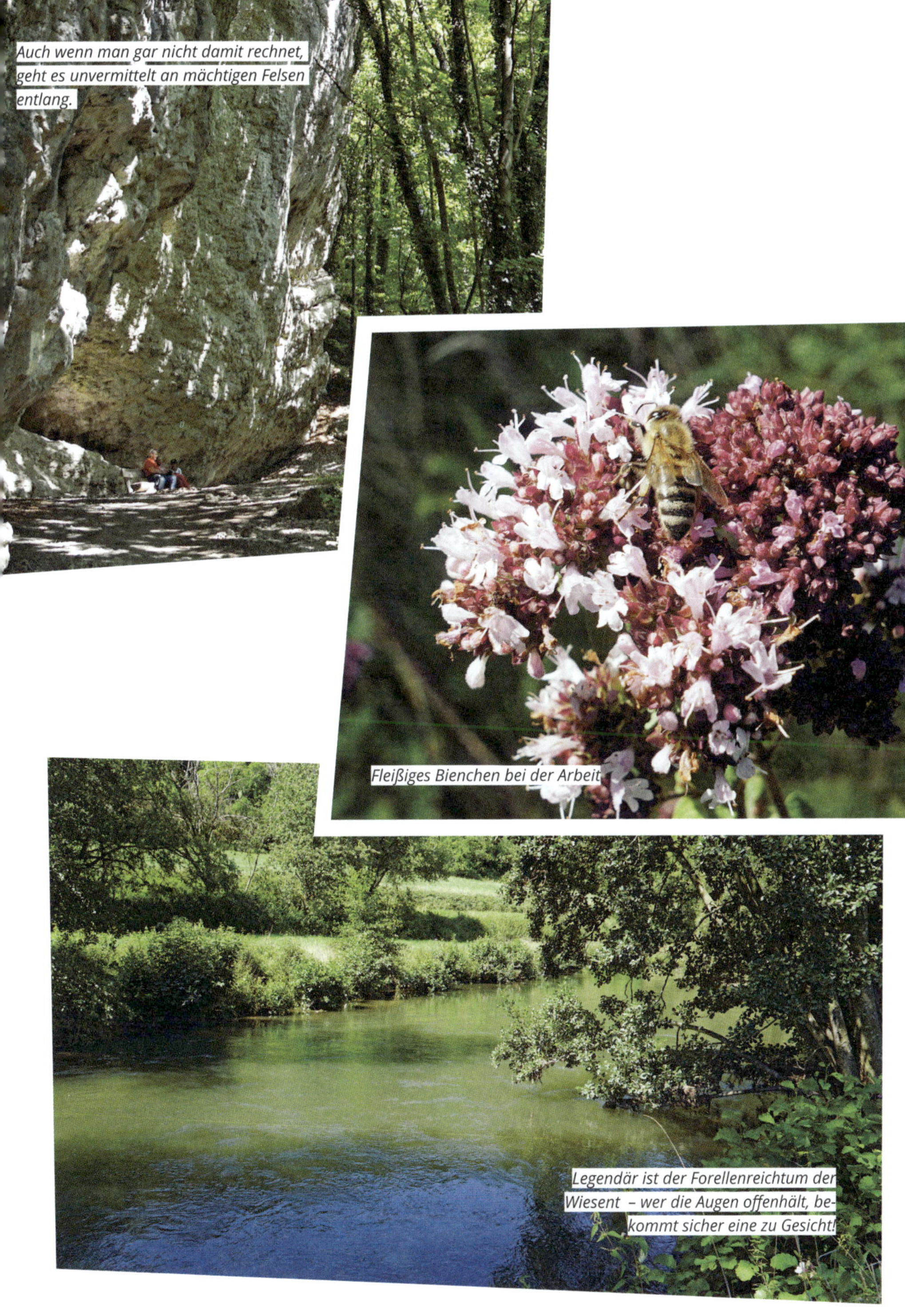

Auch wenn man gar nicht damit rechnet, geht es unvermittelt an mächtigen Felsen entlang.

Fleißiges Bienchen bei der Arbeit

Legendär ist der Forellenreichtum der Wiesent – wer die Augen offenhält, bekommt sicher eine zu Gesicht!

WANDERN & GENIESSEN

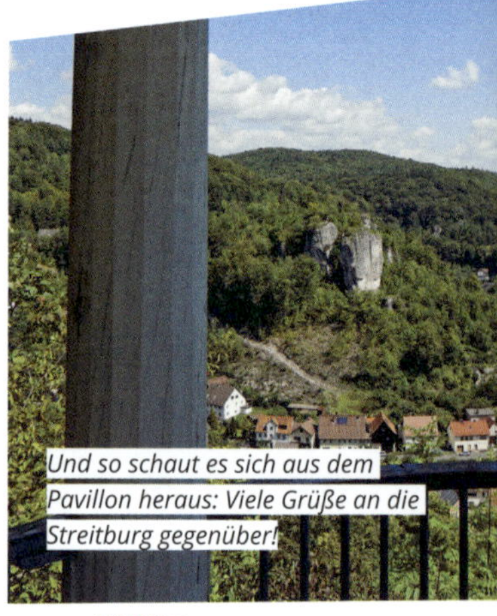

Und so schaut es sich aus dem Pavillon heraus: Viele Grüße an die Streitburg gegenüber!

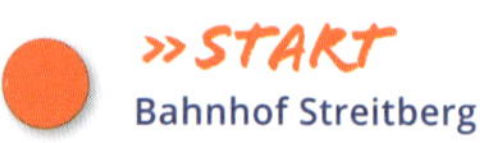

» START

Bahnhof Streitberg

Vom Bahnhof aus die Bahnhofstraße hinauf zum Dorfplatz, hinter dem Gasthof Schwarzer Adler links auf dem Fußweg den Hang hoch und den Schildern zum Pavillon folgen. Streitberg wird ab Ebermannsdorf nur von der historischen Dampflok angefahren und das ausschließlich im Sommer (dampfbahn.net). Alternativ von der Bushaltestelle Streitberg Bürgerhaus geradeaus in die Straße Dorfplatz.

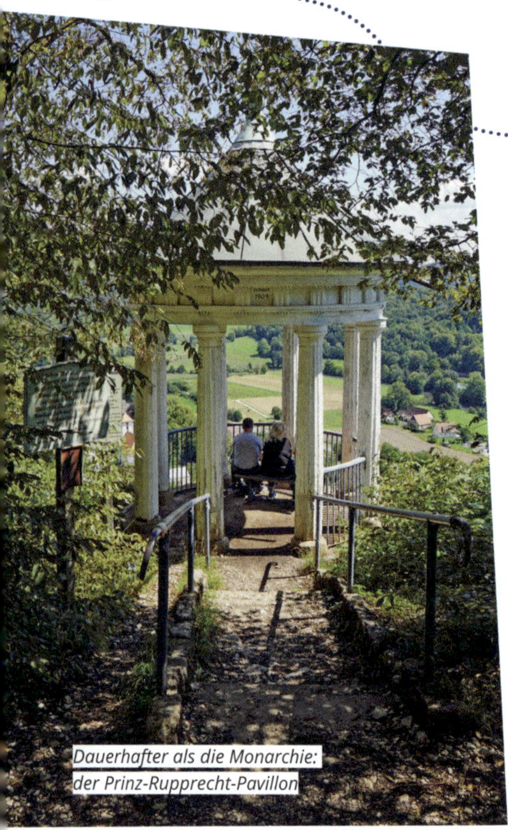

Dauerhafter als die Monarchie: der Prinz-Rupprecht-Pavillon

KM 0,9

1 **Prinz-Rupprecht-Pavillon**

Majestätisch überm Tal

Allein durch seine exponierte Lage über der Abbruchkante des Felsens macht der Prinz-Rupprecht-Pavillon was her. Bleibt die Frage zu klären: Wer ist Prinz Rupprecht? Nun, er ist vor allem deswegen nicht bekannt, weil der älteste Sohn von Bayerns König Ludwig III. selbst nie den Thron bestieg. Schlicht und einfach, weil nach dem Ersten Weltkrieg Schluss war mit der Monarchie. Bereits 1904 hatte Rupprecht in Streitberg den Nürnberger Industriellen Ignaz Bing getroffen und bei der Gelegenheit wohl recht majestätisch auf dem Felsen herumgestanden. Grund genug für Bing, dem Prinzen zu Ehren einen Pavillon im Tempelstil zu errichten – damit man hier gemütlich sitzen kann, dieweil man die Aussicht über Streitberg, das Schauertal und das Wiesenttal bis zur Ruine Neideck genießt.

Den gleichen Weg zurück, gleich unterhalb des Pavillons zur Binghöhle abbiegen bzw. auf gleicher Höhe weiterlaufen.

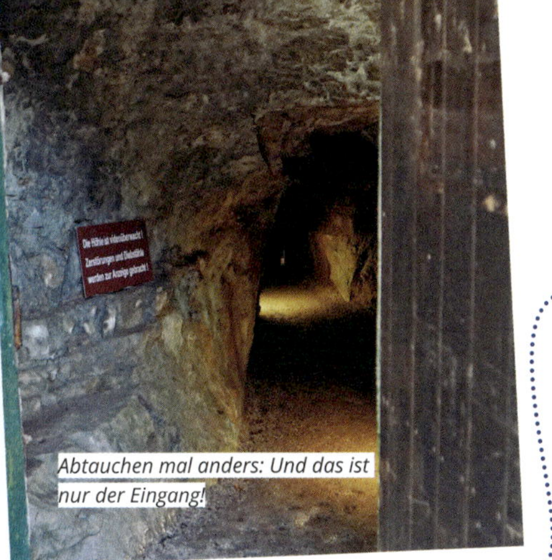

Abtauchen mal anders: Und das ist nur der Eingang!

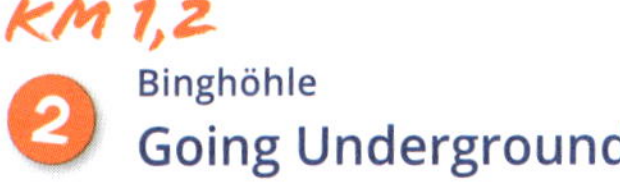

KM 1,2

2 Binghöhle

Going Underground

Der gleiche Ignaz Bing hat dann 1905 direkt noch eine Höhle entdeckt, diese flugs erworben, 1906 nach der Mode der Zeit zur Schauhöhle (binghoehle.de) ausgebaut und darin 1907 elektrisches Licht werden lassen. Später stieß man auf weitere Höhlenräume und schuf Durchgänge, wo die Decke zu niedrig oder der Fels zu eng stand: Heute lässt sich die Binghöhle von vorne – Vorderhöhle, Tropfsteingalerie, Kellermansgewölbe – bis hinten – Venusgrotte, Katakomben, Höhlensee – einmal komplett durchschreiten, sodass man am anderen Ende wieder rauskommt. Denn das ganze Gebilde stammt von einem unterirdischen Zufluss der Wiesent und ist eine Durchgangshöhle. Wer keine Lust auf Fledermausromantik unter Tage hat, begnügt sich mit dem Eingang und der Gedenktafel und umgeht die Höhle auf dem Weg etwas weiter unten.

Vom Ausgang der Höhle, auf den auch der Umgehungsweg trifft, zum Parkplatz absteigen, auf die Schauertal-Straße abbiegen, gleich wieder links die Fahrstraße Streitberg nehmen, rechts hinauf zur Burg, nach links am Lochgefängnis vorbei und geradeaus.

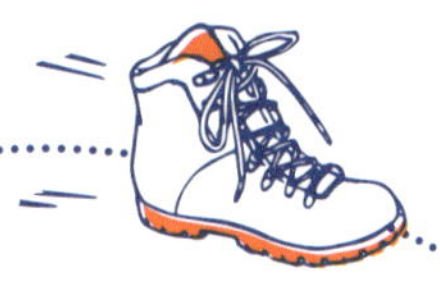

KM 2

3 Streitburg

Wenn zwei sich streiten

Der Legende nach ist die Streitburg wirklich ein Produkt des Zwistes und eine Abspaltung von Burg Neideck gegenüber. Diese war der Stammsitz des fränkischen Hochadelgeschlechts derer von Schlüsselberg. Zwei Brüder sollen sich dermaßen in die Wolle bekommen haben, dass der eine auszog und vis-a-vis eine Neugründung betrieb. Schöne Geschichte, leider nicht verbürgt. Wahrscheinlicher ist, dass die Streitburg sogar älter ist als Neideck – schon im 4./5. Jahrhundert als Höhensiedlung auf dem sicheren Felsen entstanden. Im 13. Jahrhundert wurde Streitberg zum Lehen der Schlüsselberger, war also ein Vasall und keine konkurrierende Burg. Zum angeblichen Streit kann man keinen mehr befragen, die Linie der Schlüsselberger starb ungeschickterweise schon 1347 aus. Die einst mächtige Anlage ist nur zum Teil erhalten, aber gerade das Zusammenspiel von Vegetation, Mauerresten und Wegen macht den Reiz aus. Und dieser Ausblick!

Wenige Meter zurücklaufen und dann rechts: Der Fußweg geht von der Fahrstraße ab, überquert gleich danach die Straße Streitberger Berg und läuft am Hang weiter.

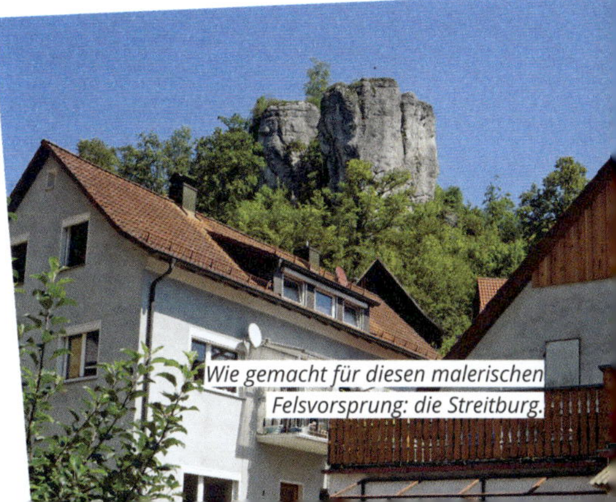

Wie gemacht für diesen malerischen Felsvorsprung: die Streitburg.

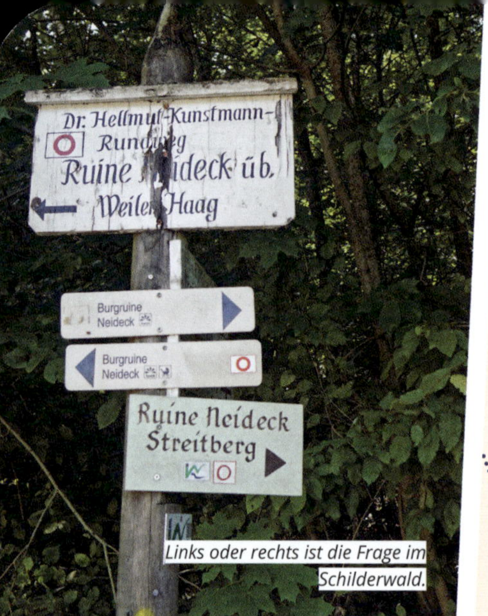

Links oder rechts ist die Frage im Schilderwald.

KM 8,9

5 Burg Neideck

Was hat dich bloß so ruiniert?

Tieck und Wackenroders Interesse galt Neideck. »Wir kletterten viel in den wüsten Steinhaufen umher und traten dann nach Streitberg unsern Rückweg an.« Die Steinhaufen sind heute aufgeräumt oder fein säuberlich aufgeschichtet und die imposante Burgruine um einiges zugänglicher als damals. Holzstege erschließen das Gelände, Metallsperren sichern es ab. Die Burg wurde um 1150 angelegt und war, als sie ab 1312 in den Besitz der Schlüsselberger kam und zur Festung ausgebaut wurde, eine der größten Burganlagen Deutschlands. In Ruinen liegt sie schon seit Mitte des 16. Jahrhunderts in Folge des sogenannten zweiten Markgrafenkrieges. Tieck lobt übrigens die Küche rund um Streitberg und schreibt: »Man hat dort treffliche Forellen und sie schmeckten uns nach der Wanderung sehr gut.« Das stimmt heute noch: In der Wiesent nehmen Regenbogenforellen den angestammten Bachforellen Platz und Futter weg und werden daher bevorzugt abgefischt.

Zurück auf den Wanderweg, nach rechts wenden und in Richtung Tal. Gleich am Fahrweg die Stufen zum Café hinunter.

KM 2,7

4 Muschelquelle

Erfrischender Spaß

Früher versorgte die Muschelquelle einen guten Teil des Tals mit Frischwasser. Um sie vor verunreinigtem Oberflächenwasser zu schützen, wurde sie 1910 mit einem sogenannten Quellhaus mit Jugendstilornamenten überbaut. Die Quelle entspringt aus den Kalkschichten unterhalb einer Felswand in einem engen Tal, in dem auch sonst das Wasser nur so schießt: Wenige Meter weiter speisen zwei Quellen ein Kneippbecken und ein hölzernes Wasserspiel im kühlen Wald – toll an heißen Sommertagen! Kinder finden hier rundherum viele Spielmöglichkeiten, während die Eltern von den Bänken aus alles überblicken.

Auf gleicher Höhe am Hang weiter, ca. 300 Meter durch Alleen, dann leicht schräg ins Lange Tal absteigen, dem Wirtschaftsweg nach links folgen, bald zweimal rechts rum am Hang weiter. Bei Muggendorf zur B470 und Wiesent überqueren. Links ums Infozentrum herum, am Wanderparkplatz rechts auf Wanderweg und Schildern ›Burg Neideck‹ folgen.

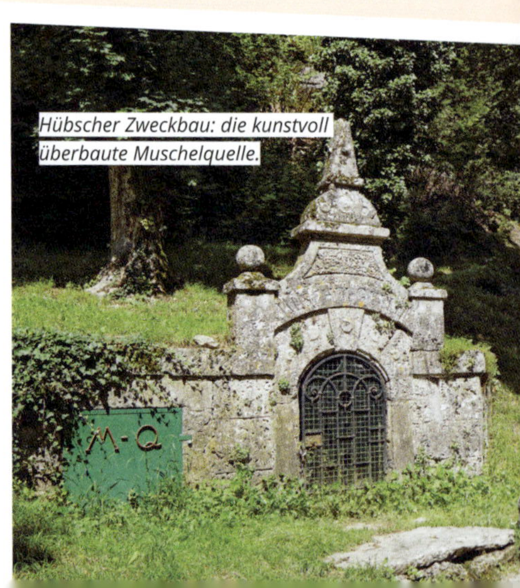

Hübscher Zweckbau: die kunstvoll überbaute Muschelquelle.

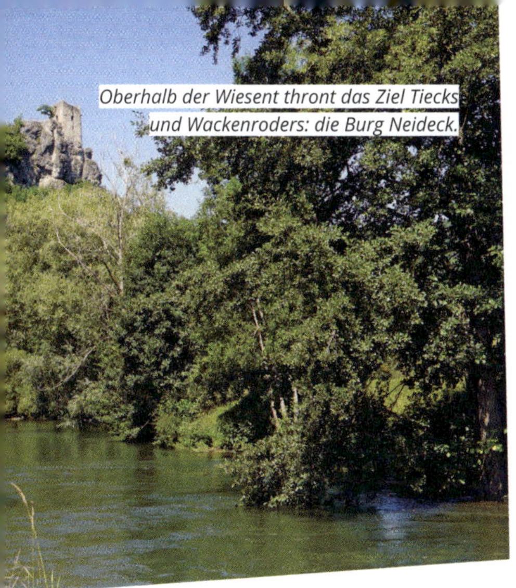
Oberhalb der Wiesent thront das Ziel Tiecks und Wackenroders: die Burg Neideck.

EXTRA INFOS:

Im alten Bahnhof von Muggendorf befindet sich das ● **Infozentrum des Naturparks Fränkische Schweiz.** Reinzuschauen lohnt sich auch deswegen, weil man sich mit Gratis-Kartenmaterial ausstatten kann. Beliebt ist der Abstecher von Burg Neideck den Hang hoch zu einer Reihe kleinerer ● **Grotten** (fraenkische-schweiz.com).

Das ● **Hotel & Gasthof Schwarzer Adler** residiert im modernisierten Fachwerkbau im Zentrum von Streitberg. Nicht unwahrscheinlich, dass Tieck und Wackenroders Unterkunft ähnlich ausgesehen hat (schwarzeradler-hotel.de).

KM 9,6

6 Badcafé Streitberg

Vespern im Biergarten

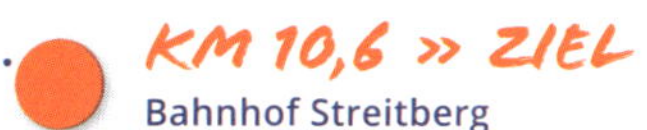

KM 10,6 » ZIEL

Bahnhof Streitberg

Die hübsche, kleine Gaststätte leidet ein wenig, weil ihr der Nachbar abhanden gekommen ist: Das historische Freibad wurde geschlossen und bei Redaktionsschluss war unklar, wann und ob überhaupt saniert wird. Die Mittel sind bewilligt, doch wurde noch nicht einmal angefangen. Deshalb am besten selbst Infos einholen und bei Wiedereröffnung unbedingt besuchen. Im Biergarten des Cafés, das eigentlich ein Restaurant mit durchgehend warmer und kalter Küche ist, sitzt man über dem Tal trotzdem gut – vielleicht sogar besser, ohne Badelärm. Das lichte Hauptgebäude stammt wie das Bad aus den 1930er-Jahren und ist auch an regnerischen Tagen den Besuch wert (badcafe-streitberg.de).

Der Straße folgen, nach rechts die Dorfstraße entlang und über die Wiesent. Zum Bahnhof an der Durchgangsstraße links weiter.

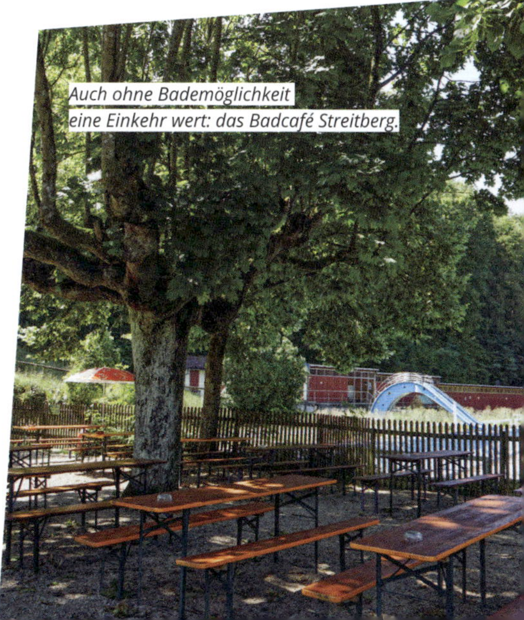
Auch ohne Bademöglichkeit eine Einkehr wert: das Badcafé Streitberg.

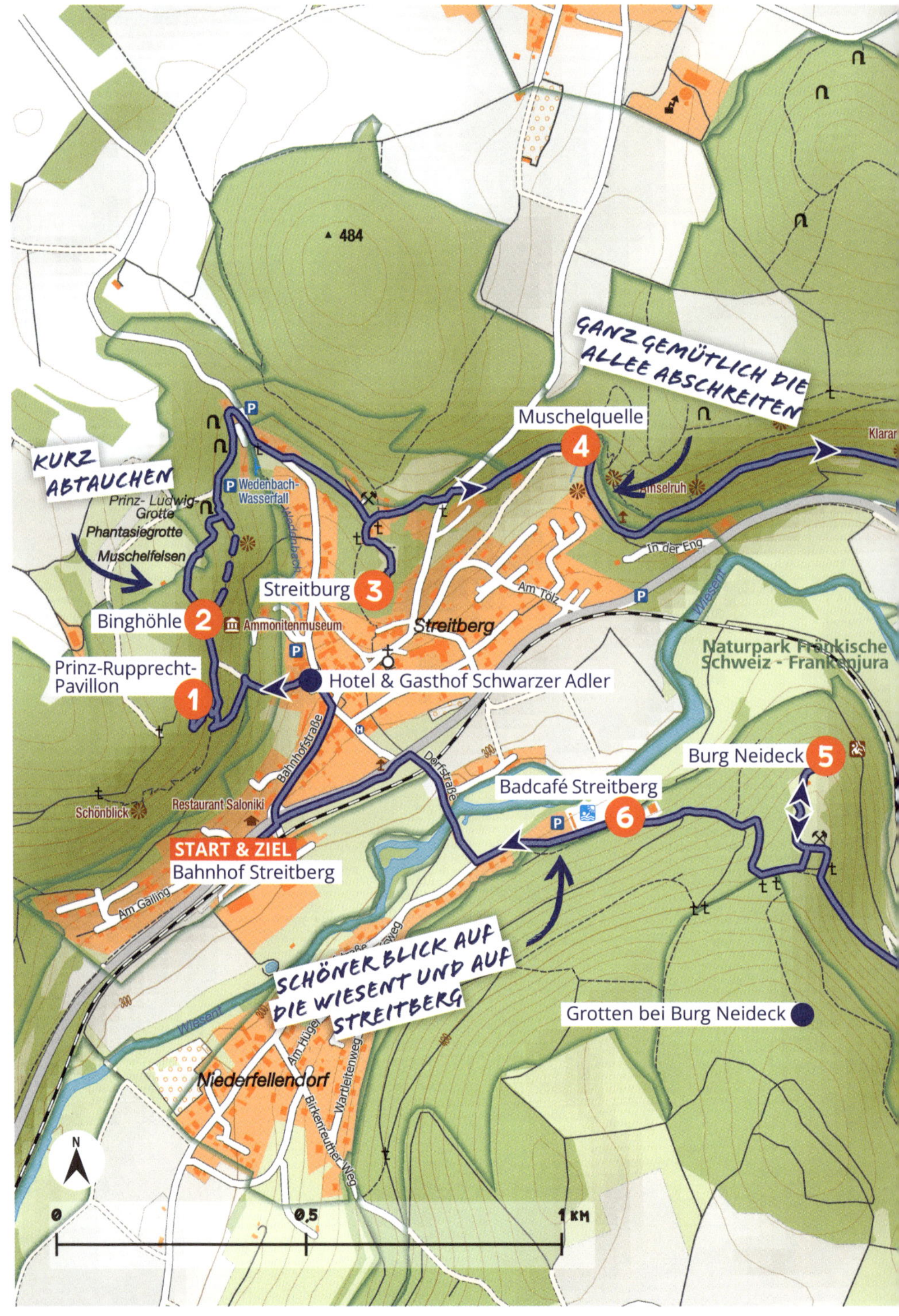
484
GANZ GEMÜTLICH DIE ALLEE ABSCHREITEN
Muschelquelle
4
Klarar
KURZ ABTAUCHEN
Prinz- Ludwig-Grotte
Phantasiegrotte
Muschelfelsen
Wedenbach-Wasserfall
Amselruh
In der Eng
Streitburg
3
Am Tölz
Binghöhle
2
Ammonitenmuseum
Streitberg
Naturpark Fränkische Schweiz - Frankenjura
Prinz-Rupprecht-Pavillon
1
Hotel & Gasthof Schwarzer Adler
Bahnhofstraße
Dorfstraße
Burg Neideck
5
Badcafé Streitberg
6
Schönblick
Restaurant Saloniki
START & ZIEL
Bahnhof Streitberg
Am Gailing
SCHÖNER BLICK AUF DIE WIESENT UND AUF STREITBERG
Wiesent
Grotten bei Burg Neideck
Niederfellendorf
Birkenreuther Weg
Wartleitenweg
N
0
0,5
1 KM

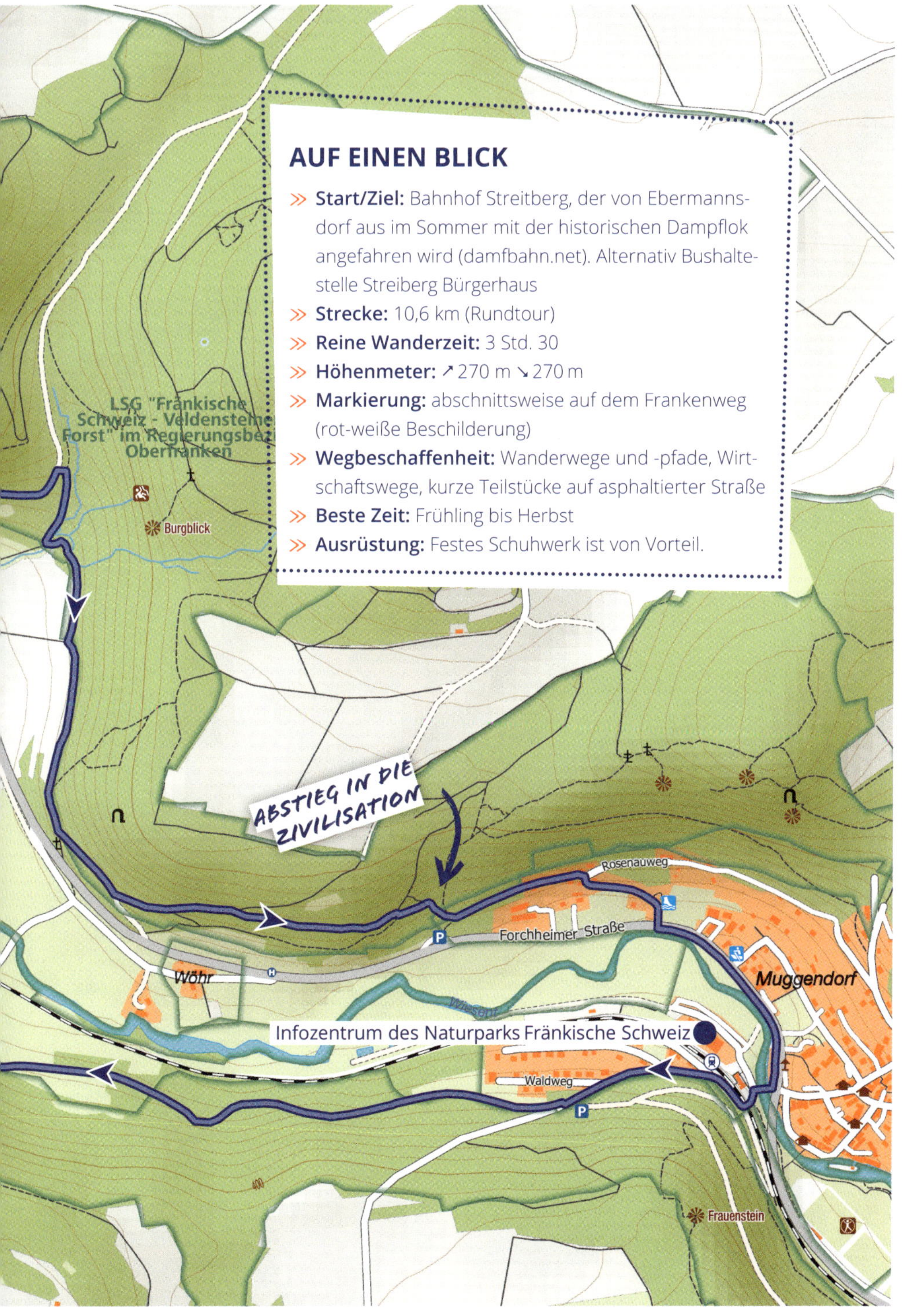

AUF EINEN BLICK

- **Start/Ziel:** Bahnhof Streitberg, der von Ebermannsdorf aus im Sommer mit der historischen Dampflok angefahren wird (damfbahn.net). Alternativ Bushaltestelle Streiberg Bürgerhaus
- **Strecke:** 10,6 km (Rundtour)
- **Reine Wanderzeit:** 3 Std. 30
- **Höhenmeter:** ↗ 270 m ↘ 270 m
- **Markierung:** abschnittsweise auf dem Frankenweg (rot-weiße Beschilderung)
- **Wegbeschaffenheit:** Wanderwege und -pfade, Wirtschaftswege, kurze Teilstücke auf asphaltierter Straße
- **Beste Zeit:** Frühling bis Herbst
- **Ausrüstung:** Festes Schuhwerk ist von Vorteil.

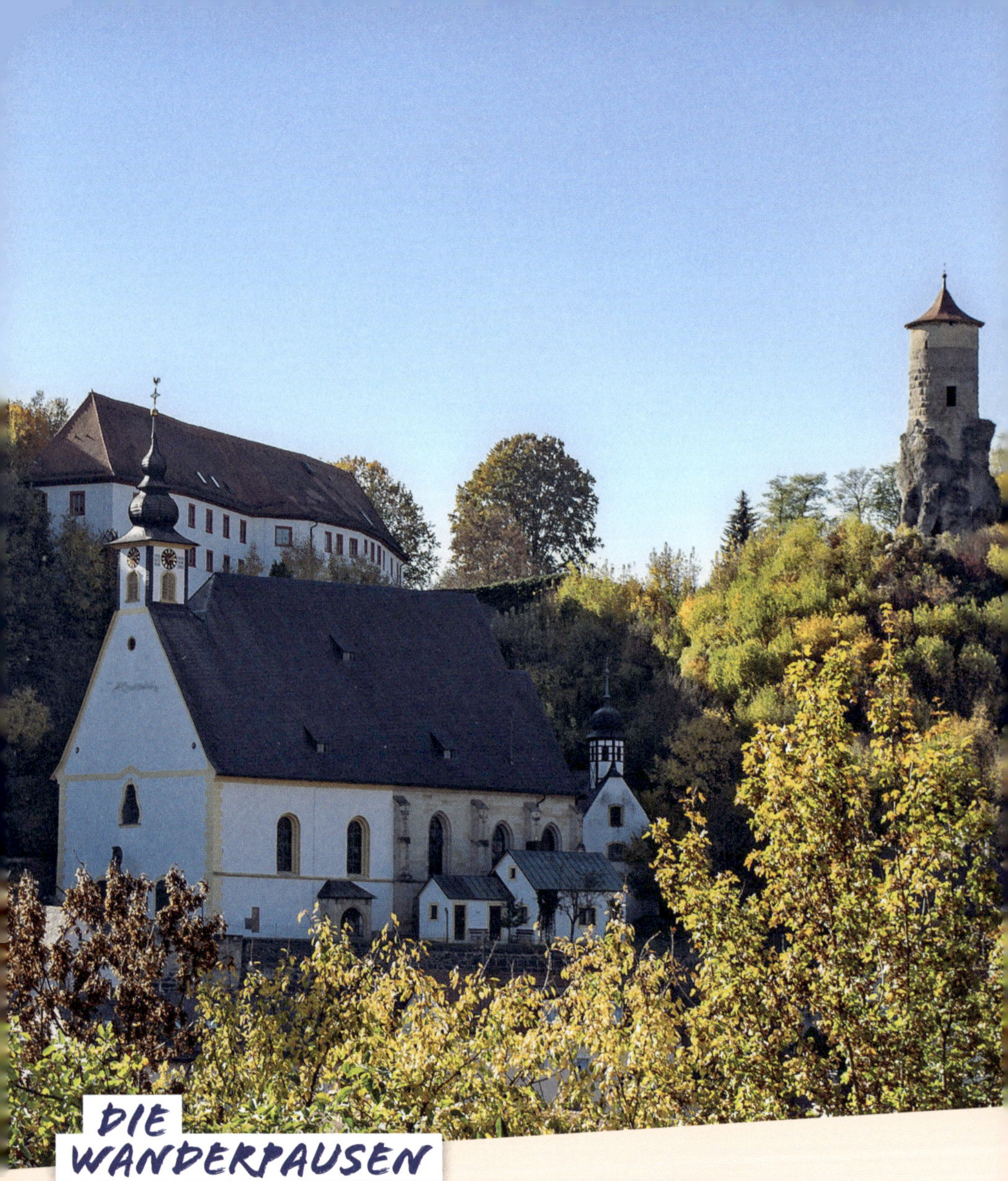

DIE WANDERPAUSEN

» START
Bushaltestelle Hauptstraße, Waischenfeld

KM 0,7
1 Literaturweg – Station 2
Großen Namen auf der Spur

KM 4,2
2 Felssteig
Volle Dosis Felsromantik

KM 4,5

3 Burg Rabeneck und Kapelle
Am alten Gemäuer vorbei

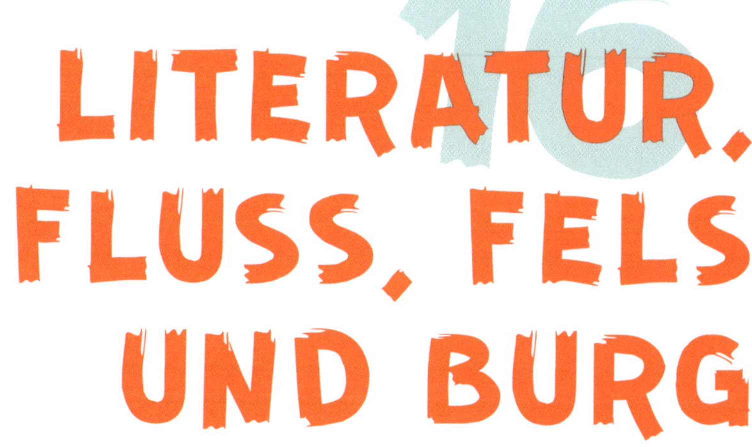

LITERATUR, FLUSS, FELS UND BURG

Von Waischenfeld zur Burg Rabeneck

Heimlicher Hauptdarsteller dieser Tour sind die Schleifen der Wiesent. Diese stehen auch dann noch im Vordergrund, wenn Burg und Höhenweg erreicht sind und das Panorama sich weitet.

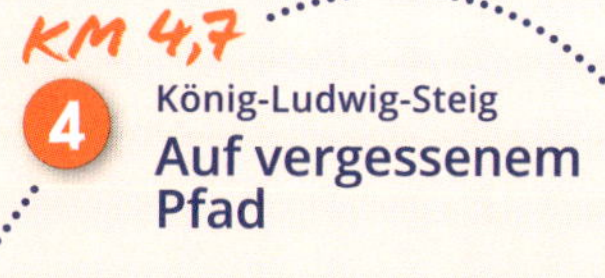

KM 4,7

4 König-Ludwig-Steig

Auf vergessenem Pfad

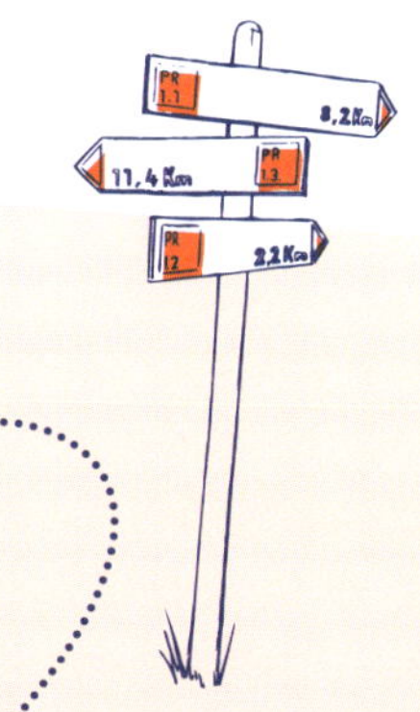

KM 9,3

5 Pulvermühle

Zunder geben

KM 10,8 » ZIEL

Bushaltestelle Hauptstraße,

BURG RABENECK …

… ist die unbekannte Schwester der nahen Burg Rabenstein – das sollte man im Hinterkopf behalten, um unterwegs nicht etwa dem falschen Schild zu folgen. Denn dann würde man nicht nur um den lauschigen **Literaturweg** entlang der Wiesen und Auen gebracht, sondern auch um den spektakulären **Felssteig** hinauf zur **Burganlage Rabeneck** und den nicht minder schönen Panoramaweg mit dem klingenden Namen **König-Ludwig-Steig** hoch über dem Fluss.

WENN SICH DER LEICHT VERWILDERTE LUDWIGSTEIG ZU ALLERSCHÖNSTEN PANORAMEN ÜBER FLUSS UND TAL ÖFFNET: ZUM SEUFZEN SCHÖN!

Diese Tour erfüllt gleich zwei Wunschvorstellungen, wenn nicht sogar drei: Zum einen den nach einer gemütlichen Flusswanderung, denn nichts anderes sind Hin- und Rückweg an der Wiesent entlang. Und zum anderen den nach Panoramablicken und ein bisschen Wildheit, was oben auf der Höhe wahr wird. Der steile Felsenpfad bietet gleich mehrere spektakuläre Ecken, an denen man automatisch Halt macht und bewundert, was sich da vor einem an Aussichten auftut. Dass nebenbei noch die **Burg Rabeneck** samt einer kleinen **Felskapelle** passiert wird? Geschenkt!

Ohne ein bisschen Mittelalter hier und ein paar Felsen dort kommt kaum ein Weg in der Fränkischen Schweiz aus: Was andernorts Sehenswürdigkeiten wären, gehört hier zum Inventar und ist wenig mehr als Wegmarke. Nach dem **König-Ludwig-Steig** führt der Pfad von der Hangkante weg und wiederum durch Wald sanft in den Talgrund zurück. Schöner und weltentrückter als dort unten wird es an der Wiesent nicht: Alle Dörfer, die Straßen und sogar die Mühlen liegen fern, von Hektik keine Spur.

Schritt für Schritt nähert man sich dann der Zivilisation wieder und gelangt zu guter Letzt zum einstigen letzten Tagungsort der Gruppe 47, der **Pulvermühle.** Der literarischen Gruppierung, die einst die junge Bundesrepublik geprägt hat, ist auch der Literaturweg gewidmet, auf dem es wieder in die Stadt zurückgeht. «

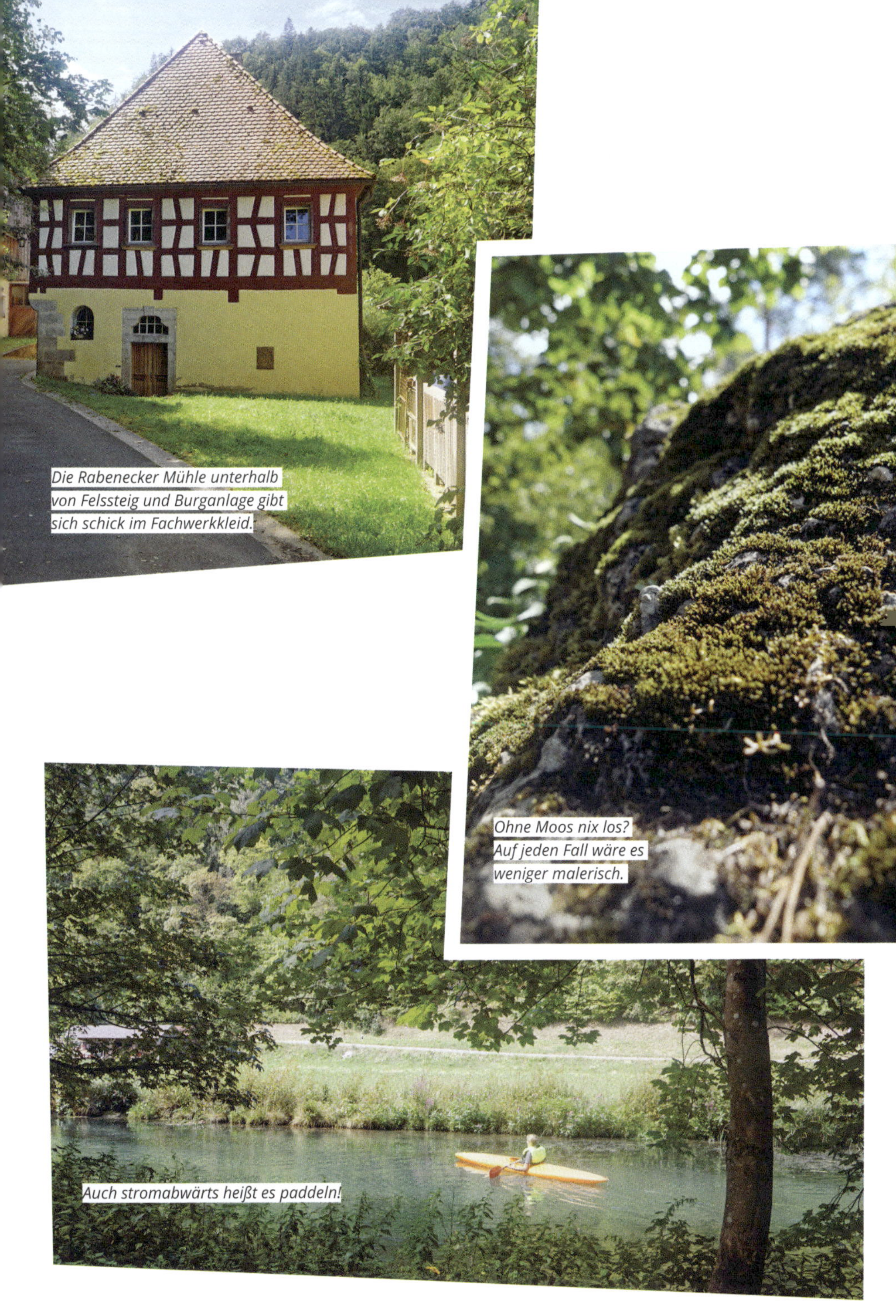

Die Rabenecker Mühle unterhalb von Felssteig und Burganlage gibt sich schick im Fachwerkkleid.

Ohne Moos nix los? Auf jeden Fall wäre es weniger malerisch.

Auch stromabwärts heißt es paddeln!

WANDERN & GENIESSEN

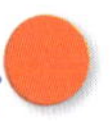

» START

Bushaltestelle Hauptstraße, Waischenfeld

Von der Bushaltestelle über den Fußweg im Zickzack zum Wiesentufer, dort rechts weiter, über die Brücke und wieder rechts auf dem Skulpturenweg direkt am Ufer entlang.

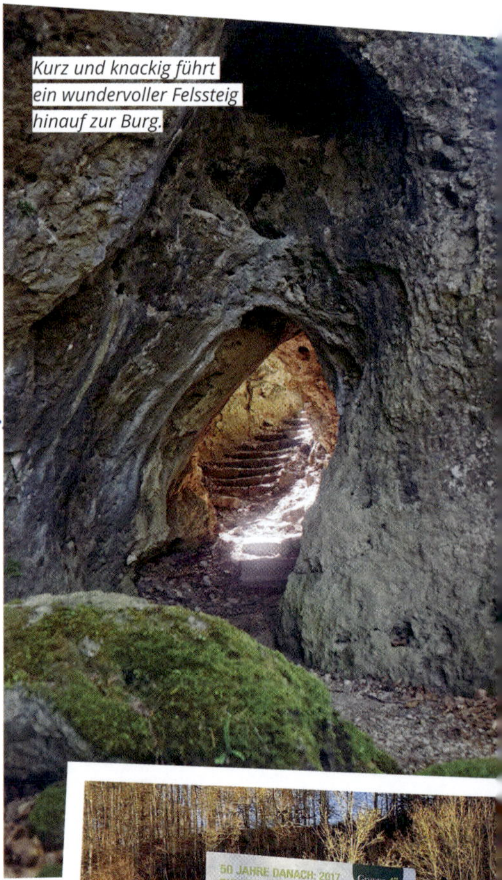

Kurz und knackig führt ein wundervoller Felssteig hinauf zur Burg.

KM 0,7

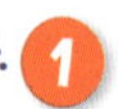

Literaturweg – Station 2

Großen Namen auf der Spur

Auf insgesamt fünf Stationen widmet sich der Literaturweg der Gruppe 47 jenem losen Verbund deutscher Dichter:innen, der von 1947 bis 1967 auf Einladung von Hans Werner Richter regelmäßig tagte, las und diskutierte. Sie umfasste alle, die in der damaligen Bundesrepublik Rang und Namen hatten oder sich letzteren gerade machten: Ilse Aichinger und Ingeborg Bachmann etwa und mit Günter Grass sowie Heinrich Böll gleich zwei Nobelpreisträger. Die allerletzte Tagung fand in der Pulvermühle bei Waischenfeld statt, Grund genug für die Gemeinde, im Jubiläumsjahr 2017 den Literaturweg zu schaffen und im Beisein einiger der damaligen Protagonisten, zum Beispiel dem inzwischen verstorbenen Hans Magnus Enzensberger, einzuweihen.

Dem Literaturweg folgen, anschließend direkt am Fluss immer weiter, bis hinter der Rabenecker Mühle der Felssteig nach links in den Wald abzweigt.

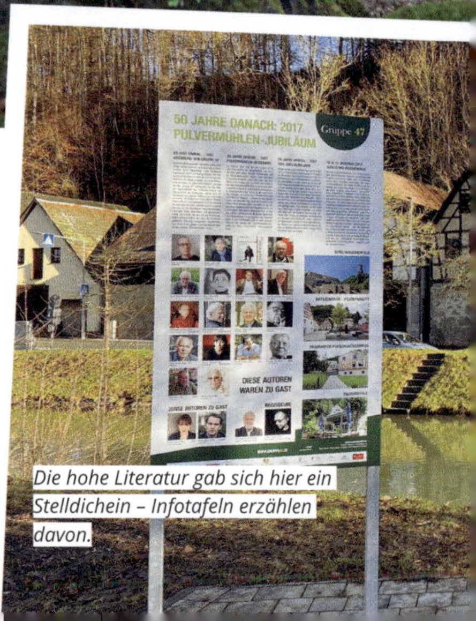

Die hohe Literatur gab sich hier ein Stelldichein – Infotafeln erzählen davon.

KM 4,2

2 Felssteig
Volle Dosis Felsromantik

Es geht streng auf schmalem Pfad bergan, dabei aber immer im Wald und nicht ausgesetzt. Der Anstieg ist knackig, jedoch kurz und abwechslungsreich genug, sodass auch Kinder hier ihren Spaß haben, zumal es allerhand zu entdecken gibt: Der Weg verschwindet zwischen Felsen, führt durch eine Duchgangshöhle. Dahinter wartet eine grottenartige Höhlenöffnung direkt am Abgrund vergeblich auf Gäste, sie ist abgesperrt – aber die alte Inschrift auf dem Stein ist noch zu lesen: Der gesamte Steig wurde 1829 angelegt, zu Zeiten der Romantik und zum Zeitvertreib – er führt also absichtlich quer durch die Felsen! Und die nächste, noch größere Durchgangshöhle nimmt er auch gleich mit. Zwischendrin öffnet sich der Blick auf eine Art Vorsprung mit einem Grenzstein: Dort kann man sich von allzuviel Felsromantik erholen.

Zurück auf den Pfad und diesem weiter bergan folgen, er führt direkt zum Burggraben und zur Kapelle.

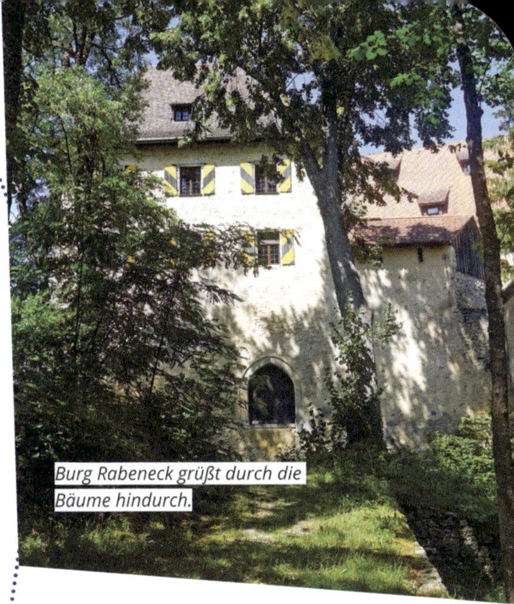

Burg Rabeneck grüßt durch die Bäume hindurch.

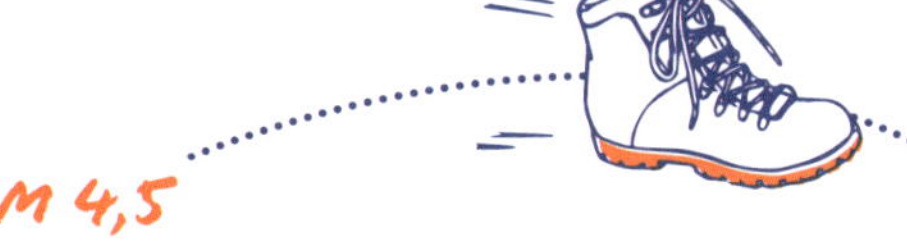

KM 4,5

3 Burg Rabeneck und Kapelle
Am alten Gemäuer vorbei

Unterhalb der Höhenburg steht die kleine St.-Bartholomäus-Kapelle von 1412. Einen Blick auf den barocken Altar und Altarbilder des heiligen Bartholomäus, sowie Petrus und Paulus erhascht man, wenn man den Lichtschalter draußen links betätigt und durch die Tür spitzt. Burg Rabeneck ist in ihrer hochmittelalterlichen Substanz erhalten, wurde also nie umfassend umgebaut. Sie gilt als Zweitwohnsitz derer zu Rabenstein und wurde wohl im 12. Jahrhundert für eine Seitenlinie der Familie auf dem Felssporn oberhalb der Wiesent erbaut (burg-rabeneck.de).

Zunächst auf dem Fahrweg weiter, bis rechter Hand ein Pfad die Wiese teilt und auf den Wald zuläuft – im Sommer zwischen zwei Elektrozäunen. Wichtig: Der Zustieg zum König-Ludwig-Steig ist nicht markiert, die einzige Orientierung stiftet ein Apfelbaum auf der Wiese.

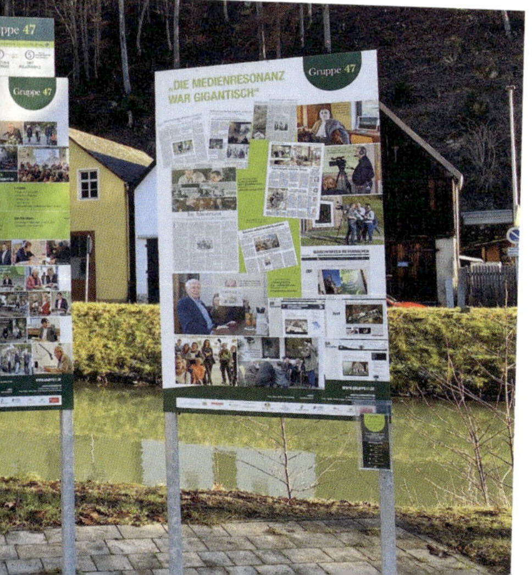

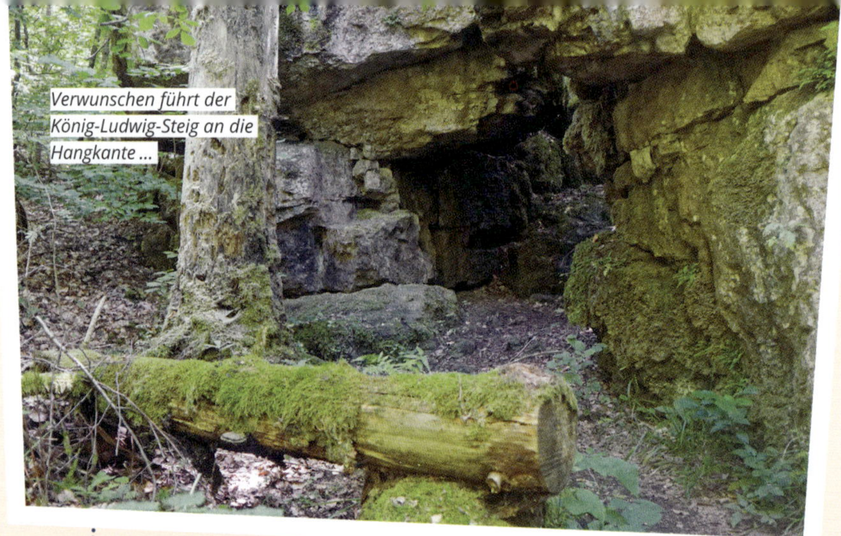

Verwunschen führt der König-Ludwig-Steig an die Hangkante ...

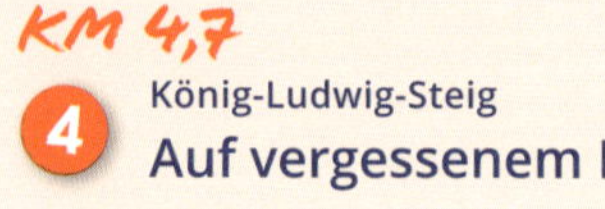

4 König-Ludwig-Steig

Auf vergessenem Pfad

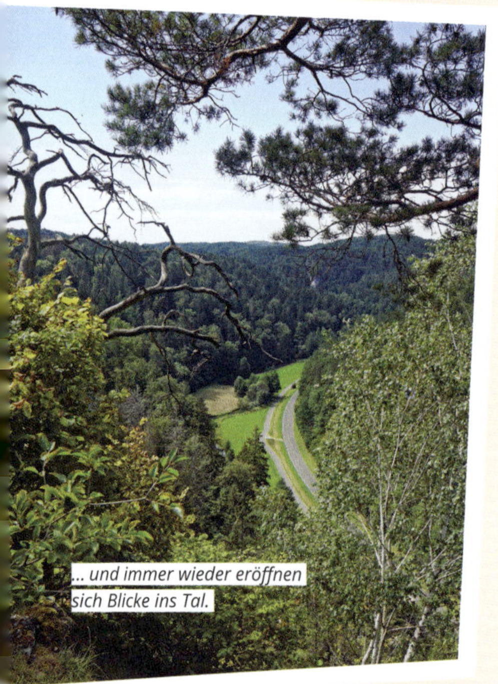

... und immer wieder eröffnen sich Blicke ins Tal.

Der alte Höhenweg wird nicht mehr gepflegt, umgestürzte Bäume oder schießendes Gras muss man in Kauf nehmen, wird dafür aber tausendfach entlohnt: Märchenhaft mäandert der Pfad an der Abbruchkante entlang, an Felsen und drei Aussichtspunkten vorbei – die ersten beiden mit Blick auf Burg Rabenstein, der dritte, versteckter und weltabgewandter noch, ins südliche Wiesenttal. Wer Ruhe und Ausblick sucht oder einen ganz besonderen Platz für ein Picknick: Das ist er! Der Höhenweg setzt den Felssteig fort und wurde im gleichen Zuge erbaut, diente also ebenfalls dem romantischen Wandeln durch Felsen und womöglich über einem Nebelmeer, sobald die Feuchtigkeit der Wiesent im Herbst das Tal einhüllt. Die Widmung an den bayerischen König Ludwig I. ist nur eine Referenz – der war nie hier.

Dem Pfad immer weiter geradeaus folgen, über den querenden Wirtschaftsweg hinweg zur Wiesent hinunter. Dort nach rechts wenden und am Fluss entlang bis zur Rabenecker Mühle. Von dort auf dem Hinweg zurück.

KM 9,3

5 Pulvermühle

Zunder geben

Die Pulvermühle ist heute ein Hotel Garni und stiftet leider keine Einkehrmöglichkeit. Gegenüber befindet sich an der Wiesent jedoch ein freier Uferbereich – eine Einstiegsstelle für Kanuten. Dort lässt es sich in der Sonne aushalten, dieweil man über jene Poet:innen nachdenkt, die sich 1967 in der Pulvermühle ein allerletztes Mal trafen. »Dieser Gasthof ist so, wie wir ihn brauchen und das Wort Pulvermühle gibt zu zahlreichen Assoziationen Anlass«, notierte Hans Werner Richter. Er sollte Recht behalten, denn es gab Zunder und anschließend war die Literatengruppe Vergangenheit, hatte sich gewissermaßen pulverisiert. In der Pulvermühle muss einst in der Tat Schießpulver hergestellt worden sein: Eine Legende berichtet, der Bauer habe die Mühle 1806 kurzerhand in die Luft gesprengt, um das Schießpulver nicht der heranrückenden Armee Napoleons überlassen zu müssen (pulvermuehle.de).

Neben der Fahrstraße führt linker Hand ein Fußweg weiter, ab der Hammermühle wenige hundert Meter auf der Dooser Straße weiter, dann über den Fluss und auf dem Skulpturenweg zurück.

EXTRA INFOS:

Essen und Schlafen: Einkehren entweder klassisch-fränkisch gleich im ● **Gasthof zur Sonne** (sonne-waischenfeld.de) an der Hauptstraße oder, um in den Genuss einer Tageskarte zu kommen, noch den kurzen Gang hinauf zum ● **Landhotel Jöbstel** in Kauf nehmen (landhotel-joebstel.de). Hier gibt es moderne Zimmer. Zentraler und ebenfalls auf dem neuesten Stand ist das ● **Hotel zur Post** (hotel-zur-post-waischenfeld.de). Man kann aber auch gleich auf Burg Rabeneck bleiben, im Ort werden ebenfalls Gästezimmer vermietet.

Der Weg an der Wiesent bietet weitere Gelegenheiten, sich am Flussufer oder am Wehr der ● **Rabenecker Mühle** niederzulassen. In Waischenfeld kann man zur ● **Burg** hochsteigen oder herausfinden, was der ● **Steinerne Beutel** ist.

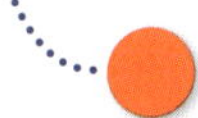

KM 10,8 » ZIEL

Bushaltestelle Hauptstraße, Waischenfeld

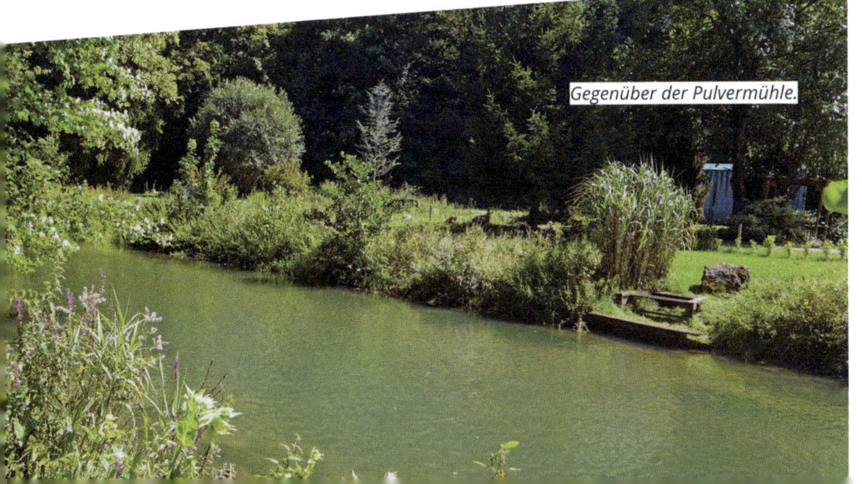

Gegenüber der Pulvermühle.

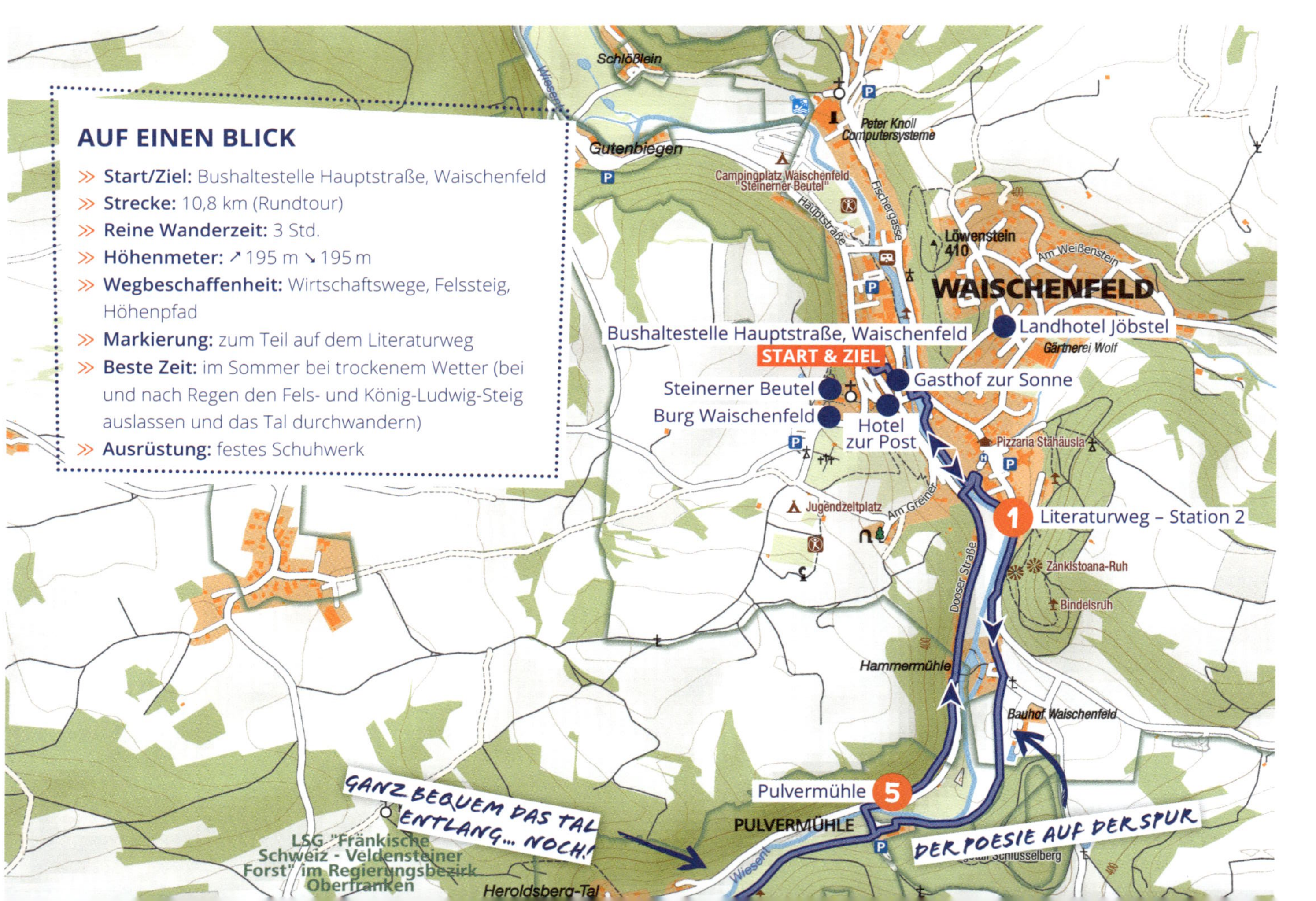
AUF EINEN BLICK
» Start/Ziel: Bushaltestelle Hauptstraße, Waischenfeld
» Strecke: 10,8 km (Rundtour)
» Reine Wanderzeit: 3 Std.
» Höhenmeter: ↗195 m ↘195 m
» Wegbeschaffenheit: Wirtschaftswege, Felssteig, Höhenpfad
» Markierung: zum Teil auf dem Literaturweg
» Beste Zeit: im Sommer bei trockenem Wetter (bei und nach Regen den Fels- und König-Ludwig-Steig auslassen und das Tal durchwandern)
» Ausrüstung: festes Schuhwerk
WAISCHENFELD
Bushaltestelle Hauptstraße, Waischenfeld
START & ZIEL
Landhotel Jöbstel
Gasthof zur Sonne
Steinerner Beutel
Burg Waischenfeld
Hotel zur Post
1 Literaturweg – Station 2
5 Pulvermühle
PULVERMÜHLE
GANZ BEQUEM DAS TAL ENTLANG… NOCH!
DER POESIE AUF DER SPUR
Schlößlein
Gutenbiegen
Peter Knoll Computersysteme
Campingplatz Waischenfeld "Steinerner Beutel"
Hauptstraße
Fischergasse
Löwenstein 410
Am Weißenstein
Gärtnerei Wolf
Pizzaria Stähäusla
Jugendzeltplatz
Am Greiner
Dooser Straße
Zankistoana-Ruh
Bindelsruh
Hammermühle
Bauhof Waischenfeld
Wiesent
LSG "Fränkische Schweiz - Veldensteiner Forst" im Regierungsbezirk Oberfranken
Heroldsberg-Tal

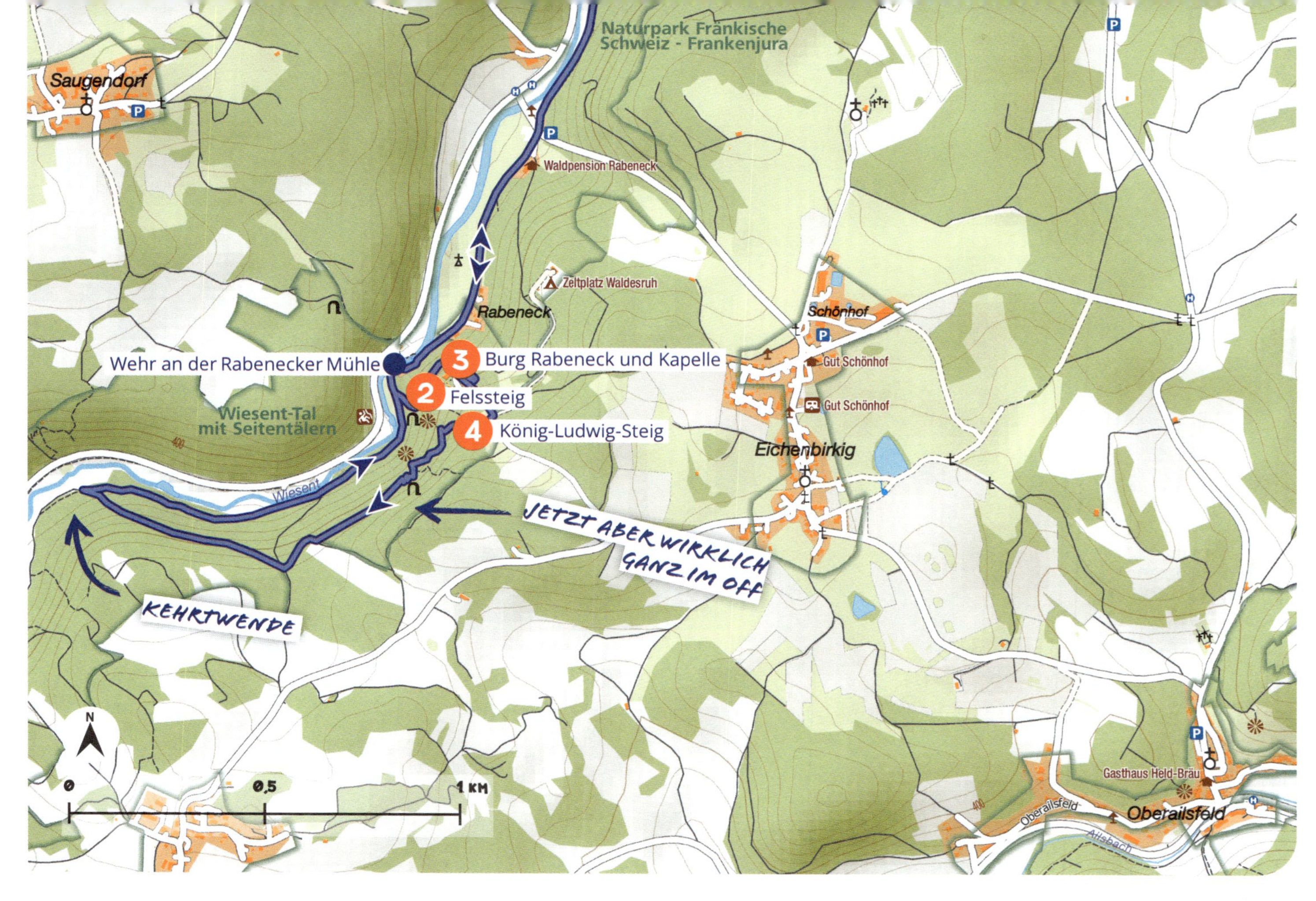
Naturpark Fränkische Schweiz - Frankenjura
Saugendorf
Waldpension Rabeneck
Zeltplatz Waldesruh
Rabeneck
Schönhof
Gut Schönhof
Gut Schönhof
Eichenbirkig
Wehr an der Rabenecker Mühle
3 Burg Rabeneck und Kapelle
2 Felssteig
4 König-Ludwig-Steig
Wiesent-Tal mit Seitentälern
Wiesent
400
JETZT ABER WIRKLICH GANZ IM OFF
KEHRTWENDE
N
0
0,5
1 KM
Gasthaus Held-Bräu
Oberailsfeld
Oberailsfeld
Ailsbach

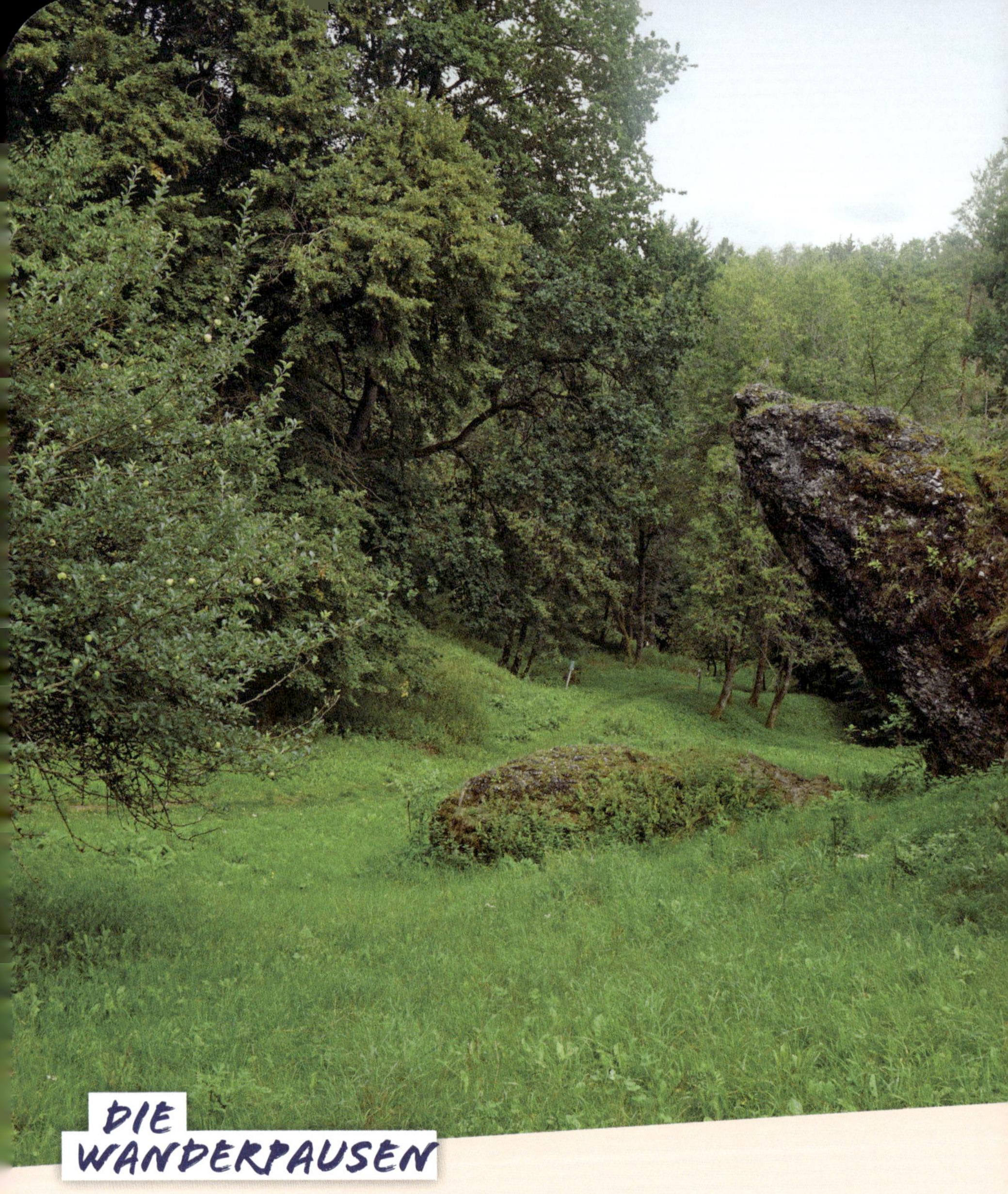

DIE WANDERPAUSEN

» START
Bushaltestelle Heiligenstadt/
Abzweig Greifenstein

KM 0,3
1 Mühlensteg
Einblick ins Fachwerk

KM 3,7
2 Schulmühle
Geschmackssache

KM 5
3 Naturlehrpfad
Im Schilderwald

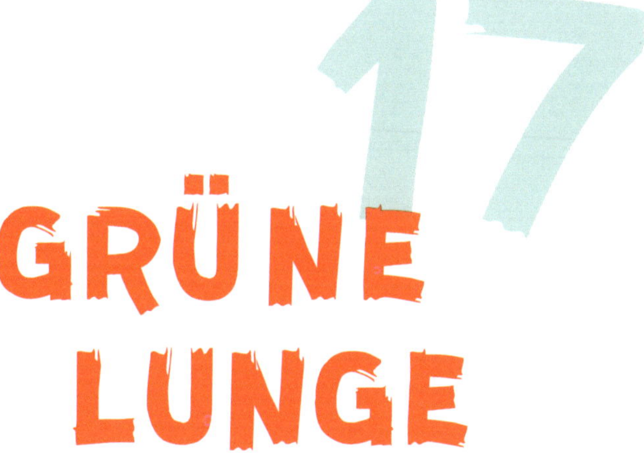

Von Heiligenstadt über Veilbronn ins Leidingshofer Tal

Das Naturschutzgebiet Leidingshofer Tal zählt zu den ältesten in Bayern: Sattgrün, eng, leicht verwildert und prachtvoll ist es dort. Aber auch der Hinweg über Veilbronn spart nicht mit üppiger Natur.

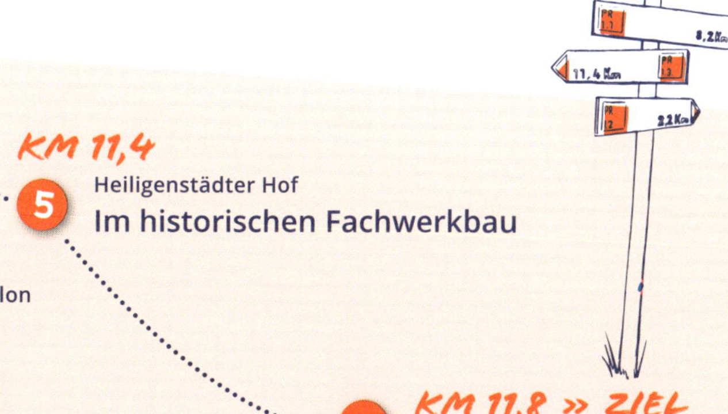

IST ES NICHT IMMER SO …

… dass die Abwege die interessanten sind, die weniger begangenen Pfade? Nun, bis nach Veilbronn läuft man noch auf einer Art asphaltierten Wander-Autobahn – wobei selbst diese am **Mühlensteg** in Heiligenstadt schon vorbei an Fachwerkperlen und danach durch renaturierte Auen führt. Mühlen bleiben Thema: Die **Schulmühle** kurz vor Veilbronn könnte nicht malerischer liegen.

Aber dann geht es in das Seitental, ein paar Schritte nur und das Leidingshofer Tal verschluckt einen regelrecht, man läuft durch üppiges Grün – nur mehr auf einem schmalen Pfad und an einer Quelle vorbei. Wie gut, dass der **Naturlehrpfad** die Vegetation für einen ordnet, dem Grün Namen gibt und es mit Informationen unterfüttert. Hätte man mit den Felsformationen auch machen können, aber die bleiben namenlos.

AM SCHÖNSTEN IST DOCH DER BLICK, WENN ER ZEIGT, WAS MAN HINTER SICH HAT. SO VOM PAVILLON OBERHALB VON VEILBRONN: FAST DIE GANZE STRECKE DURCHS LEINLEITERTAL ÜBERBLICKT MAN VON DORT.

Der Weg scheint geradewegs aus der Welt zu führen, macht dann aber kehrt und leitet auf der Anhöhe am Waldrand entlang zu einem kleinen **Pavillon.** Das muss man der Fränkischen Schweiz lassen: Sie spart nicht mit Aussichtspunkten, Unterständen und Rastmöglichkeiten und parkt diese verlässlich an Hangkanten und Abbrüchen, gibt ja genug davon.

Recht direkt – also durchaus steil – schlittert man über Laub und an üppig bemoosten Felsen vorbei zurück nach Veilbronn, kann dort entweder zum Naturfreundehaus weiter gehen und einkehren oder aber weiter entlang der Leinleiter zurück gen Heiligenstadt laufen. Direkt am Fluss und mitten in der Altstadt verköstigt der **Heiligenstädter Hof** hungrige Wandersleute. Zum Ausgangspunkt und der Bushaltestelle sind es von dort nur noch wenige Schritte. «

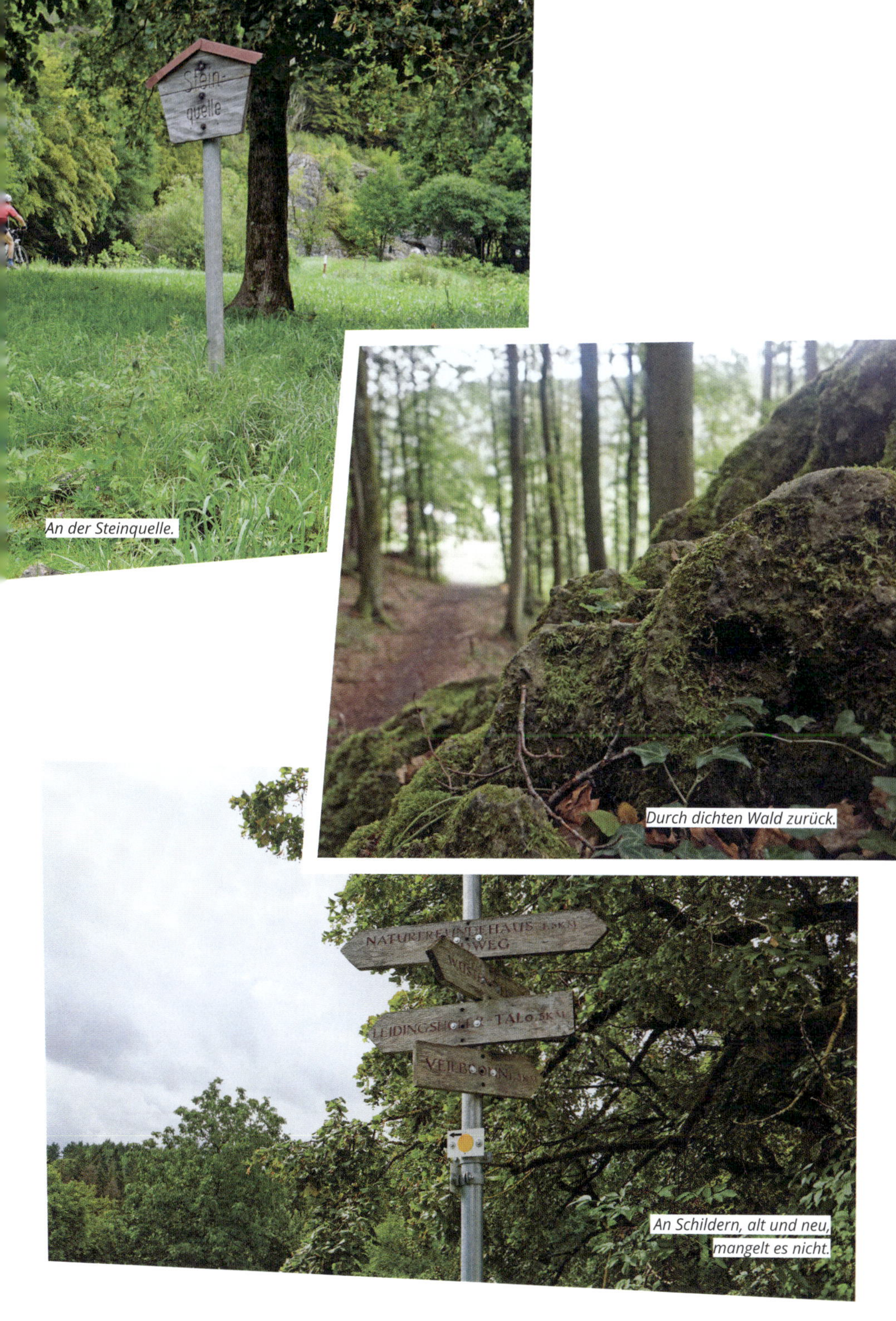

An der Steinquelle.

Durch dichten Wald zurück.

An Schildern, alt und neu, mangelt es nicht.

WANDERN & GENIESSEN

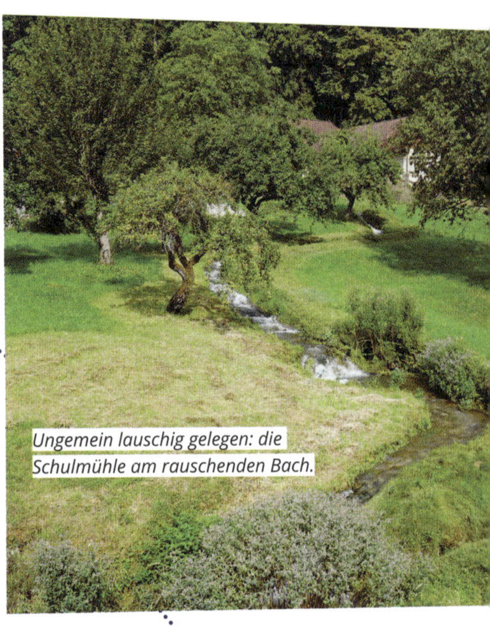
Ungemein lauschig gelegen: die Schulmühle am rauschenden Bach.

» START
Bushaltestelle Heiligenstadt/Abzweig Greifenstein oder Hellmuth-Breckner-Parkplatz

Zur Leinleiter und auf dem Frankenweg am Bach entlang, der Weg macht einen Rechts-, dann einen Linksknick.

KM 0,3

1 Mühlensteg

Einblick ins Fachwerk

Der Mühlensteg ist eigentlich eine Fußgänger-Abkürzung durch Heiligenstadt, die von der Hauptstraße über die Leinleiter zur Mühlengasse führt. Es geht in der Tat an ehemaligen Wassermühlen vorbei, deren Räder jedoch stillstehen. Ein Wasserrad modernerer Bauart – aus Eisen geschmiedet und nicht aus Holz gearbeitet – ist ebenfalls zu sehen. Spannend sind hier vor allem die alten Fachwerkbauten, von denen eines unrenoviert freiliegt – der Putz ist ab, das Fachwerk bröckelt. Aber so lässt sich mit einem Blick erschließen, wie diese alten, bäuerlichen Gebäude aufgebaut sind, mit welch günstigen und einfachen Mitteln die Fächer zwischen den Balken gefüllt wurden. Alle Materialien für das Mauerwerk stammen aus der unmittelbaren Umgebung, CO_2-Abdruck gleich Null.

Der Mühlengasse geradeaus folgen, die auf den Schätzwaldweg stößt, dabei am rechten Ufer der Leinleiter bleiben – am linken führt der Leinleiter-Radweg in die gleiche Richtung. Erst in Traindorf nach links am Spielplatz vorbei das Ufer wechseln und rechts auf dem asphaltierten Band weiter. Sobald der Weg sich teilt und nach links unter der Straße durchführt, letztere Richtung einschlagen.

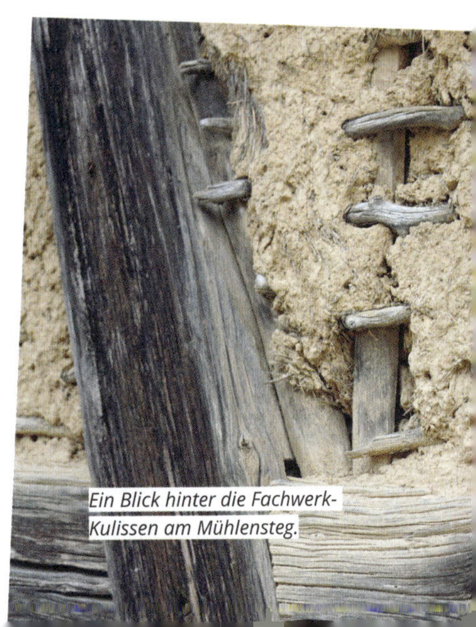
Ein Blick hinter die Fachwerk-Kulissen am Mühlensteg.

KM 3,7

2 Schulmühle

Geschmackssache

Ein gewisser Hans Schüll soll um 1500 herum die Mühle betrieben haben. Er war auch Namenspate des Bachs, der das Mühlrad antrieb: Schulmühlenbach. Durch die Hanglage konnte das Mühlrad oberschlächtig angetrieben werden, sprich das Bachwasser lief von oben ins Mühlrad. Wunderhübsch und in kleinen Kaskaden sucht sich der Bach heute noch einen schnellen Weg zurück ins Tal: Es ist vor allem dieses Detail, das das Mühlenensemble zum Postkartenmotiv macht. Korn gemahlen wird hingegen schon lange nicht mehr, wohl aber Schnaps gebrannt: Mühlenbesitzerin Inge Blank versteht sich auf das Destillieren feinster Fruchtbrände ebenso wie auf das Einkochen von Marmelade und das Fertigen von Pralinen. Trachtenmode kann man sich auch gleich noch näherbringen lassen (schulmuehle.de).

Nach rechts weiter Richtung Veilbronn auf der gleichnamigen Straße, im Dorf linker Hand zum Langgasthof Lahner abbiegen und dem Rundweg (gelber Punkt) durch das Leidingshofer Tal folgen.

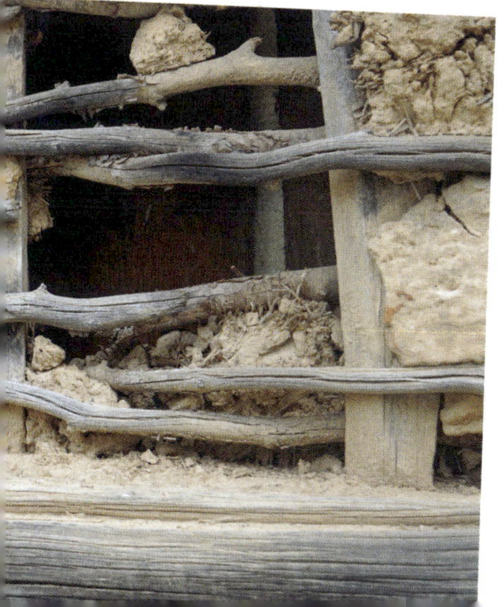

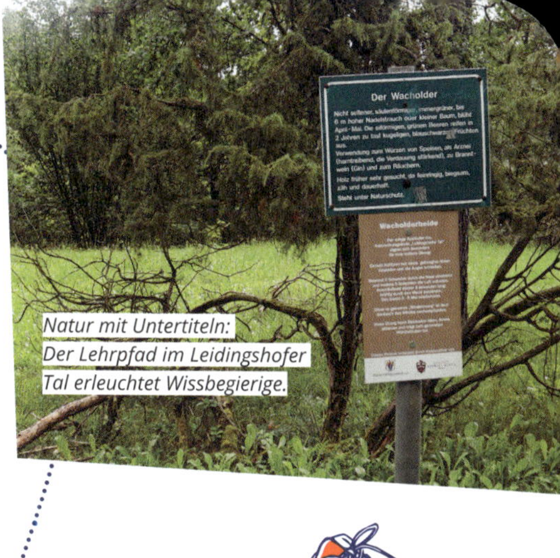

Natur mit Untertiteln: Der Lehrpfad im Leidingshofer Tal erleuchtet Wissbegierige.

KM 5

3 Naturlehrpfad

Im Schilderwald

Mal ehrlich: Wer kann heute schon noch Baumarten benennen, von Sträuchern und Büschen ganz abgesehen? Da kommt es ganz gelegen, dass im Naturschutzgebiet Infoschilder aufgestellt wurden, die Hainbuche, Holunder, Esche und Wacholder am lebenden Objekt ausweisen und auch die Verwendung von deren Holz knapp referieren. Die Beschilderung beginnt hinter der unscheinbaren Steinquelle – einem Karstloch, das auch im Hochsommer Wasser schüttet. Der Absender der Naturinformationen bleibt völlig anonym, ganz im Gegensatz zu einer anderen Schilderserie, welche einem allerlei Atem- und Achtsamkeitsübungen an die Hand geben, gesponsert von einem Veilbronner Hotel – kann man machen, vielen wird diese große, grüne Einkehrübung der Natur um einen herum auch ohne Gebrauchsanweisung reichen.

Der Weg führt in Richtung Talschluss und durch sehenswerte Felsformationen bergan, macht oben eine Spitzkehre nach rechts. Zum Pavillon an der Abbruchkante geht's rechts ein paar Schritte durch den Wald.

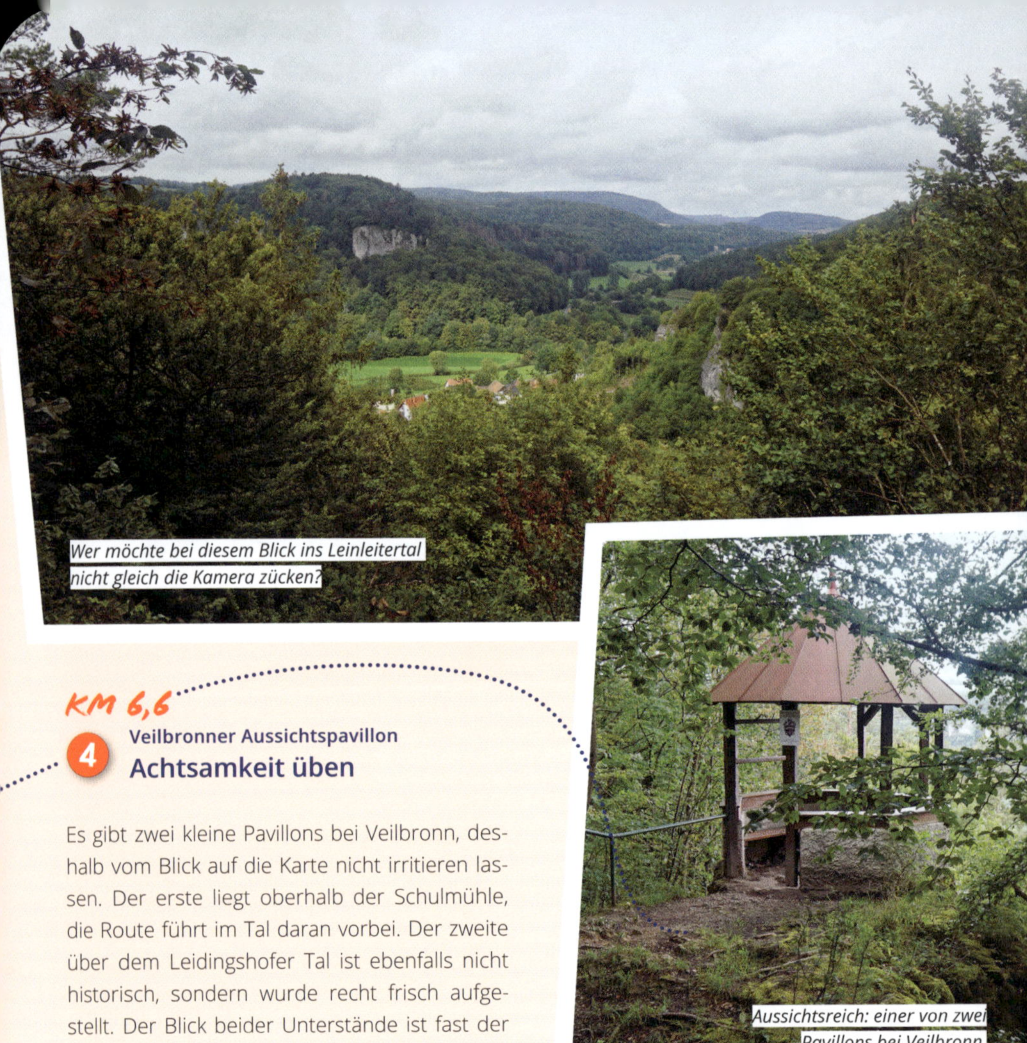

Wer möchte bei diesem Blick ins Leinleitertal nicht gleich die Kamera zücken?

Aussichtsreich: einer von zwei Pavillons bei Veilbronn.

KM 6,6

4

Veilbronner Aussichtspavillon

Achtsamkeit üben

Es gibt zwei kleine Pavillons bei Veilbronn, deshalb vom Blick auf die Karte nicht irritieren lassen. Der erste liegt oberhalb der Schulmühle, die Route führt im Tal daran vorbei. Der zweite über dem Leidingshofer Tal ist ebenfalls nicht historisch, sondern wurde recht frisch aufgestellt. Der Blick beider Unterstände ist fast der gleiche: Er fällt in nordwestliche Richtung in das Leinleitertal – also dahin, wo man hergekommen ist. Wer picknicken oder vespern will, der findet hier den perfekten Standort. Sollte der Pavillon besetzt sein, kann man auf eine Sitzbank ausweichen. Gesponsert hat das Ganze dasselbe Hotel, das hinter den Schildern mit den Achtsamkeitsübungen steckt. Auch hier gibt es eins: Man solle die Gedanken ziehen lassen und sich auf die Geräusche der Natur konzentrieren, steht darauf. Und: »Gerne so lange ausführen wie gewünscht«. Dem kann man sich vorbehaltlos anschließen.

Zurück auf den Hauptweg, dort nach rechts weiter und nach wenigen Metern wieder rechts durch den Wald hinunter und nach Veilbronn zurück. Dort erst rechts, dann links und wieder rechts halten und sich am einstigen Wasserschloss vorbei auf den Rückweg machen. Gegenüber der Schulmühle nicht geradeaus weiter auf den Fahrradweg, sondern unter der Straße durch, ein paar Meter nach links und dann rechts immer am Hang entlang nach Traindorf. Ab hier auf dem Hinweg in entgegengesetzter Richtung zurück nach Heiligenstadt.

ERSTES HAUS AM PLATZE!

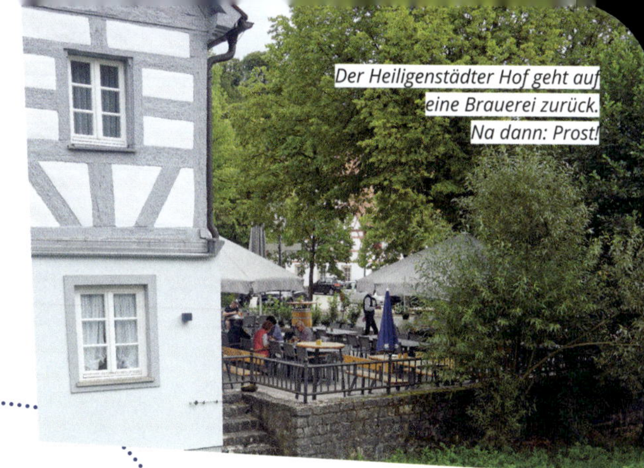

Der Heiligenstädter Hof geht auf eine Brauerei zurück. Na dann: Prost!

KM 11,4

5 Heiligenstädter Hof
Im historischen Fachwerkbau

Der Heiligenstädter Hof liegt direkt an der Leinleiter in einem bildhübschen Fachwerkbau aus dem 18. Jahrhundert – ist also nicht nur Einkehrmöglichkeit, sondern geht zugleich als Sightseeing durch! Schon Anfang des 19. Jahrhunderts war dort die Brauerei-Gaststätte Zolleiß untergebracht, die später von der Familie Fürst weitergeführt wurde. Spätestens seit 1965 und dem Besuch des damaligen Regierenden Bürgermeisters von Berlin, Willy Brandt, gilt der Gasthof als erste Adresse in Heiligenstadt – was aber auch daran liegt, dass andere traditionelle Häuser an der Leinleiter geschlossen oder abgerissen wurden. Eigentlich ist ein Unglück am heutigen Erscheinungsbild schuld, denn 1987 brannten der Dachstuhl und große Teile des Anwesens ab. Der Brand raffte neuere Anbauten ebenso dahin wie den unschönen, aber günstigen Einbau einer langen Dachgaube. Die Stadt selbst übernahm die Brandruine und ließ sie inklusive der Giebelgauben aufwendig restaurieren, bevor 1991 der Heiligenstädter Hof dort eröffnete (hotel-heiligenstadter-hof.de)

Über Mühlengasse und Mühlensteg ist man in wenigen Minuten zurück am Ausgangspunkt.

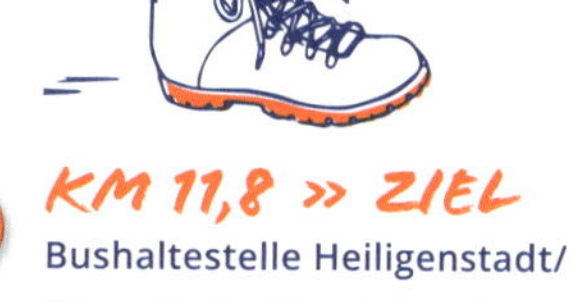

KM 11,8 » ZIEL

Bushaltestelle Heiligenstadt/ Abzweig Greifenstein oder Hellmuth-Breckner-Parkplatz

EXTRA INFOS:

Kurz vor Veilbronn führt eine Treppe von der Straße hinunter zu einer als ● **Brunnen e**ingefassten Quelle, wo man im Schatten pausieren kann. Die ● **Steinquelle,** schon im Leidingshofer Tal, entspringt mitten auf ader Wiese und bietet eine gute Gelegenheit, vor dem Aufstieg auf die Anhöhe kurz durchzuschnaufen. Die ● **Felsformationen** weiter oben im Tal verdienen auch einen genaueren Blick.

Wenig oberhalb von Veilbronn hat das ● **Naturfreundehaus** rund ums Jahr geöffnet. Mitten im Wald bietet es Panoramaterrasse, Spielplatz, Klettergarten und natürlich einen Gasthof. Der ideale Ort, um umgeben von Waldesrauschen zu übernachten (naturfreundehaus-veilbronn.de).

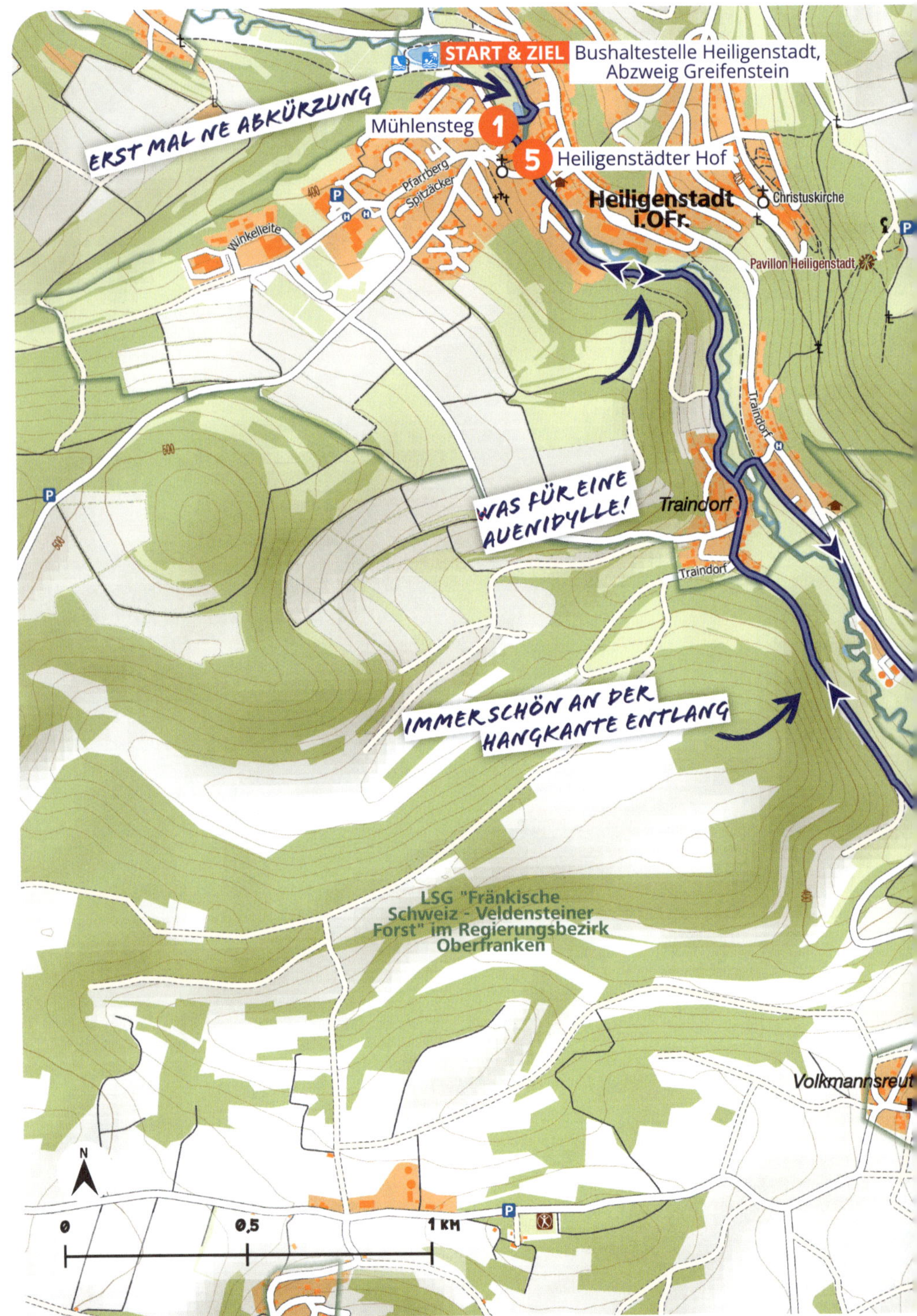
START & ZIEL
Bushaltestelle Heiligenstadt, Abzweig Greifenstein
ERST MAL NE ABKÜRZUNG
Mühlensteg
1
5
Heiligenstädter Hof
Heiligenstadt i.OFr.
Christuskirche
Pavillon Heiligenstadt
Pfarrberg
Spitzäcker
Winkelleite
Traindorf
WAS FÜR EINE AUENIDYLLE!
IMMER SCHÖN AN DER HANGKANTE ENTLANG
LSG "Fränkische Schweiz - Veldensteiner Forst" im Regierungsbezirk Oberfranken
Volkmannsreut
N
0
0,5
1 KM

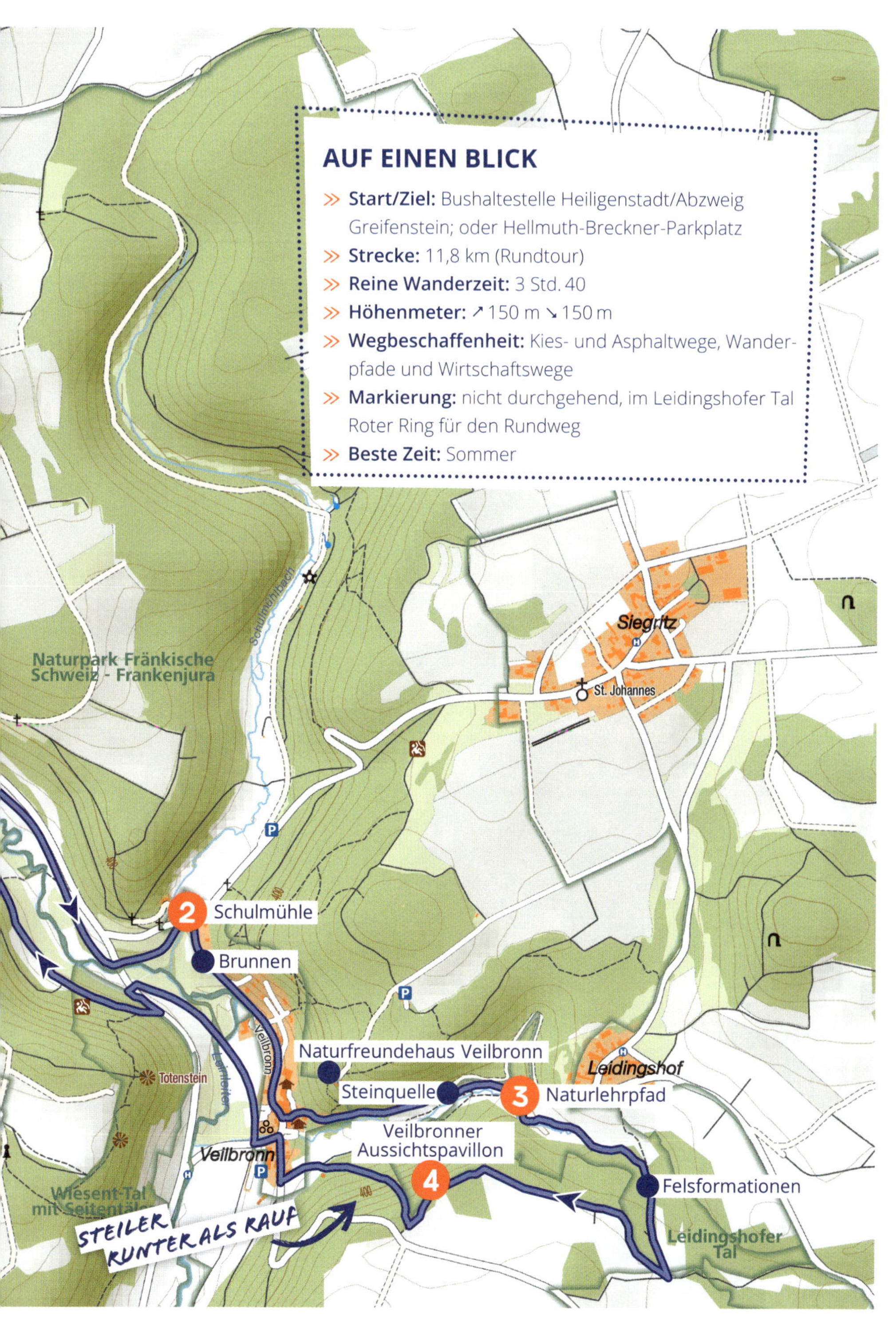

AUF EINEN BLICK

» **Start/Ziel:** Bushaltestelle Heiligenstadt/Abzweig Greifenstein; oder Hellmuth-Breckner-Parkplatz
» **Strecke:** 11,8 km (Rundtour)
» **Reine Wanderzeit:** 3 Std. 40
» **Höhenmeter:** ↗ 150 m ↘ 150 m
» **Wegbeschaffenheit:** Kies- und Asphaltwege, Wanderpfade und Wirtschaftswege
» **Markierung:** nicht durchgehend, im Leidingshofer Tal Roter Ring für den Rundweg
» **Beste Zeit:** Sommer

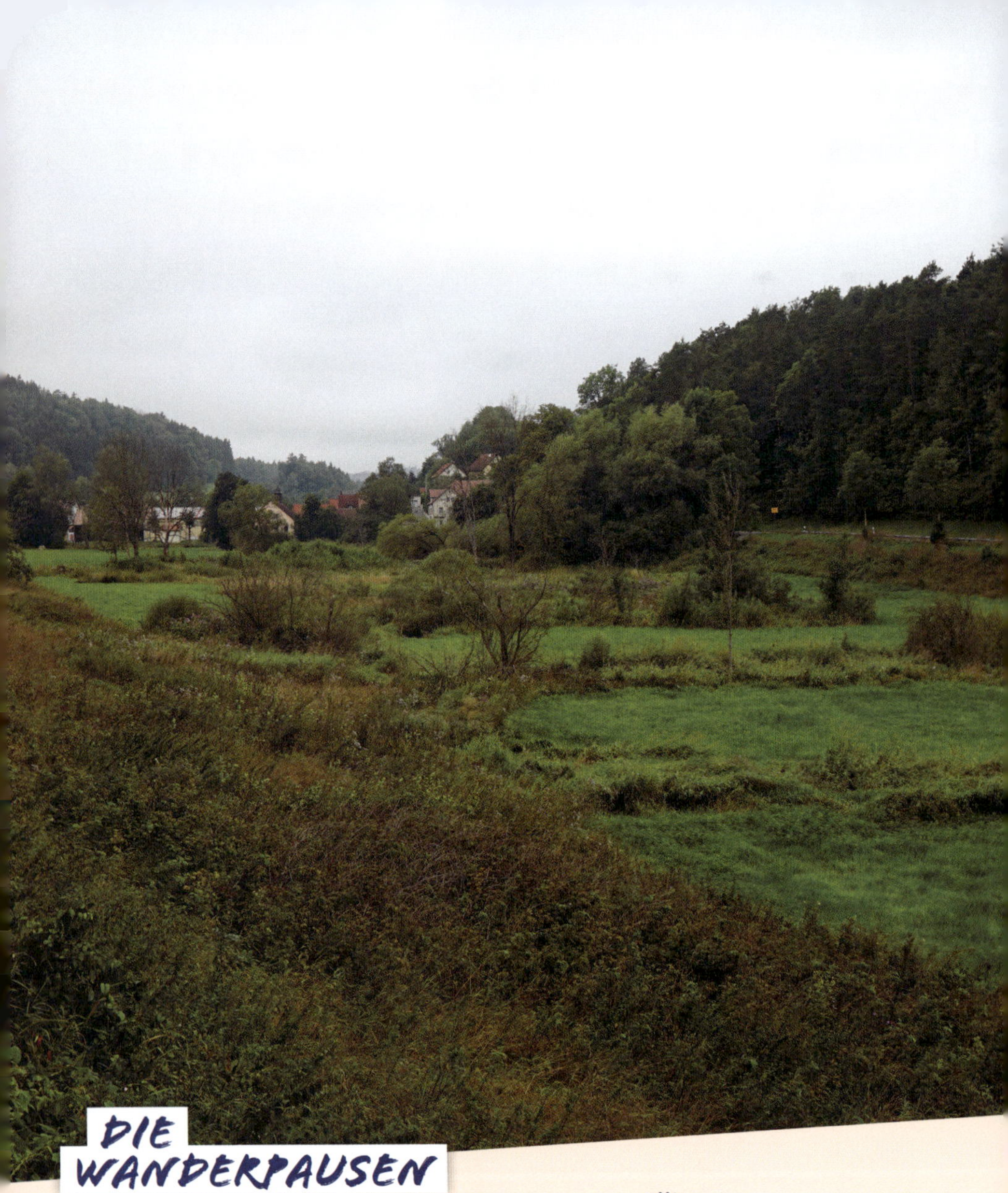

DIE WANDERPAUSEN

» START
Bushaltestelle Heiligenstadt/
Abzweig Greifenstein

KM 5,2
1 Heroldsmühle
An der Quelle

KM 6,6
2 Großer Tummler
Gutes oder schlechtes Omen?

KM 8

3 Burgstall Heroldstein
Nichts sehen ist auch schön

18 INS TROCKEN-TAL

Von Heiligenstadt zur Heroldsmühle

Schon das Leinleitertal ist ein einziges Highlight, aber hinter der Heroldsmühle geht es erst richtig zur Sache: Dort liegen die Leinleiterquelle und dahinter weltabgewandt das schmale Trockental.

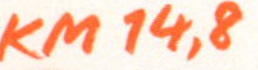

Schloss Greifenstein
Unter uralten Linden wandeln

KM 16,5

Heiligenstädter Naturbadesee
Perfekte Kombi

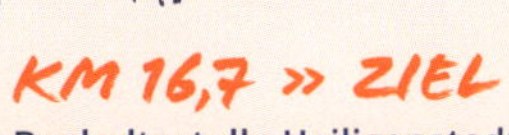

Bushaltestelle Heiligenstadt/
Abzweig Greifenstein

ES IST GANZ ERSTAUNLICH, ...

... dass eine kleine Gemeinde wie Heiligenstadt es schafft, einen ganzen Flusslauf zu renaturieren. Denn genau das ist mit der Leinleiter gelungen: Es ist eine Freude und eine Augenweide, schon wegen der Wildblumen. Sozusagen als Kirsche auf der Torte wurde ein Naturschwimmbad geschaffen, also ein Teich, der ohne Chlor auskommt, weil stattdessen die Natur das Wasser reinigt. Sie kann das – wenn man sie lässt und ihr den Raum gewährt, den sie braucht! Zwar startet die Tour am Naturbadesee, aber den Sprung ins kalte Nass spart man sich besser für die Rückkehr auf.

SOBALD MAN HINTER DER HEROLDSMÜHLE ABBIEGT, DIE LEINLEITERQUELLE PASSIERT UND SICH MIT DEM TROCKENTAL EINE ANDERE, GANZ EIGENE WELT AUFTUT: EIN TRAUM!

Vom Badesee aus geht es erst einmal das gesamte Tal entlang bis zur Quelle der Leinleiter hinter der **Heroldsmühle.** Dies ist insofern bemerkenswert, weil sich die Natur im Tal und das Tal selbst schrittweise, aber drastisch verändern: Liegt es anfangs weit, besiedelt und satt da, zeigt es sich später eng, einsam und trocken. Also fast immer trocken, nicht unbedingt im Frühling, denn dann erwacht der **Große Tummler** und das Wasser sprudelt. Tummler? Ja, Tummler heißen die teilzeitaktiven Quellen im Tal! Und nicht: Tümmler. Delfine sind im Trockental nun wirklich nicht unterwegs. Wohl aber Wasser, wenn es gerade Lust hat.

Der Rückweg zieht sich über die bewaldeten Höhenzüge und eröffnet noch mal ganz andere Perspektiven: Zunächst von der offenen Hochfläche des **Burgstalls Heroldstein** über das Tal, dann läuft es sich leicht auf Waldwegen und schließlich auf der sagenhaften Allee zum **Schloss Greifenstein.** Wenn von dort der Abstieg nach Heiligenstadt und zum **Heiligenstädter Naturbadesee** oder zur wohlverdienten Einkehr beginnt, hat man unvermeidlich das Gefühl, mehrere Welten gesehen und durchschritten zu haben. Und darum geht es ja beim Wandern: Um die Vielfalt, die sich den Sinnen nur erschließt, indem man zu Fuß unterwegs ist.

«

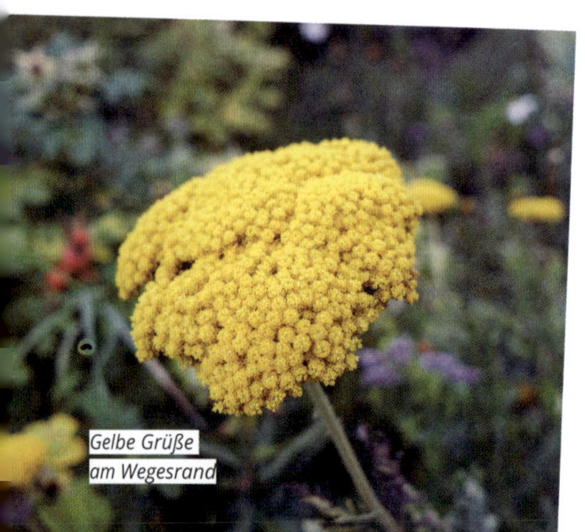

Gelbe Grüße am Wegesrand

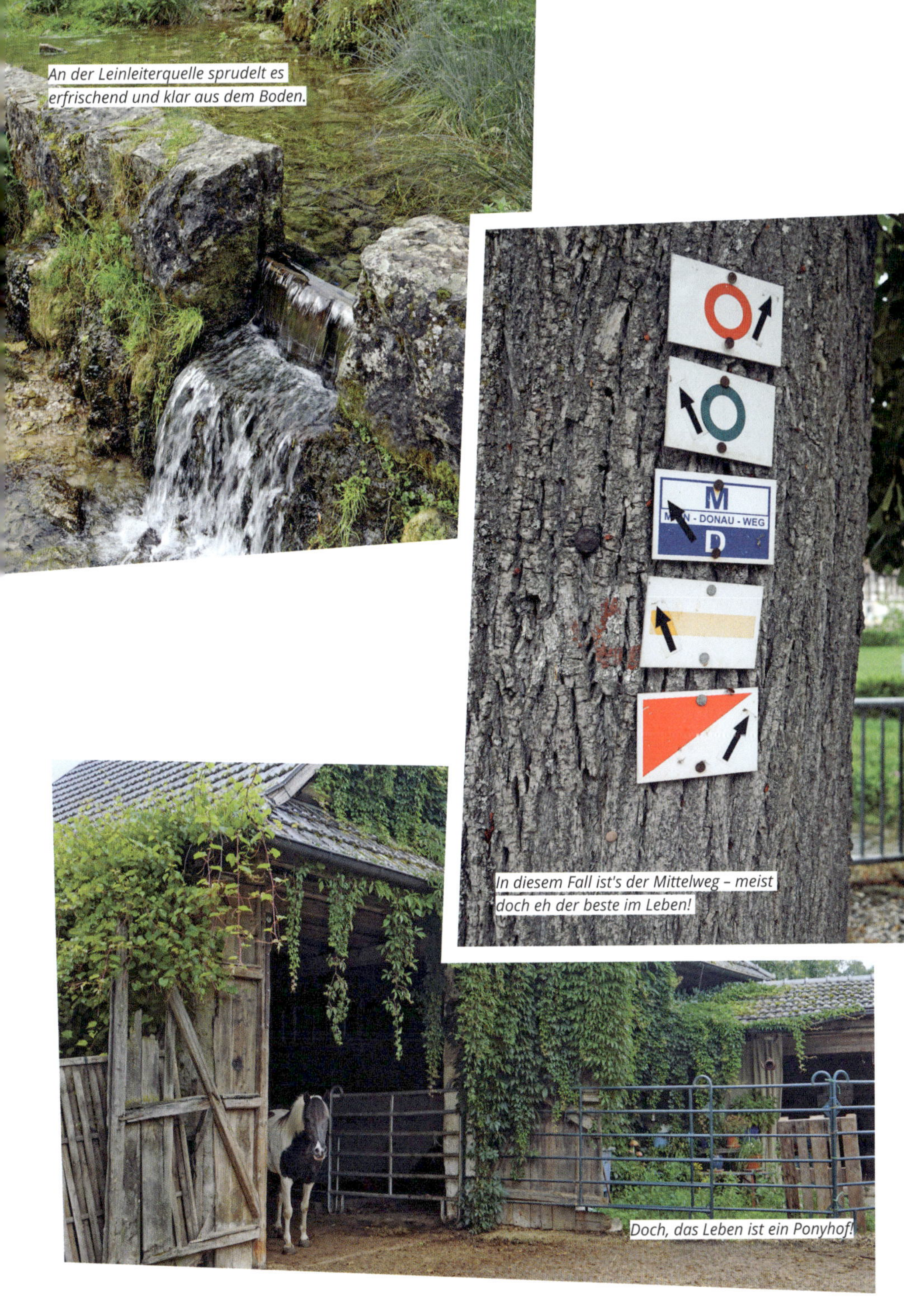

An der Leinleiterquelle sprudelt es erfrischend und klar aus dem Boden.

In diesem Fall ist's der Mittelweg – meist doch eh der beste im Leben!

Doch, das Leben ist ein Ponyhof!

WANDERN & GENIESSEN

» START

Bushaltestelle Heiligenstadt/Abzweig Greifenstein oder Hellmuth-Breckner-Parkplatz

Hinter dem Parkplatz um den Naturbadesee herum und links am Talrand auf dem breiten Wanderweg (Teil u. a. des Main-Donau-Wegs) über Zoggendorf und Burggrub bis Oberleinleiter. Dort dem Brauereienweg bis zur Heroldsmühle folgen.

KM 5,2

1 **Heroldsmühle**

An der Quelle

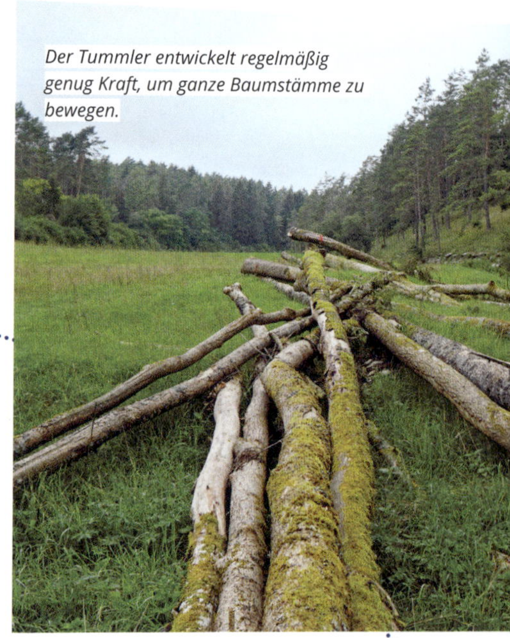

Der Tummler entwickelt regelmäßig genug Kraft, um ganze Baumstämme zu bewegen.

Man muss sich mal klarmachen, dass noch vor wenigen Generationen die Hauptenergiequelle das Wasser war: für all die Hammerschmieden, Getreide-, Papier- und Kupfermühlen. Das eiserne Mühlrad der Heroldsmühle hat einen Durchmesser von mehr als sieben Metern und gilt als eines der größten Deutschlands. Um es zu bewegen, wurde es sowohl von unten durch den Bachlauf als auch von oben durch eine hölzerne Wasserzuleitung angetrieben. Beide wurden von der Leinleiter gespeist: Das Mühlrad dreht sich nicht mehr, aber die massive Konstruktion von 1916 war bis Anfang der 1950er-Jahre noch in Betrieb. Das Mühlengebäude selbst wurde 1975 restauriert und fungierte lange als Ausflugslokal, liegt aber seit einigen Jahren verlassen da. Direkt dahinter geht es an drei Fischteichen vorbei zur Karstquelle des Leinleiterbachs links im Talgrund – ein schöner, ruhiger Ort für ein Picknick mitten in der Natur.

Die Mühlengebäude links liegen lassen und dem schmaleren Pfad weiter in das Tal folgen, immer dem Brauereienweg nach. Der Große Tummler ist ausgewiesen und liegt ein paar Schritte rechts der Wegführung.

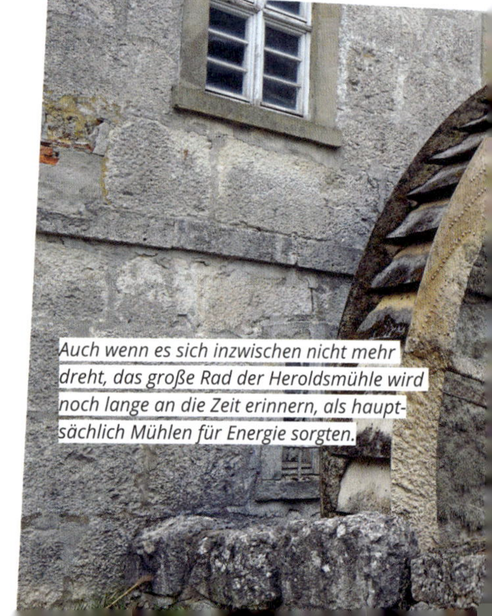

Auch wenn es sich inzwischen nicht mehr dreht, das große Rad der Heroldsmühle wird noch lange an die Zeit erinnern, als hauptsächlich Mühlen für Energie sorgten.

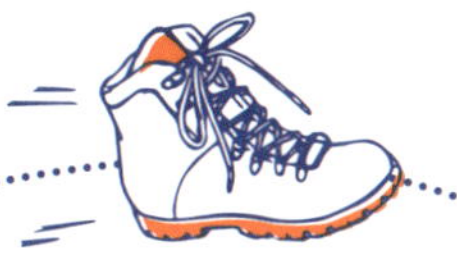

KM 6,6

2 Großer Tummler
Gutes oder schlechtes Omen?

Es gibt zwei teilzeitaktive Quellen im Talverlauf, die sogenannten Tummler. Die kleinere ist recht unscheinbar, mehr Austrittskuhle als anständige Quelle. Die andere jedoch wird ihrem Namen Großer Tummler mehr als gerecht, sie liegt ein paar Schritte ab vom Weg, höhlenartig am Hang: Die Karstquelle soll über 18 Meter tief in den Berg reichen! Sie füllt sich im Frühling mit Schmelzwasser und flutet dann zuweilen fast den ganzen Talboden, was man an den mitgeschleiften Steinen gut sehen kann. So schnell es kam, geht das Wasser wieder. Der Volksmund nannte solche Quellen auch Hungerbrunnen: eine starke Schüttung – also kräftiger Wasseraustritt – wurde einst als Vorzeichen von Unheil gewertet.

Dem Weg wenige hundert Meter folgen, dann rechts ab und den Hang hinauf in Richtung Heroldstein. Auf der Anhöhe angekommen, wieder rechts am Waldrand weiter. Beim Gehöft rechts an den drei Schuppen vorbei und der Beschilderung zum Burgstall durch den Wald folgen.

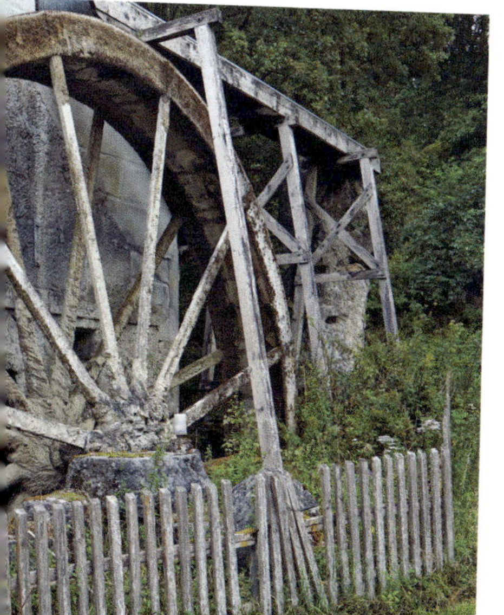

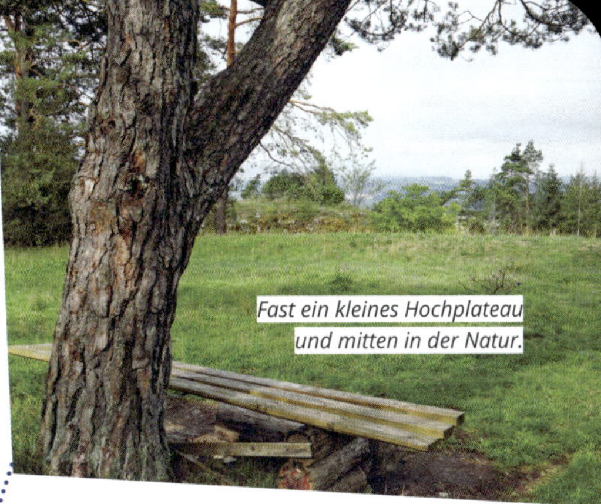

Fast ein kleines Hochplateau und mitten in der Natur.

KM 8

3 Burgstall Heroldstein
Nichts sehen ist auch schön

Hier ist schon wieder eine Begriffsklärung nötig: Burgstall hat nämlich nichts mit Ställen zu tun, sondern meint nichts anderes als Stelle – und zwar eine, an der mal eine Burg stand, von der man noch weiß, aber nichts mehr sieht. Auf der Hochfläche über dem Leinleitertal lichtet sich der Wald zur Abbruchkante hin, aber von einer Burg keine Spur, noch nicht einmal Mauerreste. 1356 wird Burg Heroldstein zum ersten und einzigen Mal in den Chroniken erwähnt, auch da nur als Wegmarke. Sehr wahrscheinlich war sie schon zu diesem Zeitpunkt nur noch Ruine. Macht nichts, der Platz mit den vorgelagerten Felsen hat etwas Erhabenes und bietet Aussicht. Diese Offenheit der Landschaft überrascht und begeistert umso mehr, weil es zuvor geraume Zeit durch den Talgrund ging.

Dem Pfad zurück auf den Wirtschaftsweg und diesem nach links am Waldrand entlang folgen. Den übernächsten Wirtschaftsweg etwa 100 Meter nach links gehen, dort rechts die Straße bis zur Abzweigung nach Brunn nehmen. Dort hinter der Dorfkirche links auf den nächsten Wirtschaftsweg. Erst diesem und später wieder der Beschilderung Brauereienweg an der Hangkante entlang folgen, bis eine Abzweigung nach links zum Schloss Greifenstein führt.

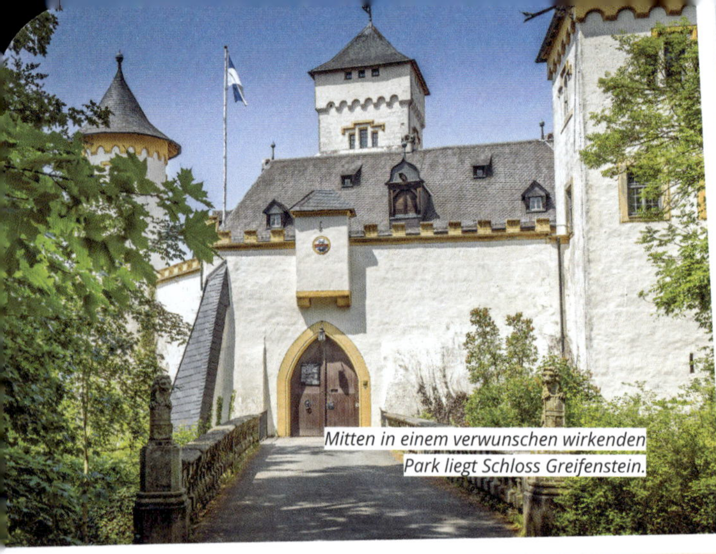
Mitten in einem verwunschen wirkenden Park liegt Schloss Greifenstein.

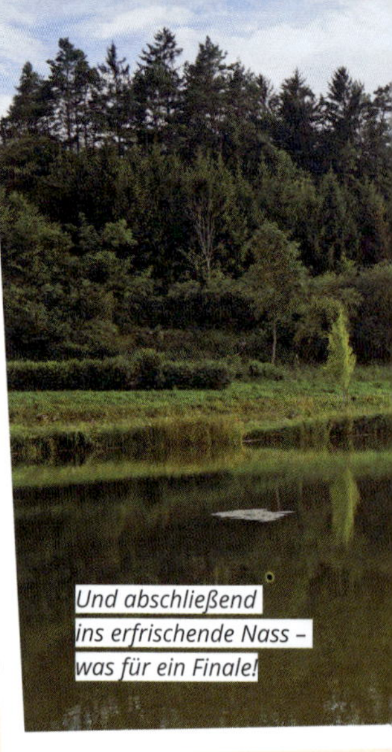
Und abschließend ins erfrischende Nass – was für ein Finale!

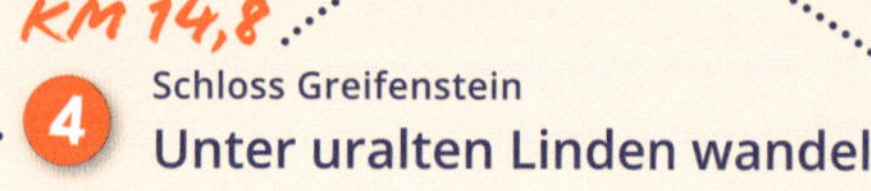

4 Schloss Greifenstein

Unter uralten Linden wandeln

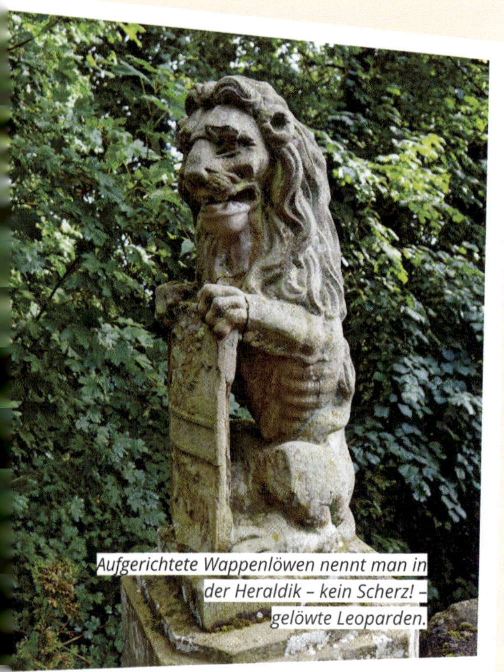
Aufgerichtete Wappenlöwen nennt man in der Heraldik – kein Scherz! – gelöwte Leoparden.

Schloss Greifenstein ist der Familiensitz der Stauffenbergs, die heute noch dort leben. Hitler-Attentäter Claus Schenk Graf von Stauffenberg gehörte zwar zur Familie, lebte aber nie hier. Das Schloss ist von einem riesigen, teils verwilderten Park umgeben, die Zufahrt führt über eine 300 Jahre alte Lindenallee, so lang und mächtig, dass sie jeder Beschreibung spottet: Muss man gesehen haben! Park und Allee wurden auf der einst vollständig gerodeten Bergkuppe angelegt – zuvor galt freier Blick als ein Garant, anrennende Feinde rechtzeitig zu bemerken und die Zugbrücke hochzuziehen: Die heutige Zufahrt zum Schlosshof wird zumindest weiterhin von zwei steinernen Löwen bewacht. Die Burgklause mit Biergarten mitten im Park suchte zu Redaktionsschluss neue Pächter:innen (schloss-greifenstein.de).

Auf dem gleichen, kurzen Weg zurück, dem Brauereienweg bis nach Heiligenstadt folgen, an der Hauptstraße rechts zum Naturbadesee.

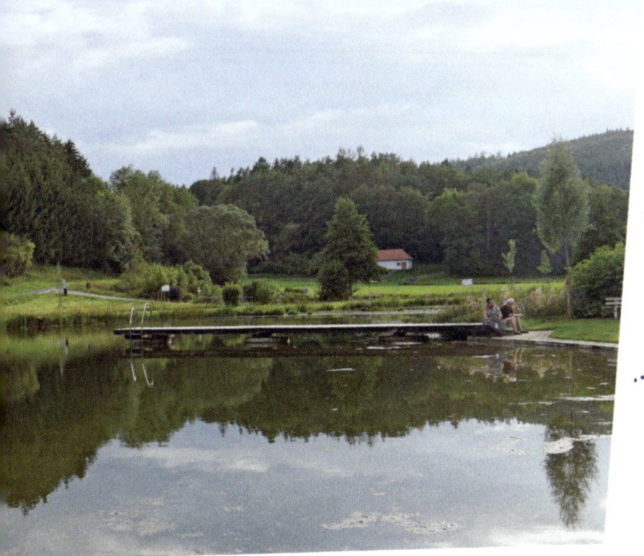

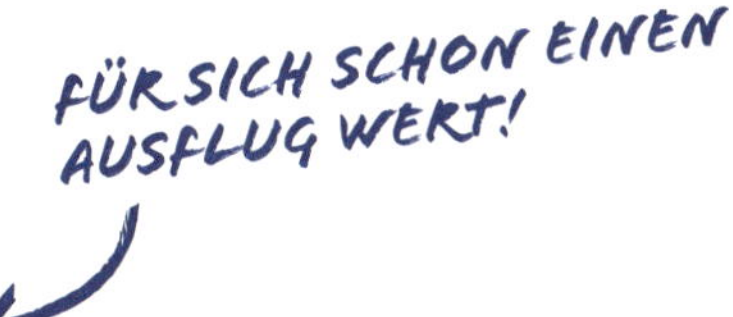

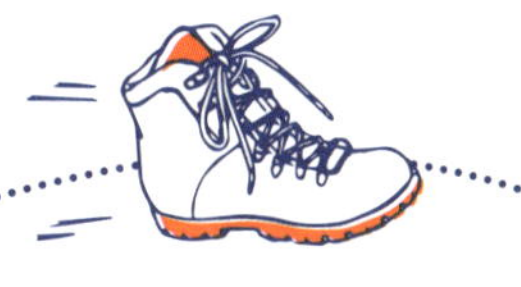

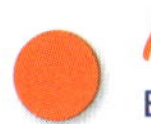

KM 16,7 » ZIEL

Bushaltestelle Heiligenstadt/Abzweig Greifenstein oder Hellmuth-Breckner-Parkplatz

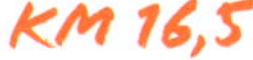

KM 16,5

5

Heiligenstädter Naturbadesee

Perfekte Kombi

Also, frank und frei: Was Heiligenstadt sich da vor die Tür gesetzt hat, ist auch ohne den Anlauf einer Wanderung die Anfahrt wert. Der Naturbadesee ist halb Freibad, halb See, hat einen Steg, mehrere Zustiege, Schilf, Blumen, den Wasserlauf des Leitleinerbachs, ein Kneippbecken nicht minder schön mit Bienenwiesen und Insektenhotels garniert ... kurz: ein kleiner Sommernachtstraum! Gegenwärtig wird die 4000 Quadratmeter große Fläche weiter ausgestaltet, es sollen Wasserrutschen und ein Boulderfelsen aufgestellt werden. Für Wohnmobile, die jetzt schon auf dem anliegenden Parkplatz kostenlos übernachten können, wird es eine Entsorgungsstation geben. Könnte also bald berühmt werden, der Heiligenstädter Naturbadesee!

Es sind nur wenige Schritte vom Seeufer zurück bis zu Bushaltestelle und Wanderparkplatz.

EXTRA INFOS:

Varianten: Wem die Tour zu lang ist oder wer mit Kindern unterwegs ist, der kann entweder nach dem **Burgstall** abkürzen und über die **Heroldsmühle** zurück. Oder aber man nimmt den ● **Bus bis Oberleinleiter** und startet von dort.

Weitere schöne Pausen ergeben sich unterwegs, zum Beispiel mitten im Wald bei einem ● **Bildstock** aus dem 18. Jahrhundert, der dem Ritter Hans Streitberger gewidmet ist.

Neben einigen familiär geführten Pensionen (nicht nur in Heiligenstadt, sondern auch den Dörfern im Leinleitertal) besticht das zentrale ● **Hotel Heiligenstädter Hof** mit seiner Fachwerkatmosphäre – im historischen Walmdachbau direkt an der Leinleiter (hotel-heiligenstadter-hof.de).

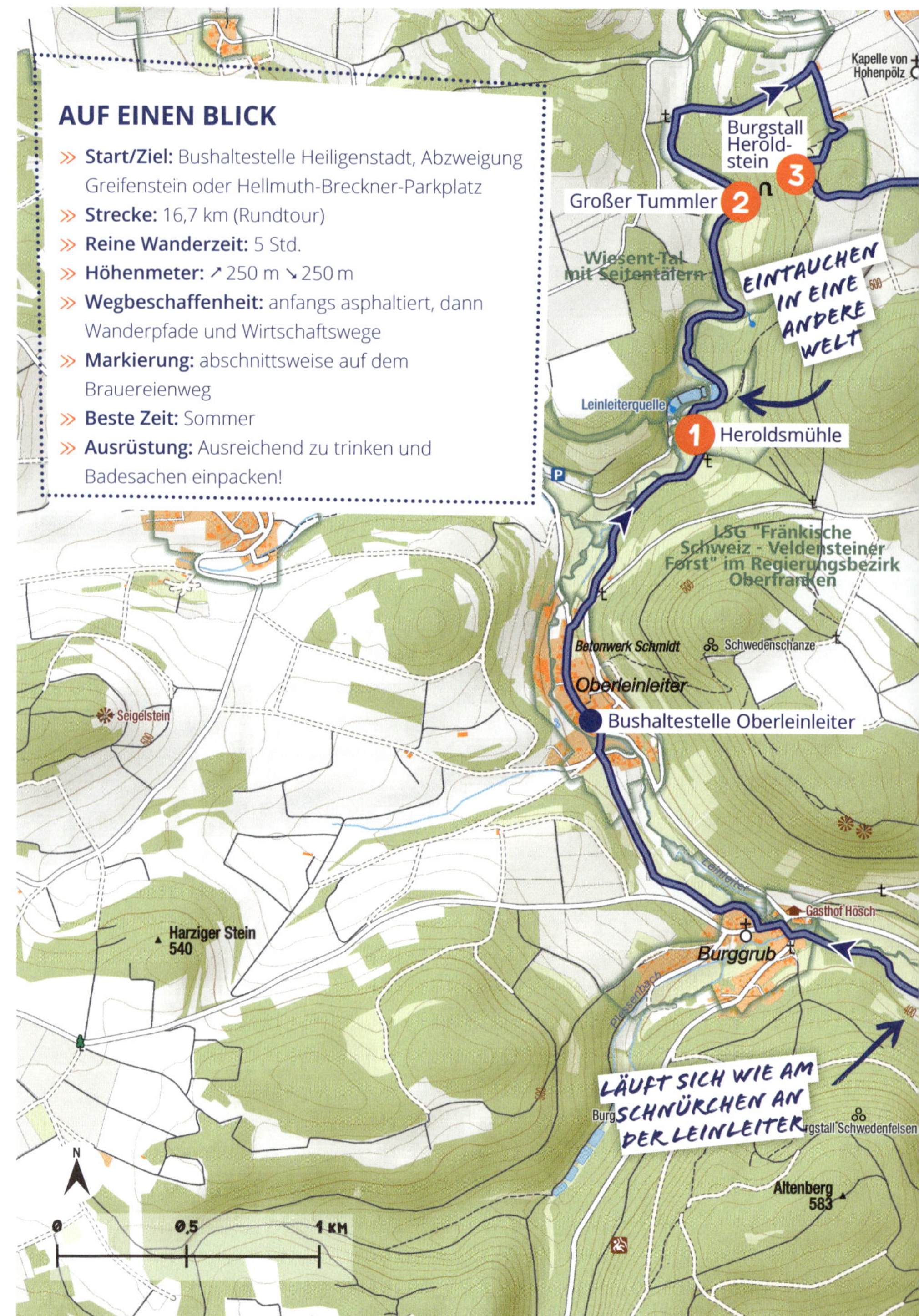

AUF EINEN BLICK

- **Start/Ziel:** Bushaltestelle Heiligenstadt, Abzweigung Greifenstein oder Hellmuth-Breckner-Parkplatz
- **Strecke:** 16,7 km (Rundtour)
- **Reine Wanderzeit:** 5 Std.
- **Höhenmeter:** ↗ 250 m ↘ 250 m
- **Wegbeschaffenheit:** anfangs asphaltiert, dann Wanderpfade und Wirtschaftswege
- **Markierung:** abschnittsweise auf dem Brauereienweg
- **Beste Zeit:** Sommer
- **Ausrüstung:** Ausreichend zu trinken und Badesachen einpacken!

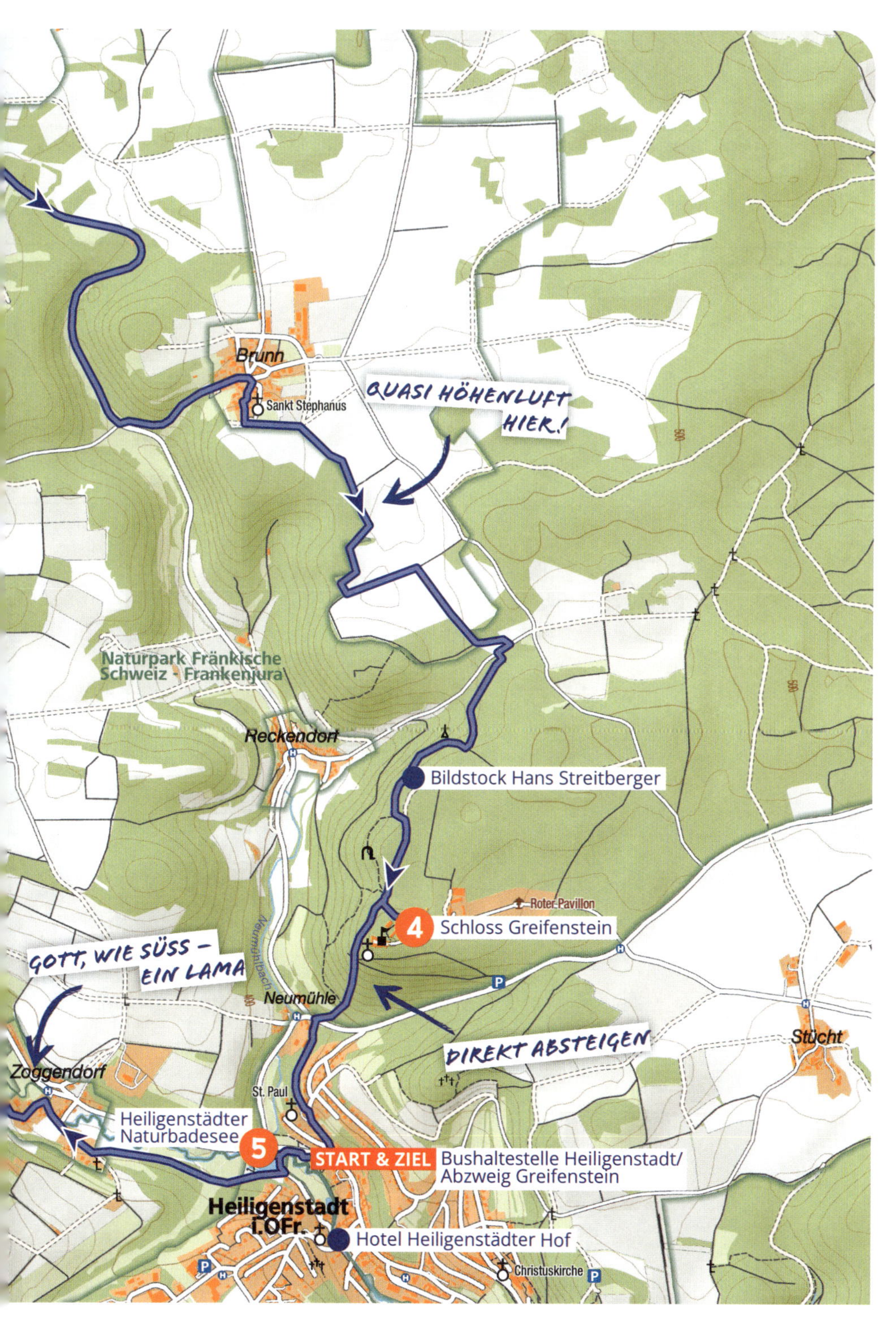

Brunn
Sankt Stephanus
QUASI HÖHENLUFT HIER!
Naturpark Fränkische Schweiz - Frankenjura
Reckendorf
Bildstock Hans Streitberger
Roter Pavillon
4
Schloss Greifenstein
GOTT, WIE SÜSS – EIN LAMA
Neumühlbach
Neumühle
DIREKT ABSTEIGEN
Stücht
Zoggendorf
St. Paul
Heiligenstädter Naturbadesee
5
START & ZIEL
Bushaltestelle Heiligenstadt/ Abzweig Greifenstein
Heiligenstadt i.OFr.
Hotel Heiligenstädter Hof
Christuskirche

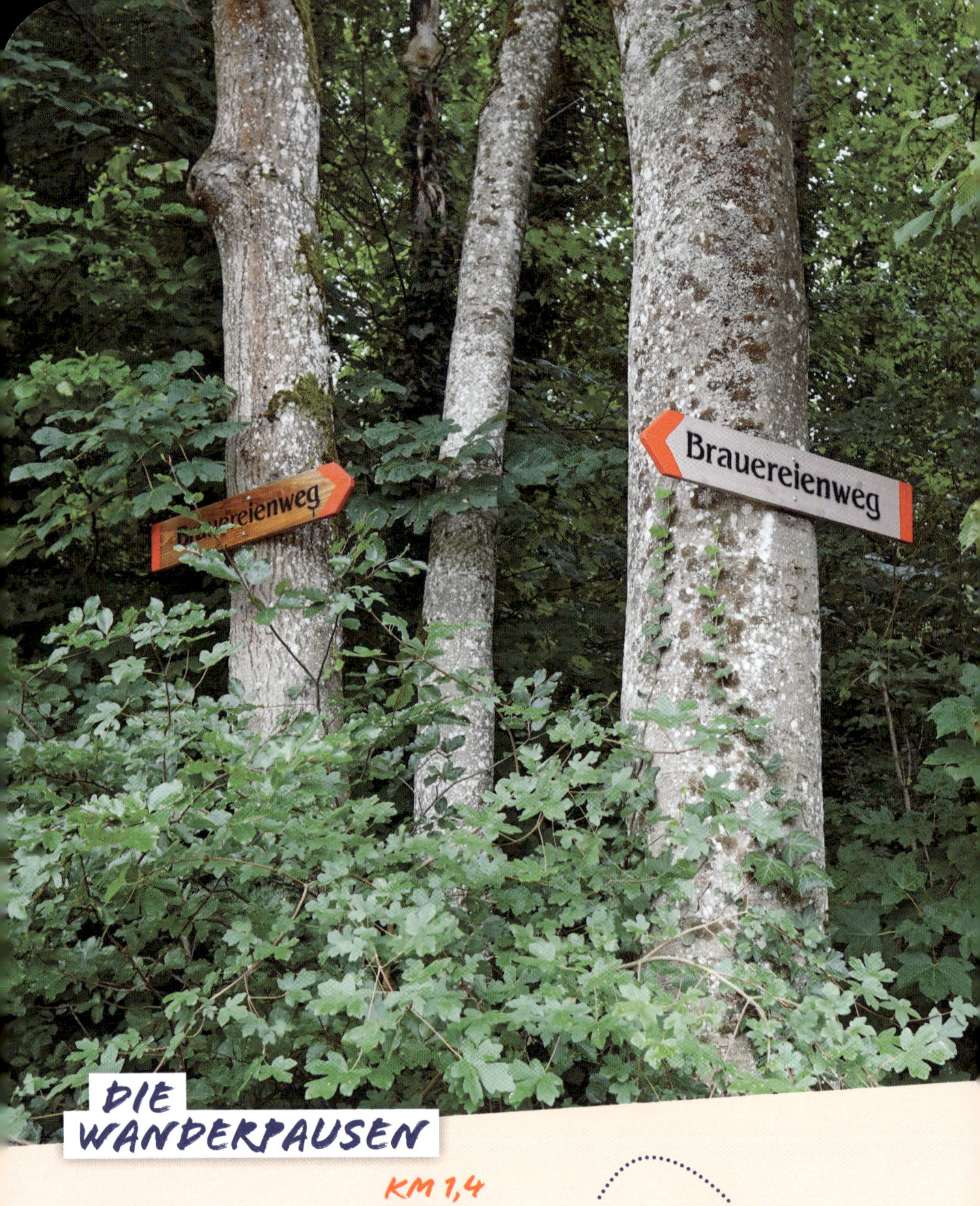

DIE WANDERPAUSEN

» START
Bushaltestelle Aufseß-Brücke, Wanderparkplatz

KM 0,2
1 Schloss Unteraufseß
Bitte lächeln!

KM 1,4
2 Holzbohlenbrücke
Brotzeit inmitten von Wasserdost und Mädesüß

KM 2,2
3 Schloss Oberaufseß
Konkurrenz-veranstaltung

19 (FAST) KEINE BIERTOUR

Rund um Aufseß

Aufseß hat laut Guinessbuch der Rekorde die höchste Brauereiendichte weltweit, da überrascht es kaum, dass es hier den Bierwanderweg gibt. Dicht an dicht stehen aber auch die Schlösser und zudem lockt der verwunschen wirkende Bergwald.

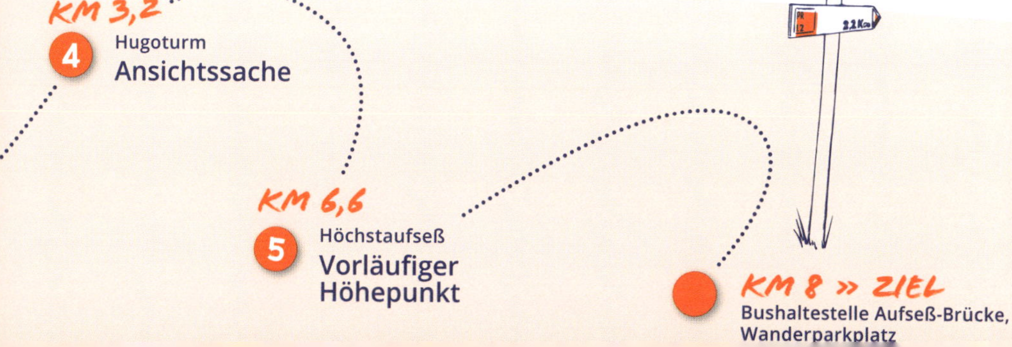

DIE IDEE MIT DER BIERWANDERUNG …

… bereuen manche vor Ort inzwischen. Wegen des Erfolgs. Gerade wird ein Abschnitt des Wanderweges planiert, um es mit den herbeiströmenden Gruppen aufnehmen zu können. Im Brauereigasthof Rothenbach wacht gar ein Türsteher darüber, ob die ankommenden Gäste überhaupt noch Raum haben für weiteren Gerstensaft. Gründe genug, es ihnen nicht gleichzutun, den offiziellen Brauereienweg nur zu touchieren und sich alsbald in die Büsche zu schlagen. Denn rund um Aufseß gibt es mehr zu sehen als lediglich den Boden von Bierhumpen.

Das geht schon bei den drei Adelssitzen los: Schloss Unteraufseß, Oberaufseß und Höchstaufseß, die noch dichter aufeinandersitzen als die Brauereien und die Eckpunkte der Tour bilden. Aber der Reihe nach: Gleich zu Beginn heißt es am sehr fotogenen **Schloss Unteraufseß:** Kamera zücken! Es geht weiter mit einer Flachetappe, der idyllischen Talwanderung entlang der Aufseß nämlich. Gelegenheit, um direkt am gemächlich dahinfließenden Wasser zu sitzen und die Auenlandschaft zu genießen, stiftet eine alte **Holzbohlenbrücke.** Noch folgt die Route dem breiten und bequemen Bierwanderweg, biegt dann aber nach Oberaufseß ab – wo es das Schloss Oberaufseß, das aber eher einer Burg ähnelt, zu bewundern gilt – und führt über eine scheinbar endlose Allee in die Ruhe der Hochflächen. Bald danach schluckt der Wald die Geräusche und der Weg wird zum Pfad. Mitten im dichten Wald löst sich das Rätsel der Allee: Auf ihr schreitet man auf einen alten Aussichtsturm zu, den **Hugoturm.**

WENN IM UNWAHRSCHEINLICHSTEN AUGENBLICK DIE BÄUME WEICHEN, DER WALD SICH ZU EINER KLEINEN LICHTUNG AUFTUT UND DORT DER ALTE TURM ERSCHEINT: JA, EIN BISSCHEN SPOOKY, ABER IRGENDWIE AUCH ROMANTISCH!

Dann gilt es das nächste Rästel zu lösen: das der drei Schlösser und deren Überbietungsstrategie. **Schloss Höchstaufseß** mag zwar qua Namen auftrumpfen, zieht aber schon deswegen den Kürzeren, weil es schlicht nicht mehr da ist. Stattdessen findet man eine Art Gedenkpavillon mit Aussicht vor – und mal ehrlich, das freut einen an diesem Punkt doch mehr als ein drittes Schloss auf ein- und derselben Tour. So, jetzt noch runter ins Tal und dann hat man sich die Einkehr und sein Bier redlich verdient – die Qual der Gasthaus-Wahl sei allen selbst überlassen, am Türsteher wird es aber kaum scheitern. «

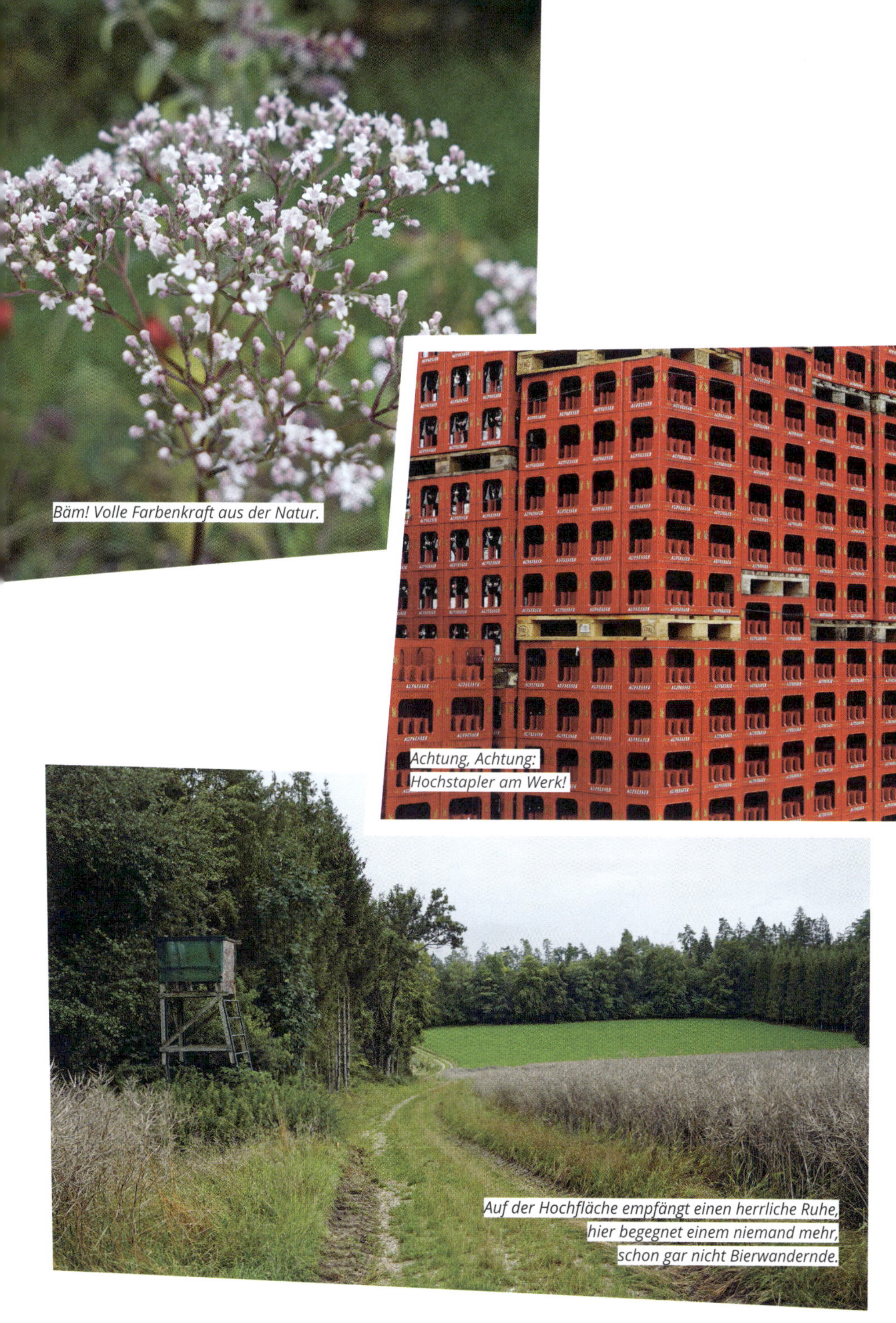

Bäm! Volle Farbenkraft aus der Natur.

Achtung, Achtung:
Hochstapler am Werk!

Auf der Hochfläche empfängt einen herrliche Ruhe,
hier begegnet einem niemand mehr,
schon gar nicht Bierwandernde.

WANDERN & GENIESSEN

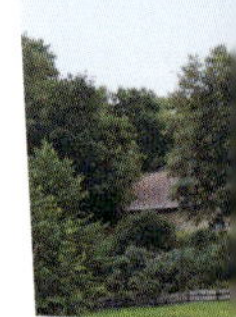

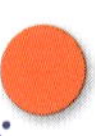

»START

Bushaltestelle Aufseß-Brücke, Wanderparkplatz

Direkt vom kleinen Wanderparkplatz bzw. der Bushaltestelle die Straße in Richtung Ortsmitte hoch und links in die Straße Schlossberg einbiegen.

KM 0,2

Schloss Unteraufseß

Bitte lächeln!

›Unter‹ bezieht sich nicht auf die Höhenlage, sondern auf den Lauf der kleinen Aufseß: Schloss Unteraufseß liegt schlicht eine Flussschleife weiter als Oberaufseß und damit im Ortskern. Der Name der Gemeinde stammt vom alten Bergfried, weil dieser dem Felsen ›aufsitzt‹, er ist komplett aus Bruchsteinen gebaut, gut erhalten und der älteste Teil der gesamten Anlage. Vor seinem Leben als Schloss war Unteraufseß eine sogenannte Fluchtburg: Im Falle eines Angriffs konnte die Bevölkerung innerhalb der Burgmauern Schutz suchen. So geschehen 1430, als die Hussiten kamen, 1525 während der Bauernkriege und im Dreißigjährigen Krieg. Danach war die Anlage zerstört und ein neuer Wohntrakt musste her. Neuartige Kanonen und Schwarzpulver hatten mittelalterliche Schutzmauern überflüssig gemacht, es ging fortan mehr um Repräsentation als um Verteidigung. Das gelang so gut, dass das Schloss heute als Hochzeits- und Eventlocation herhält (Besichtigung möglich).

An Mauern und Bergfried vorbei, rechts durch die Schnapsgasse, am Aufseßufer links auf den Brauereienweg und diesem folgen.

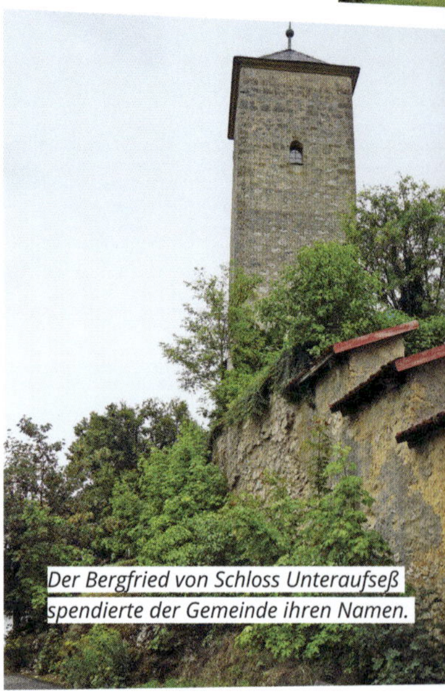

Der Bergfried von Schloss Unteraufseß spendierte der Gemeinde ihren Namen.

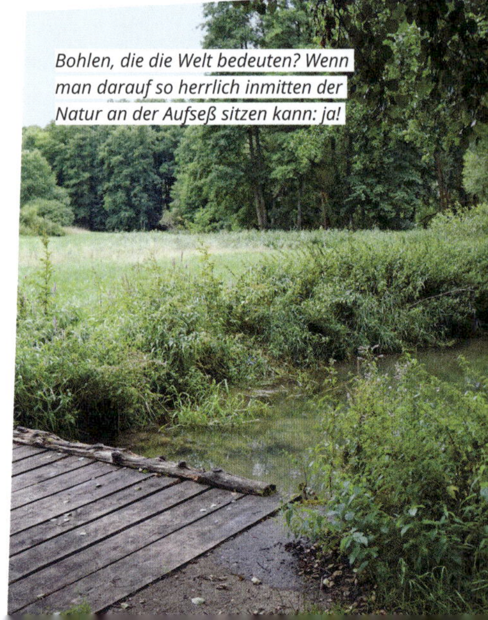

Bohlen, die die Welt bedeuten? Wenn man darauf so herrlich inmitten der Natur an der Aufseß sitzen kann: ja!

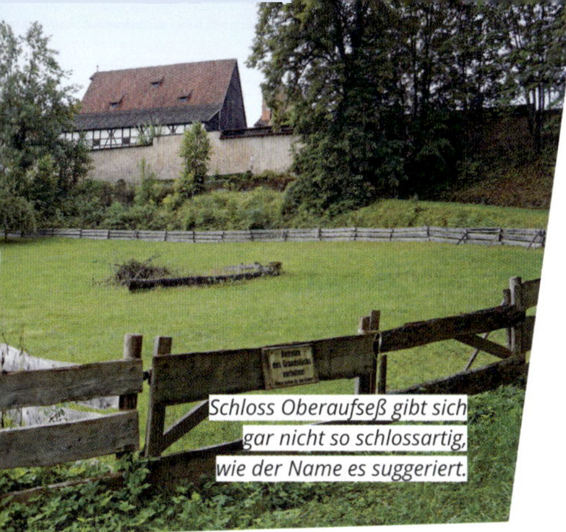
Schloss Oberaufseß gibt sich gar nicht so schlossartig, wie der Name es suggeriert.

ÜBERBIETUNGS-STRATEGIE!

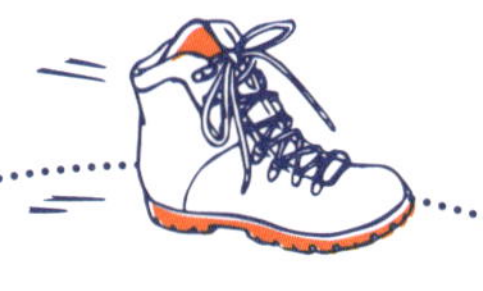

KM 1,4

2 Holzbohlenbrücke
Brotzeit inmitten von Wasserdost und Mädesüß

Breit und bequem führt der Brauereienweg aus Aufseß hinaus und am Fluss entlang. Über eine Bohlenbrücke gelangen die Bauern mit dem Traktor übers Wasser auf die Wiese: ein idealer Ort für eine Pause – und frühe Brotzeit – direkt am Fluss mit Blick auf die Auenlandschaft. Die Aufseß fließt weitgehend unreguliert, mäandert also bildhübsch durch das Tal und versorgt den Wiesengrund mit ausreichend Feuchtigkeit, um zweimal im Jahr mähen zu können. Die Mahd wiederum sorgt unmittelbar für das Entstehen einer Blumenwiese, die bunte Blütenpracht hätte sonst keine Chance und die Wiese würde schnell verbuschen. Der Uferstreifen beziehungsweise die Böschung wird hingegen nicht gemäht und so wuchern dort wasserliebende Pflanzen entsprechend wild und hüfthoch: Wiesenschaumkraut, Sumpfdistel, Wasserdost und Mädesüß. Was für klingende Namen!

Dem Brauereienweg bis zur Siedlung unterhalb von Schloss Oberaufseß weiter folgen, dort links abbiegen und auf dem Fahrweg zum Schloss hinauf.

KM 2,2

3 Schloss Oberaufseß
Konkurrenzveranstaltung

Schloss Oberaufseß wirkt schon vom Weg aus nicht so einladend wie die große Schwester, es handelt sich auch eher um eine Burg denn ein Schloss. Als solches wird auch nur das vergleichsweise bescheidene Wohnpalais hinter dem mittelalterlich anmutenden Mauerring bezeichnet. Oberaufseß ist die Gegengründung zu Unteraufseß: Die Adelsfamilie hatte sich in der Folge des Dreißigjährigen Krieges in eine katholische und eine protestantische Linie aufgespalten und so heillos zerstritten, dass man es unter einem Dach – beziehungsweise innerhalb desselben Mauerrings – nicht mehr aushielt: Ein neuer Sitz musste her! Karl Heinrich von Aufseß ließ daher ab 1690 das Wohnpalais errichten, Wirtschaftsgebäude und die Mauern inklusive Rund-und Bastionstürme folgten. Die gesamte Burganlage stammt also aus einer Zeit, zu der Wehrmauern gerade überflüssig geworden waren: Die mittelalterliche Anmutung täuscht, es handelt sich um einen etwas überdimensionierten Neubau.

Rechtsum wenden und an der langen Mauer entlang, dann immer gerade aus, bis in eine mächtige Lindenallee. Dieser bis zum Ende folgen, dort führt ein beschilderter Pfad leicht schräg links durch den Wald und automatisch zum Hugoturm.

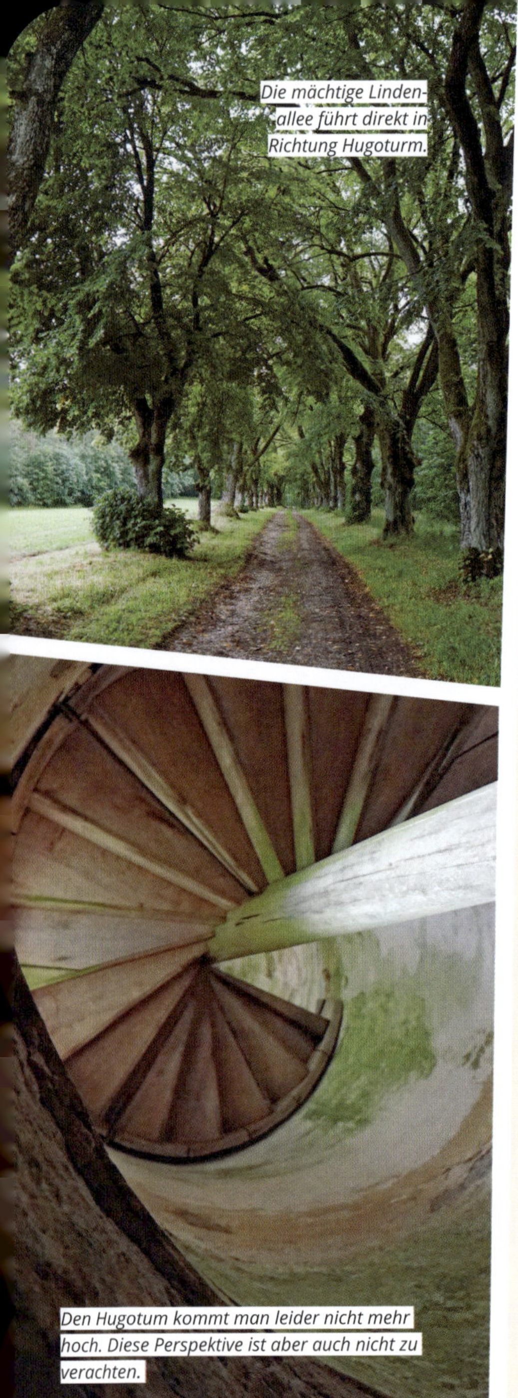

Die mächtige Lindenallee führt direkt in Richtung Hugoturm.

Den Hugotum kommt man leider nicht mehr hoch. Diese Perspektive ist aber auch nicht zu verachten.

LAUBENGANG IM WORTSINN

KM 3,2

4 Hugoturm

Ansichtssache

Aus dem süddeutschen Raum kennt man die Bismarcktürme: Ab 1898 wurden 240 dieser Feuerstellen zu Ehren des ersten Reichskanzlers erbaut. Der Hugoturm ist jedoch ein bisschen älter und hat auch nie eine Feuerschale getragen, sondern eine hölzerne Aussichtsplattform. Hugo von Aufseß ließ ihn um 1880 errichten und die lange Lindenallee pflanzen, die Schloss Unteraufseß mit dem Turm verbindet. Allerdings ist der Hugoturm, wohl weil weit ab vom Schuss und inzwischen von Unterholz umgeben, in Vergessenheit geraten und wird nicht mehr genutzt. Die hölzerne Treppe ist im Erdgeschoss herausgebrochen worden, sodass der Aufstieg verwehrt bleibt. Statt der Aussicht geht es also um die Ansicht: Je nach Perspektive und Wetterlage findet man sich hier entweder an einem spannenden Lost Place oder einem hochromantischer Spot im Wald wieder.

Dem Pfad weiter durch das Unterholz folgen, bis er auf einen Wirtschaftsweg trifft, auf den man nach links einbiegt. Er führt bis zu einer Abzweigung mit einem Wanderschild. Dort nicht dem ausgeschilderten Weg nach Aufseß nehmen (es ist ein Umweg), sondern links weitergehen. Der unbeschilderte Weg bringt einen direkt über die Pulvermühle zurück ins Tal und zum Brauereienweg. Diesem nach rechts zurück in Richtung Aufseß folgen, beim Gasthof Stern links, über den Fluß und die Straße, in die Raiffeisenstraße und den Schildern bzw. dem Außseßer Rundwanderweg (blauer Kreis) nach Höchstaufseß folgen.

KM 6,6

5

Höchstaufseß

Vorläufiger Höhepunkt

Fortsetzung der Familiensaga: Karl Heinrich war es, der von Oberaufseß auf seinen Bruder Friedrich und Unteraufseß herabsah. Dieser konnte sich das freilich nicht gefallen lassen und begann seinerseits mit dem Bau eines Zweitwohnsitzes auf dem höheren Hügel der anderen Talseite. Diese Burg – auf das nicht mehr steigerungsfähige Höchstaufseß getauft – wurde 1692 fertiggestellt und von Friedrichs Sohn bewohnt. Allerdings brannte der ganze Laden schon 1718 ab und verschwand, abgesehen von ein paar überwucherten Erhebungen im Wald, beinahe spurlos. Vermutlich sind die Steine von den Bauern weiterverwendet worden und heute Teil einer Mühle oder eines der Gasthäuser. Was immer noch geht: Von Höchstaufseß gepflegt auf Unteraufseß herabblicken – die Gemeinde hat hier einen Holzpavillon aufgestellt, wo man bei guter Aussicht gerne ein bisschen sitzen bleibt.

Dem Rundwanderweg weiter folgen, die Schulstraße überqueren, den Lessauer Weg bis zur Lindenstraße gehen und diese nach links nehmen. Von der Hochstahlerstraße am Hang entlang bis hinab zur Hauptstraße (Heckenhofer Berg), dort rechts weiter bis zum Ausgangspunkt.

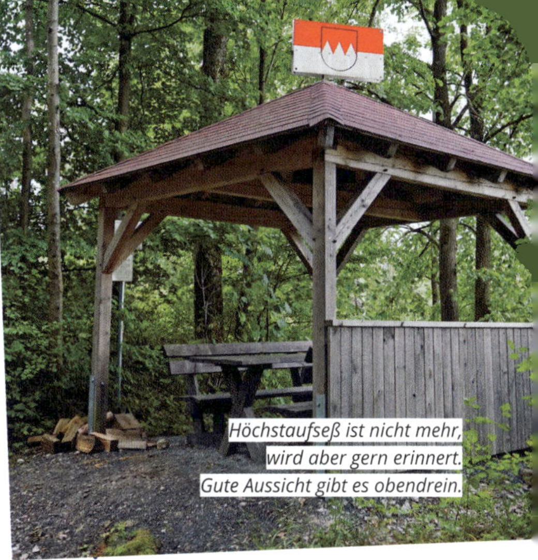

Höchstaufseß ist nicht mehr, wird aber gern erinnert. Gute Aussicht gibt es obendrein.

EXTRA INFOS:

Sehenswert: Mit einem minimalen Umweg kommt man vom Hugotum auch noch am ● **Jüdischen Friedhof Aufseß** vorbei – mit 143 erhaltenen Grabsteinen.

Der ● **Gasthof Stern** (gasthof-stern-aufsess.de) liegt sowohl auf dem Hinweg zum Hugoturm als auch auf dem Rückweg auf der Route und ist Teil des Brauereienwegs: perfekt für eine Einkehr, nicht nur zum Bier, sondern auch auf einen Kaffee und hausgemachten Kuchen. Fränkische Klassiker stehen ebenfalls auf der Karte und die Klöße sind sogar selbst gemacht. Wer erst vor Ende der Tour einkehren mag, steigt schon bei der ● **Wotanshöhle** ab und läuft rechts auf der Straße Im Tal zum ● **Brauereigasthof Rothenbach** (brauereigasthof-rothenbach.de). Sowohl der Gasthof Stern als auch der Brauereigasthof Rothenbach und die ● **Brauereipension Reichold** (brauerei-reichold.de) in Hochstahl bieten Übernachtungsmöglichkeiten.

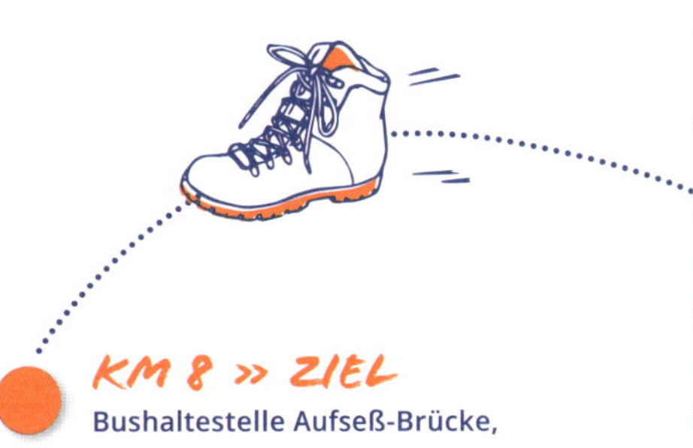

KM 8 » ZIEL

Bushaltestelle Aufseß-Brücke, Wanderparkplatz

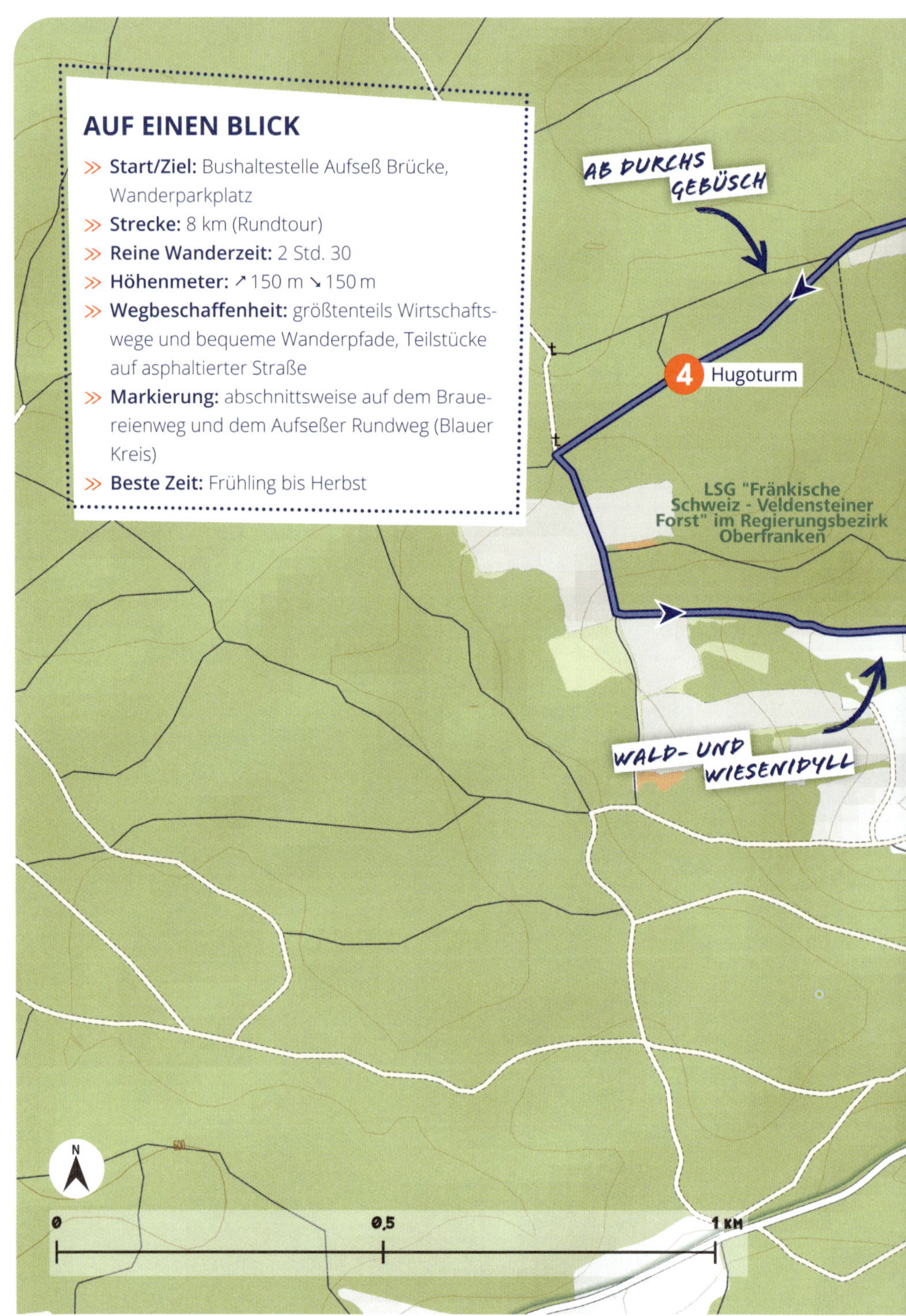

AUF EINEN BLICK
» Start/Ziel: Bushaltestelle Aufseß Brücke, Wanderparkplatz
» Strecke: 8 km (Rundtour)
» Reine Wanderzeit: 2 Std. 30
» Höhenmeter: ↗ 150 m ↘ 150 m
» Wegbeschaffenheit: größtenteils Wirtschaftswege und bequeme Wanderpfade, Teilstücke auf asphaltierter Straße
» Markierung: abschnittsweise auf dem Brauereienweg und dem Aufseßer Rundweg (Blauer Kreis)
» Beste Zeit: Frühling bis Herbst
AB DURCHS GEBÜSCH
4 Hugoturm
LSG "Fränkische Schweiz - Veldensteiner Forst" im Regierungsbezirk Oberfranken
WALD- UND WIESENIDYLL
N
0
0,5
1 KM

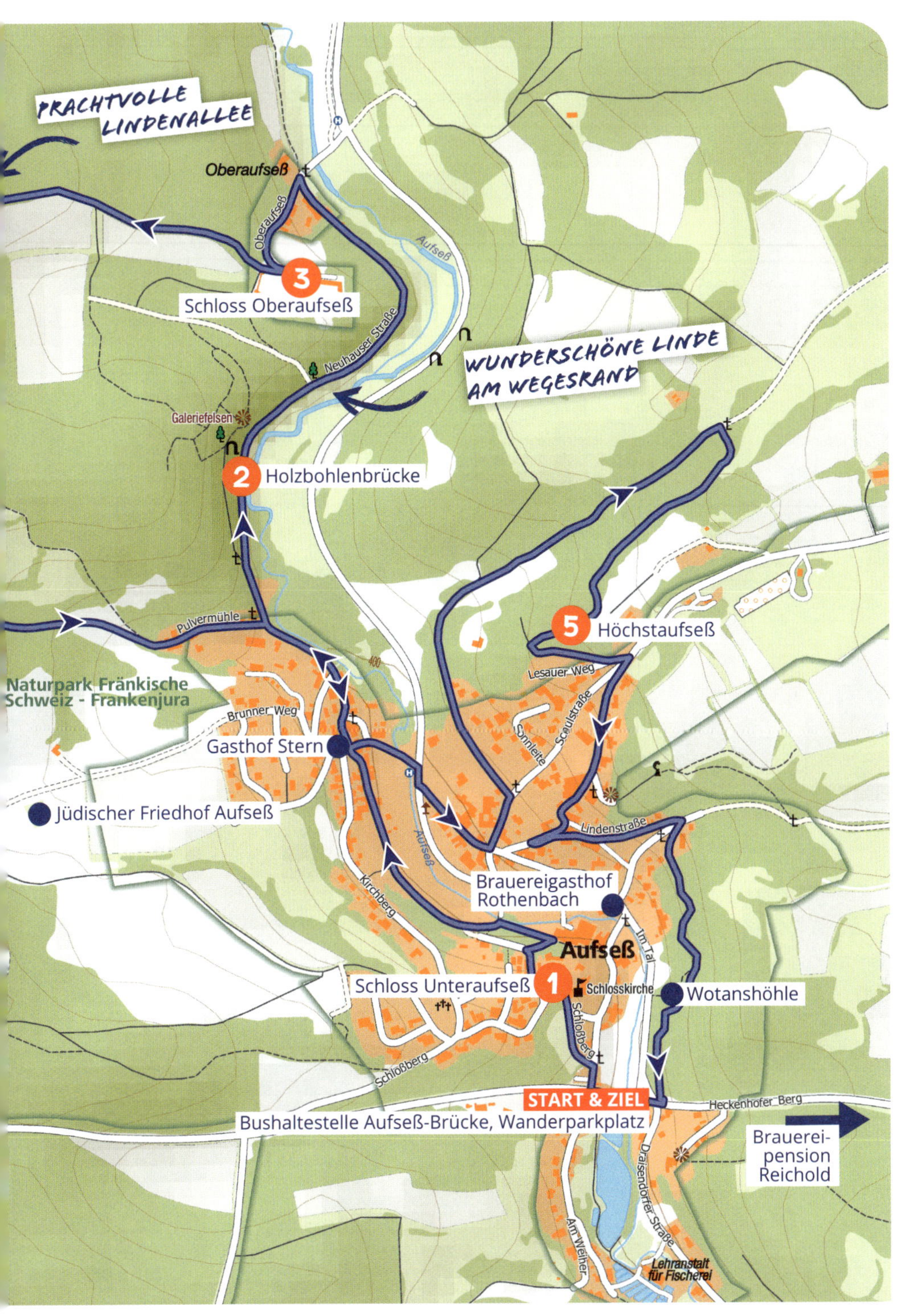
PRACHTVOLLE LINDENALLEE
Oberaufseß
Oberaufseß
Aufseß
3
Schloss Oberaufseß
Neuhauser Straße
WUNDERSCHÖNE LINDE AM WEGESRAND
Galeriefelsen
2
Holzbohlenbrücke
Pulvermühle
5
Höchstaufseß
Naturpark Fränkische Schweiz - Frankenjura
Lesauer Weg
Brunner Weg
Sonnleite
Seoulstraße
Gasthof Stern
Jüdischer Friedhof Aufseß
Lindenstraße
Aufseß
Kirchberg
Brauereigasthof Rothenbach
Im Tal
Aufseß
Schloss Unteraufseß
1
Schlosskirche
Wotanshöhle
Schloßberg
Schloßberg
START & ZIEL
Heckenhofer Berg
Bushaltestelle Aufseß-Brücke, Wanderparkplatz
Brauerei-pension Reichold
Draisendorfer Straße
Am Weiher
Lehranstalt für Fischerei

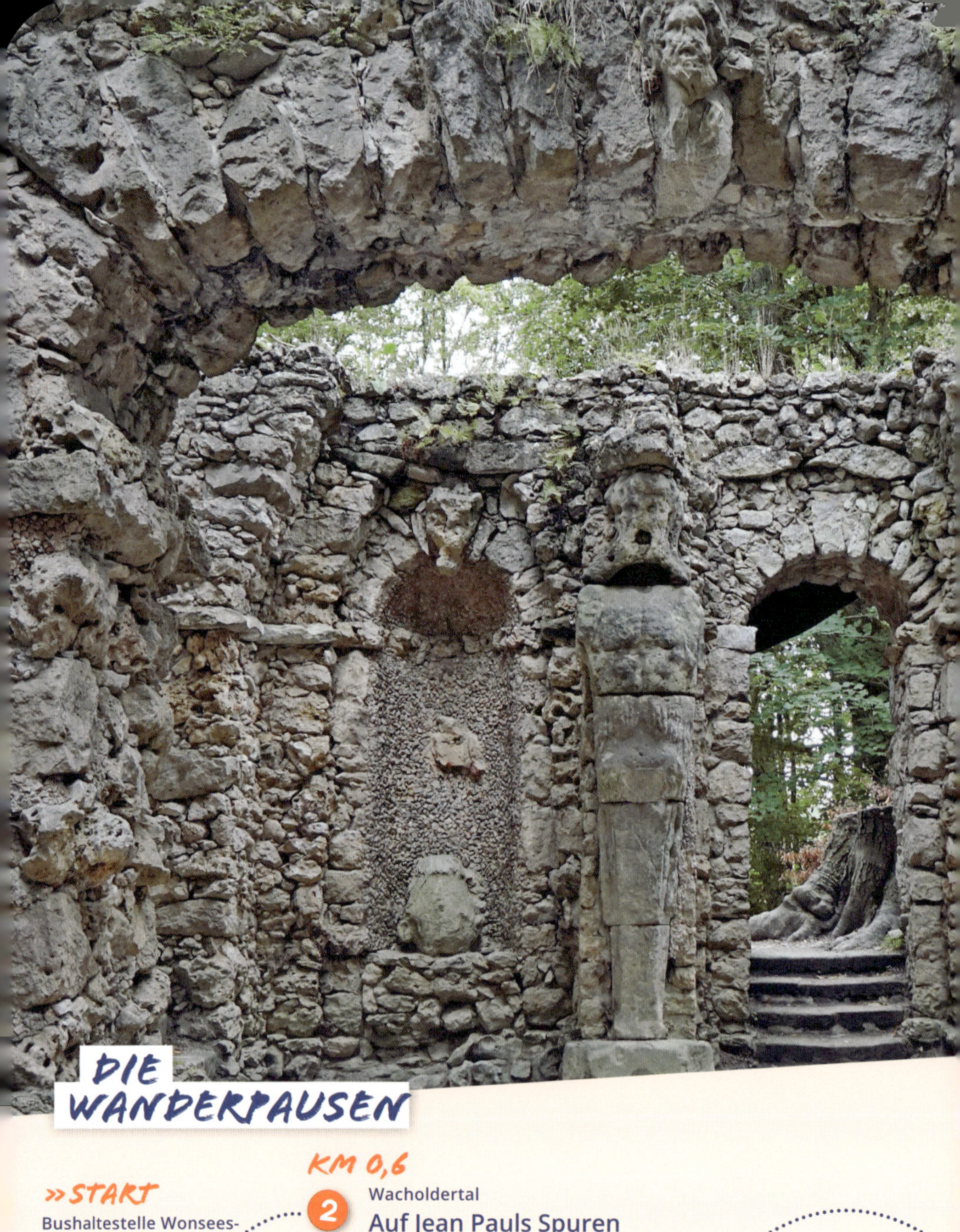

DIE WANDERPAUSEN

» START
Bushaltestelle Wonsees-Ortsmitte

KM 0,1
1 Marktmühle
Fachwerk und Strom

KM 0,6
2 Wacholdertal
Auf Jean Pauls Spuren

KM 5,2
3 Burg Zwernitz & Sanspareil
Vor Mittelalterkulisse

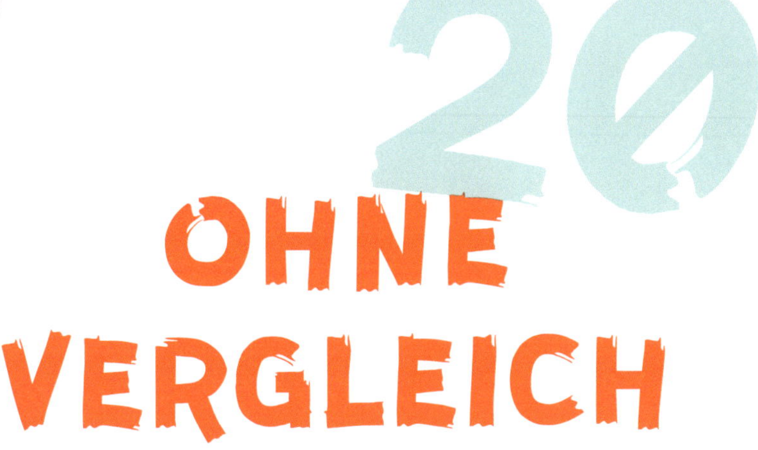

20 OHNE VERGLEICH

Von Wonsees über die Wacholderhänge nach Sanspareil

Sanspareil bietet die vielleicht eigenartigste Mischung aus Wald- und Felsengarten sowie von Menschenhand geschaffener Pfade und Gebäude – und das alles unweit der Wacholderhänge.

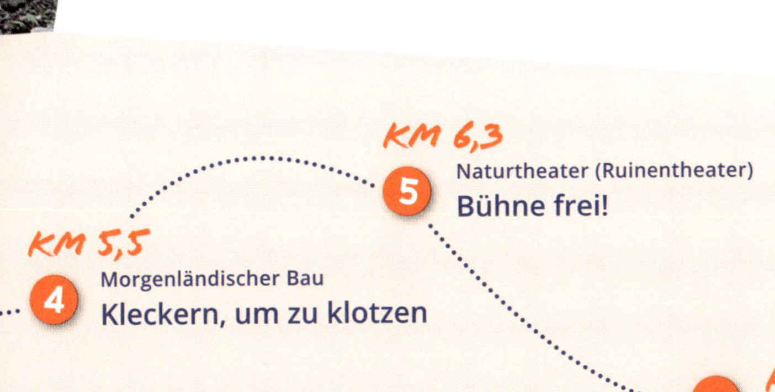

KM 5,5

4 Morgenländischer Bau

Kleckern, um zu klotzen

KM 6,3

5 Naturtheater (Ruinentheater)

Bühne frei!

KM 9,2 » ZIEL

Bushaltestelle Wonsees-Ortsmitte

MAN MUSS DIE KIRCHE …

… auch mal im Dorf lassen, die Felsen und Höhlen von Sanspareil sind keineswegs so einmalig, wie es immer heißt. Da gibt es in der Fränkischen Schweiz weit mächtigere, weniger besuchte und spektakulärere Formationen, die allen, die ein paar Kilometer wandern, quasi automatisch vor die Füße fallen. Aber: Die Kombination mit den menschengeschaffenen Pfaden, Sitzgelegenheiten, Plattformen und dem absolut großartigen Naturtheater ist das, was das Felsengelände nahe Wonsees auszeichnet und den Besuch allemal wert ist. Sanspareil ist weitläufig genug, um sich auch von einem vollen Parkplatz nicht schrecken zu lassen, zumal die Route vorher zu weit weniger frequentierten Ecken führt.

WENN DAS NATURTHEATER VOR EINEM AUFTAUCHT, HALB VERDECKT VON EINER DURCHGANGSHÖHLE, UND MAN HINDURCHSCHLÜPFT UND HINEINTRITT. MÄRCHENHAFT!

Der Weg beginnt bescheiden und beschaulich in Wonsees, wo zum Auftakt einmal das aufwendig restaurierte Fachwerkensemble der **Marktmühle** an der Schwalbach in Augenschein genommen wird. Hinter dem Ort geht's auf dem Jean-Paul-Weg ins **Wacholdertal.** Schafe und Beweidung haben diese karge und gleichzeitig sonderbar beruhigende Landschaftsform hervorgebracht. Und ehe jemand in Zweifel ziehen mag, was das hier mit dem Dichter zu tun hat: Jean Paul war tatsächlich in der Gegend unterwegs, von ihm stammt folgender Eintrag in ein Gästebuch in Wonsees: »Zum Andenken an diese artig auseinander gebrochene Schweiz: Alles ist schön und vorhanden, sogar die Nachtigallen, die man aus der Erinnerung her hört«. Der Wanderweg verbindet Punkte, an denen der Literat lebte und wirkte.

Gemütlich geht es über den kleinen Weiler Kleinhül immer weiter auf die Hochfläche, die Höhenmeter sind kaum spürbar, so sanft steigt der Weg bis **Sanspareil** an. Die **Burg Zwernitz,** der man hier als Erstes einen Besuch abstattet, wirkt dann schon wie ein Paukenschlag, so mächtig erhebt sie sich über den kleinen Ort. Zwernitz war so eine Art abgelegener Jagdsitz für die Markgrafen, bis zwischen 1744 und 1748 die Felsformationen im Wäldchen nahe der Burg in einen illustren Wandelgarten für den Adel umgebaut wurden.

Exotisch wird es dort mit dem **Morgenländischen Bau,** ehe man sich auf den labyrinthartigen Wegen des Felsengartens beinahe verliert, nur um sich am **Naturtheater** wiederzufinden. Wer bislang nicht beeindruckt war, der ist es spätestens jetzt. Im Sommer wird es sogar noch bespielt. «

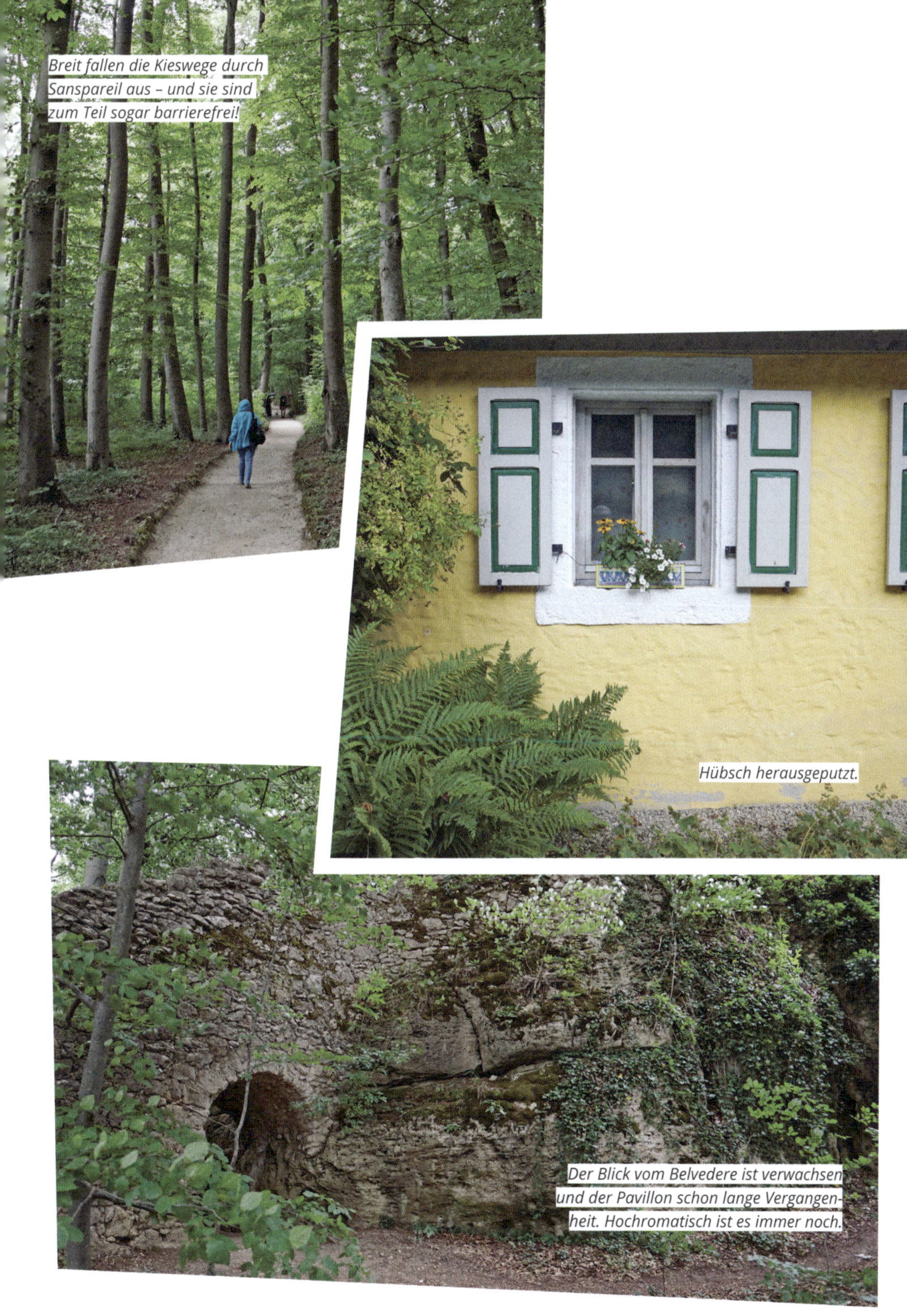

Breit fallen die Kieswege durch Sanspareil aus – und sie sind zum Teil sogar barrierefrei!

Hübsch herausgeputzt.

Der Blick vom Belvedere ist verwachsen und der Pavillon schon lange Vergangenheit. Hochromatisch ist es immer noch.

WANDERN & GENIESSEN

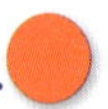

»START

Bushaltestelle Wonsees-Ortsmitte

Von der Bushaltestelle Wonsees Ortsmitte am Marktplatz nach links in die Straße Zur Kappel/Taubmannstraße. Die Mühle steht direkt am Weg an der Schwalbach.

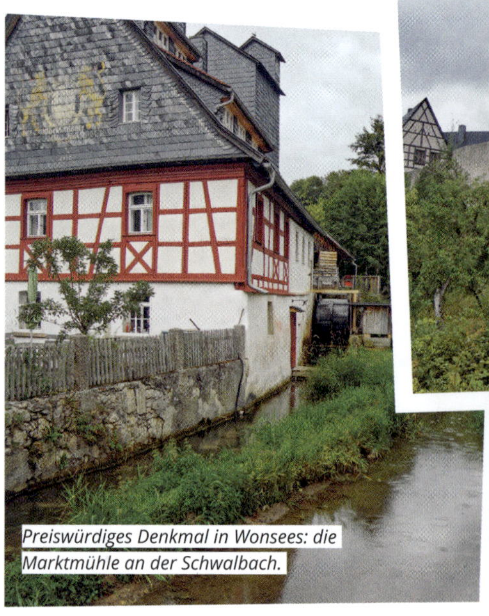

Preiswürdiges Denkmal in Wonsees: die Marktmühle an der Schwalbach.

KM 0,1

Marktmühle

Fachwerk und Strom

Roggen und Weizen wurden einst in der Wassermühle vermahlen – das Ensemble wirkt eher wie ein Gehöft oder der Sitz eines Kleinadeligen als wie eine bescheidene Dorfmühle, die noch in den 1970er-Jahren in Betrieb war. Das liegt an der umfassenden und behutsamen Restaurierung mit Naturmaterialien: Nachdem die Mühlengebäude jahrelang leer gestanden hatten, fand sich schließlich ein eingefleischter Mühlenfan, der nicht nur alles instand setzte, sondern sogar die Strömungsturbine durch ein traditionelles Mühlrad aus Lärchenholz austauschte. Nun klappert sie wieder, die Marktmühle am Schwalbach, und erzeugt Strom: 2009 brachte ihr dies einen Denkmalpreis ein. Ein eigenes Wappen ziert die verschindelte Giebelfront: Klar zu erkennen sind zwei Löwen, die ein Kammrad halten – ein hölzernes Zahnrad, das die kinetische Energie der Wasserradwelle auf das Mahlwerk überträgt.

Der Taubmannstraße folgen, bis links der Wacholderweg abgeht. Auf diesem immer geradeaus.

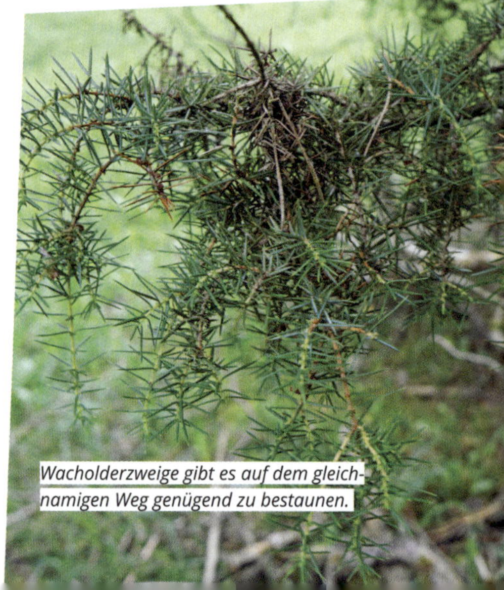

Wacholderzweige gibt es auf dem gleichnamigen Weg genügend zu bestaunen.

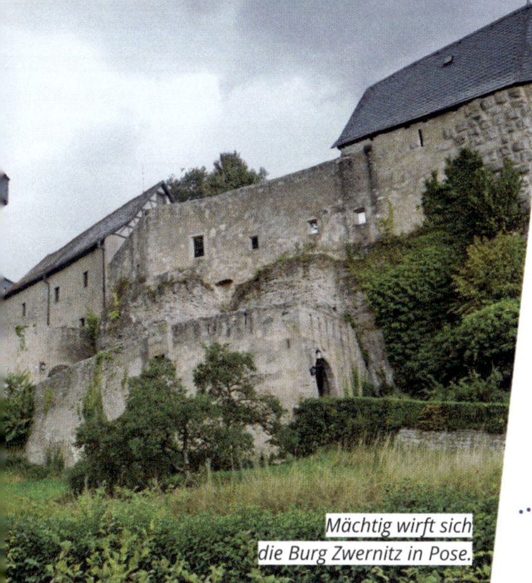

Mächtig wirft sich die Burg Zwernitz in Pose.

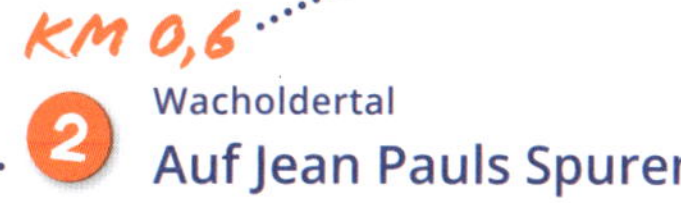

KM 0,6

2 Wacholdertal
Auf Jean Pauls Spuren

Der Dichter und Romancier Jean Paul wurde als Johann Paul Friedrich Richter im beschaulichen fränkischen Wunsiedel geboren. Weil er das nördliche Franken nicht nur beschrieben, sondern auch durchstreift hat, wurde ihm ein fast 200 Kilometer langer Weitwanderweg gewidmet. Dessen letzter Abschnitt führt wiederum von Wonsees über Kleinhül bis Sanspareil, wobei allerhand Tafeln über des Dichters Leben aufklären und Sentenzen zum Besten geben. Dies ist unterwegs aber das Beiwerk, die Hauptrolle spielen die Wacholderhänge – der Weg bis Kleinhül firmiert zugleich als Wacholderweg. Diese hartnadelige Koniferenart kann überall dort bestehen, wo Schafe weiden und sonst alles wegfressen. Auf diese Weise entsteht eine Art Heideland, garniert mt Wacholderbüschen.

Auf dem Jean-Paul-Weg bis Kleinhül, dort links weiter bis zum Kriegerdenkmal, davor links rein und ziemlich direkt bis Sanspareil, dort links halten und erst mal zur Burg Zwernitz.

WAS FÜR EINE BURG!

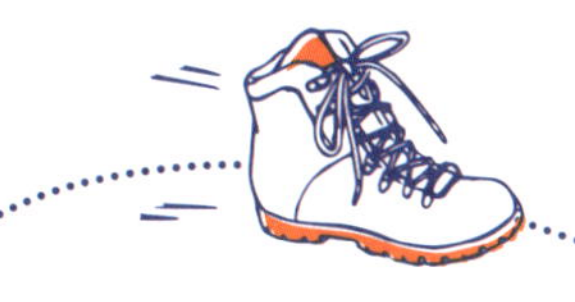

KM 5,2

3 Burg Zwernitz & Sanspareil
Vor Mittelalterkulisse

Zumindest die Burg heißt noch so, die gleichnamige Ortschaft aber wurde umbenannt, nachdem eine Hofdame angesichts des Felsengartens ausgerufen haben soll: »C´est sans pareil!« Es gäbe also nichts, was jenem gleichkäme. Das ließ sich Markgraf Friedrich von Brandenburg-Bayreuth nicht zweimal sagen und benannte die Zwernitz noch im selben Jahr in Sanspareil um: 1746 waren Frankreich und die französische Sprache schwer en vogue und es ist unwahrscheinlich, dass je eine Hofdame auf unbefestigten Wegen und weiter weg vom Schloss jemals richtig wilde Felsen zu Gesicht bekam. Die beachtliche Burganlage dominiert von ihrem Felsen herab die kleine Ortschaft, zwischen Vor- und Hochburg ragt der Bergfried in den Himmel. All dies wirkt sehr mittelalterlich, ist es aber nicht – Burg Zwernitz wurde mehrfach zerstört und erst wieder instand gesetzt, als die Markgräfin Wilhelmine von Brandenburg-Bayreuth sie als Spielzeug entdeckte und renovieren ließ, um eine mittelalterliche Kulisse ihr Eigen zu nennen (Sanspareil 34, 96197 Wonsees, aktuelle Informationen und Öffnungszeiten unter bayreuth-wilhelmine.de).

Zurück auf demselben Weg und links am Schlosscafé vorbei, kommt man zum Morgenländischen Bau bzw. Orientpalast. Wer mag, kehrt einfach im Café ein und begutachtet den Palast erst mal aus der Distanz.

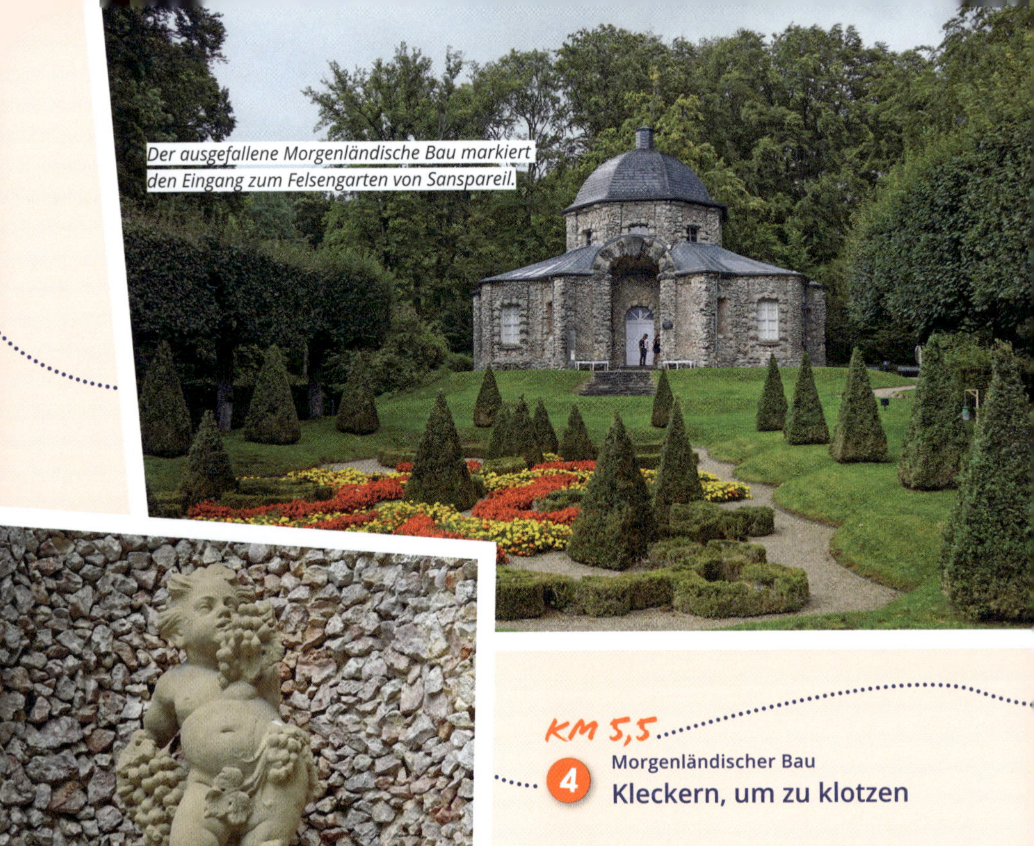

Der ausgefallene Morgenländische Bau markiert den Eingang zum Felsengarten von Sanspareil.

Allerhand Statuetten zieren den Bau.

NACHWUCHS-DIONYSOS ALS NISCHENERSCHEINUNG

KM 5,5

4

Morgenländischer Bau

Kleckern, um zu klotzen

Bei Weitem nicht alle der kleinteiligen Bauten des Sanspareils sind erhalten, vom Pavillon des Belvedere beispielsweise ist nur noch die Plattform übrig, die Aussicht fast zugewachsen. Alle großen Gebäude stehen aber noch, so auch der Morgenländische Bau: Eine Art Orientpalast, den man heute wohl wegen kultureller Aneignung schmähen würde, wäre er nicht so weit entfernt von jeglicher Maghreb-Architektur. Es sind exotische Vorstellungen, die sich hier in einer Art Kleckerburgfantasie austoben, noch dazu römisch-griechisch dekoriert. Sanspareil eine Art Disneyland seiner Zeit zu nennen, wäre wohl nicht ganz falsch – ein Themenpark allerdings, der dem Adel vorbehalten war (Adresse und Infos s. Stopp 3).

Es geht rechts herum weiter in den eigentlichen Park hinein, die Wege zwischen Grotten und Felsen sind labyrinthisch. Am Ostende des Parks liegt das Naturtheater.

KM 6,3

Naturtheater (Ruinentheater)

Bühne frei!

Durch einen höhlenartigen Felsbogen blickt man auf die ›Bühne‹ des arkadenartigen Ruinentheaters. Dieses wurde vorsätzlich so gebaut, ein Dach gab es nie: Auch eine Idee von Wilhelmine, die 1747 umgesetzt wurde. Die Markgräfin hatte den gesamten Felsengarten einem literarischen Programm unterworfen und sich an der Telemachie orientiert, den Abenteuern und Prüfungen des Telemachos der griechischen Mythologie. Daher stammen die Namen wie Calypsogrotte, Pansitz oder Sybillengrotte. Und da durfte eine Spielstätte natürlich nicht fehlen, inklusive Orchestergraben und mit einer Kapazität von gut 80 Gästen. Die Bühne ist zugänglich: Nur zu, man darf hinein und sich umsehen! Das Theater wird übrigens von der Studiobühne Bayreuth jeweils im Juli und August bespielt, es lebt! (studiobuehne-bayreuth.de, weitere Infos zu Sanspareil s. Stopp 3)

Zurück am Belvedere vorbei und Richtung Orientpalast, durch das Ortszentrum und, um die Straße zu vermeiden, anschließend nach rechts ausscheren und einen parallelen Wirtschaftsweg nach Wonsees hinuntergehen.

Das Naturtheater ist heute noch beeindruckend und wird sogar regelmäßig bespielt.

EXTRA INFOS:

Schöne Orte für eine Pause findet man insbesondere im Felsengarten Sanspareil, zum Beispiel das ● **Belvedere,** die ● **Bärenhöhle** oder man kehrt im ● **Schlosscafé** ein. Auf dem Rückweg der Tour streift man das ● **Schwalbachtal,** das einen eigenen Ausflug wert wäre und nördlich wie südlich von Wonsees ebenfalls Heimat des Wachholders ist. Schließlich macht eine ● **Kneippanlage in Wonsees** müde Füße wieder munter.

Direkt am Marktplatz in Wonsees bietet die ● **Ferienwohnung Sonnenhaus** (keine eigene Website, zu buchen über die einschlägigen Portale) Platz für die ganze Familie – mit zwei Schlafzimmern und zum fairen Preis. Das Frühstück kauft man bei einer von zwei Bäckereien, später kehrt man im Gasthof Tauber ein, alles unmittelbar am Marktplatz.

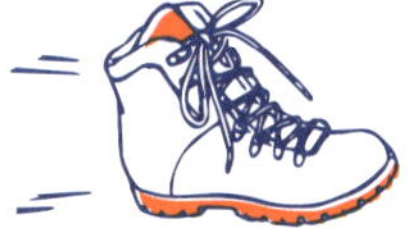

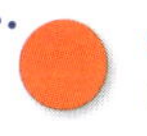

KM 9,2 » ZIEL

Bushaltestelle Wonsees-Ortsmitte

AUF EINEN BLICK

- » **Start/Ziel:** Bushaltestelle Wonsees Ortsmitte
- » **Strecke:** 9,2 km (Rundtour)
- » **Reine Wanderzeit:** 3 Std.
- » **Höhenmeter:** ↗ 185 m ↘ 185 m
- » **Wegbeschaffenheit:** Kies- und Asphaltwege, teilweise Naturpfade durch den Felsgarten
- » **Markierung:** bis Sanspareil auf dem Jean-Paul-Weg
- » **Beste Zeit:** Frühling bis Herbst

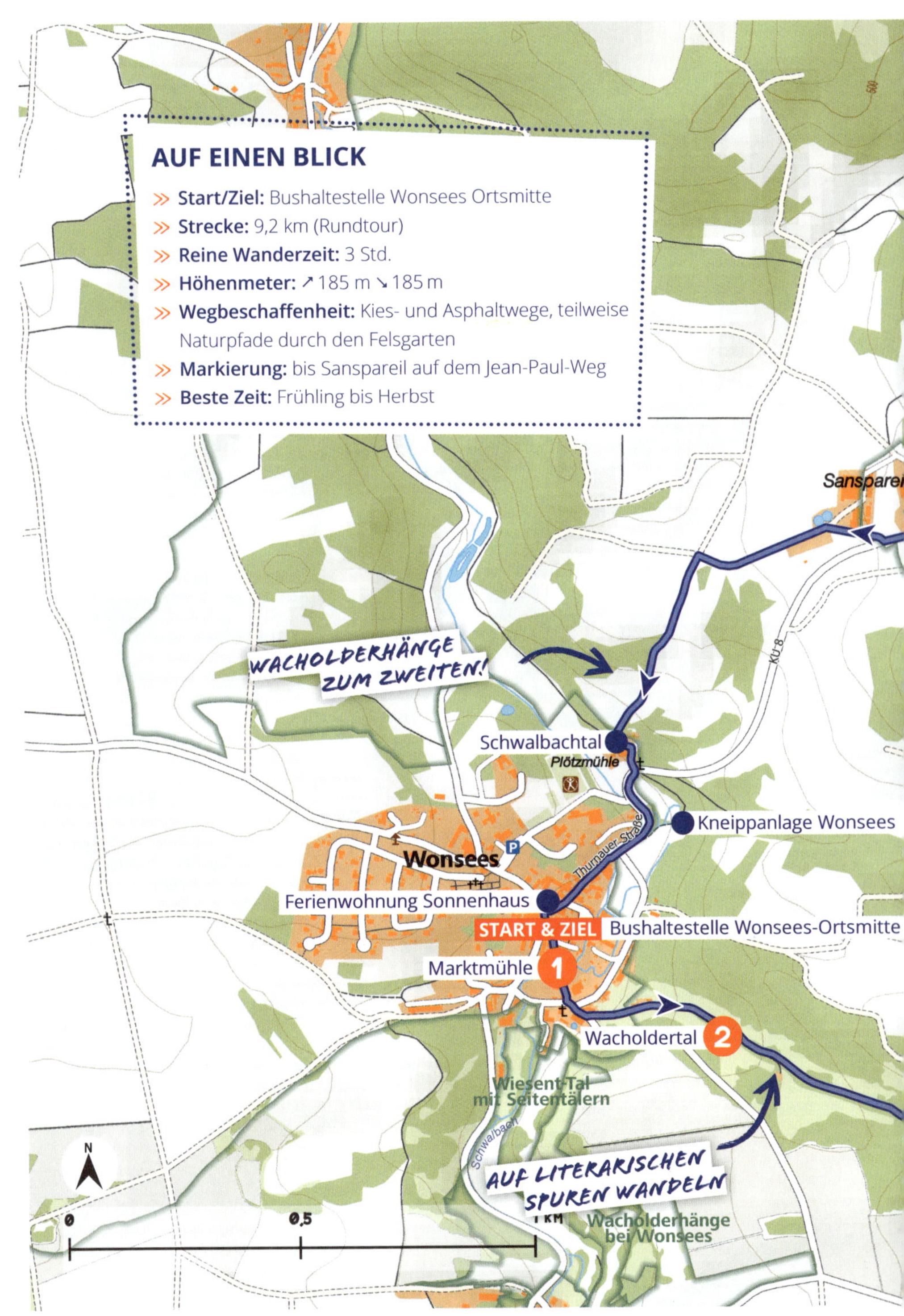

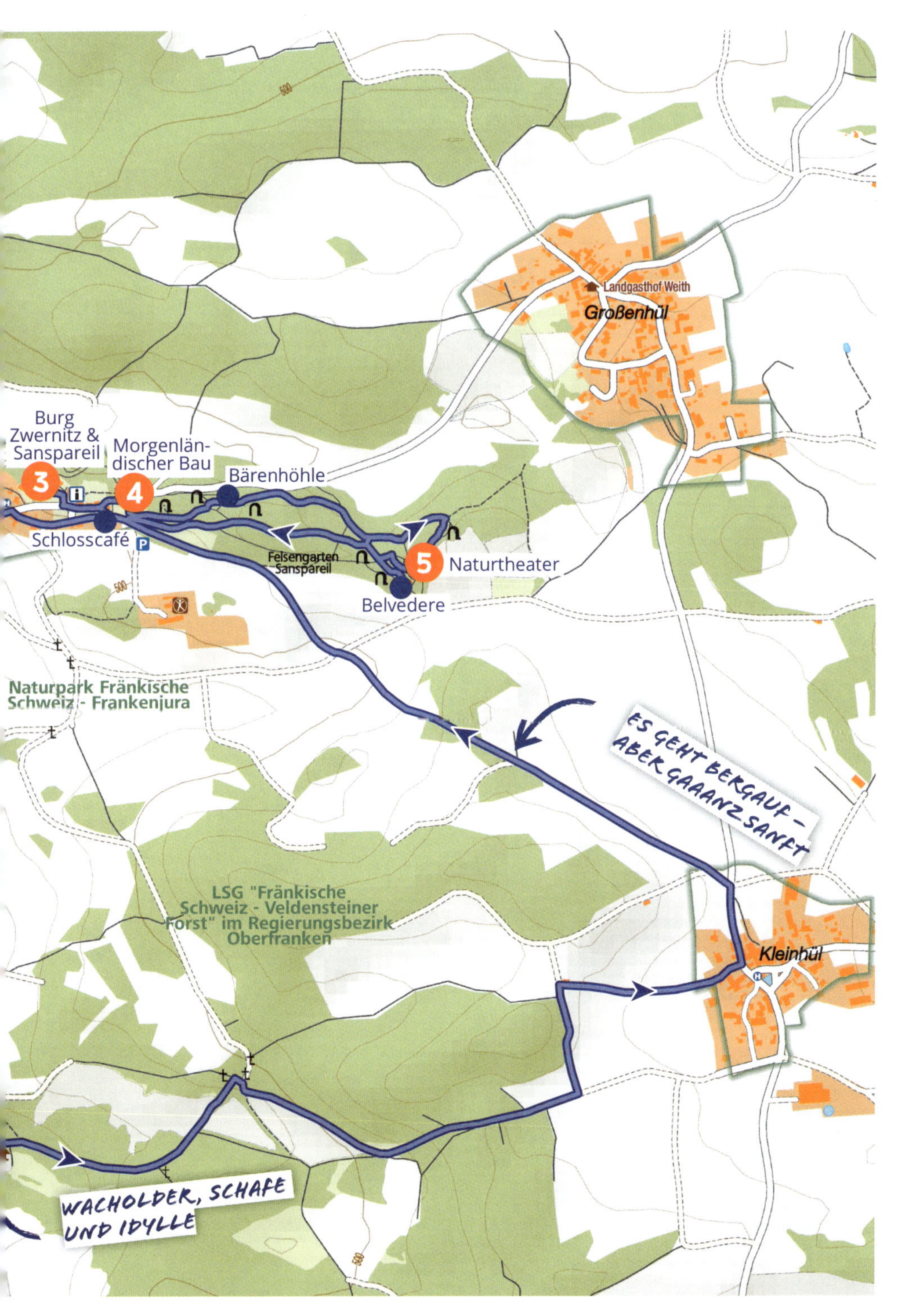
Burg Zwernitz & Sanspareil
3
Morgenländischer Bau
4
Bärenhöhle
Schlosscafé
Felsengarten Sanspareil
5
Naturtheater
Belvedere
Landgasthof Weith
Großenhül
Naturpark Fränkische Schweiz - Frankenjura
ES GEHT BERGAUF – ABER GAAANZ SANFT
LSG "Fränkische Schweiz - Veldensteiner Forst" im Regierungsbezirk Oberfranken
Kleinhül
WACHOLDER, SCHAFE UND IDYLLE

AUCH NOCH GANZ NÜTZLICH

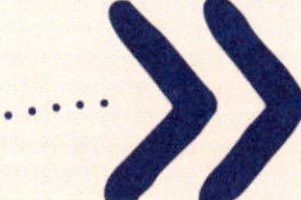

ORTSREGISTER

IMPRESSUM

- **Text:** Jörg Dauscher
- **Cover- und Buchgestaltung:** Carolin Weidemann, Köln, www.weidemann-design.com
- **Lektorat & Redaktion:** Doreen Reeck, Köln
- **Projektmanagement:** Susanne Heimburger, Tamara Siedler
- **Fotos:** Titelfoto: mauritius images / Udo Siebig; Fotos Innenteil: Jörg Dauscher mit folgenden Ausnahmen: Janneke van der Linden (2); Shutterstock.com: Bernd Juergens (S. 80 ur), Costea Andrea M (S. 58 u), Cloe_12 (S. 150 ol), Ground Picture (S. 41 ol), Martina Birnbaum (S. 190 ol), MDart10 (S. 14/15), RudiErnst (S. 94/95, 97 M, 97 u); Tourismusbüro Stadt Waischenfeld / Andreas Wohlfahrt (S. 164/165); Tourist-Info Waischenfeld (S. 168/169 u); Tourismuszentrale Fränkische Schweiz / Florian Trykowski (S. 64/65, 67 M, 68/69 u); wiesentbote.de (S. 100 M, 101). Abbildung der Fotos S. 11, 204–211 mit freundlicher Genehmigung der Bayerischen Schlösserverwaltung.
  (l = links; r = rechts; o = oben; u = unten; M = Mitte)
- **Kartografie:**
  ©KOMPASS-Karten GmbH, kompass.de unter Verwendung von ©OpenStreetMap Contributors, osm.org/copyright
- **S. 222 / 223:** Marie Geißler (Illustration), Jens Bey (Text)

Printed in Poland

1. Auflage 2024

ISBN 978-3-616-03269-6

www.dumontreise.de

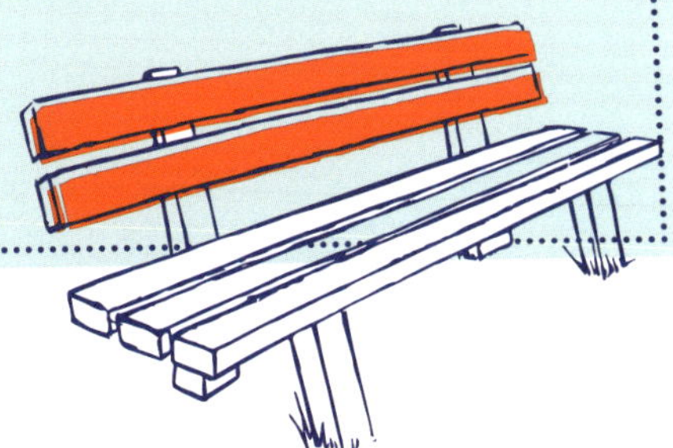

FSC www.fsc.org MIX Paper from responsible sources FSC® C139602

RECHTS ODER LINKS? IMMER WISSEN, WO'S LANGGEHT!

» **TOURENVERLAUF**
GPX-Daten zum kostenlosen Download
www.dumontreise.de/wanderzeit/fraenkische-schweiz

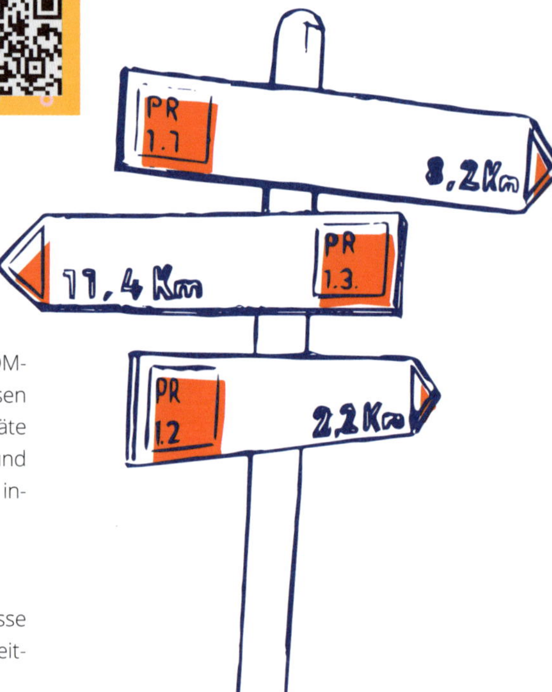

GPX-DOWNLOAD AUFS SMARTPHONE – SO GEHT'S

» **Voraussetzung:**
Eine Outdoor-App muss installiert sein, z. B. KOMPASS, Outdooractive oder Komoot. Zum Einlesen des QR-Codes benötigen ältere Android-Geräte eine QR-Code-App. Bei neueren Android- und iOS-Geräten ist diese Funktion in der Kamera integriert.

» **Daten downloaden:**

1. Den QR-Code einlesen oder die Webadresse im Browser eingeben, um auf die Wanderzeit-Website zu gelangen.
2. Die gewünschte Tour zum Download anklicken.
3. Bei iOS-Geräten werden die GPX-Daten direkt mit der vorab installierten App verknüpft. Bei Android-Geräten muss ggf. noch ein Weiterleiten-Button geklickt werden (z. B. rechts oben im Display). Manche Apps zeigen den Tourverlauf starr an, andere haben eine Navigationsfunktion dabei.

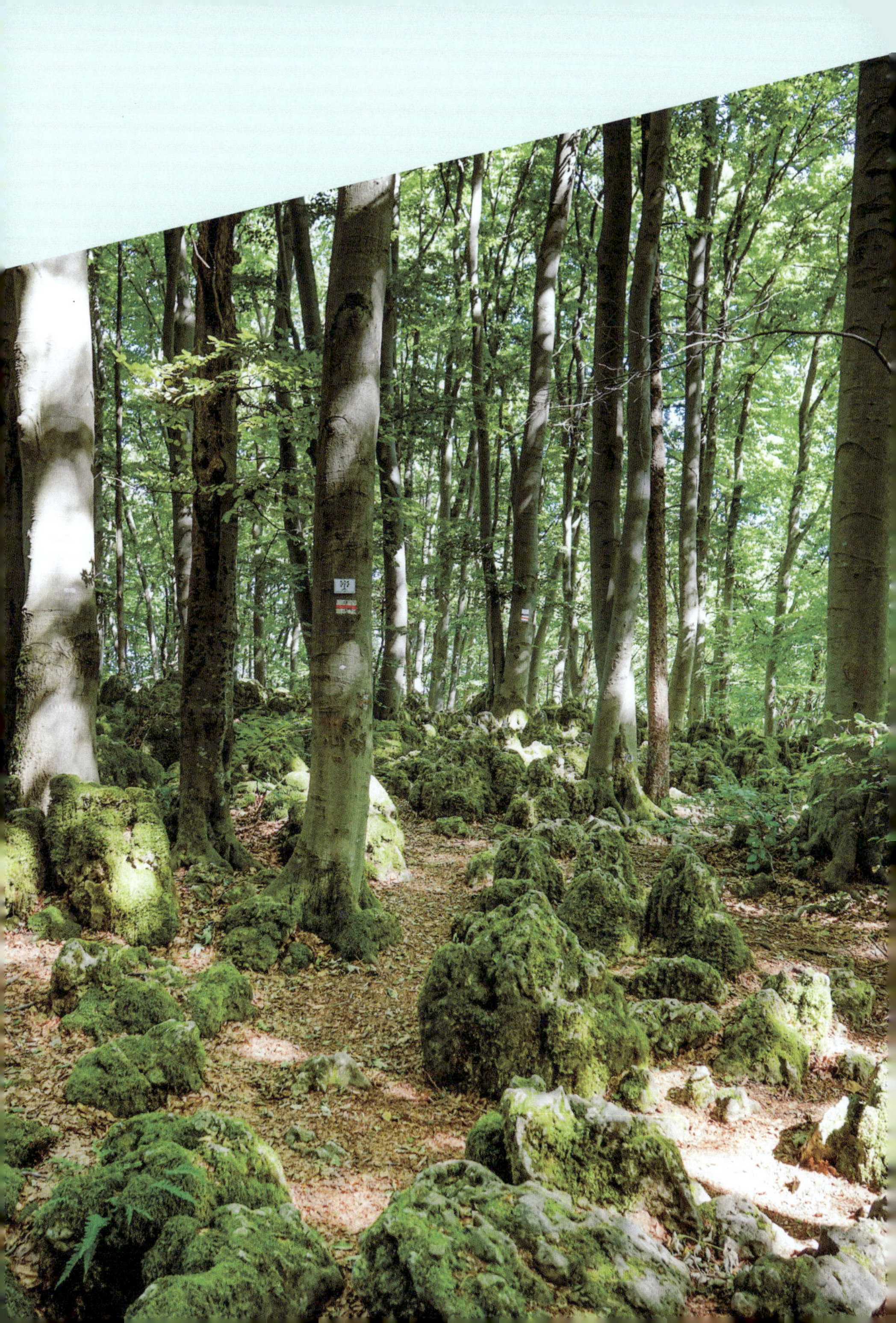

WEITERWANDERN ...

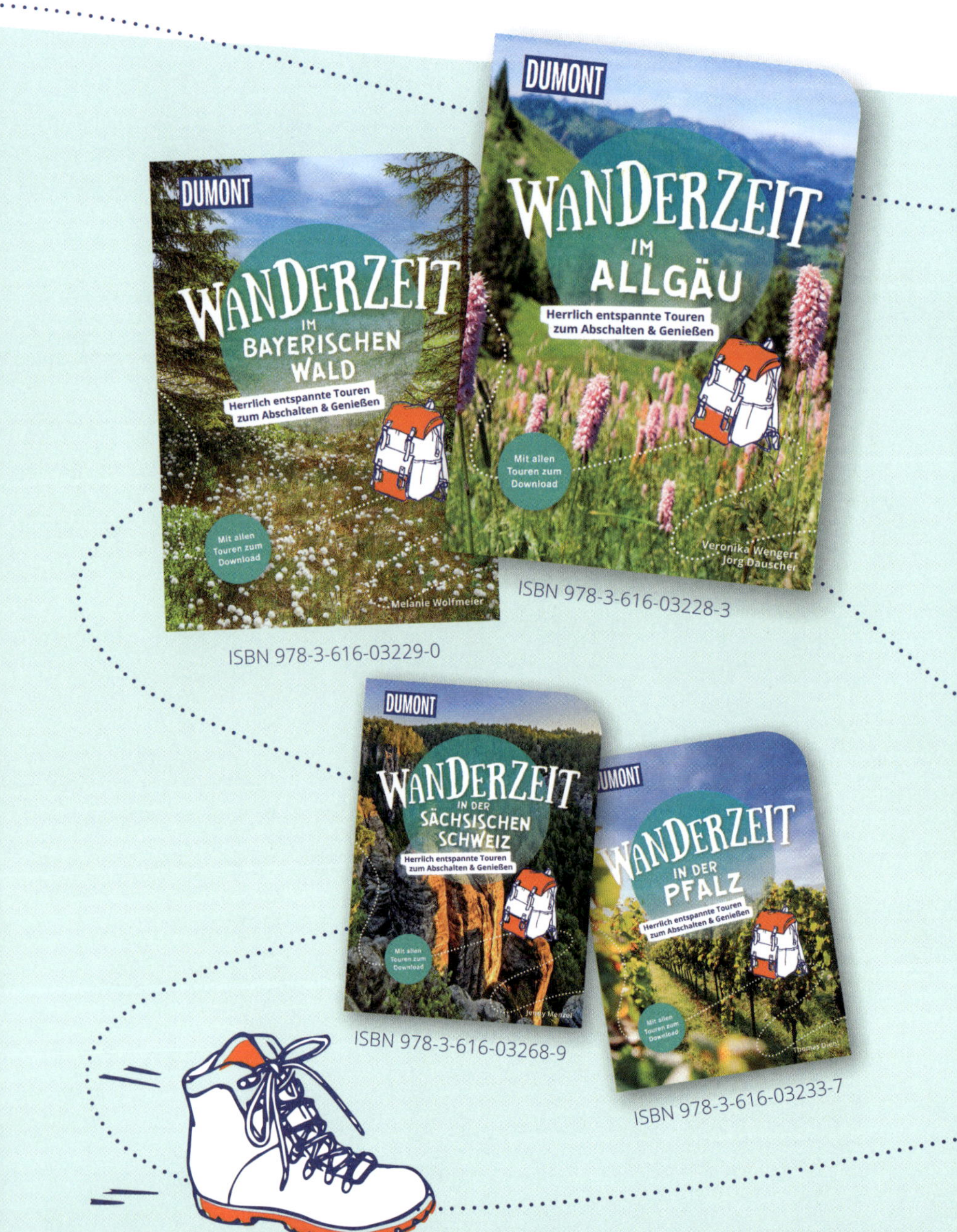

ISBN 978-3-616-03229-0

ISBN 978-3-616-03228-3

ISBN 978-3-616-03268-9

ISBN 978-3-616-03233-7

… ODER LIEBER MAL RADELN?

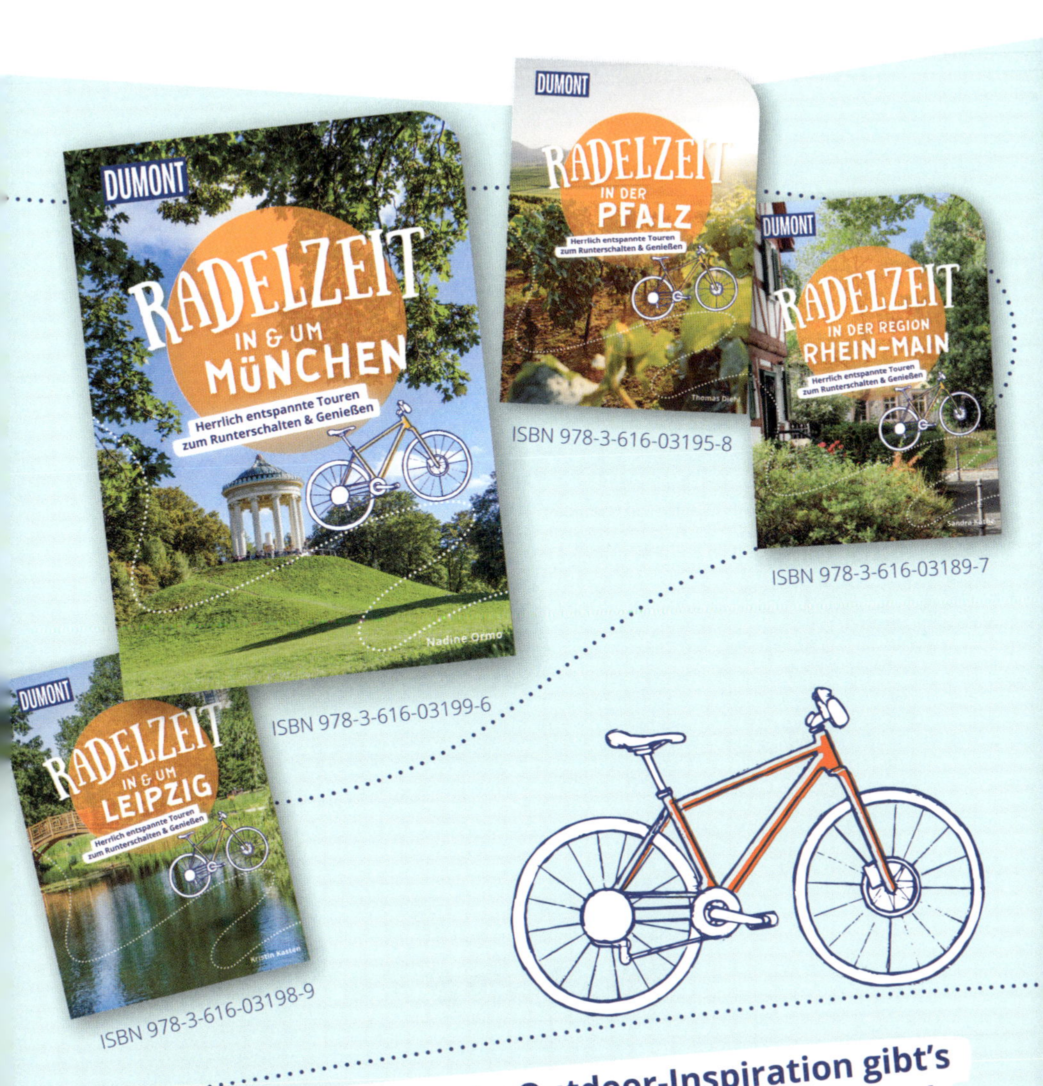

ISBN 978-3-616-03195-8

ISBN 978-3-616-03189-7

ISBN 978-3-616-03199-6

ISBN 978-3-616-03198-9

ANTI-RUCKSACK-AUTSCH-ÜBUNGEN

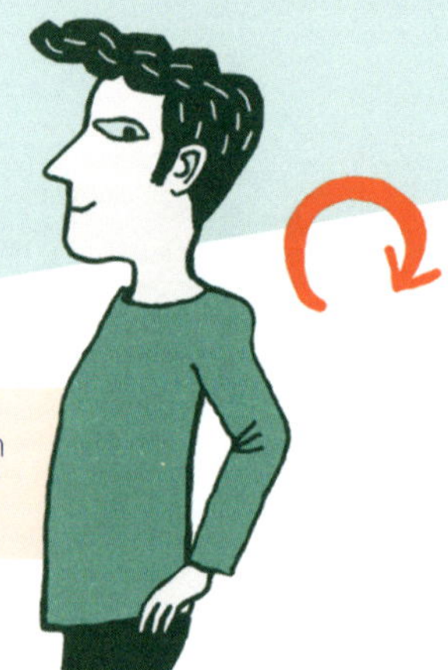

1. Kreise 30 Sekunden mit den Schultern nach hinten und unten.

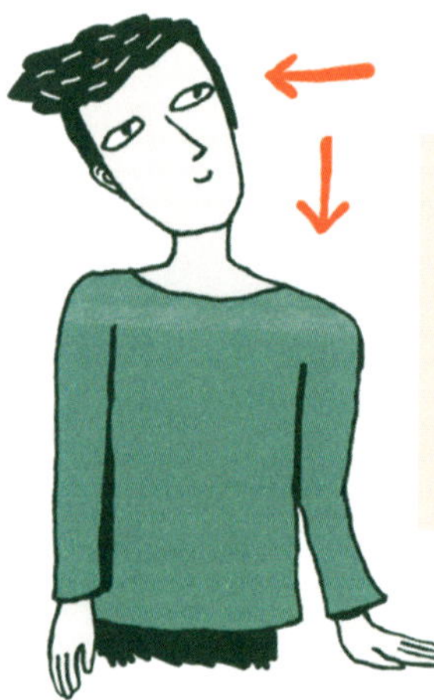

2. Den Nacken ziehst du in Form, indem du den Kopf langsam, ohne ihn zu verdrehen, zur rechten Schulter neigst. Den linken Arm schiebst du dabei langsam nach unten, die Handfläche zeigt zum Boden. Ruhig atmen, 15 Sekunden halten, dann wechselst du die Seite.

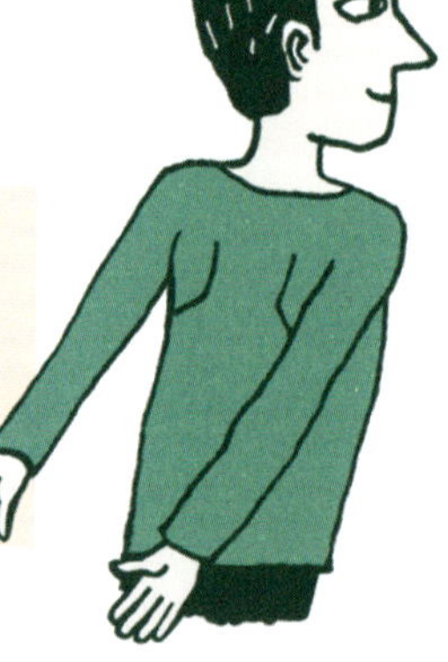

3. Die Brust entspannt sich, wenn du deine Arme seitlich nach hinten bewegst, mit den Handflächen zur Decke. 15 bis 20 Sekunden lang in der Dehnung bleiben und dabei kein Hohlkreuz machen.

4. Die Schulterbrücke stärkt den Rücken. Lege dich auf einer Matte auf den Rücken, stelle die Beine hüftbreit auf, die Arme liegen gerade am Boden. Dann hebst du das Becken an, sodass der Körper eine gerade Linie bildet. Absenken und wieder anheben.

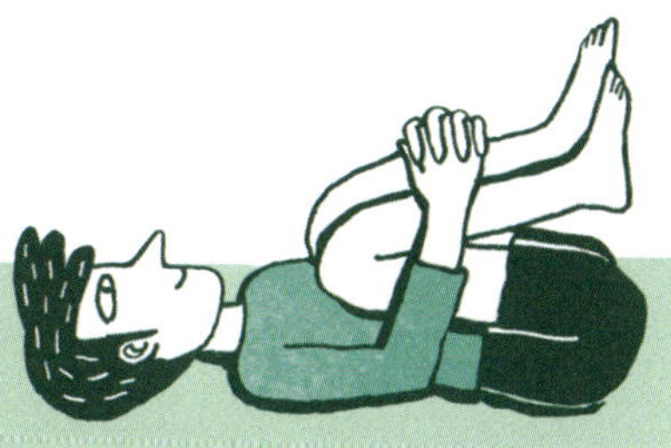

5. Prima Päckchen: Ziehe die Knie zur Brust heran, umfasse sie mit den Händen und atme aus. Lockere die Knie etwas und ziehe sie wieder heran. Das dehnt die Muskulatur an der Wirbelsäule und macht dich wieder beweglicher.

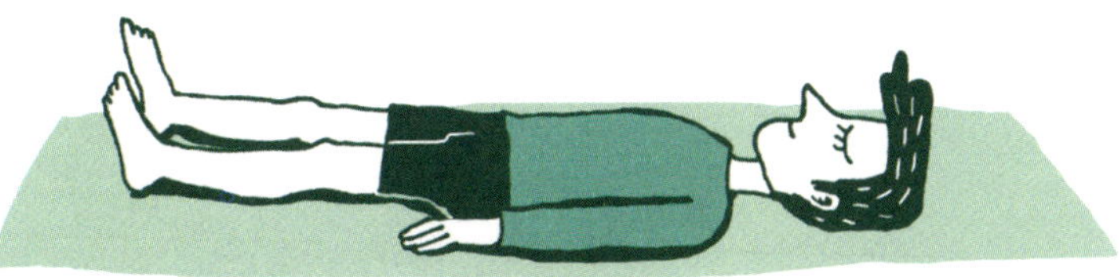

6. Zum Schluss entspannst du ein paar Atemzüge auf dem Rücken, Arme und Beine locker von dir gestreckt.

DIE PERFEKTE TOUR ...

#FÜR KLETTERFREUDIGE

Auf dem Eibgrat bei Spies braucht man zuweilen die Hände, um weiterzukommen – ein absolut phänomenaler Felsgrat im Wald.

» **TOUR 4, S. 44**

#FÜR PILGERFANS

Der Jakobsweg zwischen Betzenstein und Hiltpoltstein ist ein gut markierter, aber wenig begangener Zubringer zur Hauptroute von Nürnberg über Rothenburg bis Santiagode Compostela.

» **TOUR 6, S. 64**

#FÜR WASSERRATTEN

Heiligenstadt hat sich mit dem Naturbadesee den perfekten Schlusspunkt für jede Sommertour an das Ortsende gesetzt.

» **TOUR 18, S. 184**

#FÜR ABENTEUERLUSTIGE

Die Tour zu den beiden Kammerweihern führt ins Niemandsland der Pegnitzauen. Jenseits von jeglichen Siedlungen sagen sich Fuchs und Hase Gute Nacht. Und neuerdings auch der Wolf!

» **TOUR 3, S. 34**

#FÜR AUSBLICKFANS

Kurz und knackig geht die Runde um Pottenstein. Trotzdem ist alles dabei, was die Fränkische Schweiz ausmacht – mit der Himmelsleiter als Höhepunkt im Wortsinne.

» **TOUR 12, S. 124**

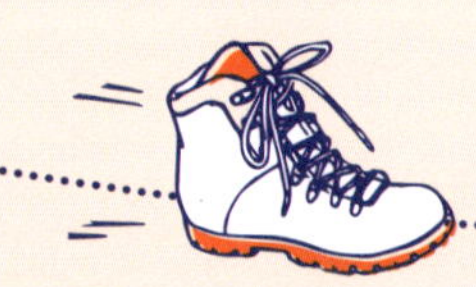